Peter Eckardt

123SketchUp!

Anleitung für das freie 3D-Programm von Google

Modellieren in 3D

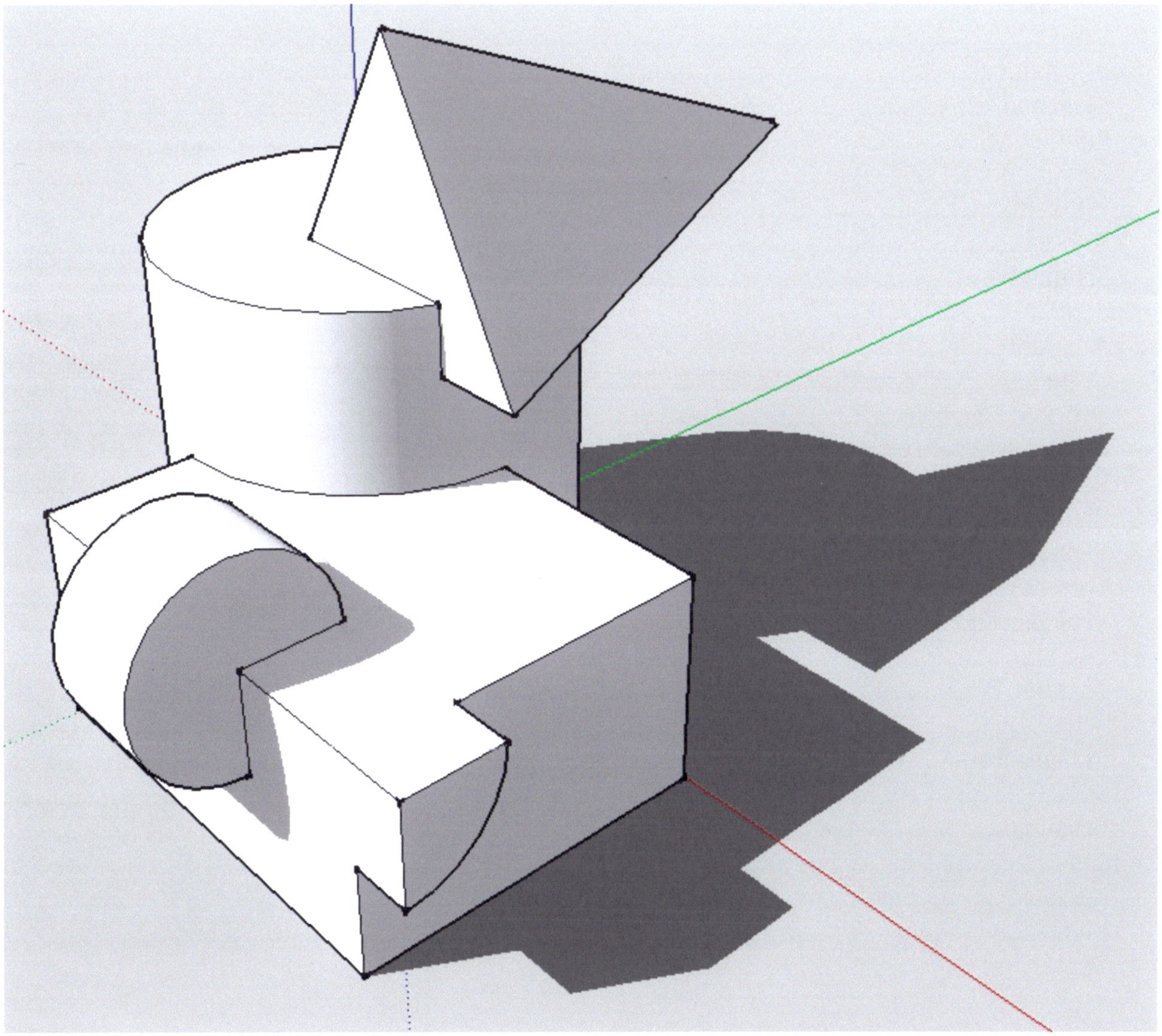

Inhaltsverzeichnis

Vorwort

Das hier vorgelegte Handbuch basiert auf meiner Homepage http://www.123sketchup.de. So sind die Erklärungen und Tutorials nun auch offline verfügbar.

In meiner Zeit als Kunsterzieher an einem niedersächsischem Gymnasium habe ich schon sehr früh digitale Arbeitsformen in den Unterricht integriert. Für den Sachbereich Architektur erwies sich besonders das kostenlose Google SketchUp als sehr nützlich, da es bereits Schüler ab der 5. Jahrgangsstufe nach kurzer Einweisung kreativ nutzen konnten. Arbeitsbeispiele finden Sie hier: http://kunst-gymszbad.blogspot.com.

Blog

Wer gerne seine Ergebnisse präsentieren möchte oder Fragen hat, der kann gerne meinen Blog http://123sketchup.blogspot.com/ nutzen. Dort werde ich ohne Zensur alle mir eingereichten Anleitungen und Screenshots, eventuell auch Videos zeigen.

Die digitale Welt ist schnelllebig! Deshalb sind nicht mehr alle einzelnen Verweise auf einstmals kostenlose Programme oder Plugins aktuell.

Braunschweig, den 30.1.2020

Peter Eckardt

http://peter-eckardt.de

Porträtzeichnung: Jürgen B. Kuck

Downloads

Die Informationen rund um SketchUp sind zum Teil gut versteckt! Auch die Downloadadressen müssen erst mal gefunden werden. Und dann gibt es ja noch die zahlreichen Rubyscripts, mit denen man sein Instrumentarium deutlich erweitern kann…

Einige wichtige Adressen habe ich hier mal zusammengestellt, wenngleich der Anspruch auf Vollständigkeit natürlich nicht erhoben werden kann.

SketchUp

- Programm: http://sketchup.google.com/intl/de/download/
- Plugins: http://sketchup.google.com/intl/en/download/plugins.html
- Viewer: http://sketchup.google.com/intl/en/download/gsuviewer.html

Ruby Scripts

Ruby ist eine Programmiersprache, mit der jeder Plug-ins (Skripte) für Google SketchUp schreiben kann. Einmal installiert, können Sie mit Ruby-Skripten Funktionen hinzufügen, mehrstufige Vorgänge vereinfachen und die Art Ihrer Arbeit mit SketchUp verbessern.

- In der kleinen Sammlung bei Google finden sich einige Extensions zum Ausprobieren. Den Profi wird es nicht immer zum Staunen bringen…
- Ganz anders Smustard! Neben den kostenpflichtigen, aber durchaus bezahlbaren Rubys gibt es auch jede Menge Freeware.
- In Frankreich wird das tolle Ruby Library Depot gepflegt und immer wieder aktualisiert. Unbedingt mal reinschauen, da metrische Scripte gebündelt dargeboten werden!
- Nicht nur für Scripte ein heißer Tipp ist SketchUcation! Unter Extensions finden Sie eine alphabetisch geordnete Auflistung zahlreicher Scripte nebst kurzen Beschreibungen. Wer da nicht fündig wird…
- Unbedingt sehenswert sind die für das Bildungswesen kostenlosen Scripte von 1001bit! Sie sind gut und anschaulich erklärt und wirklich nützlich.

Grundlagen

Für die Arbeit mit SketchUp gelten zunächst einmal grundlegende Prinzipien, die es zu berücksichtigen gilt.

SketchUp modelliert „Oberflächen“ (Faces). Alles in SketchUp besteht im Grunde aus dünnen, planen Flächen und geraden „Kanten“ (Edges). Dinge, die massiv (z.B. Mauern) aussehen sind tatsächlich hohle Körper. Modelle in SketchUp sind wie aus Papier gebaut, aus wirklich sehr dünnem Papier. Mit SketchUp lassen sich Modelle schnell erstellen, da das Programm in erster Linie für die Visualisierung bestimmt ist, und die Objekte dabei so zeigt, wie sie oberflächlich aussehen. Zerschneidet man einen Körper, so ist er innen hohl und muss deshalb an den Schnittflächen wieder geschlossen werden.

Andere Programme wie *SolidWorks*, *Form Z* und *Inventor* erstellen dagegen Volumenmodelle. Menschen, die Produkte herstellen – wie z.B Maschinenbauer und Industriedesigner – neigen dazu, mit Volumenmodellen zu arbeiten, da Sie Ihnen einige ziemlich präzise Berechnungen erlauben (Gewicht, Steifigkeit, Belastbarkeit).

SketchUp dagegen arbeitet mit ebenen Flächen (coplanar faces) und geraden Kanten, auch um sphärische Körper, wie z.B. eine Kugel darzustellen. Andere, deutlich realistischer modellierende Programme arbeiten dagegen tatsächlich mit Kurven und sphärischen Flächen.

Flächenelemente

Flächenelemente sind flache, ebenenartige Elemente, die zusammen die 3D-Geometrie in einem SketchUp-Modell bilden. Flächen werden automatisch erstellt, wenn drei oder mehr verschneidende Linien oder Kanten sich auf der gleichen Ebene (einem unendlich flachen 2D-Raum) befinden, also koplanar (auch: komplanar) sind.

Die Kanten, die eine Fläche einfassen, bleiben beim Löschen einer Fläche erhalten. Die Fläche wird jedoch automatisch gelöscht, wenn Du eine ihrer einfassenden Kanten löschst. SketchUp erstellt mit der automatischen Faltfunktion neue Kanten und Flächen, wenn Du eine der Kanten einer Fläche so änderst, dass sie nicht länger koplanar mit dieser Fläche ist.

Flächen werden mit der Linienfunktion, der Bogenfunktion, der Freihandfunktion, der Rechteck-funktion, der Kreisfunktion oder der Vieleckfunktion gezeichnet.

Maßstab

Du kannst Modelle erstellen, die auf keinerlei Maßstab basieren. Dies hilft beim Skizzieren schneller Konzepte. Du kannst aber auch Modelle erstellen, die auf einem bestimmten Maßstab basieren.

Modelle, die nicht auf einem bestimmten Maßstab basieren können mit der Maßbandfunktion neu skaliert werden, wenn Genauigkeit wichtig wird.

In die Maßangaben-Symbolleiste können beim Zeichnen spezielle Abmessungen eingegeben werden. Dabei werden unterschiedliche Systeme akzeptiert (Meter, Zoll).

Ableitungen

SketchUp verfügt über eine Geometrie-Analysefunktion, Ableitungsfunktion genannt, die das dreidimensionale Arbeiten auf einem zweidimensionalen Bildschirm und Eingabegerät erleichtert. Diese Funktion hilft dabei sehr exakt zu zeichnen, indem beim Zeichnen Punkte von anderen Punkten abgeleitet und auch visuelle Hinweise angeboten werden.

Ableitungshinweise

Die Ableitungsfunktion verwendet visuelle Hinweise, die bei der Arbeit am Modell automatisch eingeblendet werden, um auf wichtige Punkte oder geometrische Bedingungen hinzuweisen. Diese Hinweise machen komplexe Ableitungskombinationen beim Zeichnen deutlicher.

Zusätzlich gibt die Ableitungsfunktion mit bestimmten Farben den Ableitungstyp an. Klicken

„Provozieren“ einer Ableitung

Es kann vorkommen, dass die benötigte Ableitung nicht unmittelbar vorgenommen wird oder dass sich SketchUp für eine Ausrichtung mit der falschen Geometrie entscheidet. In einem solchen Fall können die Auswahlwahrscheinlichkeit zugunsten einer bestimmten Ausrichtung erhöht werden, indem Sie den Mauszeiger über der jeweiligen Stelle, von der aus SketchUp eine Ableitung bilden soll, anhalten. Wenn der visuelle Hinweis angezeigt wird, räumt SketchUp für die betreffende Ausrichtung kurz eine Priorität ein, während weitergezeichnet wird.

Übung:

So „provozieren“ Sie SketchUp dazu eine parallele Linie zu erstellen, die der Länge einer anderen Linie entspricht (z. B. beim Zeichnen der dritten Linie eines Rechtecks):

1. Erstellen Sie die ersten beiden Kanten eines Rechtecks, wobei die erste Kante parallel zur roten, die zweite zur grünen Achse ist.

2. Klicken Sie für das Erstellen der dritten Linie zunächst auf den Endpunkt der zweiten Linie und parken Sie dann den Mauszeiger kurz auf dem Anfangspunkt der ersten Linie (nicht klicken!). Der Tooltipp „Von Punkt“ erscheint, und wenn die neue Linie parallel zur ersten platziert wird erscheint sie rot, und wenn die Länge der ersten entspricht werden die entsprechenden Punkte mit einer grünen gepunkteten Linie verbunden. Mit einem Klick wird dann eine zur ersten parallele und auch gleichlange Linie erstellt.

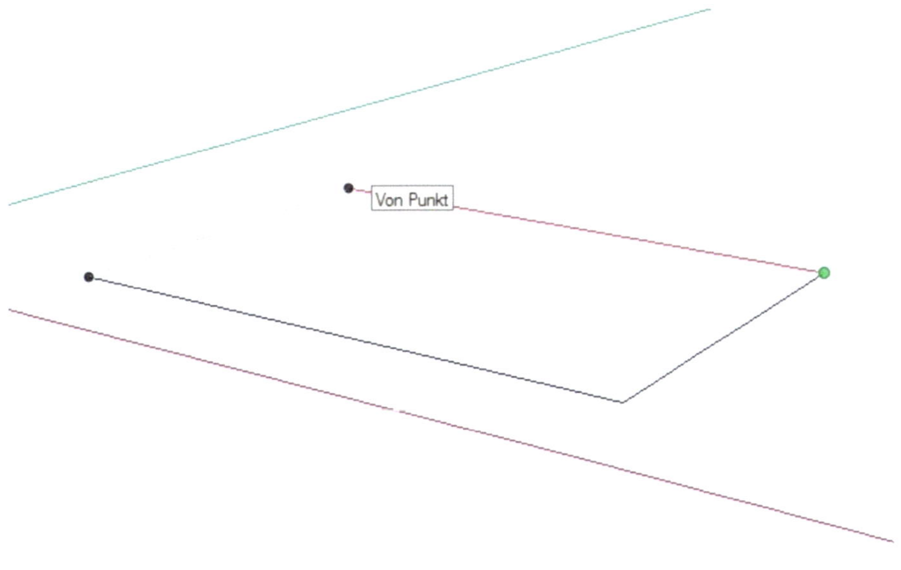

Fixieren von Ableitungen:

Manchmal kann es vorkommen, dass die vorhandene Geometrie eine Ableitung zwischen Punkten verhindert und damit das Zeichnen erschwert. Verwenden Sie zur Abhilfe in diesem Fall eine Ableitungsfixierung, die SketchUp anweist, nicht von der gewünschten Richtung abzuweichen. Um die

Ableitungsfixierung zu nutzen, halten Sie die Umschalttaste gedrückt, sobald SketchUp die gewünschte Ausrichtung (die Ableitungslinie wird fett angezeigt) als Ableitungsrichtung einschlägt. Die Ausrichtung bleibt dann unverändert, selbst dann, wenn Sie die Maus bewegen und/oder einen zweiten Ableitungspunkt auswählen.

Die Ableitungsbedingungen können beliebig fixiert werden:

- entlang einer Achsenrichtung
- entlang einer Kantenrichtung
- auf einer Fläche
- von einem Punkt aus
- parallel oder
- senkrecht zu einer Kante usw.

Erzwingen von Ableitungsrichtungen:

Sie können SketchUp zwingen, parallel zu einer bestimmten Achse eine Ableitung zu erstellen, indem Sie eine der folgenden Tasten bei der Verwendung der Linien-, Verschiebe- oder der Maßbandfunktion gedrückt halten.

- Nach-rechts-Taste = rote Achse
- Nach-links-Taste = grüne Achse
- Nach-oben- oder Nach-unten-Taste = blaue Achse

Ableitungstypen :

Es gibt drei Hauptableitungstypen:

- Punktableitungen
- lineare Ableitungen
- planare Ableitungen

SketchUp kombiniert oft Ableitungen, um eine komplexe Ableitung zu bilden.

Punktableitung

Eine Punktableitung geht vom genauen Punkt des Cursors im Modell aus. Es folgt eine Liste der Ableitungstypen:

Endpunkt: Die Ableitung „Endpunkt“ kennzeichnet das Ende eines Linien- oder Bogenelements. Die Ableitung „Endpunkt“ wird durch einen grünen Kreis dargestellt.

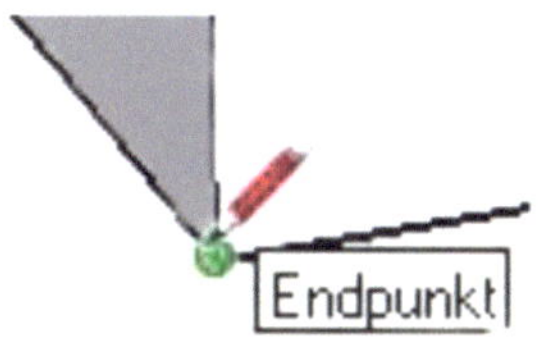

Mittelpunkt: Die Ableitung „Mittelpunkt“ kennzeichnet den Symmetriepunkt auf einer Linie oder Kante. Die Ableitung „Mittelpunkt“ wird durch einen cyanfarbenen Kreis dargestellt.

Schnittpunkt: Die Ableitung „Schnittpunkt“ kennzeichnet einen genauen Punkt, an dem sich eine Linie mit einer anderen Linie oder einer Fläche schneidet. Die Ableitung „Schnittpunkt“ wird durch ein rotes x dargestellt.

Ableitung auf einer Fläche: Die Ableitung „Auf Fläche“ kennzeichnet einen Punkt, der auf einem Flächenelement liegt und wird durch einen blauen Diamanten dargestellt.

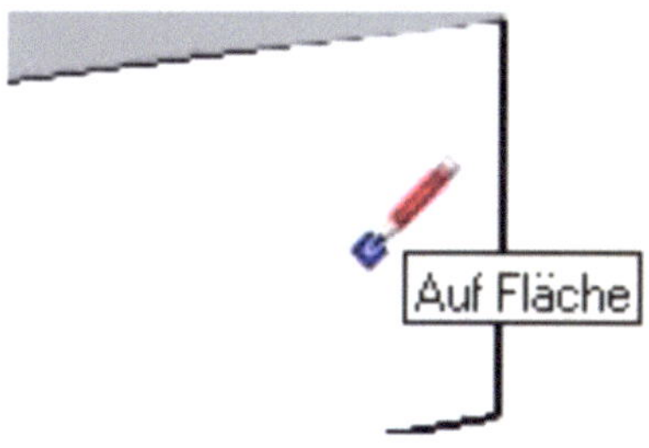

Ableitung auf einer Kante: Die Ableitung „Auf Kante“ kennzeichnet einen auf einer Kante liegenden Punkt und wird durch ein rotes Quadrat dargestellt.

Lineare Ableitung: Eine lineare Ableitung rastet auf einer Linie bzw. in einer räumlichen Richtung ein. Zusätzlich zum QuickInfo wird bei einer linearen Ableitung beim Zeichnen manchmal eine vorübergehend gepunktete Linie angezeigt.

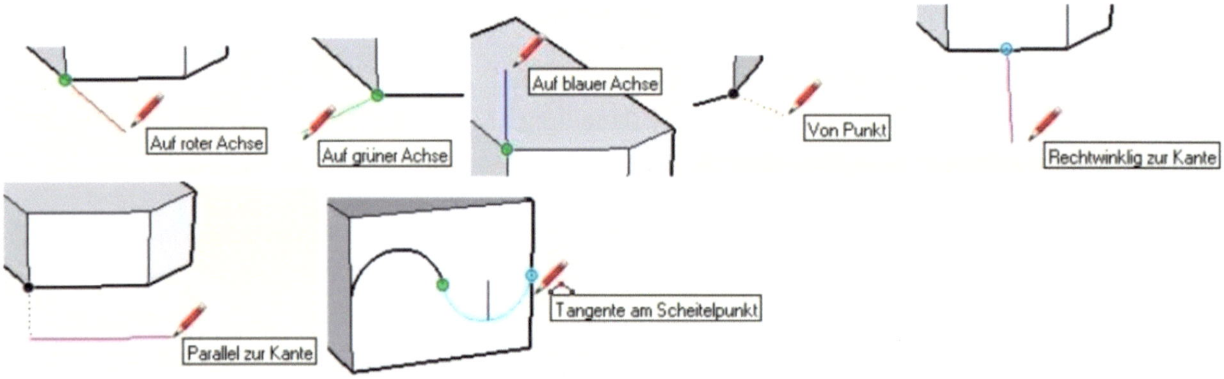

Die Ableitung **„Auf roter Achse“** kennzeichnet eine lineare Ausrichtung an der roten Zeichnungsachse und wird durch eine rote Linie dargestellt.

Die Ableitung **„Auf grüner Achse“** kennzeichnet eine lineare Ausrichtung an der grünen Zeichnungsachse und wird durch eine grüne Linie dargestellt.

Die Ableitung **„Auf blauer Achse“** kennzeichnet eine lineare Ausrichtung an der blauen Zeichnungsachse und wird durch eine blaue Linie dargestellt.

Von Punkt: Die Ableitung „Von Punkt“ kennzeichnet eine lineare Ausrichtung ab einem bestimmten Punkt in Richtung der Zeichnungsachsen und wird durch eine gepunktete Linie dargestellt, deren Farbe der Achsenrichtung (rot, grün oder blau) entspricht.

Rechtwinklig: Die Ableitung „Rechtwinklig“ kennzeichnet die rechtwinklige Ausrichtung zu einer Kante und wird durch eine magentarote Linie dargestellt.

Parallel: Die Ableitung „Parallel“ kennzeichnet eine parallele Ausrichtung zu einer Kante und wird durch eine magentarote Linie dargestellt.

Tangente am Scheitelpunkt: Die Ableitung „Tangente am Scheitelpunkt“ kennzeichnet einen Bogen, dessen Scheitelpunkt tangential zum Scheitelpunkt eines vorher gezeichneten Bogens ist und wird durch einen zyanfarbenen Bogen dargestellt.

Formableitungen: SketchUp kennzeichnet Halbkreise, Quadrate und goldene Schnitte mit eindeutigen Ableitungsanzeigen.

- **Halbkreis (links):** Die Ableitung „Halbkreis“ kennzeichnet einen Bogen, der genau die Hälfe eines Kreises ist.
- **Quadrat (mittig):** Die Ableitung „Quadrat“ kennzeichnet ein Rechteck, dessen Seiten alle gleich lang sind.
- **Goldener Schnitt (rechts):** Die Ableitung „Goldener Schnitt“ kennzeichnet ein Rechteck, dessen Eigenschaften dem goldenen Verhältnis entsprechen, das im Mathematik- und Kunstbereich bekannt ist.

Zeichenebeneableitung: SketchUp rastet bei den Ebenen ein, die von den Zeichnungsachsen oder Ihrer Ansicht definiert sind, wenn es nicht an der Geometrie im Zeichenbereich einrasten kann. SketchUp zeichnet beispielsweise auf der Bodenebene, wenn der Blickwinkel die Bodenebene ist.

Komponenten- und Gruppenableitungen: Alle Ableitungen gelten innerhalb von Komponentenelementen oder Gruppenelementen. Ableitungsanzeigen für Gruppen und Komponenten haben die gleiche Form, sind aber magentarot. QuickInfos für Gruppen und Komponenten werden dadurch erkennbar, dass der Satzteil „in Gruppe“ oder „in Komponente“ an das Ende der Ableitungs-QuickInfo angefügt wird.

Achsen im Raum

Bestimmen der Achsenbeziehungen im wirklichen 3D-Raum.

Zeichnungsachsen sind bei SketchUp drei farbige Linien (rot, grün und blau), die rechtwinklig zueinander verlaufen und im Zeichenbereich angezeigt werden. Diese Achsen dienen als nützliche Orientierungshilfe während Ihrer Arbeit im 3D-Raum.

Die Ebene, in der die rote und grüne Achsenlinie liegen, wird als Bodenebene bezeichnet. Der Begriff Nullpunkt bezeichnet die Stelle, an der alle Achsenlinien beginnen oder ihren Ursprung haben.

Jede Achse hat auf einer Seite des Nullpunkts eine durchgezogene Linie und auf der anderen Seite des Nullpunkts eine gepunktete Linie. Im Folgenden werden alle Linien erklärt, die vom Nullpunkt ausgehen:

- Die **durchgezogene blaue Linie** führt vom Nullpunkt nach oben.
- Die **gepunktete blaue Linie** führt vom Nullpunkt nach unten.
- Die **durchgezogene rote Linie** führt vom Nullpunkt nach Osten.
- Die **gepunktete rote Linie** führt vom Nullpunkt nach Westen.
- Die **durchgezogene grüne Linie** führt vom Nullpunkt nach Norden.
- Die **gepunktete grüne Linie** führt vom Nullpunkt nach Süden.

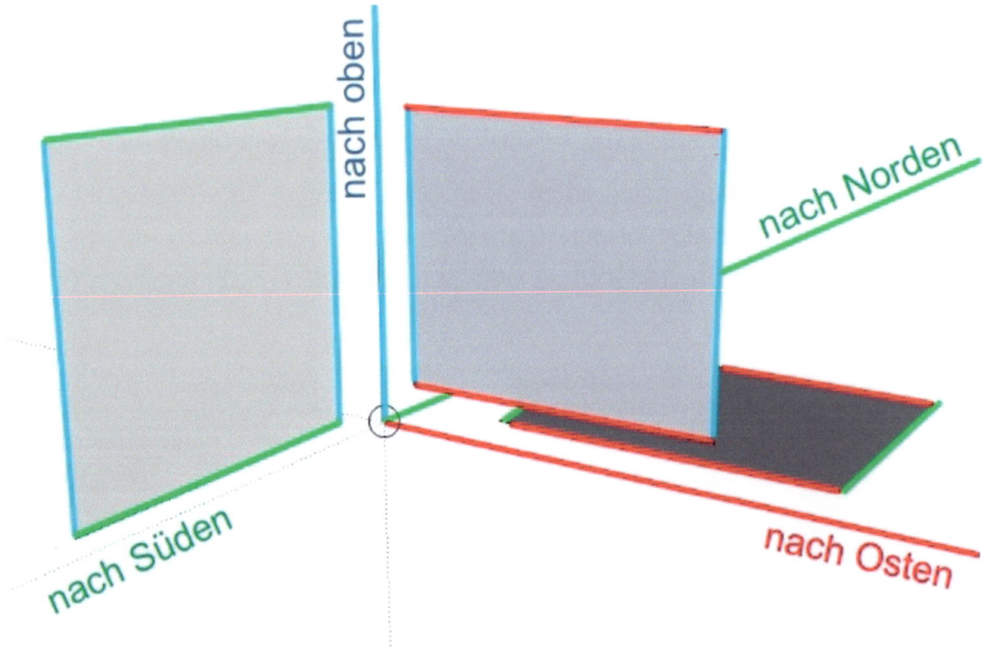

Ein Verständnis der Achsen im wirklichen 3D-Raum ist wichtig, wenn Sie Modelle in **Google Earth** platzieren oder realistische Schatten werfen lassen wollen. Sie können sogar Datum und Uhrzeit des Sonnenstandes einstellen!

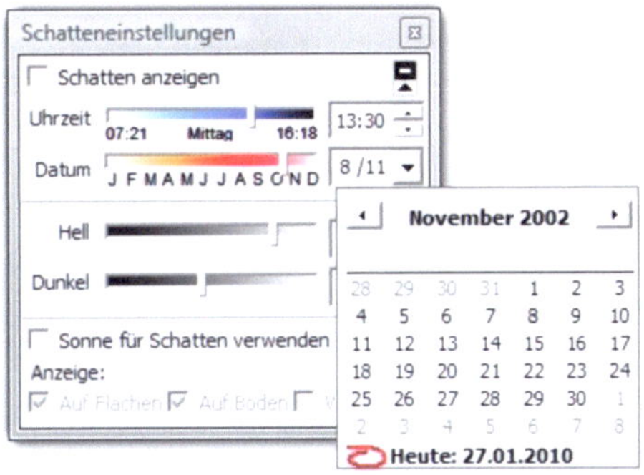

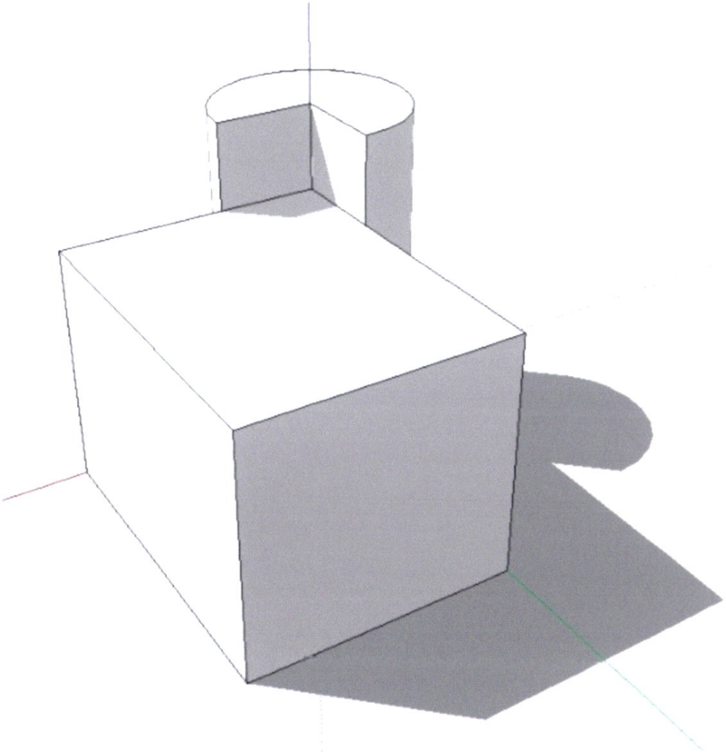

Komponenten

Komponenten sind vorgefertigte Modelle, die Sie in Ihren SketchUp-Modellen und -Szenen wiederverwenden können. Vorgefertigte Komponenten sind im Komponenten-Browser (Fenster > Komponenten) verfügbar. Alle Modelle, die Sie entwickeln, können eine Komponente sein. Komponentenelemente ähneln Gruppen, sie können jedoch in allen SketchUp-Modellen wiederverwendet werden. Gruppenelemente dagegen werden verwendet, um zwei oder mehr Elemente in Ihrem Modell für schnelle Vorgänge, z. B. Kopieren, zu kombinieren. Ihre Verbindung ist selten von Dauer.

Damit wird deutlich, dass Komponenten in einer Zeit massenhafter Produktion zu den Bausteinen unserer multiplen Umwelt werden. Ob es Fenster in Wolkenkratzern oder schmucke Siedlungshäuser sind, Designersessel oder Bohrmaschinen. Was Wunder also, dass auch Sketchup ihnen einen gewissen Stellenwert zuweist.

Dynamische Komponenten sind Komponenten mit Parametern. Zum Beispiel eine Treppenkomponente, die automatisch weitere Stufen hinzufügt, wenn sie in der Größe geändert wird. Alle SketchUp-Nutzer können dynamische Komponenten verwenden. Nur SketchUp Pro-Nutzer können jedoch dynamische Komponenten entwickeln.

Über > **Datei** > **3D-Galerie** > **Modelle übernehmen** können Sie aus Googles Warehouse herunterladen, was Sie so für Ihre Arbeit brauchen. Besonders beliebt sind natürlich Möbel und standardisierte Einrichtungselemente. So spart man sich viel Arbeit. Außerdem kann man alle Komponenten bzw. Modelle noch an die eigenen Bedürfnisse anpassen.

Natürlich kann man auch Modell gemeinsam verwenden. Mit einem gültigen Account kann man nämlich auch eigene Modelle und Komponenten auf den Server hochladen und so von überall aus darauf zugreifen. So wie andere Nutzer auch.

Zu dem Modell, das Ihnen sicher schon öfter auf meiner Seite begegnet ist, wollte ich einen schattenspendenden Baum haben. Kurz mal aus dem 3D-Warehaus geholt und direkt ins Modell eingebunden!

Komponenten selbst erstellen

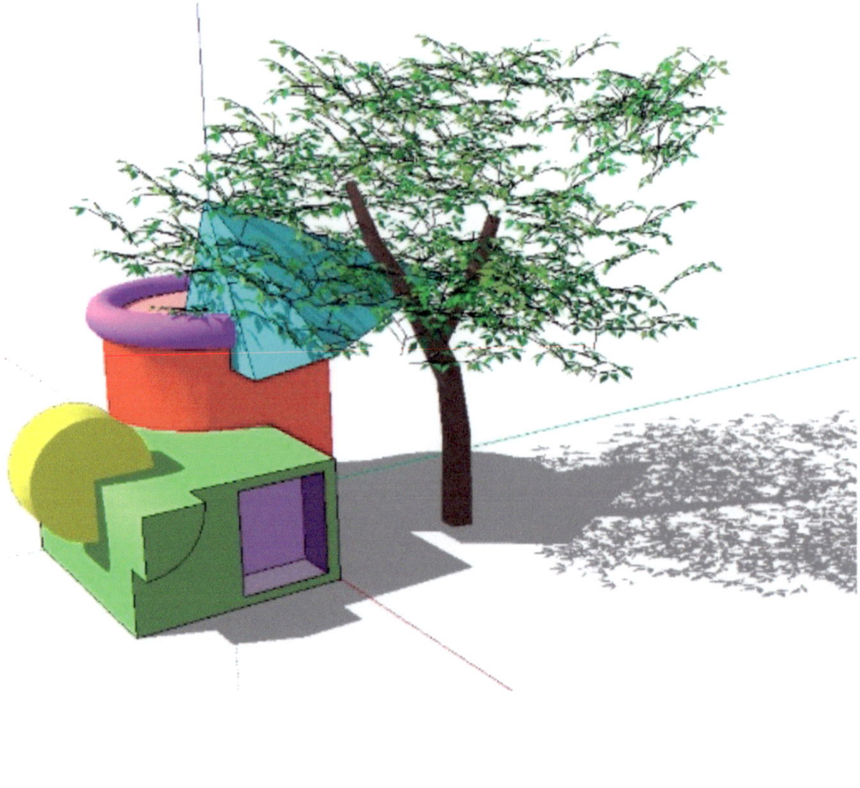

Jedes mit SketchUp erstellte Modell oder Teilmodell kann zu einer Komponente werden. Dazu muss es zunächst einmal mit allen vorgesehenen Elementen ausgewählt werden. Nun kann man entweder mit dem Shortcut Taste „G“ das Dialogfenster aufrufen, oder den langen Weg über > Bearbeiten > Komponente erstellen gehen. Den Speicherort können Sie über > Fenster > Voreinstellungen festlegen. Den Pfad brauchen Sie später auch, wenn Sie erstellte Komponenten laden oder in Sammlungen organisieren wollen.

Haben Sie die Auswahl in eine Komponente verwandelt, dann können Sie diese über > Bearbeiten > Komponente > Speichern unter im voreingestellten Verzeichnis sichern. Und natürlich noch einiges mehr tun…

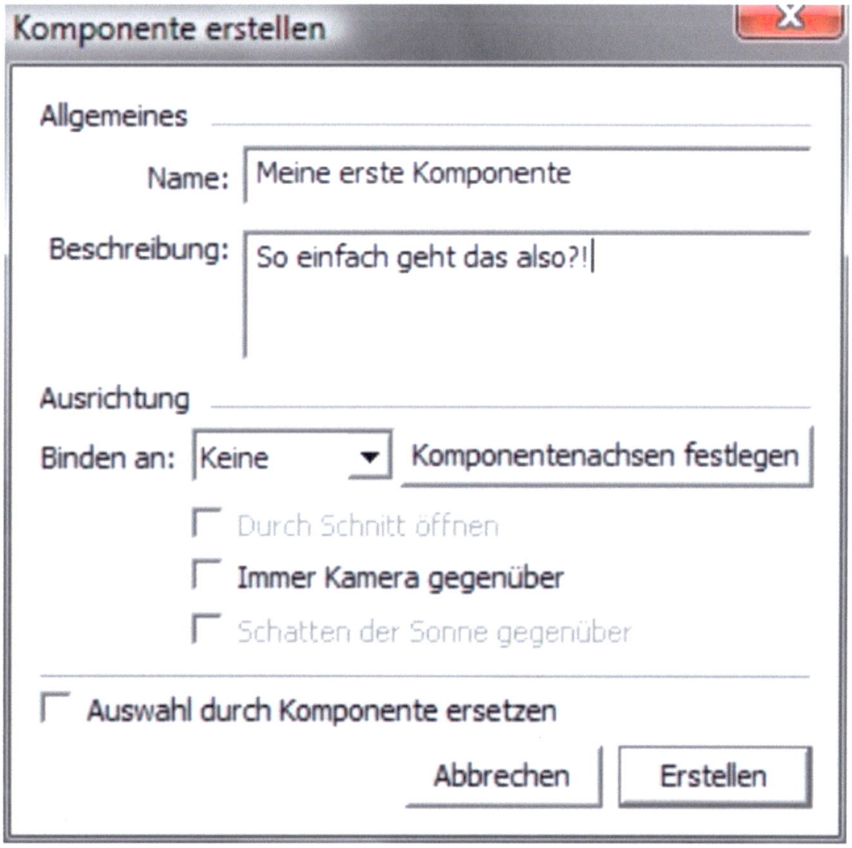

Aus den eigenen wie auch heruntergeladenen Modellen / Komponenten können Sie Sammlungen erstellen, die ein wenig Ordnung in die sicher bald größer werdende Zahl bringen können. Dazu öffnen Sie bitte über > Fenster > Komponenten dieses Auswahlfenster.

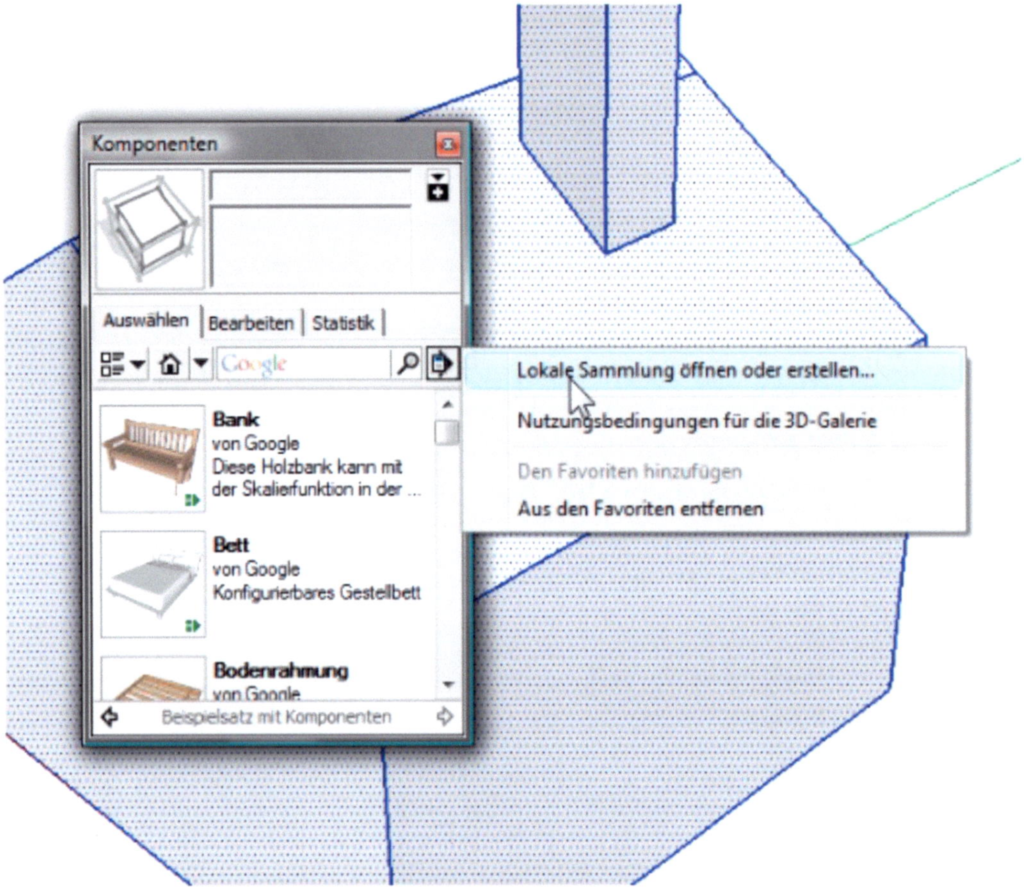

Mit dem kleinen Pfeil rechts neben dem Suchfeld können Sie Menü aufklappen, über das Sie Sammlungen öffnen, aber auch erstellen können.

Sie können sowohl Modelle als auch Komponenten in das 3D-Warehouse von Google hochladen. Gehen Sie dazu ins Menü > Datei > 3D-Galerie. Sie können dann zwischen Komponente und Modell wählen, obwohl es keinen wirklichen Unterschied gibt. Modelle sind meist sehr viel komplexer und stellen bestimmte reale Objekte wie zum Beispiel Gebäude dar, während Komponenten vielseitiger als Teilmodelle Verwendung finden.

Komponenten bearbeiten

Komponenten lassen sich aus Sammlungen abrufen und in Szenen und Modelle einfügen. Und zwar nicht nur einmal! Wählen Sie eine Komponente in Ihrem Projekt aus, dann können Sie diese Kopieren und Verschieben. Schnell haben Sie aus einem Standardhaus eine Siedlung gebaut!

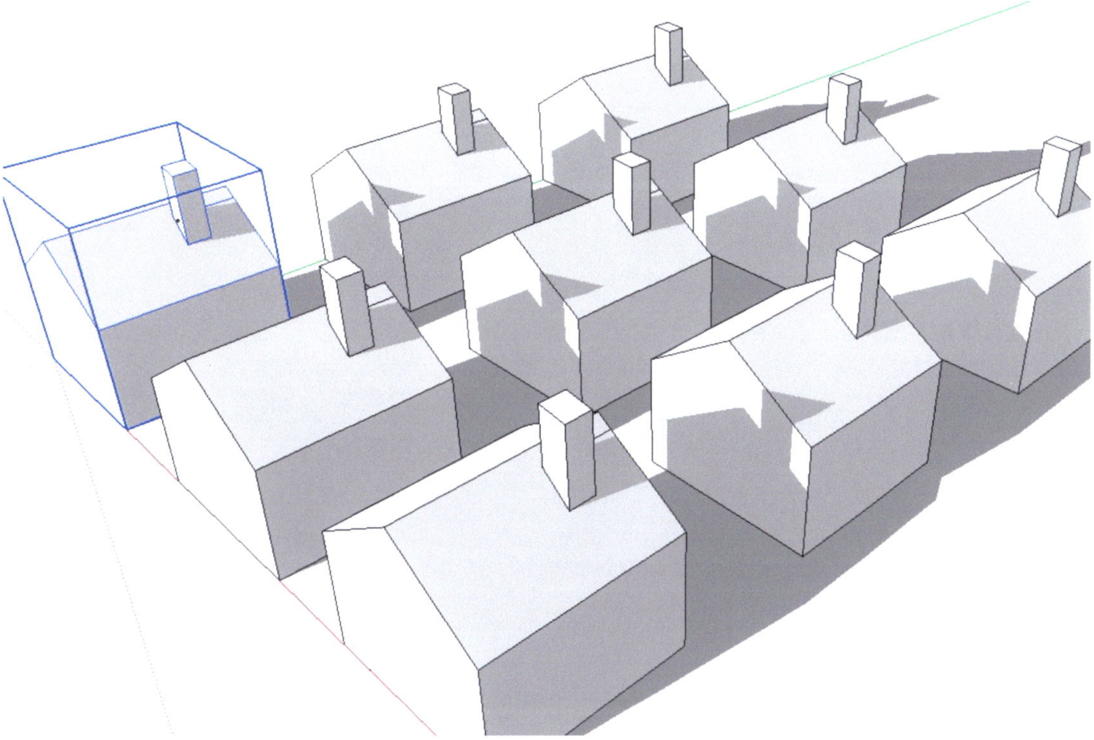

Im Unterschied zu Gruppen können Komponenten auch in anderen Projekten verwendet werden. Ein großer Vorteil, der viel Arbeit und Zeit sparen hilft!

Wollen Sie eine Komponente, die Sie eingefügt haben, ändern, dann klicken Sie diese mit der rechten Maustaste an (Ein Doppelklick tut es auch). Der Befehl > **Komponente bearbeiten** verwandelt den blauen Kasten, der eine Komponente auszeichnet, in einen grauen gepunkteten. Nun können Sie Veränderungen vornehmen.

Doch, oh Wunder! Was passiert denn da?! Alle Veränderungen, die Sie an einem Objekt vornehmen, werden absolut identisch an allen Kopien ebenfalls vorgenommen! Im Unterschied zu der Kopie einer Gruppe, die sich ganz unabhängig vom Original bearbeiten lässt, erbringt die Kopie einer Komponente eine neue Instanz. Und jede einzelne von ihnen repräsentiert die Definition, die für alle gilt. Wird sie geändert, dann passiert das in allen Kopien, sprich Instanzen auf gleiche Weise.

Möchte man nur ein einziges Haus verändern, muss man folglich anders vorgehen. Klicken Sie zunächst das zu bearbeitende Haus mit der rechten Maustaste an und wählen Sie den Befehl > Eindeutig machen. Auf diese Weise wird eine neue Komponente erzeugt und dieser Instanz zugeordnet. Nun könne wir das Haus mit einem Doppelklick zur Bearbeitung freigeben. Alle Änderungen beziehen sich nunmehr nur noch auf die „eindeutige“ Instanz!

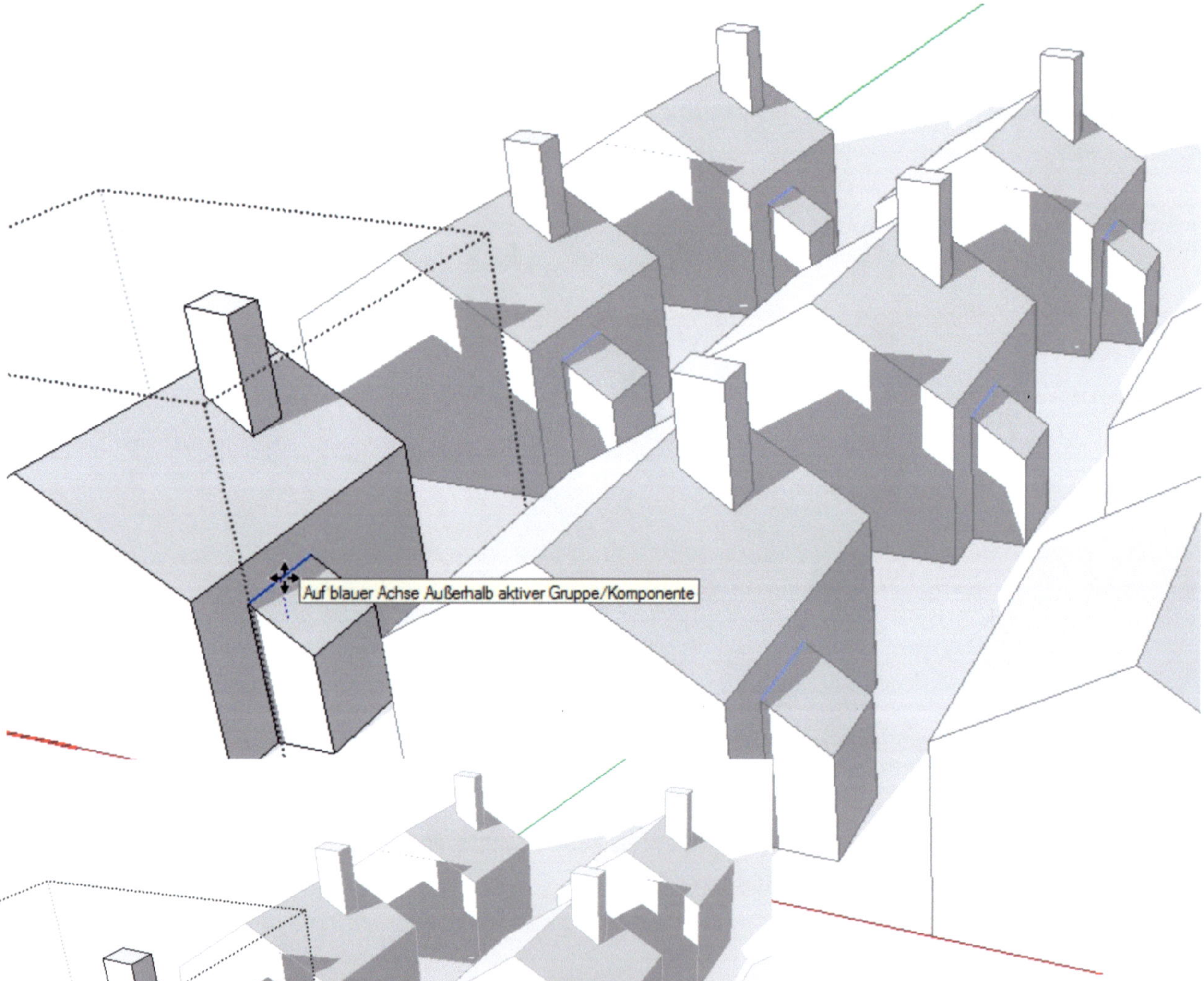

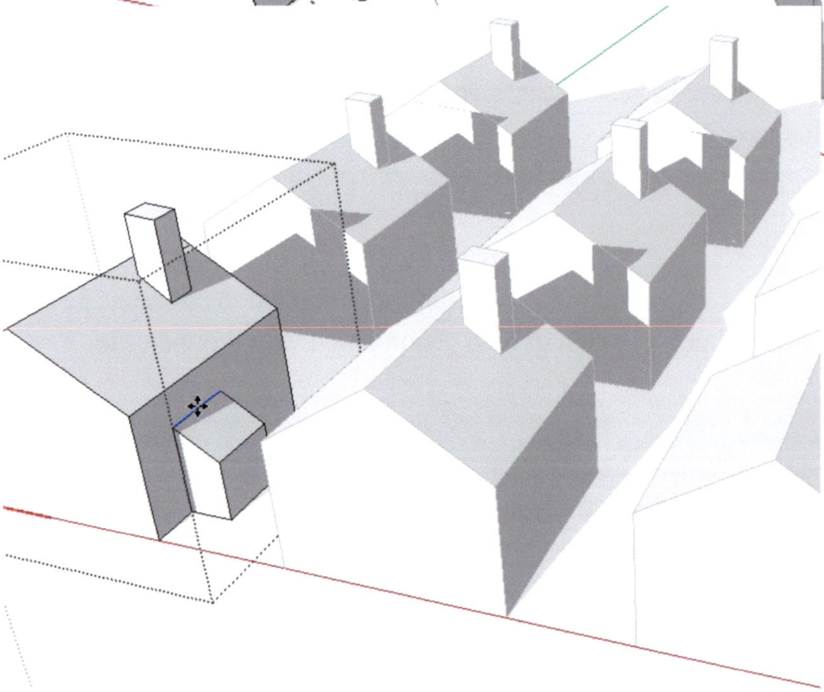

Sketchup hat dieser neuen Komponente ganz selbstständig einen aus dem Original abgeleiteten Namen gegeben. Wenn wir zunächst ins Leere klicken und dann diese mit der rechten Maustaste anklicken und die Elementinformationen abrufen, können wird das überprüfen und natürlich auch ändern.

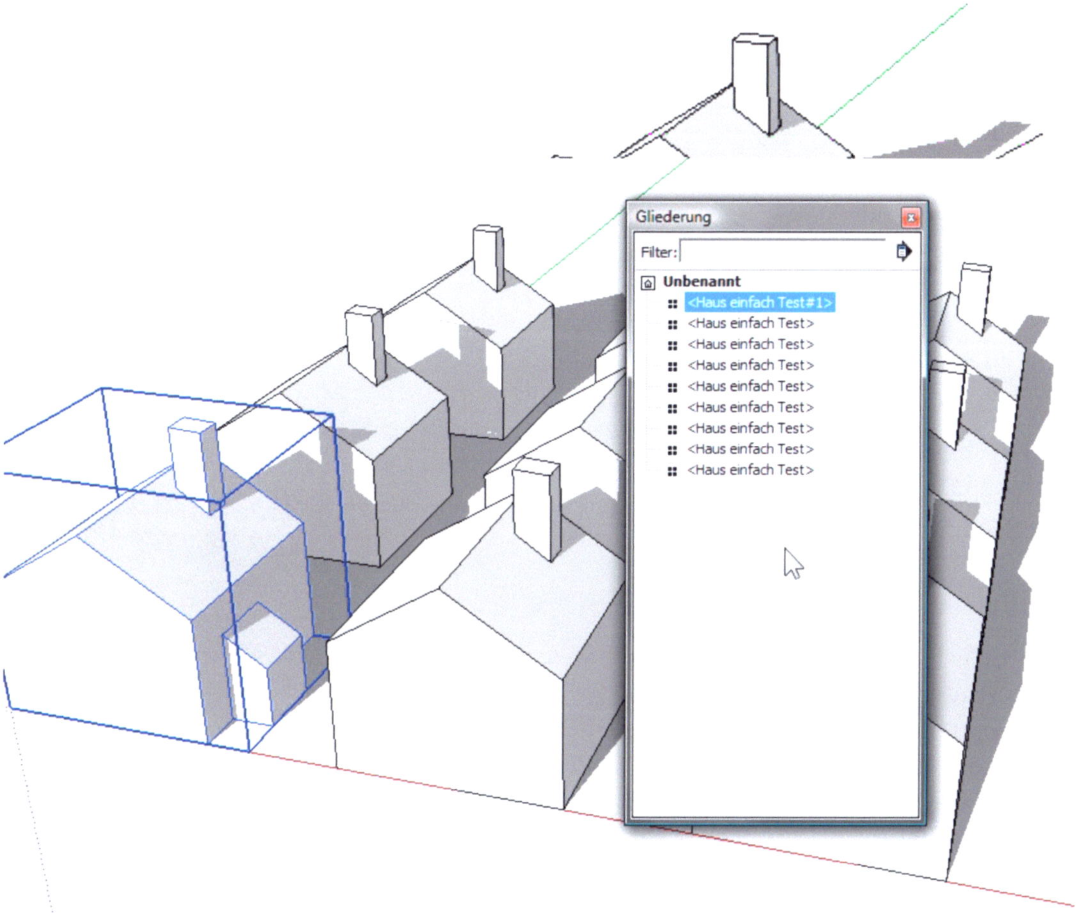

Komponenten können aus Instanzen anderer Komponenten aufgebaut sein. Zum Beispiel Räder von hier, Karosserien von dort und Fahrer aus allen Ländern der Welt. Natürlich auch Fahrerinnen. Alle geklont! Ändere ich eine, ändere ich alle. Um den Überblick zu bewahren gibt es im Menü > Fenster > Gliederung eine recht genaue Auflistung aller im Modell verwendeten Instanzen. Eindeutige Benamung ist also von Vorteil und sollte von Anfang an gepflegt werden.

Linien / Flächen

Eigentlich ist SketchUp ganz bescheiden in seinen Mitteln. Es kennt nur zwei Elemente, aus denen seine Welt besteht: Linien und Flächen. Linien können auch mal für sich einen Weg finden, oft aber umschließen Sie Flächen. Dann nennt man sie wohl besser Kanten. Gekrümmte Flächen und Volumen sind dem Programm völlig fremd. Zerschneiden Sie zum Beispiel einen Körper – wie, das lernen Sie noch – dann fliegt der Schwindel auf. Im Inneren ist Nichts! Alles besteht nur aus Oberflächen (surfaces) und Linien. Fast so wie ein Papierschneidemodell.

Das muss man wissen, um das Programm zu verstehen. Die Flächen haben auch zwei Seiten, eine Vorder- und eine Rückseite. An den Farben kann man sie unterscheiden. Die dunklere, für die ich nicht wirklich einen Namen finde, ist die Rückseite.

Manche Befehle funktionieren nur, wenn alle Flächen richtig gewendet sind. Mit einem Rechtsklick auf die Außenseiterin kann man die Fläche umkehren.

Auch Kreise bestehen aus einer einstellbaren und deshalb oft nicht mehr wahrnehmbaren Anzahl von geraden Linien. Eigentlich sind es sogar Strecken. Und die gekrümmten Flächen sind auch nicht wirklich sphärisch, sondern bestehen aus kleinen ebenen Flächen.

Hat Sketchup einmal eine geschlossene Form, die aus Linien besteht, begriffen, und einen Körper, der eben Kanten hat, dann tut das Programm sehr viel, um bei Veränderungen dies beizubehalten. Ein kleines Beispiel: Ein ganz normales Haus mit Satteldach. Wie geht man vor? Vermutlich werden die meisten von uns zunächst einmal einen Quader entwerfen, dann in der Mitte der Giebelseite eine Höhe festlegen, den First einzeichnen, und schließlich die Dachflächen. Sketchup ist da viel direkter. Der Quader, ja, der wird erst einmal konstruiert. Nun aber: von Seitenmitte zu Seitenmitte der Giebelansätze eine Linie, so was wie ein abgestürzter First, das reicht. Mit dem Verschieben-Werkzeug ziehe ich ihn einfach senkrecht nach oben, und die Dachschräge folgt willig.

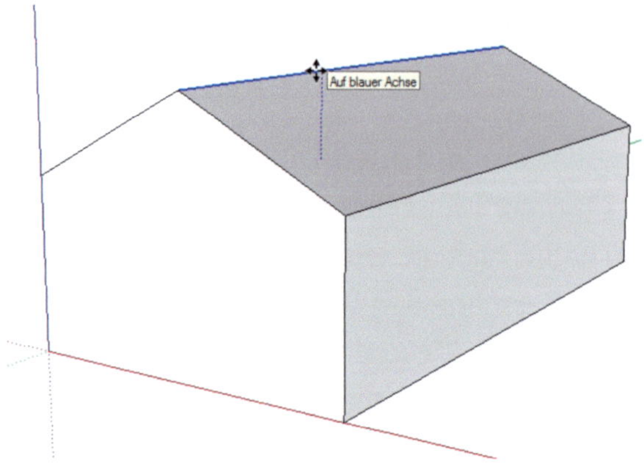

Flächen müssen in SketchUp immer eben bleiben. Deshalb faltet SketchUp die Flächen automatisch bzw. verbiegt sie soweit, dass jeder beliebige Vorgang ausgeführt werden kann, bei dem verworfene Flächen entstehen.

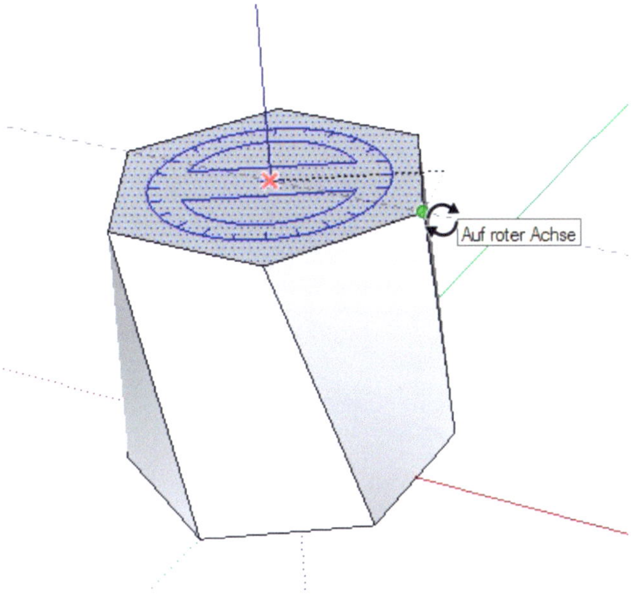

Eine sechseckige Säule wird an seiner Ehre, nein, seiner Oberfläche gepackt und gedreht. Die Seiten folgen den Kanten, so lange es eben geht.

Komplizierter wird es, wenn sich Körper wechselseitig durchdringen. Damit da was Dauerhaftes passiert muss man SketchUp auf die Sprünge helfen. Erst mit dem Befehl Verschneiden entstehen an den Durchdringungslinien echte Kanten, die dann neue Formen erzeugen. Bei Programmen, die mit Volumen, und nicht mit Flächen arbeiten, werden solche Booleschen Operationen mit links gemeistert. Aber mit ein wenig Geduld geht es bei SketchUp auch:

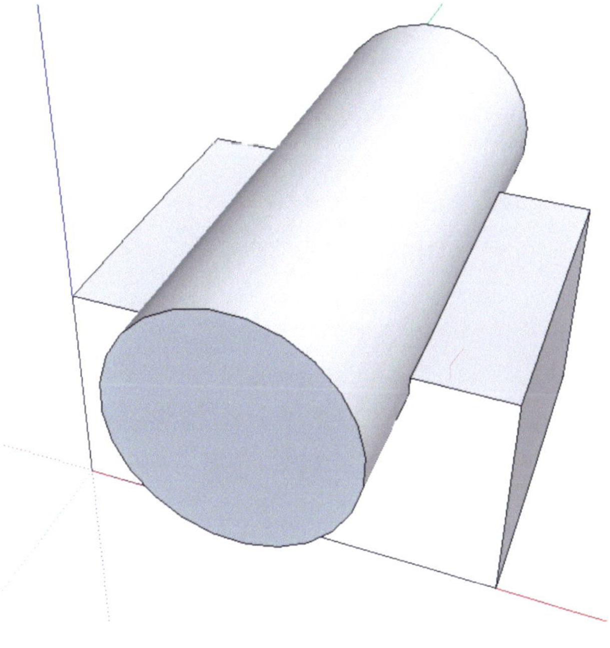

Zwei Körper durchdringen sich, aber ohne dass die gemeinsamen Durchdringungskanten wirklich erzeugt wären. Zunächst. Verschneiden!

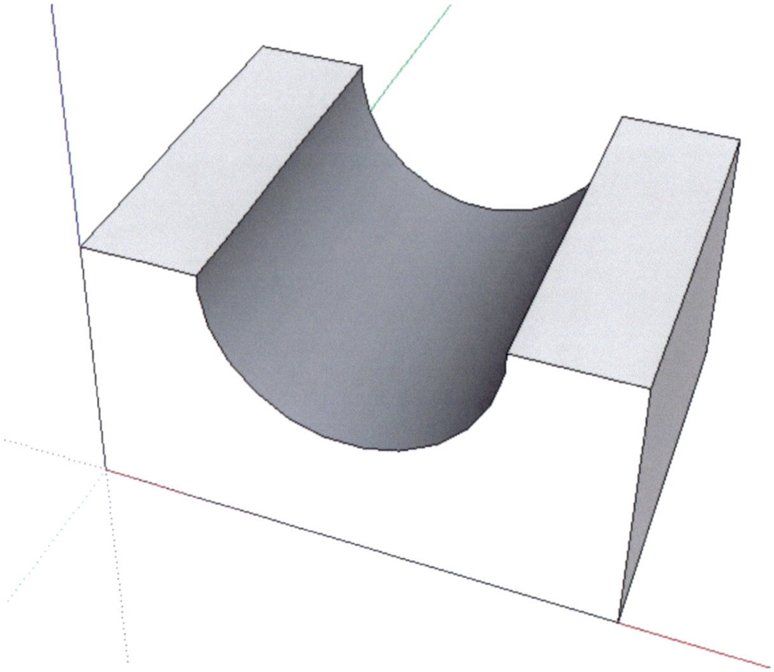

Dann entstehen neue Kanten und Flächen. Löscht man die oder jene Form mit all ihren Elementen, dann erhält man dieses oder jenes Ergebnis.

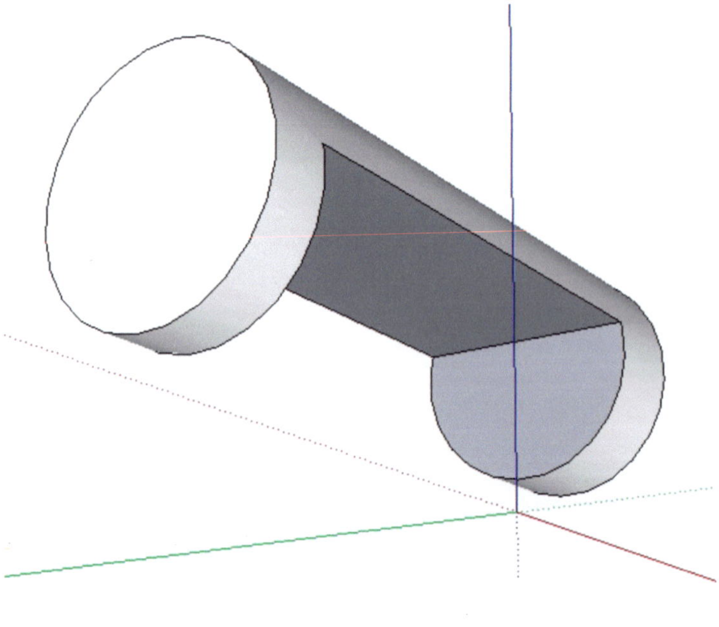

Rendern

Wer sich einigermaßen sicher im Umgang mit SketchUp fühlt sollte sich mal mit den Möglichkeiten des Renderns vertraut machen. Sehr gut dafür geeignet ist die Software Podium, die man sich zum Ausprobieren >>> hier herunterladen kann. Im Unterschied zur kostenpflichtigen Vollversion ist die Größe der Ausgabe auf maximal 500 x 500 Pixel begrenzt.

Die Software funktioniert in SketchUp wie ein Plugin. Die Bedienung ist einfach. Allerdings muss man auch ein wenig ausprobieren. Auf der Homepage des Herstellers kann man sich einige Videos anschauen, die schnell auf die Sprünge helfen.

Grundsätzlich werden die Einstellung des jeweiligen Stils in SketchUp angepasst werden müssen. Über das Fenster und dort über > Bearbeiten kann man einstellen, ob der Himmel und der Boden aktiv sind. Auch die Einstellungen des Schattens wirken sich aus! Oft ist es ratsam, seinem Modell eine zusätzliche Bodenfläche aus einem einfachen Rechteck zu spendieren. Aber das probiert man mal selbr aus.

Die Beleuchtung funtioniert entweder über die Einstellungen bei Sketchup, oder kann in Podium selbst eingestellt werden. Prinzipiell gibt es da zwei Möglichkeiten:

- **LEMs** (lichtemitierende Flächen, die quasi aus sich heraus leuchten)
- **Omnilights** (gruppierte Objekte, die wie Lampen wirken)

Hat man sich beim Hersteller registriert kann man sich eine ganze Menge Omnilights, von der Tischlampe bis zur Straßenlaterne, kostenlos downloaden. Diese und mehr Angebote finden Sie unter > Registered User.

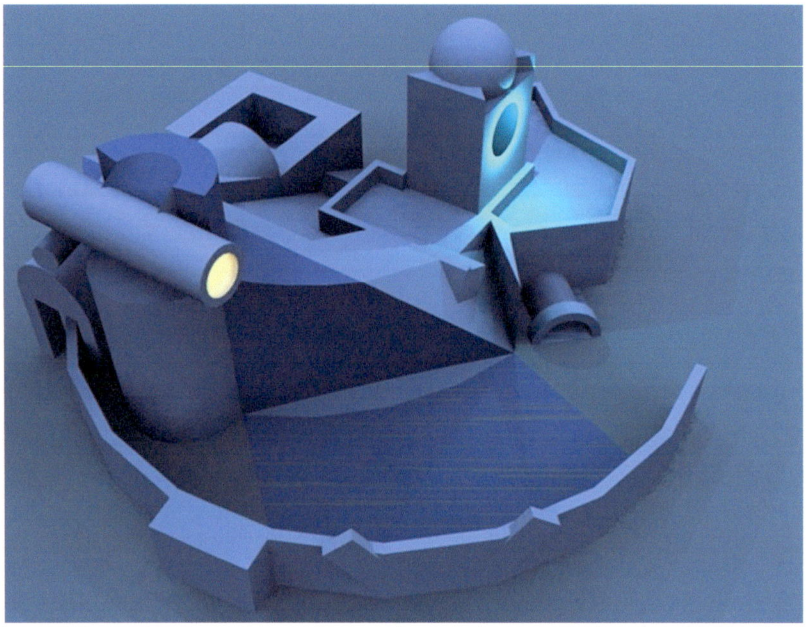

Die beiden Lichtquellen sind LEMs. Dazu einfach eine Fläche auswählen und im aktivierten Podium-Plugin den Schieberegler für Licht auf etwa 15 stellen. Man kann auch die Reflektionsfähigkeit einstellen. Bei 100% erhält man einen Spiegel!

Hier habe ich einfach mal ein fertiges Omnilight aus dem kostelosen Paket eingefügt. Sicher, die Größe muss noch angepasst werden. Aber so wird der Effekt doch etwas deutlicher.

Werkzeuge

Von Haus bringt Sketchup einige sehr mächtige Werkzeuge mit, die in Gruppen unterteilt werden:

- Zeichnen
- Bearbeiten
- Ansicht

Zeichnen

Die Palette der Zeichenwerkzeuge wirkt auf den ersten Blick sehr karg, ist aber dann in der Praxis doch sehr vielseitig nutzbar:

- Linie
- Freihand
- Bogen
- Rechteck
- Kreis
- Vieleck

Die ersten drei Werkzeuge erzeugen Linien und Kanten, können im Zusammenspiel aber auch Flächen einschließen, während die letzten drei diese bereits auf direktem Wege bilden.

Linie

Taste: L

Mit der Linienfunktion kannst Du Kanten oder Linienelemente zeichnen. Linienelemente können miteinander verbunden werden, um eine Fläche zu formen.

Außerdem können mit der Linienfunktion Flächen unterteilt oder gelöschte Flächen „geheilt“, also wieder geschlossen werden.

Linien können auf vorhandenen Flächen oder unabhängig von vorhandener Geometrie erstellt werden. Wähle die Funktion Linie (Linienfunktion) aus. Der Cursor verwandelt sich in einen Stift. Klicke auf einen Punkt, um den Anfangspunkt der Linie festzulegen. Bewege den Cursor an den Endpunkt der Linie. Beim Zeichnen einer Linie wird die Länge dynamisch in der Maßangabensymbolleiste rechts unten angezeigt. Klicke mit der Maus, um die Linie zu zeichnen. Dieser Endpunkt kann auch der Anfangspunkt für eine weitere Linie sein.

Die Linienlänge kann mit der Maßangabensymbolleiste entweder vor dem Anklicken des zweiten Punktes oder direkt nach dem Zeichnen genau festgelegt werden.

Tipp: Man kann auch auf einen Punkt klicken und die Maustaste gedrückt halten, um den Anfangspunkt der Linie festzulegen, und dann den Cursor bei gedrückter Taste nach außen ziehen, um die Länge festzulegen. Lasse die Maustaste los, um die Linie abzuschließen.

Weitere Informationen über das Einstellen des Zeichenverhaltens findest Du im Dialog „Zeichnen“ des Dialogfelds „Voreinstellungen“.

Hinweis: Drücke die Esc-Taste zu einem beliebigen Zeitpunkt, um den Vorgang erneut zu beginnen.

Erstellen genauer Linien

In der Maßangabensymbolleiste wird beim Zeichnen von Linien die Länge der Linien angezeigt. Man kann hier auch einen Längenwert für die Linie festlegen. Gebe dazu die Länge in die Maßangabensymbolleiste ein, nachdem Du den Anfangspunkt der Linie festgelegt hast, und drücke die Eingabetaste. SketchUp verwendet die aktuellen Einheiteneinstellungen des Dokuments, wenn nur ein nummerischer Wert eingegeben wird. Man kann aber auch jederzeit britische (1’6″) oder metrische (3,652m) Maßeinheiten verwenden, unabhängig von den für das aktuelle Modell festgelegten Maßeinheiten.

Hinweis: Die Linienfunktion rastet bei einer beliebigen vorher in der Maßangabensymbolleiste eingegebenen Länge ein.

Eingeben von 3D-Koordinaten

Mit der Maßangabensymbolleiste kann auch das Ende der Linie an einer genauen Koordinate im Raum platziert werden. Gebe dazu die Koordinaten eines Punktes im 3D-Raum in eckigen Klammern ein, z. B. [x; y; z], um absolute Koordinaten relativ zur aktuellen Achse zu erhalten.

Bearbeiten von Linienelementen

Mit der Verschiebefunktion kann die Länge eines Linienelements, das noch keine Fläche einfasst, verändert werden. Klicke auf den Endpunkt des Linienelements und ziehe ihn mit gedrückter Maustaste, um die Länge des Linienelements anzupassen.

Man kann die Länge auch im Dialogfeld „Elementinformationen" des Elements anpassen.

Wird die Linie erst mit dem Auswahlwerkzeug markiert, dann kann sie mit dem Verschiebewerkzeug neu platziert werden. Verschiebt man die Linie am Endpunkt, so lässt sie sich an anderen Ableitungspunkten einrasten!

Verschiebt man eine Linie, die eine geschlossene Fläche begrenzt, so wird diese verzerrt!

Zeichnen von Linien durch Ableitung

Die Linienfunktion verwendet die komplexe geometrische Ableitungsfunktion von SketchUp zum Platzieren der Linien im 3D-Raum. Die Ableitungsentscheidungen, die von der Ableitungsfunktion getroffen werden, werden im Zeichenbereich als Ableitungspunkte und Ableitungslinien angezeigt. Diese Linien und Punkte zeigen die genaue Ausrichtung zwischen der gezeichneten Linie und der Geometrie des Modells an.

Fixieren einer Linie auf die aktuelle Ableitungsrichtung

Drücke, während die von Dir gezeichnete Linie die spezielle Farbe einer Achse hat, die Umschalttaste und halten sie gedrückt. So fixierst Du den Zeichenvorgang auf diese Achse.

Fixieren einer Linie auf eine spezielle Ableitungsrichtung

Drücke beim Zeichnen einer Linie entweder auf die Taste mit dem Pfeil nach oben, nach links oder nach rechts und halte diese gedrückt, um die Linie auf eine spezielle Achse zu fixieren. Der Pfeil nach oben entspricht blau, der Pfeil nach links grün und der Pfeil nach rechts rot.

Unterteilen von Linien in gleich lange Segmente

Liniensegmente können in eine beliebige Anzahl gleich langer Liniensegmente unterteilt werden. Klicke mit der rechten Maustaste auf eine Linie. Wähle aus dem Kontextmenü „Unterteilen“ aus. SketchUp platziert Punkte auf der Linie, um anzuzeigen, wo die Linie unterteilt wird.

Bewege den Cursor in Richtung Linienmittelpunkt, um die Anzahl der Segmente zu reduzieren. Bewege ihn an eines der Linienenden, um die Anzahl der Segmente zu erhöhen. Klicke auf die Linie, wenn die gewünschte Anzahl von Segmenten angezeigt wird.

Teilen von Linien

SketchUp teilt Linien automatisch, wenn neue Linien sie schneiden. Wenn beispielsweise eine neue Linie zum Mittelpunkt (gekennzeichnet durch ein zyanfarbenes Quadrat) einer anderen Linie gezeichnet wird, dann wird die Linie halbiert. Dies gilt auch für Formen wie zum Beispiel Kreis und Bogen!

Teilen von Flächen

Durchschneidet eine Linie eine Fläche, so wird sie in Teile zerschnitten, die sich unabhängig bearbeiten lassen.

Freihand

Mit der Freihandfunktion können Sie unregelmäßige, handgezeichnete Linien in Form von Kurvenelementen und 3D-Polylinienelementen zeichnen. Kurvenelemente bestehen aus mehreren verbundenen Liniensegmenten. Diese Kurven verhalten sich als eine einzige Linie, weil sie Flächen definieren und unterteilen können. Außerdem sind sie so verbunden, dass durch Auswahl eines Segments das gesamte Element ausgewählt wird.

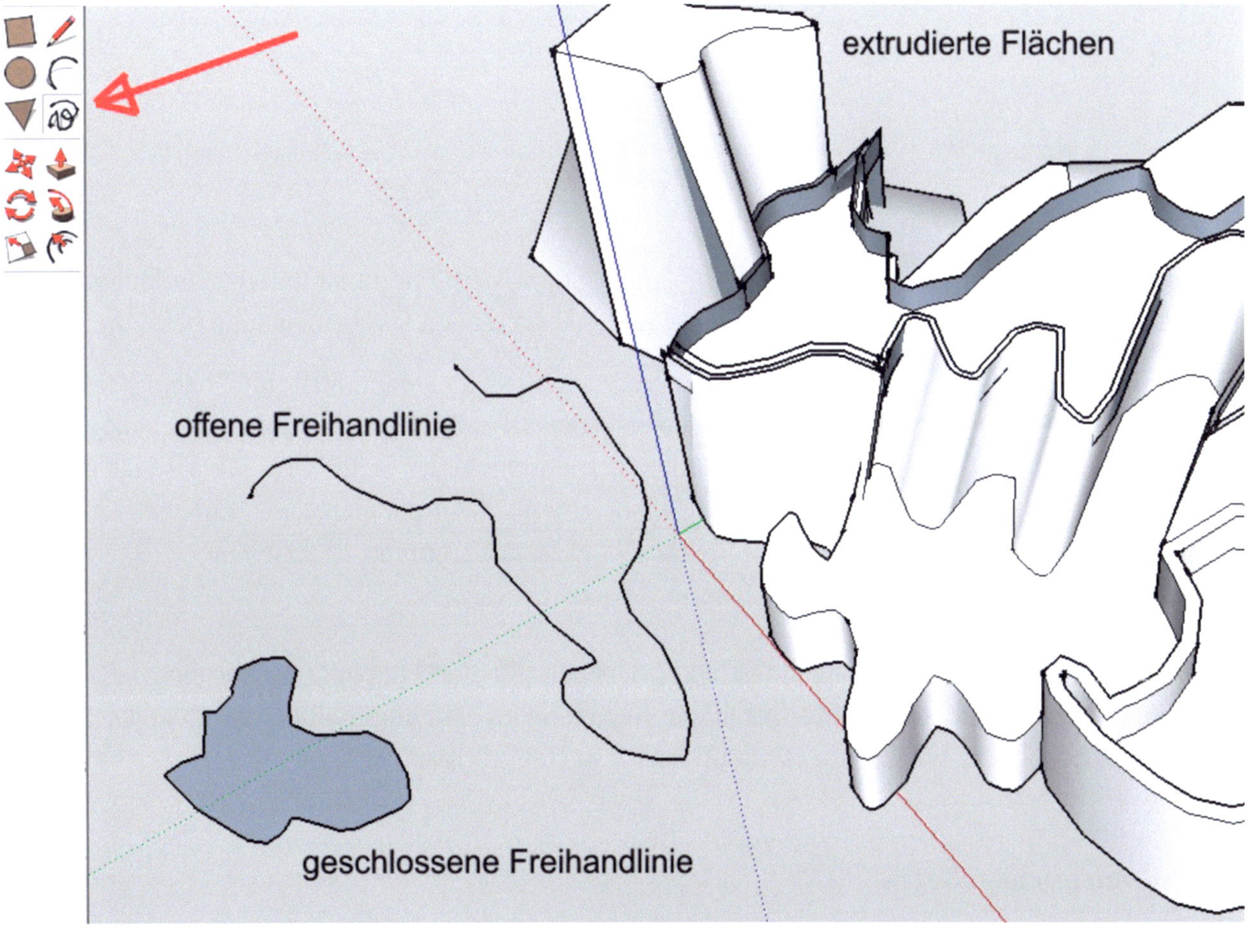

3D-Polylinien generieren keine Einrastableitungen oder beeinflussen Geometrie in keiner Weise. Mit 3D-Polylinien werden gewöhnlich importierte Zeichnungen und 2D-Zeichnungen nachgezeichnet oder Modelle dekoriert. Sie können eine 3D-Polylinie zeichnen, indem Sie die Umschalttaste drücken und diese gedrückt halten, bevor Sie mit dem Zeichnen beginnen. Mit der Verschiebefunktion können Sie die Länge eines Kurvenelements, das noch keine Fläche einfasst, bearbeiten.

Bogen

Taste: A (Arc)

Mit der Bogenfunktion können Bögen gezeichnet werden, die sich aus mehreren verbundenen Liniensegmenten (die einzeln bearbeitet werden können) zusammensetzen.

Zeichnen von Bögen

Bogenelemente bestehen aus drei Teilen: dem Anfangspunkt, dem Endpunkt und der Rundung. Der Abstand zwischen dem Anfangspunkt und dem Endpunkt wird auch als Sehnenlänge bezeichnet.

Wählen Sie die Funktion Bogen aus. Der Cursor verwandelt sich in einen Stift mit Bogen. Klicken Sie auf einen Punkt, um den Anfangspunkt des Bogens festzulegen. Bewegen Sie dann den Cursor in die gewünschte Richtung und legen Sie mit Mausklick den Endpunkt der Sehne fest. Sie wird als eine gerade Linie erstellt. Verschieben Sie nun den Cursor senkrecht zur geraden Linie, um den Rundungsabstand anzupassen und klicken Sie mit der Maustaste, um ihn zu fixieren.

Sie können die Sehnenlänge auch noch festlegen, nachdem Sie den Endpunkt des Bogens platziert haben. Rundungsabstand, Radius und Anzahl der Segmente können unmittelbar, nachdem der Bogen gezeichnet wurde, in der Maßangabensymbolleiste festgelegt werden.

Erstellen von genauen Bögen

Im Wertefeld der Maßangabensymbolleiste werden die Sehnenlänge des Bogens (nach dem Festlegen des Anfangspunkts) und anschließend der Rundungsabstand (nach Festlegen des Endpunkts) angezeigt.

Sie können genaue Längen für die Sehnen, den Rundungsabstand, den Radiuswert und die Anzahl der Segmente in die Maßangabensymbolleiste eingeben.

Ziehen Sie einen Bogenabstand heraus, rastet der Bogen vorübergehend als Halbkreis ein. Achten Sie dabei auf die Ableitungs-QuickInfo „Halbkreis“, die angibt, wann der Bogen die gewünschte Form hat.

Hinweis: SketchUp verwendet die Einheiteneinstellungen der aktuellen Datei, wird nur ein nummerischer Wert eingegeben. Man kann auch jederzeit britische (1’6″) oder metrische (3,652m) Maßeinheiten verwenden, unabhängig von der Voreinstellung. Einheiten werden im Dialog „Einheiten“ des Dialogfelds „Modellinformationen“ eingestellt.

Eingeben von Sehnenlängen

Die Bezeichnung der Maßangabensymbolleiste zeigt „Länge“ an, nachdem der Anfangspunkt eines Bogens platziert wurde. Geben Sie die Sehnenlänge in die Maßangabensymbolleiste ein, nachdem Sie den Anfangspunkt des Bogens festgelegt haben, und drücken Sie dann die Eingabetaste. Legen Sie einen negativen Wert, wie beispielsweise -6,5″, fest, wenn die Länge der aktuellen Zeichenrichtung entgegengesetzt angewendet werden soll.

Festlegen von Rundungsabständen

Die Bezeichnung der Maßangabensymbolleiste zeigt ‚Rundung‘ an, nachdem Sie den Endpunkt des Bogens platziert haben. Geben Sie die Rundungslänge in die Maßangabensymbolleiste ein, nachdem der Endpunkt festgelegt wurde, und drücken Sie die Eingabetaste. Sie können den Rundungsabstand auch nach dem Erstellen des Bogens eingeben, solange die Bezeichnung der Maßangabensymbolleiste ‚Rundung‘ lautet. Negative Rundungswerte können auch verwendet werden, um einen Bogen entgegen der aktuellen Zeichenrichtung zu erstellen.

Festlegen eines Radius

Man kann anstelle eines Rundungsabstands auch einen Bogenradius festlegen. Geben Sie den gewünschten Radius, gefolgt vom Buchstaben „r“ in die Maßangabensymbolleiste ein und drücken Sie dann die Eingabetaste. Sie können diese Aktion beim Erstellen des Bogens oder unmittelbar danach durchführen. Beispielsweise: 24r oder 3’6″r oder 5mr.

Festlegen der Anzahl der Segmente

Auch die Anzahl der Segmente in einem Bogen lässt sich festlegen. Geben Sie die Anzahl der Segmente, gefolgt vom Buchstaben „s“ in die Maßangabensymbolleiste ein und drücken Sie dann die Eingabetaste. Man kann diese Aktion beim Erstellen des Bogens oder sofort danach durchführen. Beispielsweise: 20s.

Bearbeiten von Bogenelementen

Der Radius eines Bogenelements lässt sich mit der Verschiebefunktion bearbeiten. Wählen Sie die Funktion „Verschieben“ aus und der Cursor verwandelt sich in einen Pfeil mit vier Spitzen. Bewegen Sie den Cursor über das Bogenelement, um den Mittelpunkt des Bogenelements zu suchen. Klicken Sie auf den Mittelpunkt des Bogenelements und halten Sie die Maustaste gedrückt. Bewegen Sie nun den Cursor, um die Rundung des Bogenelements anzupassen.

Klicken Sie auf den Anfangs- oder Endpunkt des Bogens und halten Sie die Maustaste gedrückt. Bewegen Sie den Cursor, um den Radius und die Länge des Bogenelements anzupassen. Der Radius versucht, ein proportionales Verhältnis zur Basissehnenlänge beizubehalten. Im Dialogfeld „Elementinformationen“ des Bogenelements können Sie auch den Radius und die Anzahl der Segmente anpassen.

Bearbeiten von extrudierten Bögen

Wenn Sie mit der Funktion „Drücken/Ziehen“ eine 2D-Fläche mit einem Bogen extrudieren, dann wird ein besonderes Bogenoberflächenelement erstellt, dessen Radius sich ebenfalls bearbeiten lässt. Mit der Verschiebefunktion positionieren Sie den Kantenmittelpunkt neu. Der Satz bogenförmig gekrümmter Flächen (sowie die Mittelpunkte der beiden Bogenelemente, welche die Fläche definieren) wird entsprechend verschoben.

Rechteck

Taste: R (rectangle)

Mit der Rechteckfunktion können rechteckige Flächenelemente gezeichnet werden, indem man auf einen Startpunkt und dann auf die gewünschte gegenüberliegende Ecke klickt. Die Rechteckfunktion wird auf der Symbolleiste oder im Menü „Zeichnen“ aktiviert.

Rechtecke können auf vorhandenen Flächen oder unabhängig von anderen Elementen, ausgerichtet an einer Achsenebene, erstellt werden.

Ein Rechteck zeichnen:

1. Wählen Sie die Funktion Rechteck aus. Der Cursor verwandelt sich in einen Stift mit Rechteck.
2. Klicken Sie auf einen Punkt, um den ersten Eckpunkt des Rechtecks festzulegen.
3. Bewegen Sie den Cursor diagonal.
4. Klicken Sie auf einen anderen Punkt, um den zweiten Eckpunkt des Rechtecks festzulegen. Mit den Umrissen wird zugleich die eingeschlossene Fläche erzeugt. Diese kann mit dem Auswahlwerkzeug angeklickt und mit der Entfernen-Taste gelöscht werden.

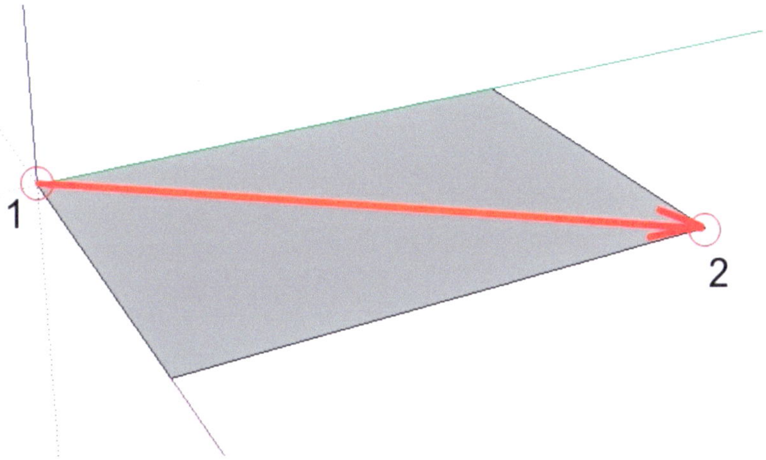

Beim Aufziehen des Rechtecks erscheinen Tooltipps, sobald ein Quadrat oder ein Rechteck entsteht, dessen Seiten im Verhältnis des Goldenen Schnitts zueinander stehen.

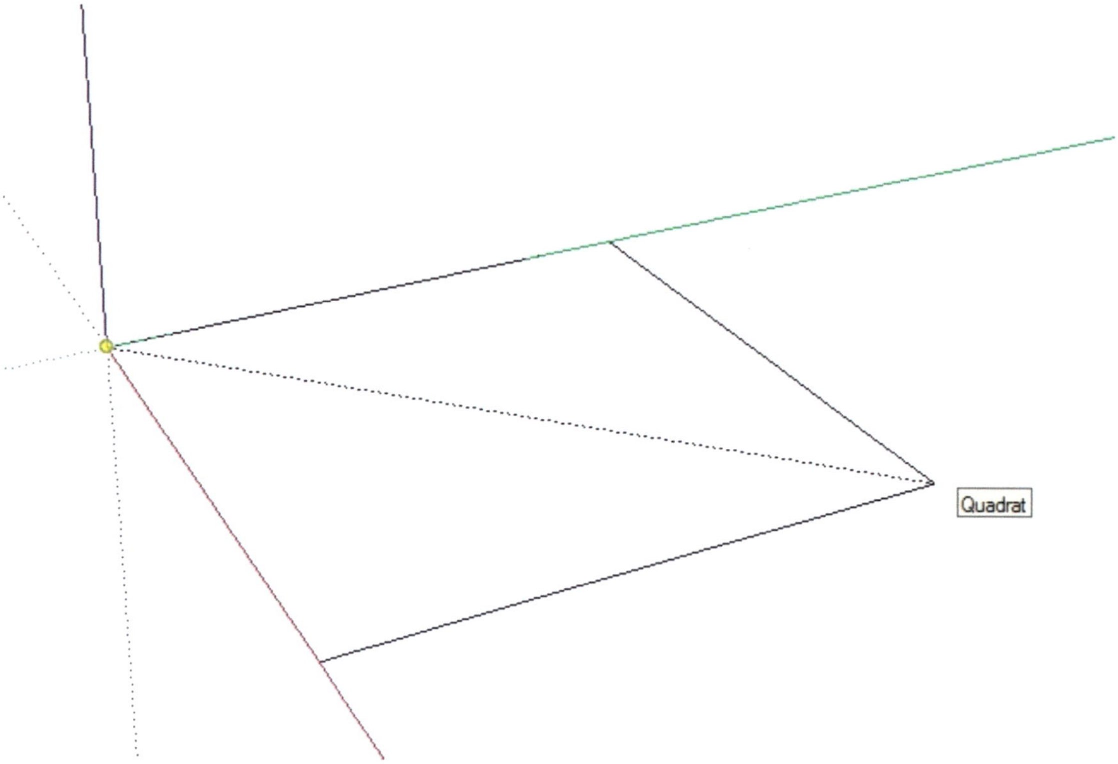
Quadrat

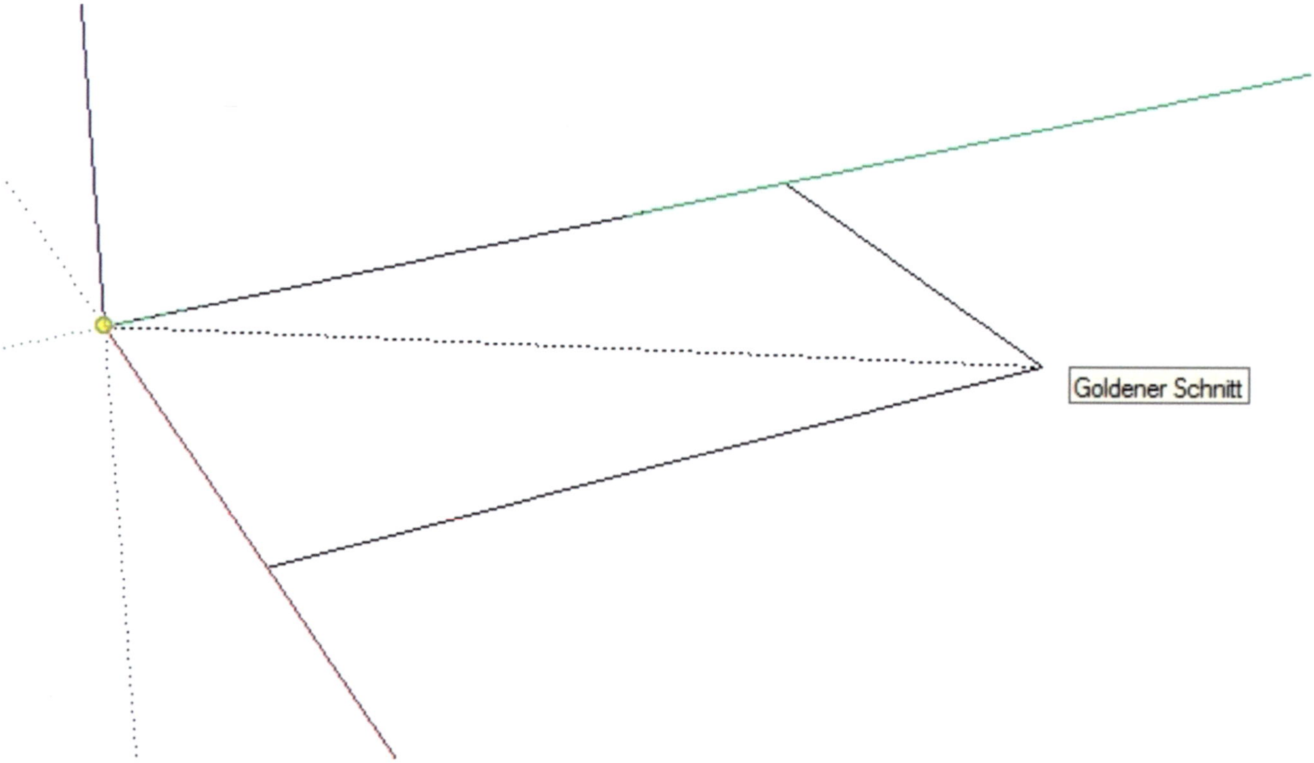
Goldener Schnitt

Genaue Maße verwenden:

Die Abmessungen eines Rechtecks werden beim Zeichnen in dem Eingabefeld „Abmessungen“ (Maßangabensymbolleiste) dynamisch angezeigt. Genaue Längen- und Breitenmaße können angegeben werden, indem man diese hier eingibt und dann die Eingabetaste drückt, nachdem man auf die erste Ecke geklickt hat oder sofort, nachdem das Rechteck gezeichnet wurde.

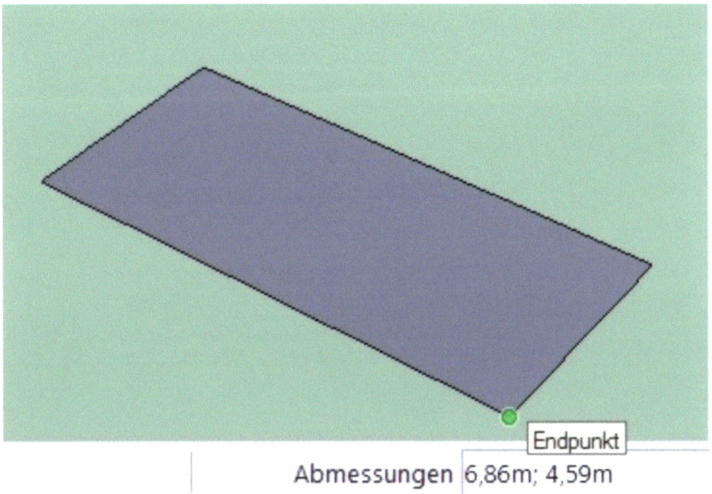

SketchUp verwendet die aktuellen Einheiteneinstellungen des Dokuments, wenn nummerische Wert eingegeben werden. Man kann auch jederzeit britische (z. B. 1’6″) oder metrische (z. B. 3,652m) Maßeinheiten verwenden, unabhängig von den für das aktuelle Dokument festgelegten Maßeinheiten.

Es lässt sich auch jeweils nur eine Abmessung in die Maßangabensymbolleiste eingeben. Wenn Sie einen Wert und ein Semikolon eingeben (3′;), wird der neue Wert auf die erste Abmessung angewandt, und die zweite Abmessung wird beibehalten. Entsprechend wird bei Eingabe eines Semikolons gefolgt von einem Wert (;0,3′), nur die zweite Abmessung geändert.

Tipp: Geben Sie einen negativen Wert ein (-24; -24), wendet SketchUp diesen Wert beim Zeichnen entgegengesetzt zur ursprünglichen Richtung an. Alle neuen Werte werden dann für die neue Richtung akzeptiert.

Eine nachträgliche Angleichung an exakte Maße ist nicht mehr möglich. Lediglich ein Skalierungsfaktor kann noch angewandt werden, nachdem das Rechteck mit dem Auswahlwerkzeug markiert und die Skalierungsfunktion aktiviert wurde.

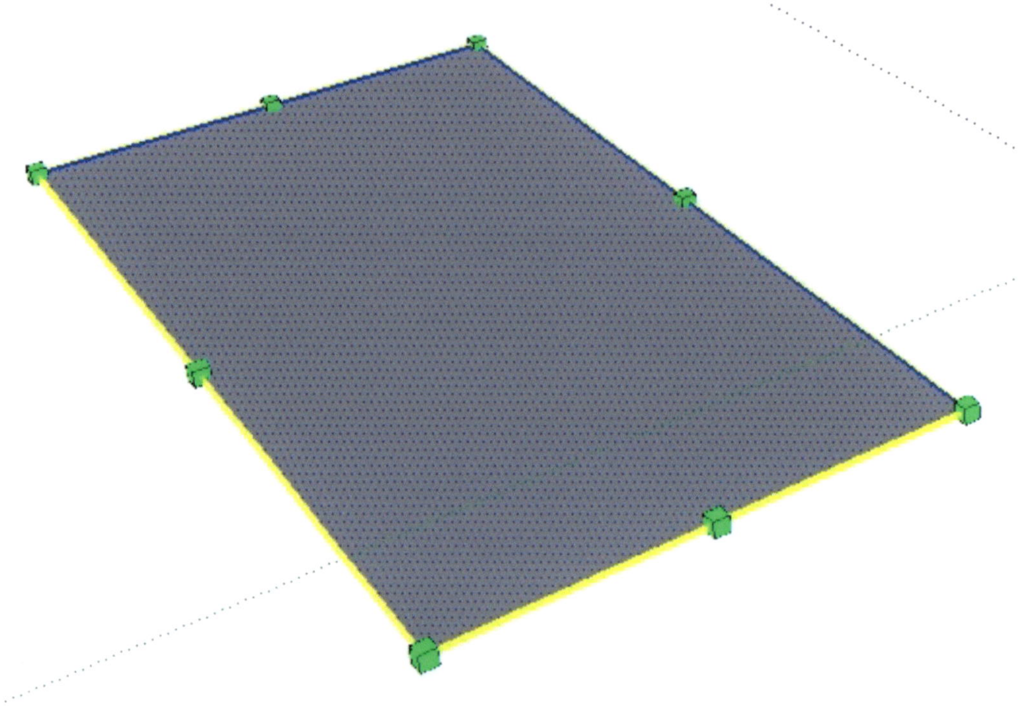

Zeichnen von Rechtecken durch Ableitung

Die Rechteckfunktion kann auch mit der Ableitungsfunktion von SketchUp zum Platzieren der Rechtecke im 3D-Raum verwendet werden. Fährt man mit dem Cursor über Kanten und Flächen, werden Ableitungspunkte und Ableitungslinien angezeigt. Diese Linien und Punkte zeigen die genaue Ausrichtung zwischen dem Rechteck, das Sie zeichnen, und der Geometrie des bisherigen Modells an.

Wenn Sie beispielsweise den Cursor über den Endpunkt einer vorhandenen Kante ziehen und anschließend den Cursor in Richtung einer Achse wegbewegen, so wird eine gepunktete Ableitungslinie mit der QuickInfo „Von Punkt“ angezeigt. Diese QuickInfo gibt an, dass das neue Rechteck an diesem Endpunkt ausgerichtet wird.

Es ist empfehlenswert, sich grundsätzlich mit den Möglichkeiten der Ableitung (inferences) vertraut zu machen!

Vieleck

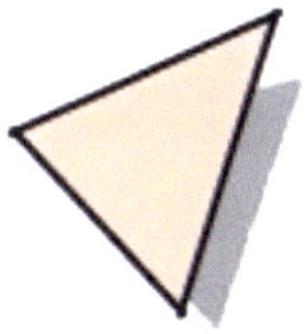

Taste: keine

Das Vieleck-Werkzeug unterscheidet sich kaum vom Kreiswerkzeug. Die Anzahl der Segmente dort ist die Anzahl der Ecken hier. Auf einfache Weise kann man mit beiden reguläre Vielecke zeichnen.

Radius und Seitenzahl werden wie üblich während oder unmittelbar nach dem Zeichnen des Polygons in das Wertefeld der Maßangabensymbolleiste rechts unten eingegeben und mit Eingabe bestätigt. Für die Seitenanzahl genügt der numerische Wert, für den Radius und die Maßeinheit das Anhängen des entsprechenden Kürzels: r=Radius, m=Meter, cm=Zentimeter.

Mit gedrückter Umschalt-Taste wird die Ausrichtung des Polygons auf die aktuelle Achse fixiert!

Skalieren und verzerren

Mit den beiden Werkzeugen „Verzerren“ und „Skalieren“ lassen sich nachträglich noch Änderungen am Polygon vornehmen.

Mit dem Verschieben einzelner Punkte lassen sich sehr leicht auch komplizierte Körper konstruieren!

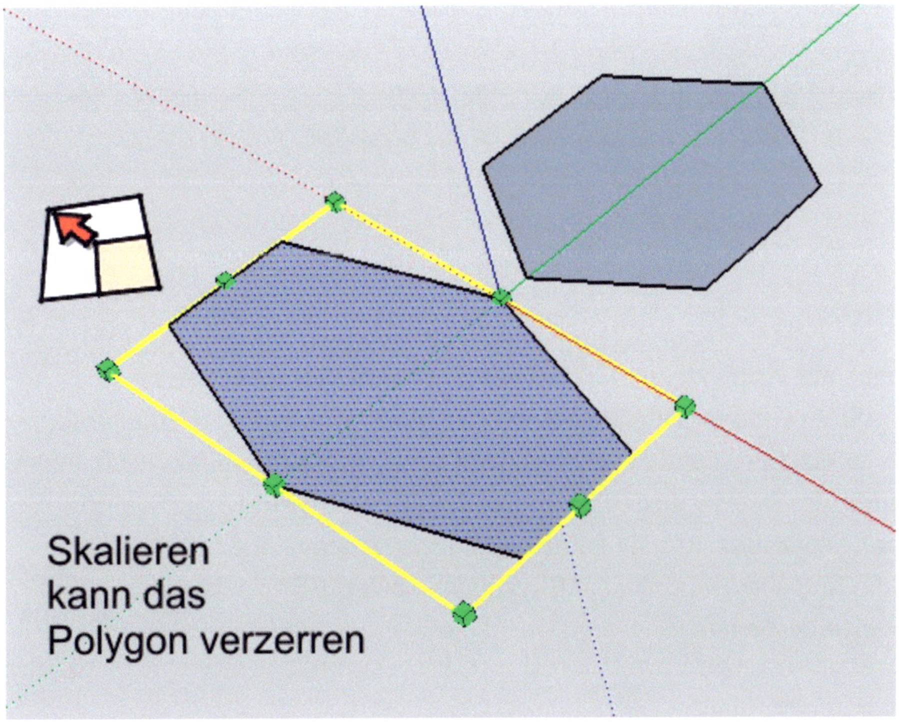

In Einzelteile zerlegen

Mit dem Befehl „Kurve in ihre Einzelteile auflösen“ des Kontextmenüs können Sie ein vorher ausgewähltes Vieleck in regelmäßige Kantensegmente auflösen und so einzeln löschen oder bearbeiten. Da meistens die Fläche dadurch gelöscht wird müssen Sie diese wieder mit passenden Linien schließen!

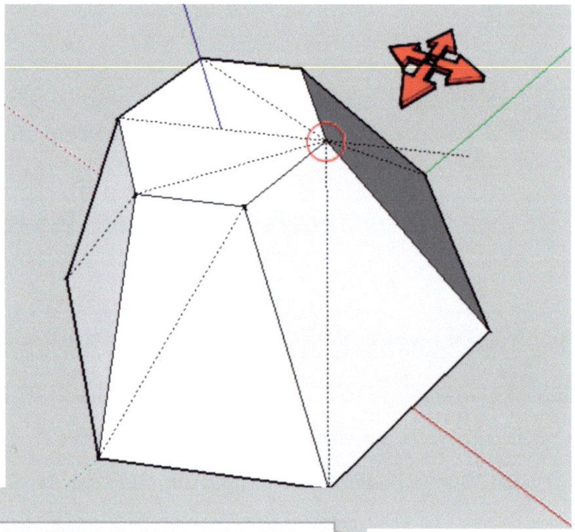

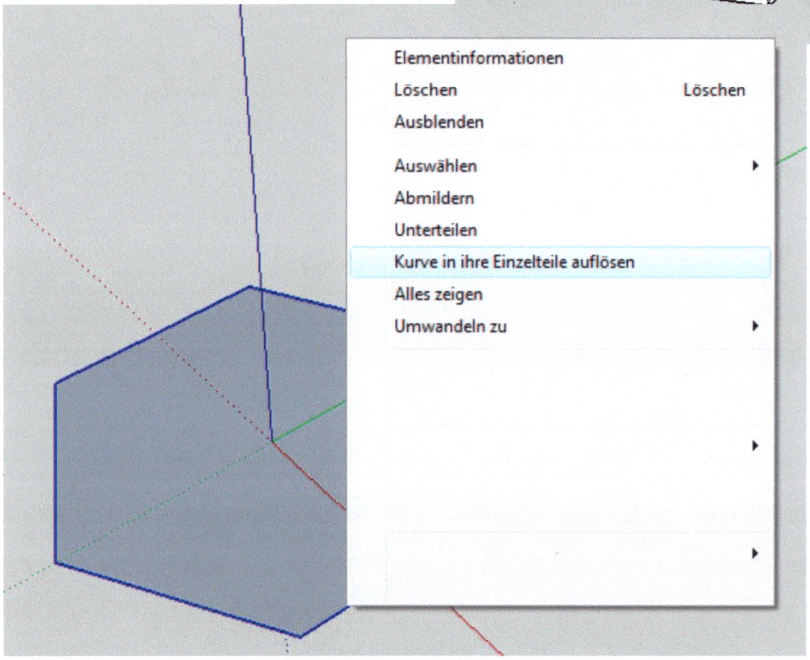

Kreis

Taste: C (circle)

Kreise können auf vorhandenen Flächen oder getrennt von vorhandener Geometrie erstellt werden. Klicken Sie mit der Maustaste, um den Mittelpunkt des Kreises zu platzieren und ziehen Sie den Cursor vom Mittelpunkt nach außen, um den Radius des Kreises festzulegen. Der Radiuswert wird dynamisch im Wertefeld der Maßangabensymbolleiste angezeigt. Sie können ihn auch festlegen, indem Sie einen Längenwert eingeben und dann die Eingabetaste drücken. Sie können auch die Segmentierung für den Kreis in der Maßangabensymbolleiste festlegen.

Hinweis: Drücken Sie die Esc-Taste zu einem beliebigen Zeitpunkt, um den Vorgang erneut zu beginnen.

Tipp: Sie können auch auf einen Punkt klicken und die Maustaste gedrückt halten, um die Ausrichtung des Radius an den Achsen festzulegen.

Präzise Maße verwenden

Radius- und Segmentwerte können sofort nach dem Zeichnen eines Kreises in der Maßangaben-symbolleiste festgelegt werden. Radius- und Segmentwerte können sofort nach dem Zeichnen eines Kreises in der Maßangabensymbolleiste festgelegt werden. Für den Radius hängen Sie an den numerischen Wert ein „r" (Radius) an, eventuell auch eine Maßeinheit (5cmr, 7,5mr). Die Anzahl der Segmente kann auch zur Konstruktion von regelmäßigen Polygonen genutzt werden (6s). Je höher die Werte, desto runder wirkt der Kreis (oder auch der Bogen!)

Nachträglich skalieren und verzerren

Mit dem Verschieben-Werkzeug lässt sich auch nach später noch der Radius verändern. Überschneidet sich der Kreis mit anderen Flächen oder Linien, so funktioniert diese Veränderung nur für den ausgewählten Teil des Kreises!

Mit dem eigentlichen Skalieren-Werkzeug kann der Kreis zudem gestaucht oder gedehnt werden, so dass einen Ellipse entsteht!

Dies funktioniert auch mit extrudierten Kreisen, also Zylindern. Durch Verschieben von Kanten oder Kreispunkten entstehen Kegel und Kegelstümpfe, deren Ausrichtung sich zusätzlich noch ändern lässt. Ausprobieren!

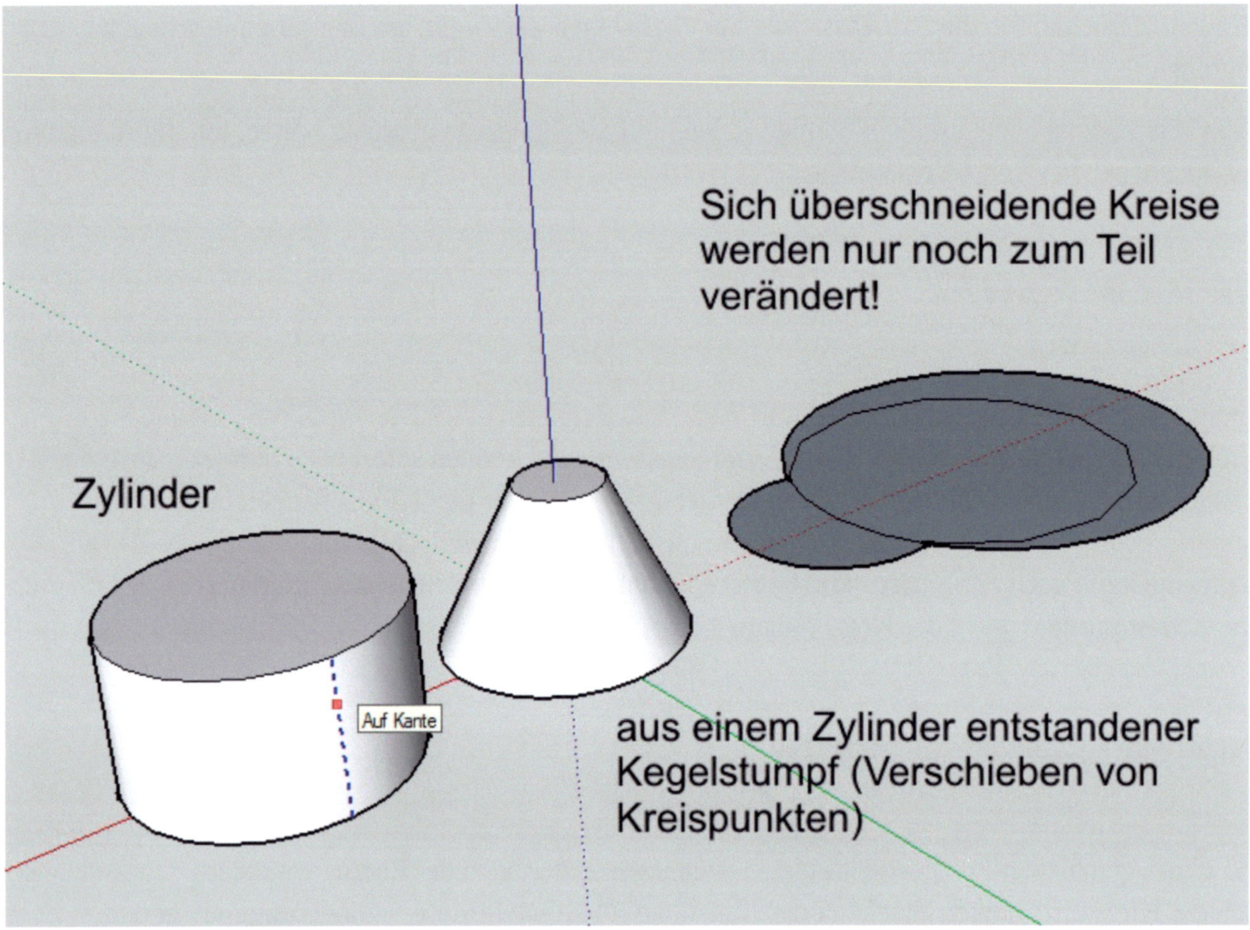

Segmente oder nicht?

Kreiselemente bestehen aus mehreren Liniensegmenten. Diese Elemente funktionieren wie eine einzelne Linie, mit der die Kante einer Fläche definiert und eine Fläche unterteilt werden kann. Zusätzlich wird durch die Auswahl eines Bogensegments das gesamte Kreiselement ausgewählt. Bei allen Ableitungstechniken wird der Kreis jedoch behandelt, als würde er aus Segmenten bestehen! Jeder Punkt auf dem Kreis wird beispielsweise als ein Endpunkt des Segments abgeleitet.

Hinweis: Mit dem Element „Kurve in ihre Einzelteile auflösen" des Kontextmenüs (weitere Informationen unter „Elemente des Kontextmenüs für Kreise) können Sie einen Kreis in regelmäßige Kantensegmente auflösen.

Konstruktion

Neben dem eigentlichen Erstellen von Elementen, also Linien und Flächen, stellt Sketchup einige Hilfen bereit, die das Arbeiten deutlich erleichtern. Sicher wird man erst mit einiger Erfahrung deren Wert erkennen, möchte sie dann aber auch nicht mehr missen, und dies besonders dann nicht, wenn es um genaue Konstruktionen geht!

Maßband

Taste: T (tape measure)

Mit der Maßbandfunktion können Sie Abstände messen, Führungslinien oder -punkte erstellen oder ein Modell skalieren. Mit der Strg-Taste können dabei unterschiedliche Funktionen angewählt werden.

Abstand messen

Klicken Sie auf den Anfangspunkt Ihrer Messung und stellen Sie mit der QuickInfo der Ableitung sicher, dass Sie genau auf den richtigen Punkt klicken. Bewegen Sie den Cursor in die Richtung, in die Sie abmessen möchten. Eine temporäre Maßbandlinie mit Pfeilen an beiden Enden wird vom Anfangspunkt aus gezogen. Die Maßbandlinie der Maßbandfunktion funktioniert wie eine Ableitungslinie. Sie nimmt die Farbe der Zeichnungsachse an, zu der sie gerade parallel verläuft. Klicken Sie auf den Endpunkt der Messung. Nun können Sie im Wertefeld rechts unten den genauen Abstand ablesen. Leider gibt es auch in der Version 7.1 keine Möglichkeit, den Wert zu kopieren. Da bleiben nur zwei Möglichkeiten, will man den Wert sichern: abschreiben oder mit der Druck-Taste ein Bildschirmfoto machen und in einem Bildbearbeitungsprogramm öffnen.

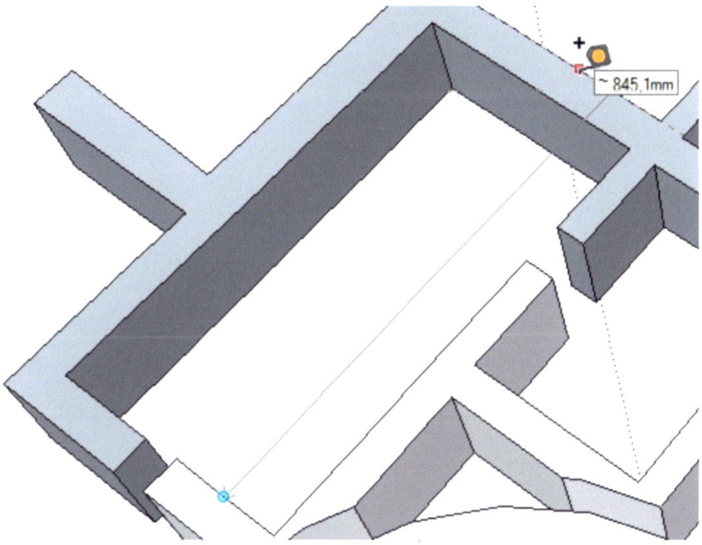

Führungen

Führungslinien- und Führungspunktelemente sind nützlich beim genauen Zeichnen. Mit der Strg-Taste schalten Sie von der Mess- in die Führungen-Funktion um.

Klicken Sie dann auf eine Linie, zu der Sie eine parallele Führungslinie erstellen wollen. Ableitungen funktionieren selbstverständlich auch. Bewegen Sie den Cursor nun in die gewünschte Richtung. dabei können Sie mit den Pfeiltasten die Ausrichtung an den Achsen festlegen (nach oben: blau, nach rechts: grün, nach links: rot). Sie können den Wert des Abstandes dynamisch ablesen, aber auch genau eingeben (auch negative Werte sind möglich) und mit Eingabe bestätigen. Die Führungslinie ist magnetisch und erleichtert die Platzierung von Elementen ganz erheblich! Nach Gebrauch kann man sie löschen, indem man sie auswählt und die Entfernen-Taste antippt. Oder ganz klassisch mit dem Radiergummi. Sollen alle gelöscht werden, dann geht das sehr komfortabel mit dem Befehl > Bearbeiten > Führungen löschen. Nur mal eben ausblenden, aber eben nicht löschen kann man sie über > Ansicht > Führungen (Häkchen entfernen).

Führungslinien lassen sich mit den jeweiligen Werkzeugen auch Verschieben und Drehen.

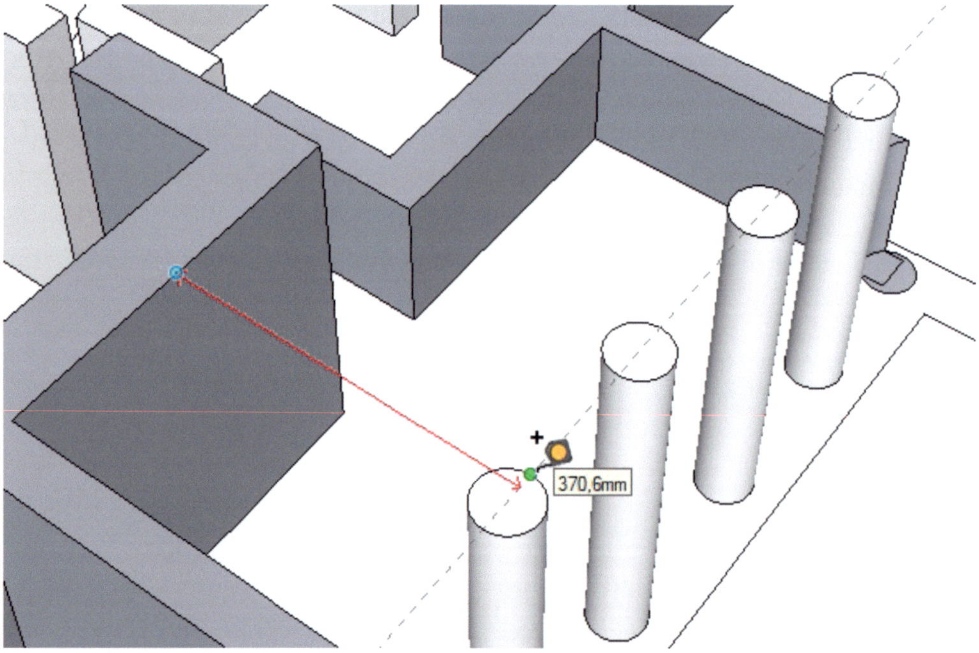

Beginnt die Cursorbewegung an einem Endpunkt oder Mittelpunkt, entsteht ein Führungspunkt.

Ableitungen sind auch hier nützlich bei der Erstellung. Die Punkte sind ebenfalls magnetisch und können deshalb gut als Startpunkte für weitere Zeichenoperationen oder als Zielpunkte für Verschiebungen verwendet werden.

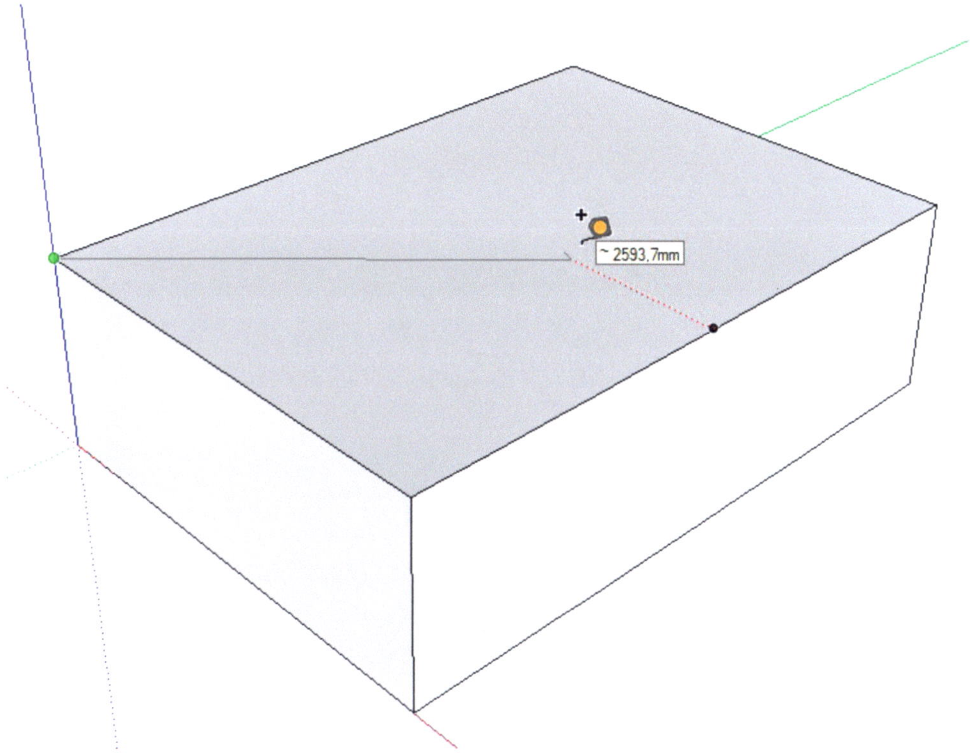

Bei der Überschneidung von Führungslinien erhalten wir auch magnetische Schnittpunkte! Welcher Weg zum Führungspunkt also der bessere ist muss im Einzelfall entschieden werden.

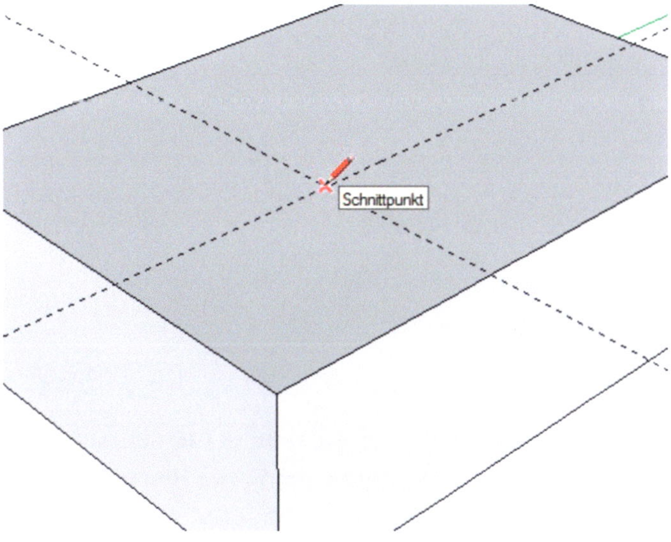

Gesamtmodell skalieren

Eine sehr nützlich Funktion des Maßbands erlaubt das Verändern der Größe eines gesamten Modells. Dazu misst man eine Bezugsstrecke ab und gibt einen neuen Wert in das Wertefeld der Maßangabenfunktionsleiste ein und bestätigt ihn mit Eingabe. Die Sicherheitsabfrage wird man wohl bejahen wollen. Nun wird das Modell und damit alle seine Elemente proportionsgetreu mit der Bezugslinie skaliert.

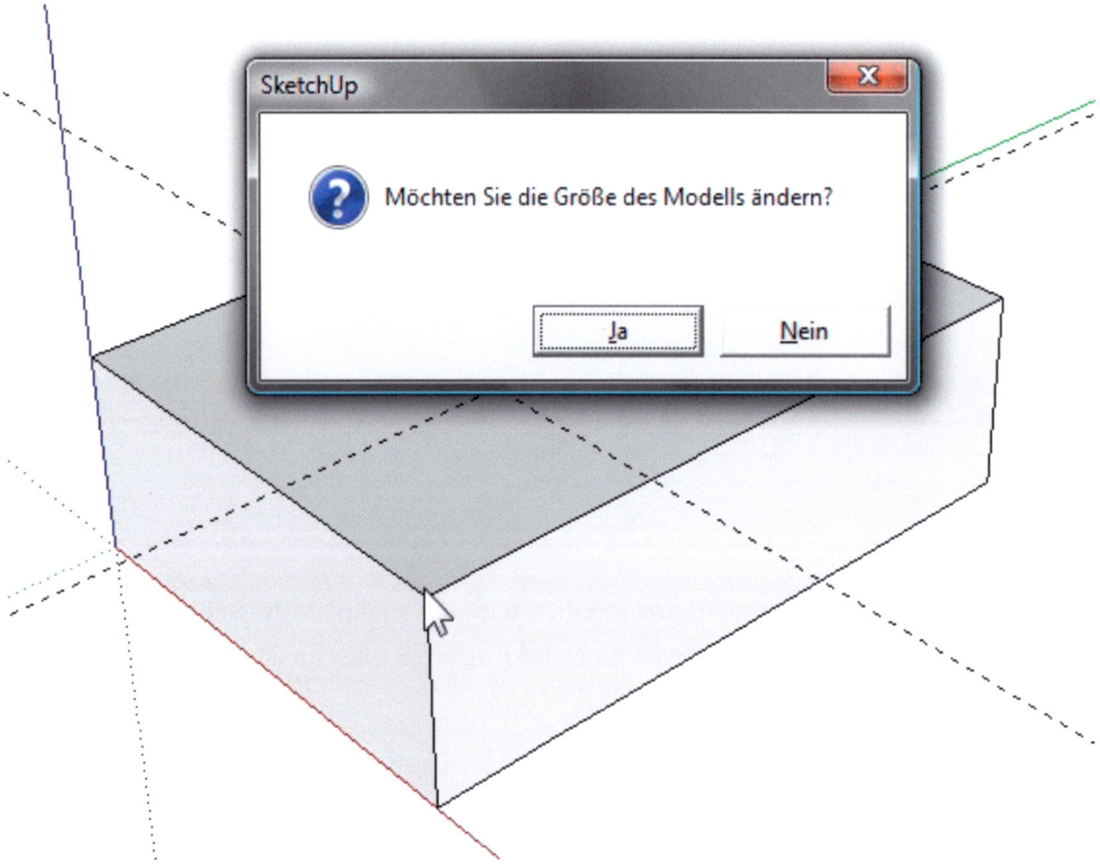

Winkelmesser

Taste: keine

Klar, dass man mit diesem Tool Winkel messen kann. Dazu aktiviert man das Werkzeug und klickt mit dem Cursor, der den Mittelpunkt des Winkelmessers bildet, auf den Scheitelpunkt des Winkels, also dahin, wo sich zwei Linien treffen.

Nun klicken Sie auf den Anfangs-, und dann auf den Endpunkt des Winkels. Den Winkeldrehwert können Sie nun rechts unten im Wertefeld ablesen. SketchUp kann eine Winkelgenauigkeit von bis zu 0,1 Grad verarbeiten.

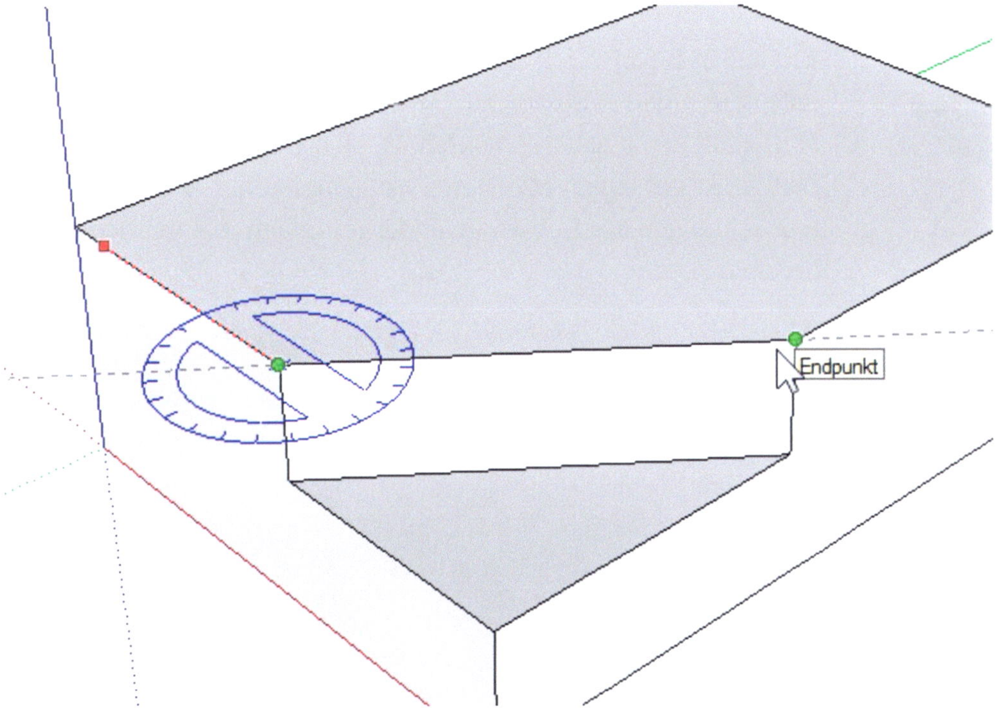

Gewinkelte Führungslinien erstellen

Für manche Konstruktion braucht man geneigte oder gedrehte Führungen, so zum Beispiel bei Dachkonstruktionen. Sie verfahren im Prinzip genau so wie beim Winkelmessen, nur schalten Sie mit der Strg-Taste in den Modus um, mit dem Sie dann Führungslinien erstellen können.

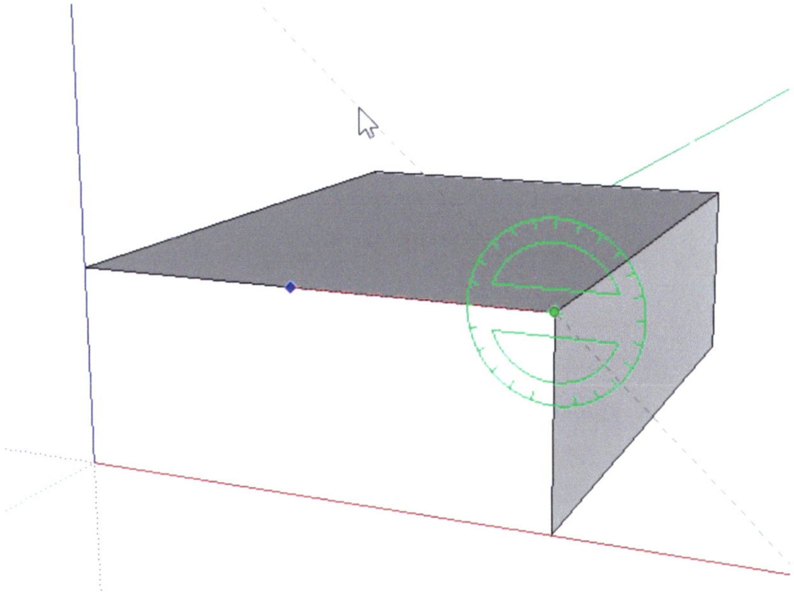

Mit den Pfeiltasten fixieren Sie die Ausrichtung an die jeweilige Achse. Exakte Winkel geben Sie ins Wertefeld ein und bestätigen diese mit Eingabe.

Achsen

Mit einem Rechtsklick auf die Koordinatenachsen öffnet sich das entsprechende Kontextmenü. Besonders oft wird man vielleicht den Nullpunkt neu platzieren wollen. Dazu den Befehl ausführen, und den Nullpunkt mit einem Mausklick neu platzieren. Dabei lassen sich auch die Ausrichtungen der Achsen verändern. Einfach mal mit der Maus etwas herumspielen.

Mit dem Befehl Verschieben im Kontextmenü kann man übrigens auch bestimmte oder mehrere Achsen um exakte Werte drehen! Verschieben natürlich auch…

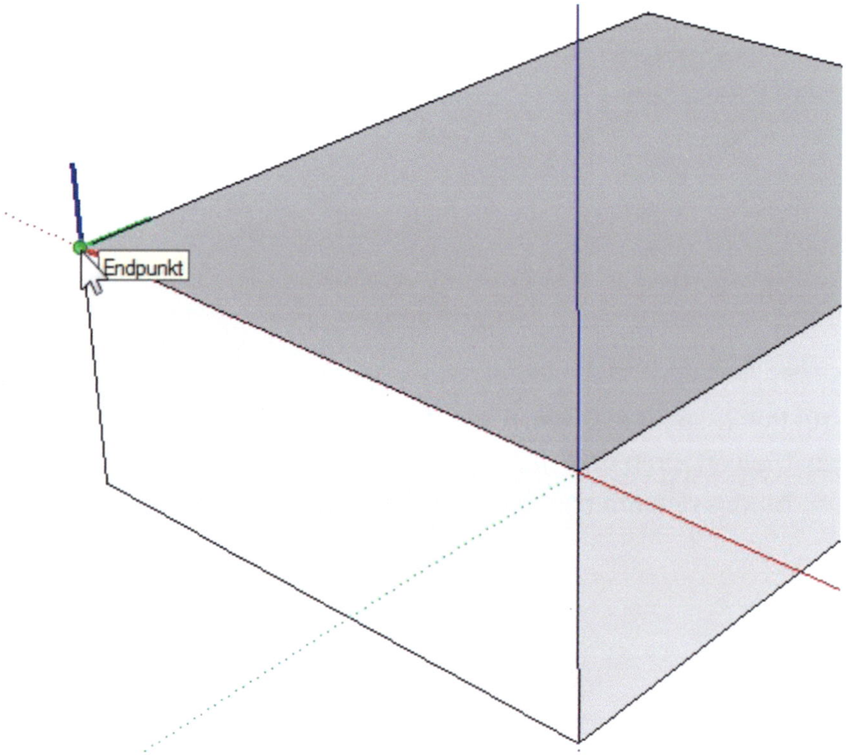

Schnittebenen

Mit Schnitten kann man einen Blick in das Innenleben eines Modells ermöglichen. Mit dem aktivierten Werkzeug einfach auf eine wie auch immer gewinkelte Fläche im Modell klicken. Die erzeugte Ebene lässt sich ganz einfach mit dem Verschiebe-Werkzeug parallel zur ersten Position durch das Modell schieben. So findet man leicht die interessanteste Ansicht.

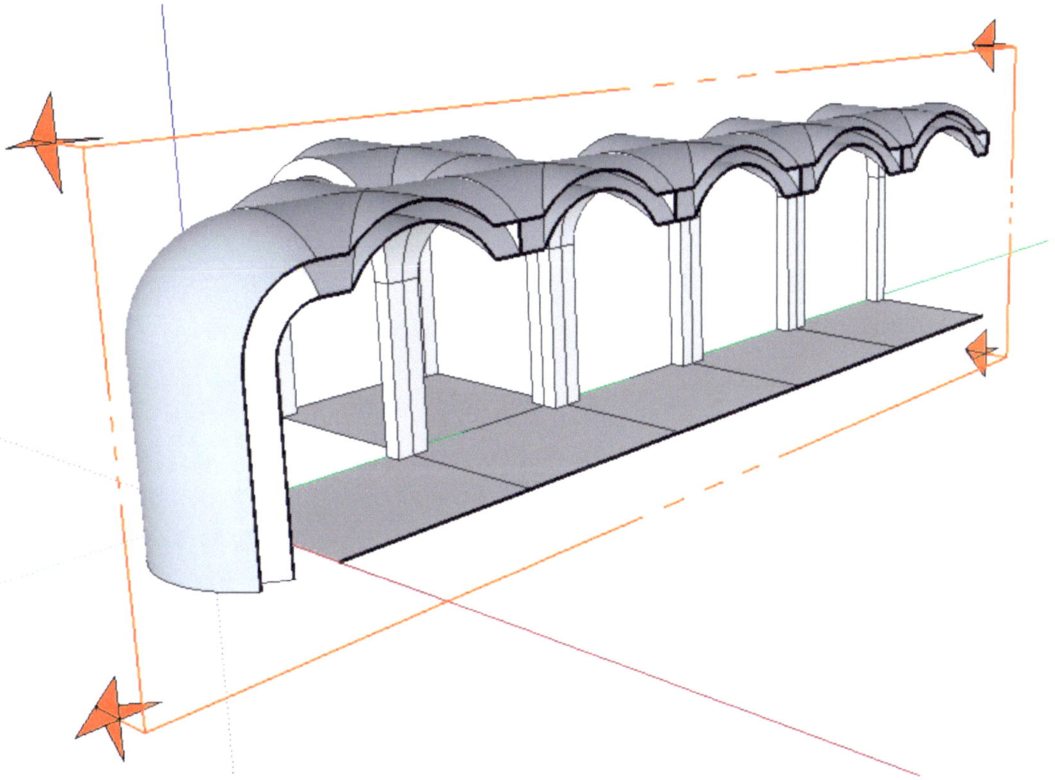

Hier wurde die Schnittebene senkrecht und parallel zur Länge ausgerichtet.

Ganz anders in diesem Beispiel!

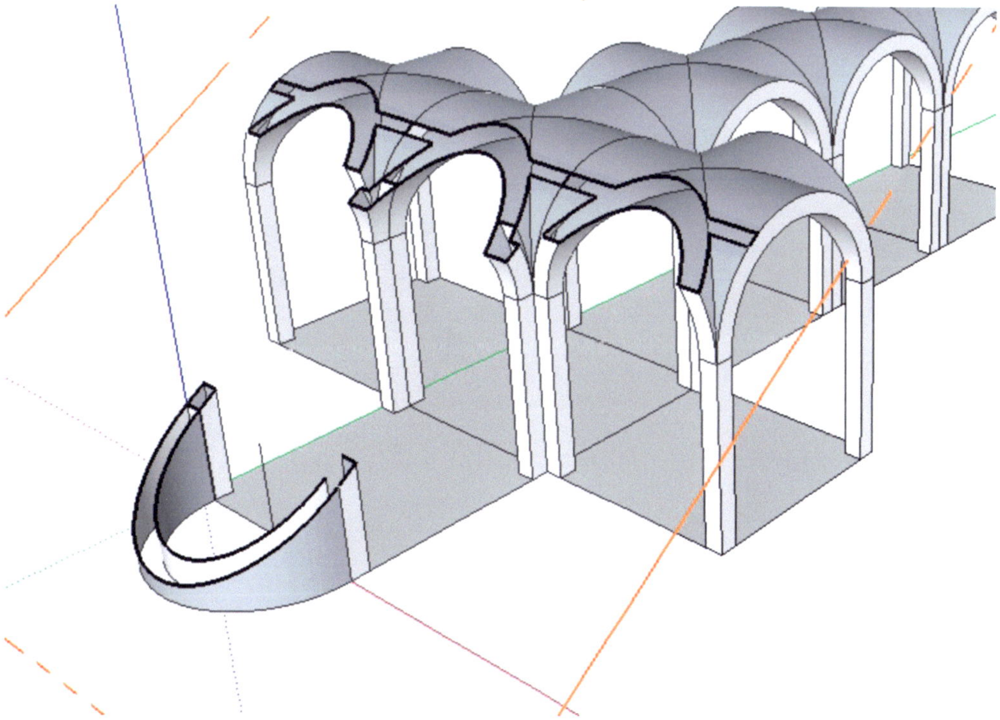

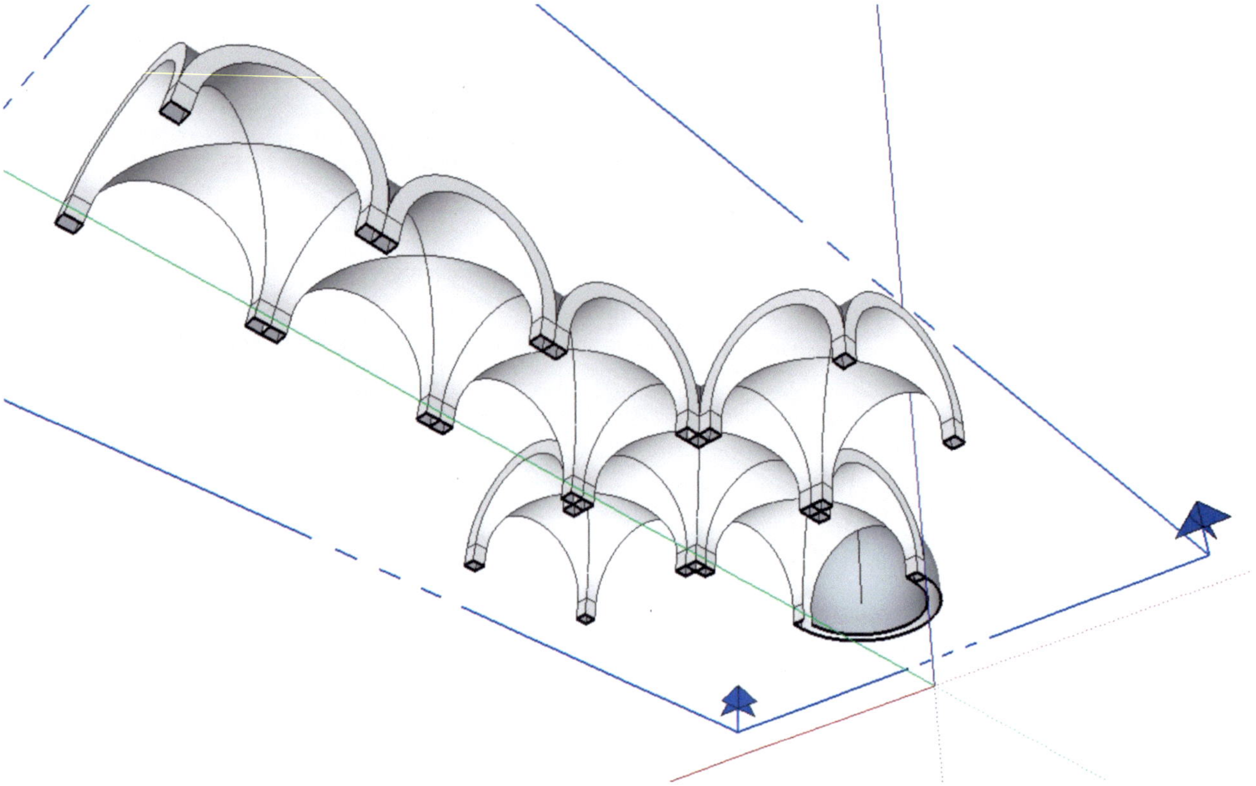

Die Richtung der aktiven Schnitteben – hier einer horizontalen – lässt sich umkehren. Diesen und andere Befehle erreichen wir über einen Klick mit der rechten Maustaste.

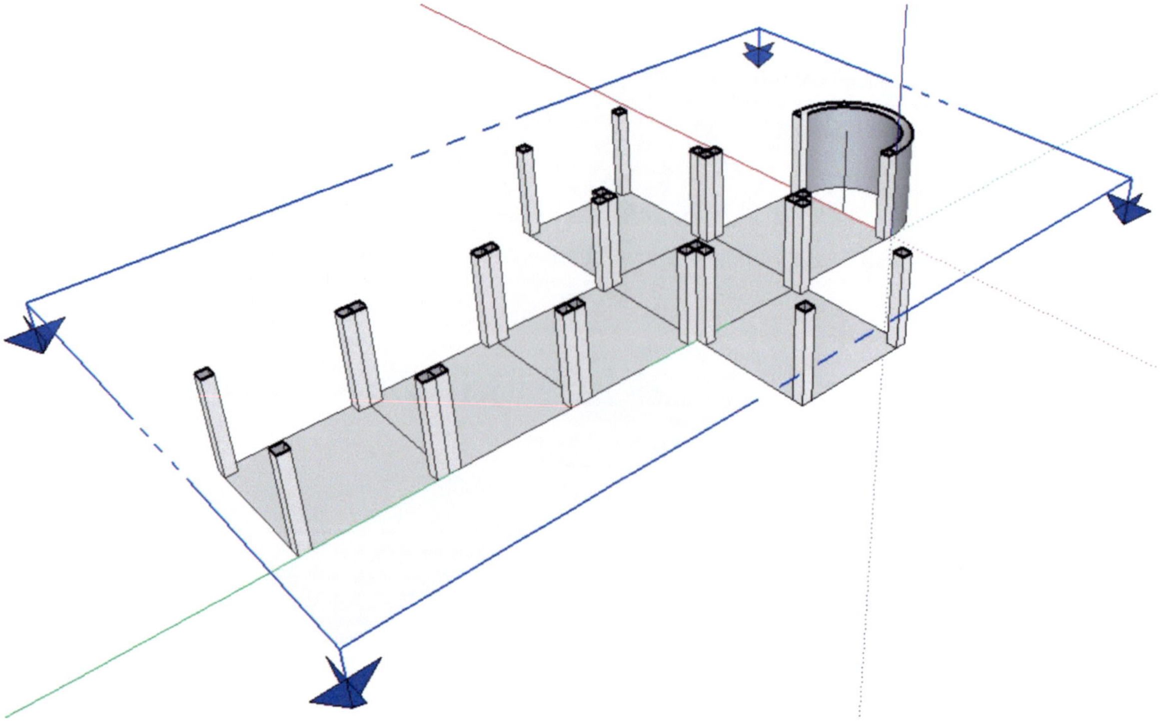

Die gleiche Schnittebene wie oben, nur umgekehrt! Die Pfeile in den Ecken verraten die Ausrichtung.

In SketchUp können Sie zwar mehrere Schnittebenen verwenden, aber nur eine aktive Schnittebene pro Datei haben. Dies bedeutet, dass Sie zusätzliche Schnittebenen in einer Gruppe oder Komponente platzieren müssen, um mehrere Schnittebenen simultan aktiv zu haben!

Scheiben erstellen

Man kann mit einer Schnittebene auch Scheiben erstellen, die sich ganz unabhängig vom Modell bearbeiten lassen. Dazu erstellt und positioniert man seine Schnittebene, klickt sie mit der rechten Maustaste an und wählt > Gruppe aus Scheibe erstellen.

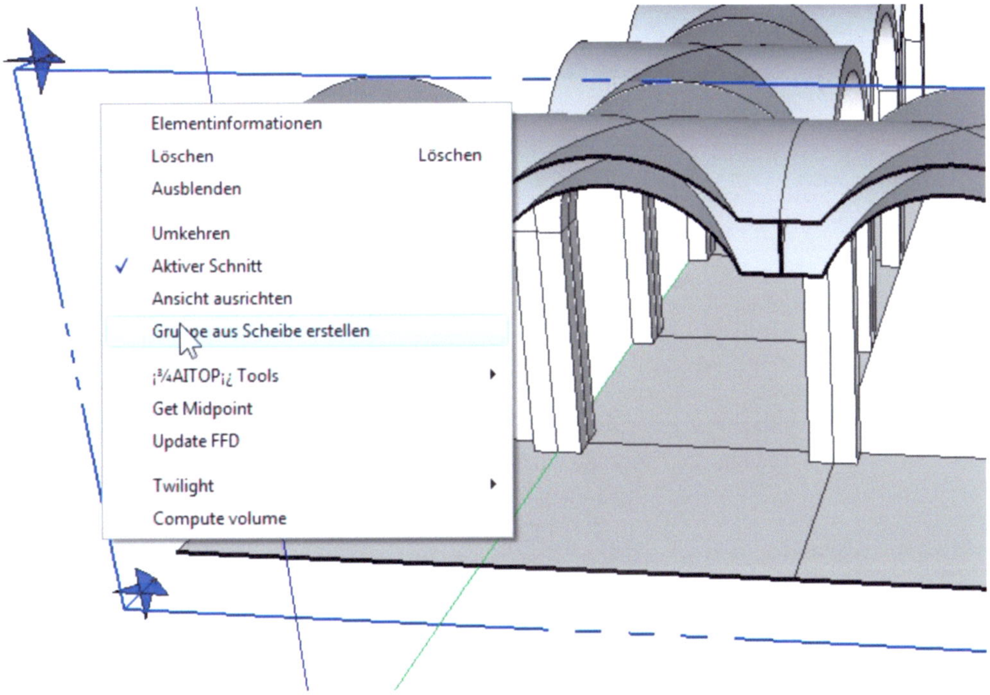

Nun kann man mit dem Verschiebe-Werkzeug die Scheibe aus der Schnittebene ziehen, beliebig platzieren und weiterbearbeiten.

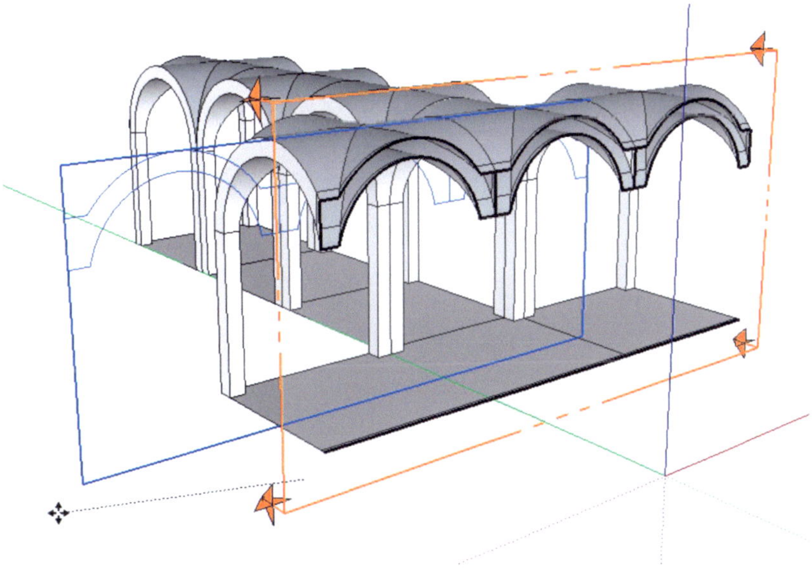

Oder man belässt die erzeugte Gruppe an ihrem Platz, wählt sie mit der rechten Maustaste an und löst sie in Einzelteile auf. Dadurch schneidet die Ebene das Modell an den Schnittstellen. Nun lassen sich die Elementteile, die vor der Ebene waren, mit dem Radiergummi entfernen. Eventuell muss man die Schnittflächen, falls sie offen sind, erst schließen, damit sie auch als Flächen sichtbar und füllbar werden. Verwenden Sie dazu das Stift-Werkzeug und ziehen Sie ein paar Linien nach. Und schon schließen sich die offenen Flächen! Ich habe sie zur besseren Veranschaulichung dann noch mit Farbe gefüllt.

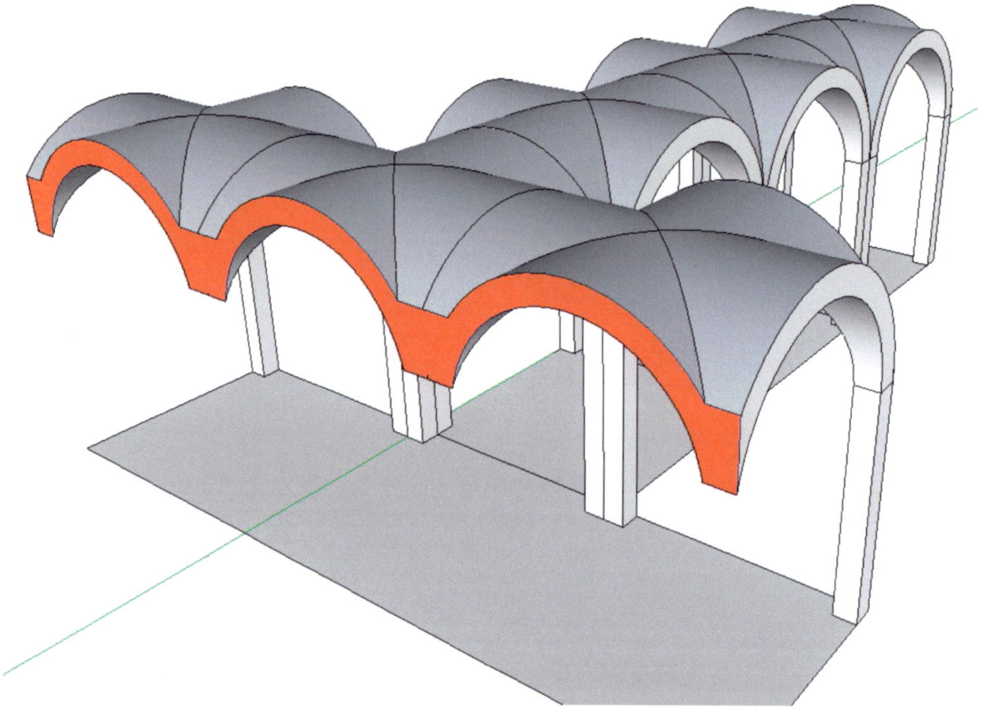

Mit dem Befehl aus dem Kontextmenü > Ansicht ausrichten erzeugen Sie eine Zentralperspektive mit der Schnittebene als Bildebene.

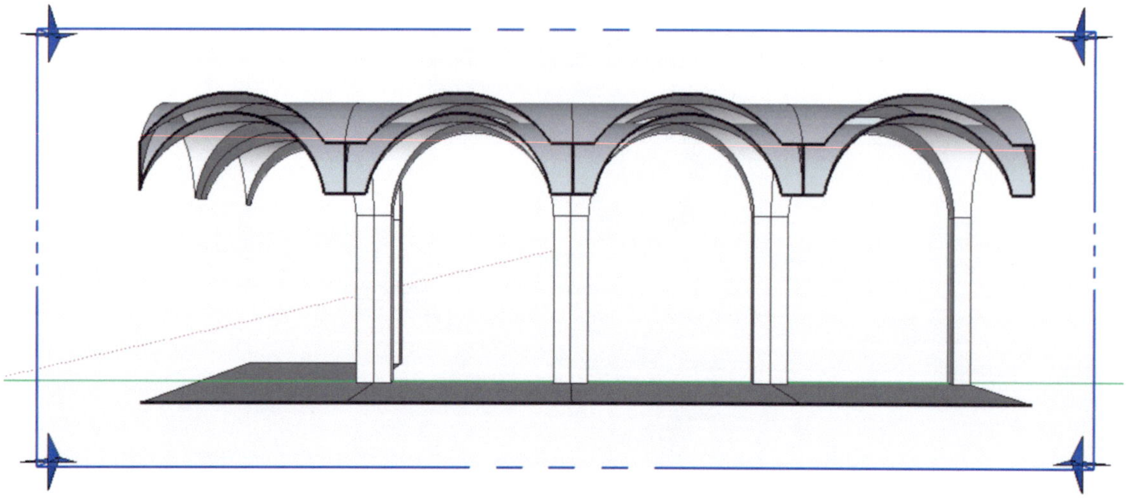

Animationen mit Schnitten

Auch mit Schnitten lassen sich auf einfache Weise Animationen erstellen. Wählen Sie dazu einzelne geeignet Ansichten aus gehen Sie über > Fenster > Szenen in das folgende Fenster. Mit einem Klick auf das Plus-Zeichen erstellen Sie aus der aktuellen Ansicht eine neue Szene. Aus mehreren Szenen rendert Sketchup dann eine Animation. Die einzelnen Szenen finden Sie als Reiter linksoben über der Arbeitsfläche. Mit einem Rechtsklick kommen Sie zu einem hilfreichen Kontextmenü!

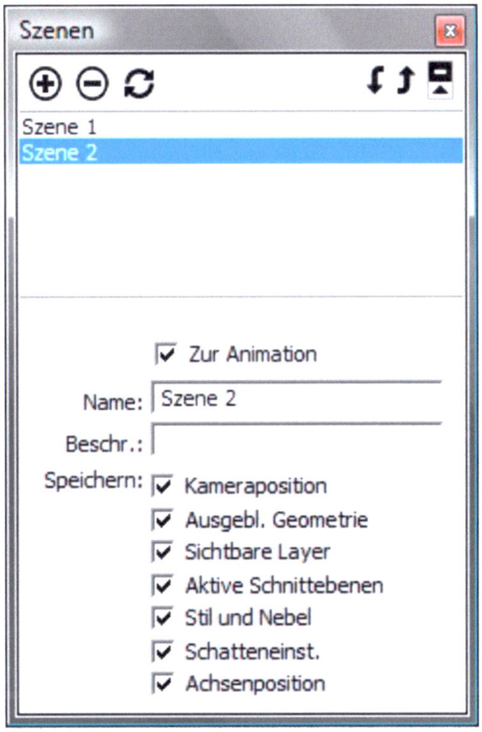

Sie können hier noch einige Einstellungen vornehmen. Dann erstellen Sie die Animation, die als avi-Datei gespeichert wird, über den Befehl > Datei > Exportieren > Animation. Bevor ich das in wenigen Minuten erstellte Filmchen in meine Webseite einstellen konnte musste es noch ins Flash-Format konvertiert werden.

Ändern

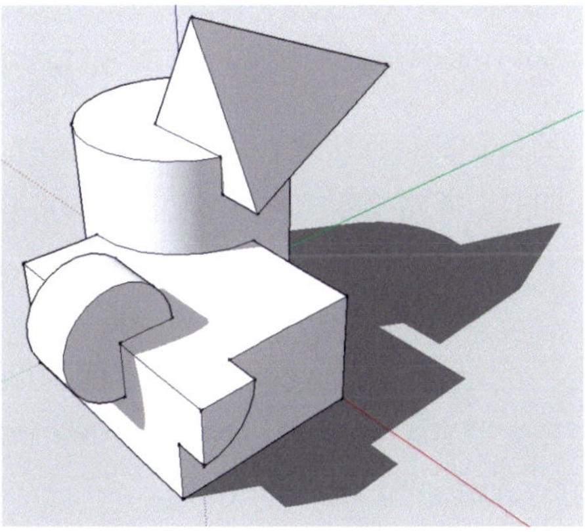

Manchmal muss man bei Sketchup das Pferd von hinten aufzäumen! Die vielen und sehr mächtigen Änderungswerkzeuge sind es erst, die komplizierte Flächen und Körper sowie deren Beziehung ermöglichen. Hier ist wirklich geduldiges und kreatives Probieren angesagt. Mir persönlich haben am Anfang die Erstellung von Durchdringungen ein großes Staunen bereitet…

Auswahl

Mit der Auswahlfunktion können Sie die Elemente festlegen, die Sie mit anderen Funktionen oder Befehlen ändern.

Dies kann auf unterschiedliche Arten erfolgen:

- Auswählen verbundener Elemente durch Klicken mit der Maus
- Auswählen mit einem Auswahlkästchen
- Auswählen mit dem Kontextmenüelement

Gruppieren Sie Elemente innerhalb eines wie auch immer erstellten Auswahlsatzes, um die gleiche Gruppe von Elementen schnell neu auswählen zu können! Diese lässt sich auch leicht wieder auflösen.

Maus

In SketchUp können sowohl einzelne als auch mehrere Elemente gezielt mit der Maus ausgewählt werden. Klicken Sie Linien oder Flächen mit aktiviertem Auswahlwerkzeug einfach an, um das jeweilige Element auszuwählen. Soll die Auswahl erweitert werden, dann drücken Sie vor dem nächsten Klick die Strg-Taste und halten sie gedrückt. Um eine Auswahl umzukehren verwenden Sie stattdessen die Umschalt-Taste! Klicken Sie bei gleichzeitig gedrückter Umschalttaste und Strg-Taste können Sie einzelne Elemente aus der Auswahl entfernen. Wollen Sie alle Elemente abwählen klicken Sie einfach ins Leere.

Alle Elemente können Sie aber auch mit einem Schlag auswählen! Das funktioniert über den Befehl > Bearbeiten > Alles auswählen oder, deutlich schneller, wenn man es sich merkt, über die Tasten-kombination Strg + A. Ein schneller Dreifachklick führt übrigens zum gleichen Ergebnis, wenn wir nur ein Objekt haben!

Mit einem schnellen Doppelklick wählt man verbundene Elemente aus, egal ob Sie auf eine Kante oder eine Fläche klicken. Die Kombination mit der Strg- und der Umschalt-Taste ist hier von großem Vorteil. Beispiel: Sie wollen nur die vielen kleinen Kanten einer komplizierten Fläche auswählen. Dazu können Sie sich Kane nach Kante nach Kante vornehmen, immer mit gedrückter Strg-Taste, versteht sich. Schneller und sicherer geht es aber so: ein beherzter Doppelklick auf die Fläche selbst wählt Fläche und Kanten aus! Nun mit gedrückter Umschalt-Taste die Fläche anklicken, um nur sie wieder aus der Auswahl zu entfernen.

Mit einem Dreifachklick wählen Sie nun alle mit dem Element verbundenen Kanten und Flächen aus! Dies ist für das Kopieren oder Verschieben sehr hilfreich.

Gruppierte Elemente oder Komponenten werden mit einem einzigen Klick ausgewählt. Sie sind an einem umgebenden Kasten erkennbar, während alle anderen Elemente blau nachgezeichnet (Linien) oder gepunktet (Flächen) erscheinen.

Auswahlkästchen

Ein Auswahlkästchen ist ein erweiterbares temporäres Kästchen, mit dem mehrere Elemente ausgewählt werden. Die Auswahl mit dem Auswahlkästchen ist hilfreich, wenn Sie einen Vorgang mit mehreren verbundenen oder nicht verbundenen Elementen (dem Auswahlsatz) durchführen möchten. So geht's: Klicken Sie mit aktiviertem Werkzeug in die Nähe der Elemente, die Sie auswählen möchten, und ziehen Sie mit gedrückter Maustaste gedrückt ein Auswahlkästchen auf.

Wenn Sie dieses von rechts nach links ziehen (Überschneidungsauswahl), werden alle Elemente innerhalb des Auswahlrechtecks ausgewählt – einschließlich der Elemente, die nur teilweise im Rechteck enthalten sind.

Wenn Sie aber das Auswahlkästchen von links nach rechts ziehen (Fensterauswahl), werden nur die Elemente ausgewählt, die sich vollständig im Auswahlrechteck befinden.

Kontextmenü

- Wählen Sie Einfassende Kanten aus, wenn Sie alle einfassenden Kanten einer ausgewählten Fläche auswählen möchten.
- Wählen Sie Verbundene Flächen aus, um alle Flächen auszuwählen, die mit dem ausgewählten Element verbunden sind.
- Wählen Sie Alle verbundenen aus, um alle Elemente auszuwählen, die mit dem ausgewählten Element verbunden sind (dies entspricht dem dreifachen Klicken auf das Element).
- Wählen Sie Alle auf demselben Layer aus, um alle Elemente auszuwählen, die sich auf demselben Layer wie das ausgewählte Element befinden.
- Wählen Sie Alle aus demselben Material aus, um alle Elemente auszuwählen, die aus demselben Material wie das ausgewählte Element sind.

Drehen

Taste: Q

Mit der Drehfunktion können Sie Elemente entlang eines runden Pfades drehen, dehnen, verzerren oder kopieren.

Wählen Sie das oder die Elemente aus. Bei komplexeren Objekte aus vielen Elementen empfiehlt es sich, diese vorher zu gruppieren! Den Winkelmesser klicken Sie mit seinem Mittelpunkt an den gewünschten Drehpunkt. Achten Sie dabei darauf, dass ein Drehen in allen drei Ebenen möglich ist. Die aktuelle Ebene erkennen Sie an der Farbe des Winkelmessers. Mit dem nächsten Klick legen Sie den Startpunkt des Drehwinkel fest, mit dem nächsten den Endpunkt. Sie können aber auch einen genauen Winkel eintippen (Wertefeld rechts unten) und mit Eingabe bestätigen.

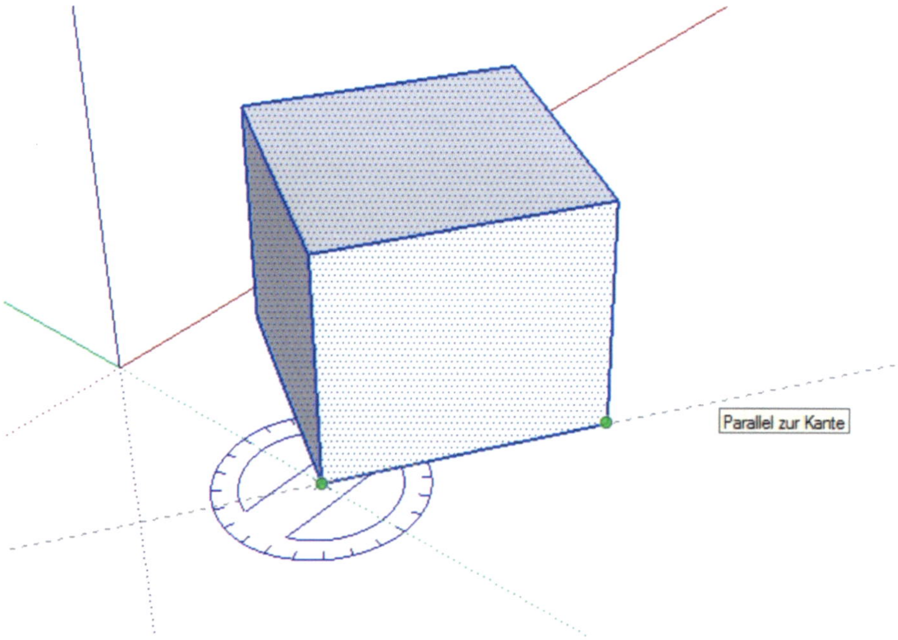

Tipp: Wenn Sie das Kontrollkästchen „Winkeleinrasten aktivieren“ im Dialog „Einheiten“ des Dialogfelds „Modellinformationen“ markiert haben, rastet der Winkel ein, wenn Sie Bewegungen nah am Winkelmesser ausführen. Wenn Sie hingegen Bewegungen weiter vom Winkelmesser entfernt ausführen, können Sie frei drehen.

Drehen/Dehnen mit automatischem Falten

Mit der Drehfunktion kann ein Objekt auch gedehnt werden, indem ein Teil der Geometrie ausgewählt und gedreht wird. Jede Drehbewegung, durch die eine Fläche in sich selbst gedreht oder nicht-planar wird, aktiviert die Automatische Faltfunktion.

Grundfigur: Würfel!

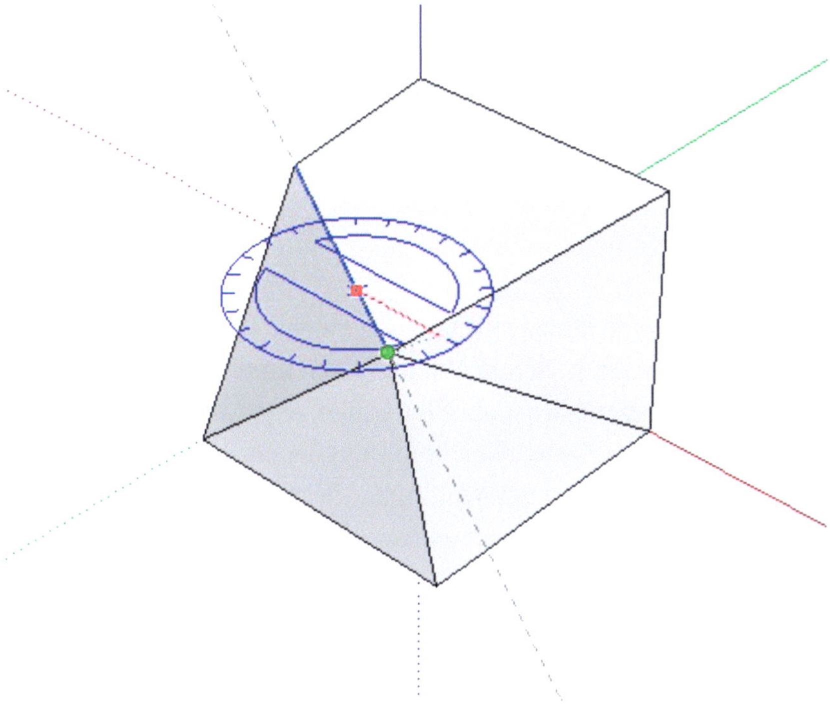

Erstellen gedrehter Kopien

Mit der Drehfunktion können Sie auch Kopien von Elementen radial um einen Mittelpunkt gedreht erzeugen. Dazu wählen Sie das Element oder die Gruppe aus und aktivieren das Drehen-Werkzeug. Drücken sie kurz die Strg-Taste. Der Winkelmesser am Cursor erhält ein Pluszeichen. Dadurch wird SketchUp mitgeteilt, dass Sie das Element duplizieren möchten. Klicken Sie auf einen Punkt, um den Mittelpunkt der Drehung festzulegen. Legen Sie den Ausgangswinkel der Drehung fest und bewegen Sie den Cursor, bis er sich am Endpunkt der Drehung befindet. Es wird eine Kopie des Elements angezeigt und um den Anfangspunkt gedreht. Wenn Sie das Kontrollkästchen „Winkeleinrasten aktivieren" im Dialog „Einheiten" des Dialogfelds „Modellinformationen" markiert haben, rastet der Winkel ein, wenn Sie Bewegungen nah am Winkelmesser ausführen. Wenn Sie hingegen Bewegungen weiter vom Winkelmesser entfernt ausführen, können Sie frei drehen. Klicken Sie mit der Maus, um die Drehung abzuschließen.

Eine genaue Angabe ist über die numerische Eingabe ins Wertefeld (einfach Winkelgradzahl eingeben und Eingabe-Taste drücken) möglich.

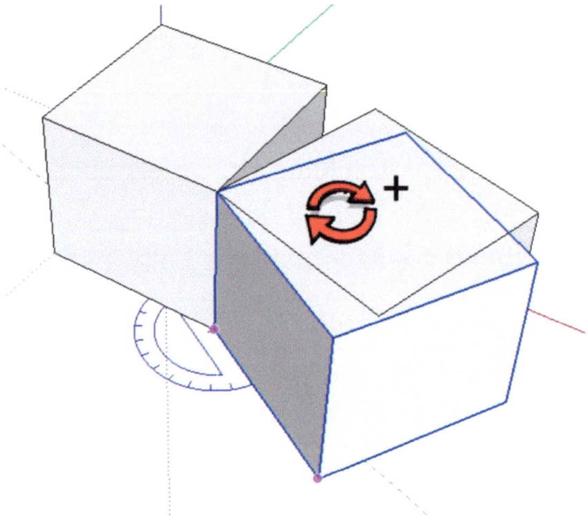

Erstellen kreisförmiger Aufreihungen

Auf diesem Wege lassen sich auch mehrere Kopien gleichzeitig erstellen. Das Objekt auswählen, Dreh-Werkzeug aktivieren, den Drehmittelpunkt anklicken und Strg-Taste drücken. Nun die Richtung festlegen, indem zunächst ein Startwinkel angeklickt wird und dann in beliebiger Größe, aber richtiger Drehrichtung, der Endwinkel. Nun folgt als numerische Eingabe die Anzahl der gewünschten Kopien (z.B. 5*), gefolgt von dem Multiplikationszeichen (Eingabe-Taste drücken), und dann nur als numerischer Wert der Versatzwinkel der Kopien (Eingabe-Taste drücken). Und das kommt dabei heraus:

Dank kleinem Versatz Durchdringungen

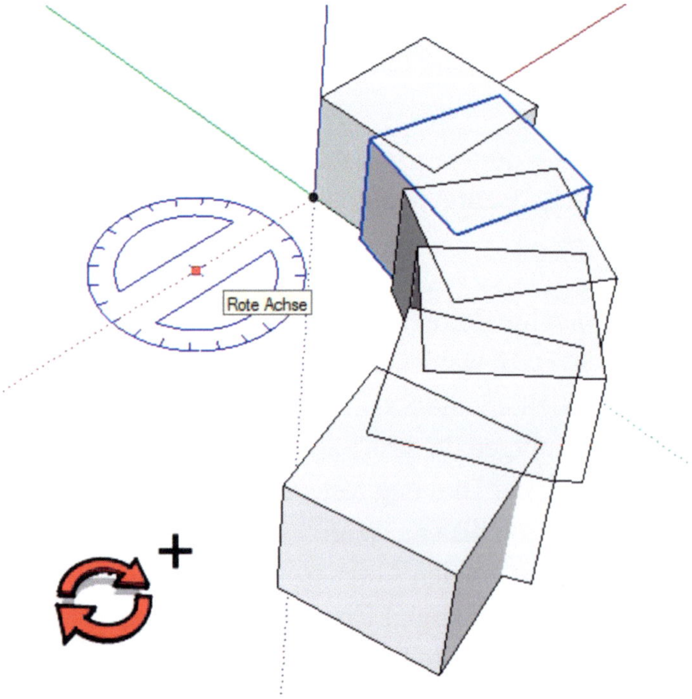

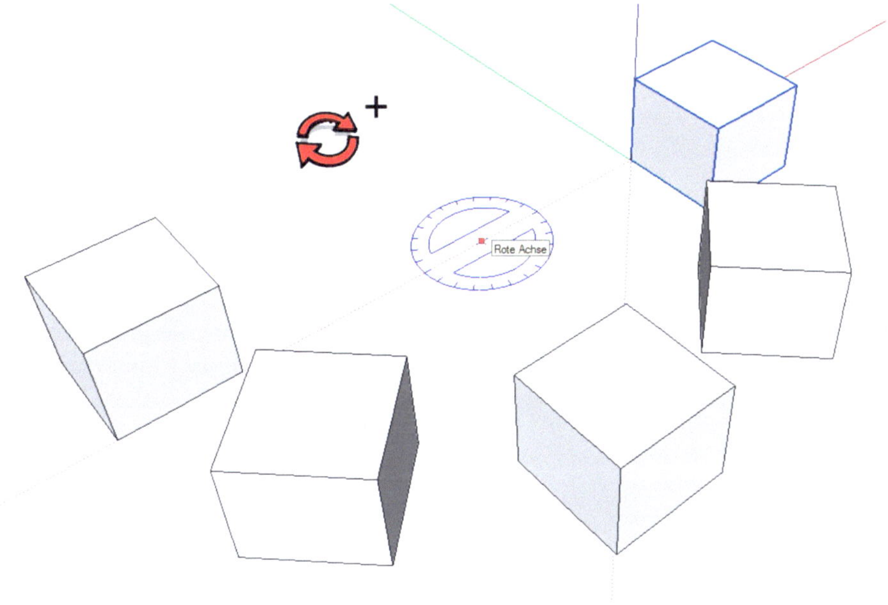

Großer Versatz schafft freie Körper!

Falten von Flächen

Eine komplizierte Operation, aber eine sehr nützliche! Sie können mit dem Drehen-Werkzeug auch (Teil-Flächen) falten. Dazu benötigen Sie die Unterseite der Fläche, in welcher die Faltkante liegt. Klicken Sie die gewünschte Fläche mit der rechten Maustaste an und wählen Sie den Befehl „Flächen umkehren“, falls nachfolgende Aktion einfach nicht gelingen will.

In unserem Falle habe ich mit einer Linie eine Ecke aus einem Quadrat herausgetrennt. Klicken Sie auf das Drehenwerkzeug und dann auf den Anfangspunkt der Faltlinie, also der Linie, entlang derer das Eck gefaltet werden soll, und ziehen Sie mit weiterhin gedrückter Maustaste an dieser Linie entlang. So weiß Sketchup, wo es falten soll!

Faltkante markieren!

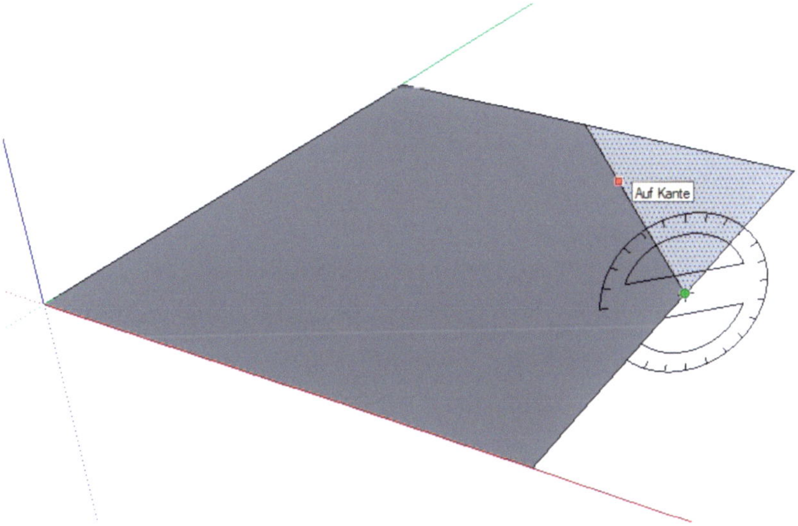

Nun lassen Sie die Maustaste los. Das Drehwerkzeug müsste jetzt schwarz, also nicht in den Farben der drei Achsen, erscheinen. Nun kann man den Anfangs- und den Endwinkel für die Faltung, die ja eigentlich eine Drehung ist, bestimmen.

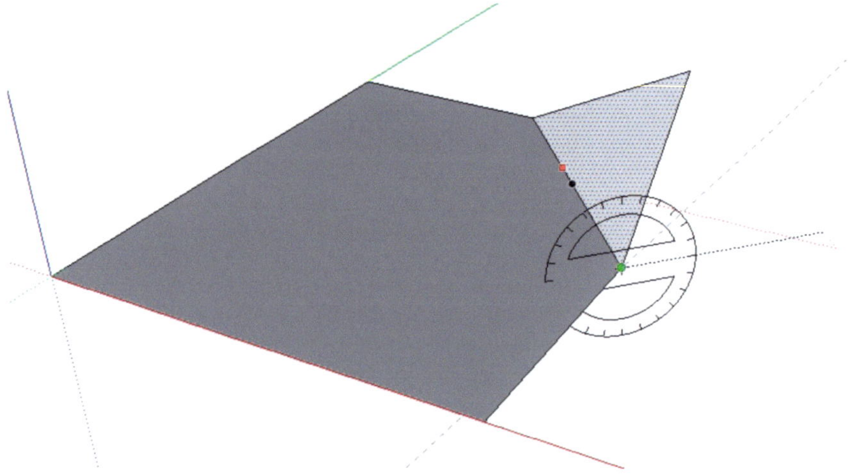

Faltwinkel bestimmen!

Eingeben von Winkeldrehwerten

Um einen genauen Winkel in Grad festzulegen, geben Sie beim Drehen des Cursors um den Winkelmesser einen Dezimalwert in die Maßangabensymbolleiste ein. Wenn Sie beispielsweise 34,1 eingeben, wird ein Winkel von genau 34,1 Grad erstellt. Negative Werte erzeugen einen Winkel in eine Richtung entgegen dem Uhrzeigersinn. Sie können einen genauen Winkelwert entweder während oder unmittelbar nach dem Drehvorgang angeben.

Eingeben von Neigungswerten

Wenn Sie einen neuen Winkel als Neigung festlegen möchten, geben Sie die beiden Werte getrennt durch einen Doppelpunkt in die Maßangabensymbolleiste ein, z. B. 8:12. Negative Werte erzeugen einen Winkel in eine Richtung entgegen dem Uhrzeigersinn. Sie können einen genauen Winkelwert entweder während oder unmittelbar nach dem Drehvorgang angeben. Bei 1:0 steht die gafaltete Fläche senkrecht nach oben, bei -1:0 nach unten. Probieren!

Drücken / Ziehen

Taste: P (push and pull)

Mit diesem Befehl lassen sich aus Flächen Körper machen, und aus Körper Flächen. Erstellen Sie eine beliebige Fläche und klicken Sie diese mit dem Werkzeug an. Bewegen Sie den Cursor in diese oder jene Richtung, und er wird extrudiert! Klicken Sie ein weiteres Mal, dann wird der Körper wie von

Zauberhand erstellt. Alternativ können Sie das Volumen auch mit gedrückter Maustaste aufziehen und nach dem Loslassen fixieren.

Klickt man nach dem Extrudieren doppelt auf eine beliebige Fläche (auch eines anderen Körpers!), wird der Vorgang mit den gleichen Werten wiederholt.

Der Versatzabstand eines Drück-/Ziehvorgangs wird in der Maßangabensymbolleiste angezeigt. Sie können einen exakten Wert entweder während oder direkt nach einem Drück-/Ziehvorgang festlegen. Bei negativen Werten wird der Vorgang in die entgegengesetzte Richtung durchgeführt.

Erstellen von Vertiefungen und Durchbrüchen

Wird auf einen bestehenden Körper eine Fläche gezeichnet, so lässt sich diese drücken oder ziehen. Auf diese Weise können Vertiefungen einfach erstellt werden.

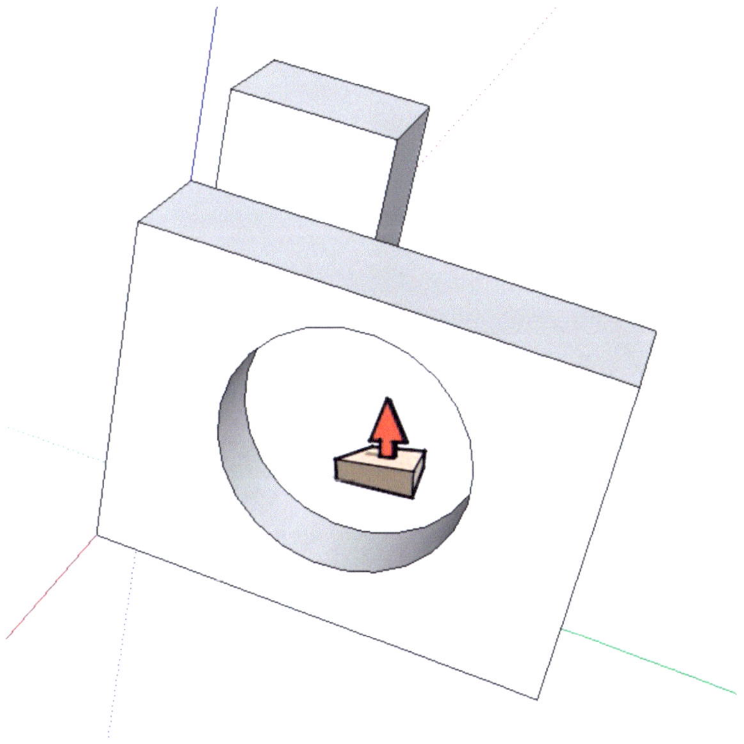

Um einen Durchbruch, zum Beispiel für eine Tür oder ein Fenster zu erstellen, drückt man die Fläche bis zur Rückseite durch.

Neue Anfangsfläche, neuer Körper

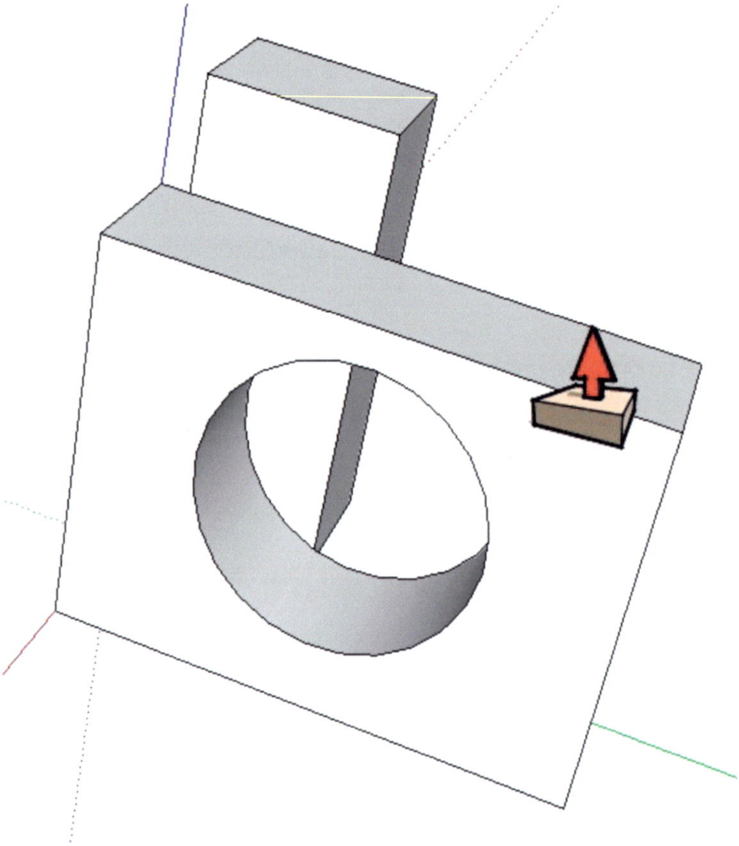

Drückt man beim Ziehen die Strg-Taste, wird die gezogene Fläche zur Basis eines neuen Körpers, der unabhängig vom Ausgangskörper behandelt werden kann. Auf diese Weise kann man sehr einfach Gebäude mit mehreren Stockwerken gestalten oder raffinierte Figuren formen.

Hier wurden drei kongruent aufeinander stehende Zylinder erzeugt und mit dem Verschieben-Werkzeug bearbeitet.

Gekrümmte Flächen

lassen sich ebenfalls drücken und ziehen!

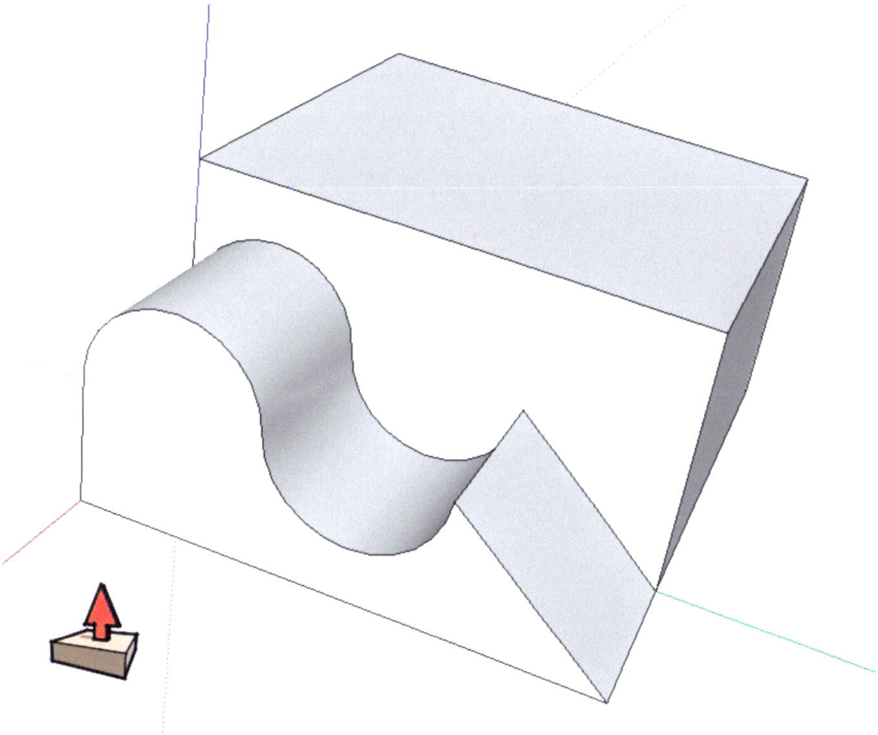

Folge mir!

Taste: keine

Die einfachste und genaueste Methode, um eine Fläche entlang eines gewählten Pfades zu extrudieren besteht darin, die Funktion „Folge mir“ anzuwenden.

Es gibt verschiedene Methoden, dies zu tun. Im ersten Fall wählen wir zunächst die Fläche aus, um die herum die Form – hier der kleine Kreis – extrudiert werden soll.

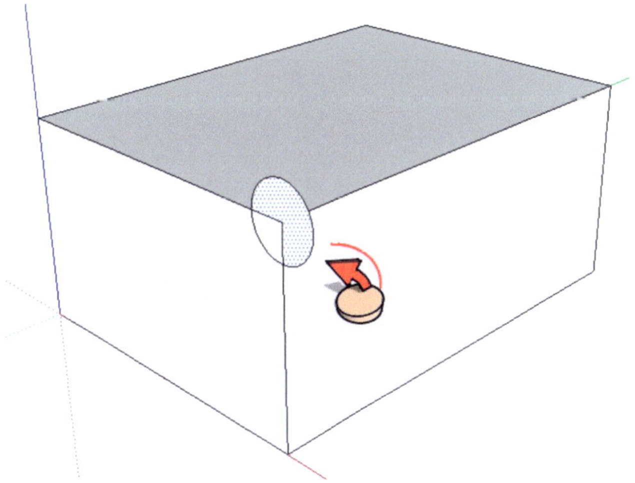

Dann aktivieren Sie das „Folge mir“-Werkeug und klicken auf den Kreis. Sie erhalten dann folgendes Ergebnis:

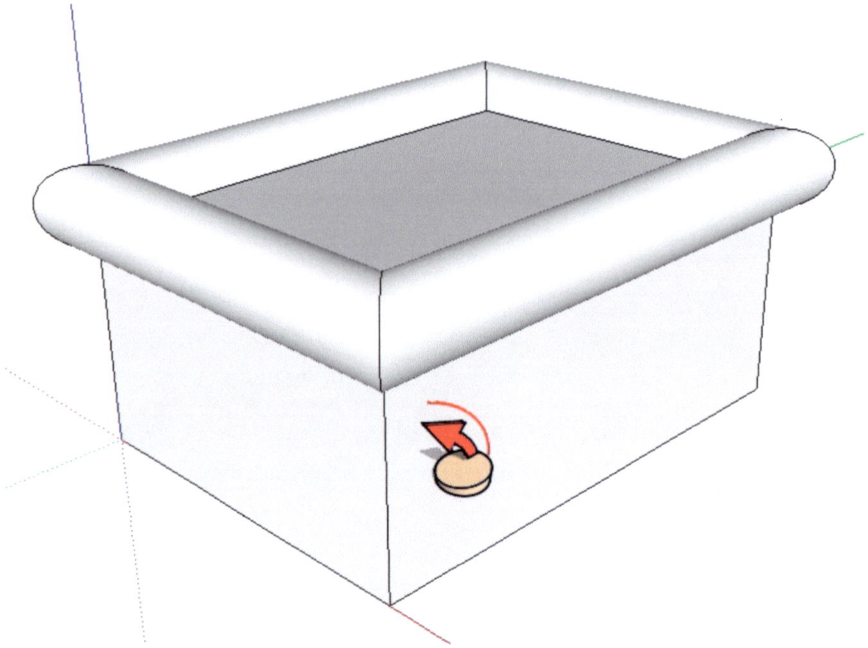

Sketchup
extrudiert den Kreis automatisch an den begrenzenden Kanten der ausgewählten Fläche entlang. Doch das möchte man ja nicht immer! Wenn man eine bestimmte Kantenfolge als Pfad auswählen möchte kann man diese vorher mit dem Auswahlwerkzeug (und der Strg-Taste bzw. Shift-Taste!) auswählen. Wenn Sie nun mit aktiviertem Folge mir-Werkzeug auf den Kreis klicken wird er am vorbestimmten Pfad entlang extrudiert.

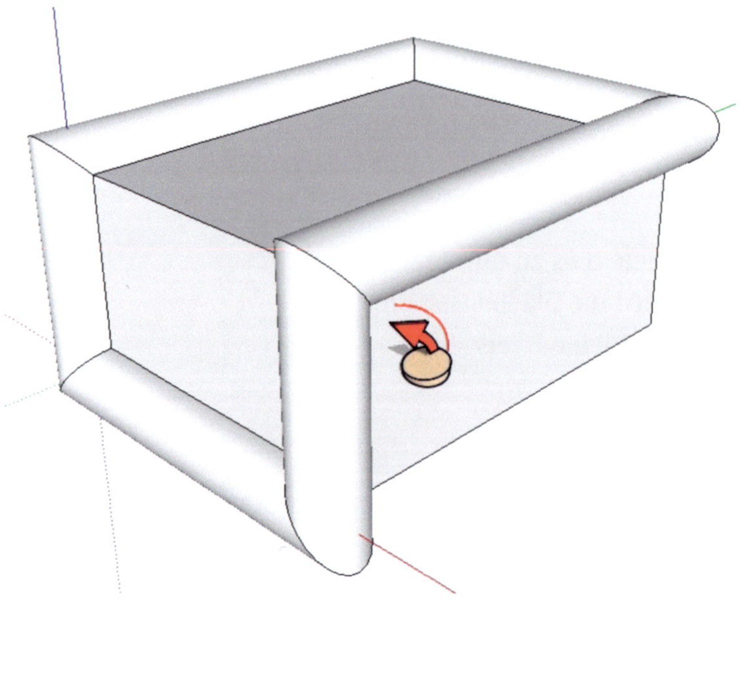

Alternativ dazu können Sie auch erst nach Aktivierung des Werkzeugs den Kreis anklicken und dann mit gedrückter Maustaste den gewünschten Pfad abfahren. Dies gelingt oft aber nicht ganz so exakt, ist aber bei kleineren Objekten sehr anschaulich und lässt der spontanen Entscheidung auch mehr Raum.

Die manuelle Extrudierung an einem Pfad aus Kanten muss nicht unbedingt geschlossen sein!

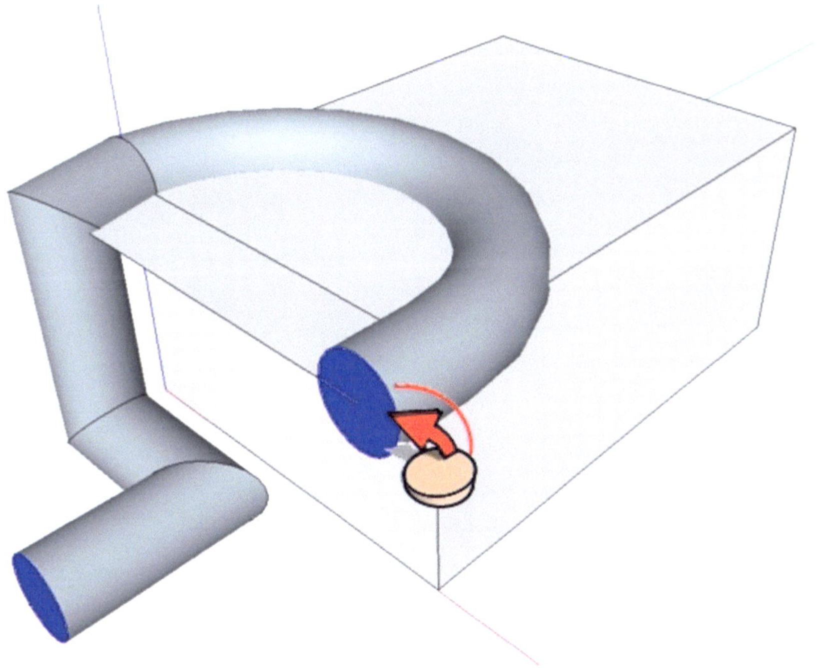

Erstellen von Rotationskörpern

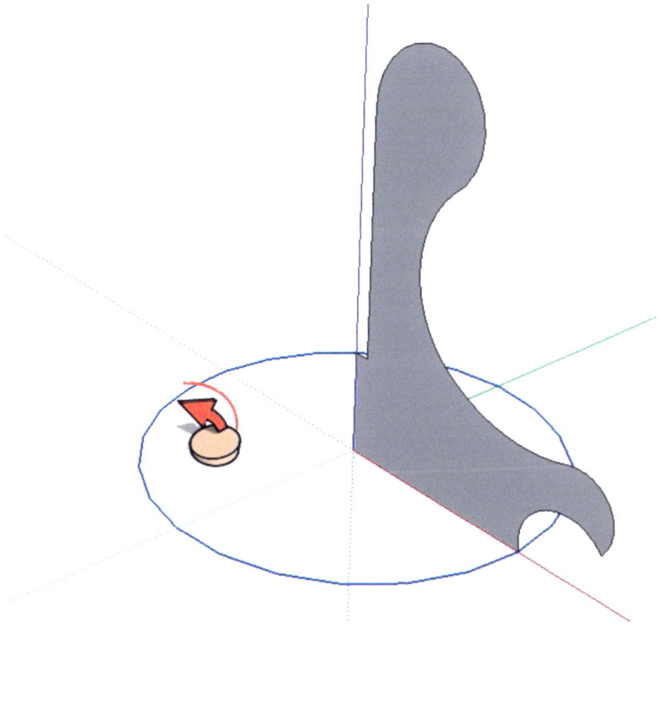

Durch Drehspiegelung an einer Achse könne raffinierte Körper gestaltet werden. Als Pfad muss nicht unbedingt ein Kreis herhalten, aber er bringt doch die geschlossensten Formen hervor. Er dient uns hier oft nur als Hilfslinie und wird im nachhinein meist wieder gelöscht. Am besten zeichnen Sie die zu extrudierende Fläche in der Vorderansicht (Kamera > Standardansichten > Vorne) und wechseln dann erst zur Perspektive, um den Kreis um den Nullpunkt zu zeichnen.

Die zu extrudierende Fläche ist fertig, und der wegweisende Pfad ausgewählt.

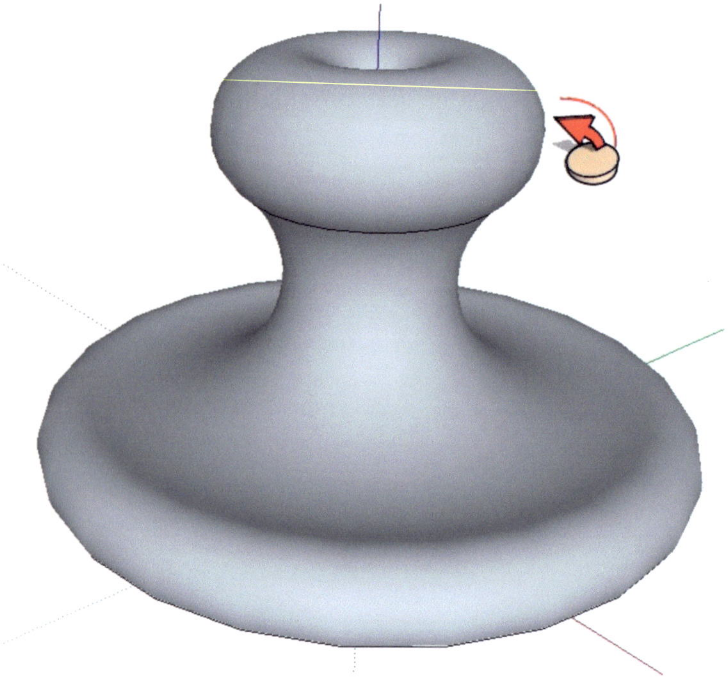

Und so ein Rotationskörper entsteht dann aus der Fläche!

Radiergummi

Taste: E (erase)

Mit dem Radiergummi lassen sich nicht alle Elemente aus dem Zeichenbereich löschen. Im Unterschied zu Linien und Kanten lassen sich mit diesem Werkzeug keine Flächen löschen. Flächen werden gelöscht, nachdem ihre einfassenden Kanten gelöscht wurden. Sie können auch mit dem Auswahl-Werkzeug angeklickt und dann mit der Entf-Taste auf der Tastatur entfernt werden.

Sie können auch mehrere Elemente gleichzeitig mit dem Ratzefummel löschen, indem Sie bei gedrückter Maustaste die Maus über mehrere zu löschende Elemente ziehen. Alle ausgewählten geometrischen Formen werden gelöscht, sobald Sie die Maustaste loslassen.

Um viele und spezielle Elemente, wie zum Beispiel verbundene oder solche aus dem selben Material, zu löschen ist ves geschickter sie vorher auszuwählen und dann mit der Entf-Taste ins digitale Nirwana zu schicken.

Glätten von Kanten

Drücken Sie die Strg-Taste und halten Sie diese gedrückt, um Kanten abzumildern/zu glätten (anstatt Elemente zu löschen). Drücken Sie gleichzeitig die Strg-Taste und die Umschalttaste und halten Sie diese gedrückt, um das Abmildern/Glätten der Kanten aufzuheben. Durch das Glätten werden bei gekrümmten Flächen und Bögen die Linien und Fangpunkte entfernt. Sketchup kennt ja nicht wirklich Kurven und sphärische Flächen. Sie bestehen allesamt aus ebenen Flächen und geraden Linien, auch wenn man es manchmal nicht mehr erkennen kann.

Skalieren

Taste: S (scale)

Mit diesem Werkzeug können Sie Elemente proportional (Anfasser in den Ecken) in ihrer Größe verändern, sie aber auch dehnen und stauchen (Anfasser in den Mitten).

Skalieren in 2D

Beim Skalieren in einer Ebene können Sie mit der Shift- und der Steuerungstaste bestimmte Funktionen erzwingen. Skalieren mit gleichzeitig gedrückter Strg-Taste nimmt den Mittelpunkt zu Zentrum, die Shift-Taste den gegenüberliegenden Punkt. Und beide zusammen?

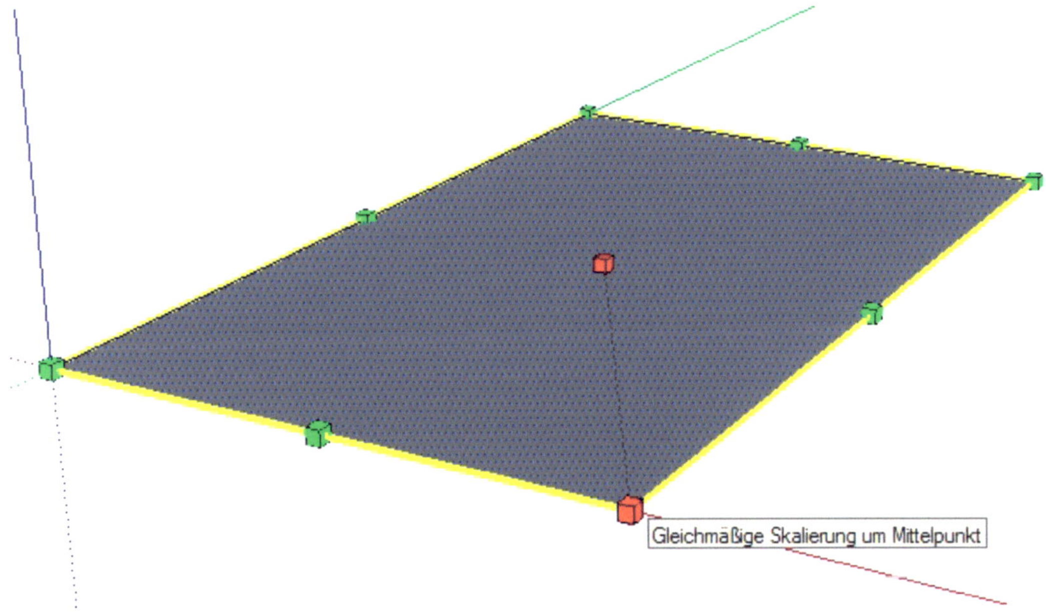

Strg-Taste und Eckpunkt

Skalieren von Komponenten

Beim Skalieren eines Komponentenelements wird die einzelne Instanz skaliert. Alle anderen Instanzen dieser Komponenten behalten ihre ursprüngliche Größe!

Skalierungsvorgänge innerhalb einer Komponente (z. B. Skalieren eines Linienelements in einer Komponente) beeinflussen die Komponentendefinition. Das bedeutet, dass alle Instanzen der Komponente entsprechend skaliert werden (alle Instanzen des gleichen Linienelements in allen Komponenteninstanzen).

Einstellen der Skalierrichtung mit der Achsenfunktion

Die Achsen der Skalierung lassen sich auf die jeweilige Ebene in ihrer Neigung und Ausrichtung anpassen, und damit auch die Richtung der Skalierung. Die Zusatzfunktionen gelten auch hier (Strg-, Shift-Taste)!

Spiegeln

Mit der Skalierfunktion lässt sich ein Element auch spiegeln, indem ein Anfasser zu dem Punkt und dann über den Punkt hinaus gezogen wird, um den skaliert wird. Die Anfasser rasten dabei genauso an bestimmten negativen Werten (-1, -1,5, -2) ein, wie dies in der positiven Richtung der Fall ist. Eine Spiegelung kann durch Eingabe eines negativen Wertes oder einer negativen Abmessung erzwungen werden.

Genau skalieren

Sie können auch hier Werte in die Maßangabensymbolleiste eingeben und mit Eingabe bestätigen!

Versatz

Taste: F (offset)

Mit der Versatzfunktion können Sie Kopien von Linien und Flächen in gleichmäßigem Abstand von den Originalen erstellen. Sie können Kanten von Flächen entweder innerhalb oder außerhalb der ursprünglichen Fläche versetzen. Durch Versetzen einer Fläche wird immer eine neue Fläche geschaffen.

Während oder direkt nach einem Versatzvorgang können Sie auch einen genauen Versatz festlegen, indem Sie einen positiven oder negativen Wert eingeben und mit Eingabe bestätigen…

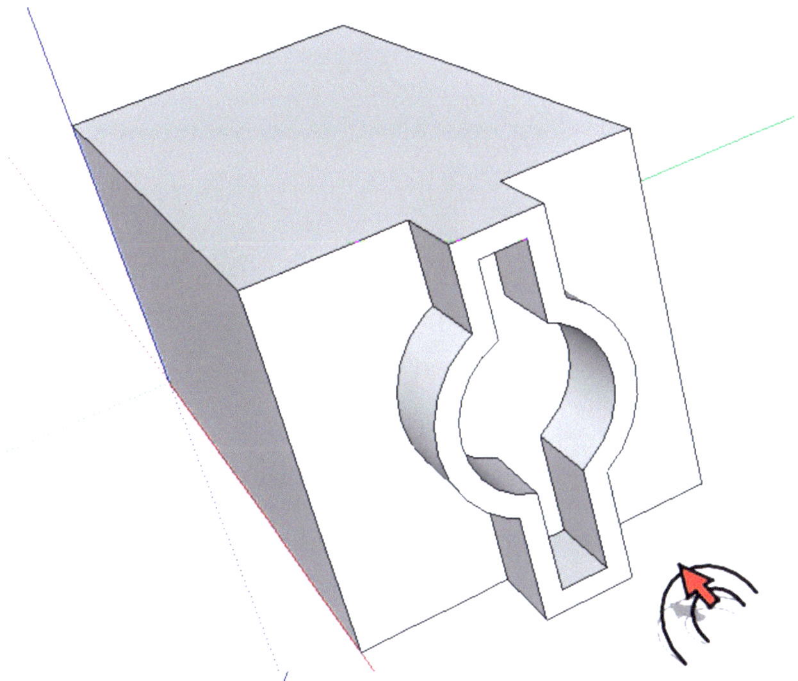

Die aus einem Rechteck und einem Kreis entstandene Form wird durch Versatz nach innen zu einer Wandung, die sich dann extrudieren lässt. Dabei wird die ganze Kontur um einen bestimmten Abstand verkleinert oder vergrößert.

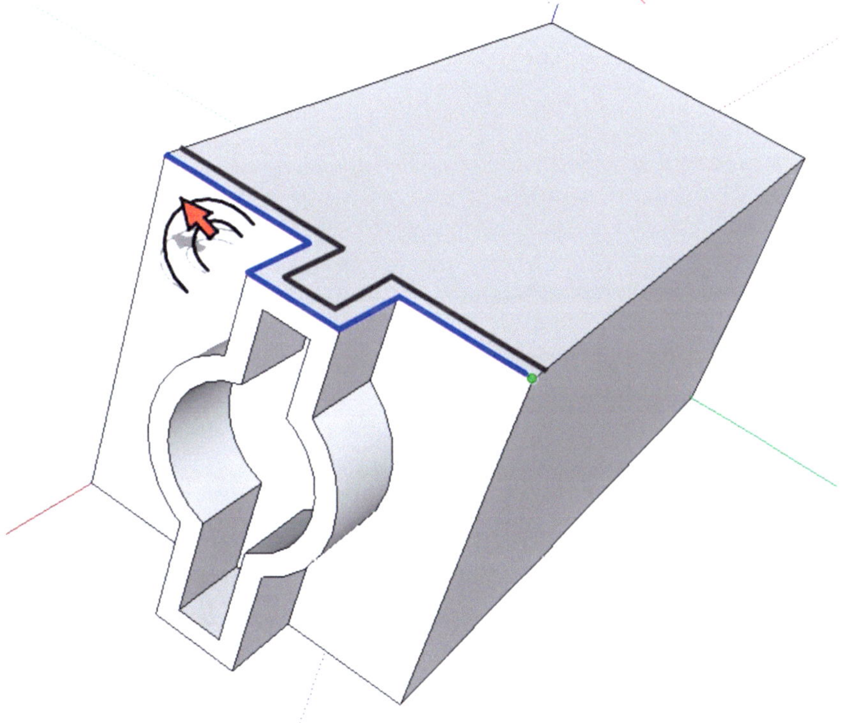

Dies funktioniert auch mit einer oder mehreren Linien, die vorher ausgewählt wurden (Strg-Taste drücken!). Dabei entsteht allerdings nicht unbedingt wieder eine Fläche! Diese Methode lässt sich gut bei der Konstruktion von Mauern in einem Grundriss einsetzen.

Verschneiden

Nur über Menü > Bearbeiten oder über das Kontextmenü erreichbar (rechte Maustaste)

Mit der Funktion „Mit Modell verschneiden“ können Sie komplexe Körper erstellen. Sie können zwei Elemente, z. B. einen Quader und ein Rohr, verschneiden, sodass an den gemeinsamen Stellen automatisch neue Kanten und Flächen entstehen. Diese Flächen können dann gedrückt, gezogen oder gelöscht werden, um neue Formen zu erstellen.

Wie das funktioniert?

Erstellen Sie zunächst zwei unterschiedliche Körper, die sich dann später durchdringen sollen. Die Flächen des einen Körpers werden dann an den Schnittflächen im anderen Körper neue Flächen und Kanten bilden.

Nehmen wir einen Quader, der mit einem waagerechten Zylinder verschnitten werden soll. Beide Körper werden separat erstellt. Da der Quader erhalten bleiben soll wird der Zylinder dreimal angeklickt, um alle Kanten und Flächen auszuwählen. Nun verschieben wir ihn so, dass er den Quader durchdringt.

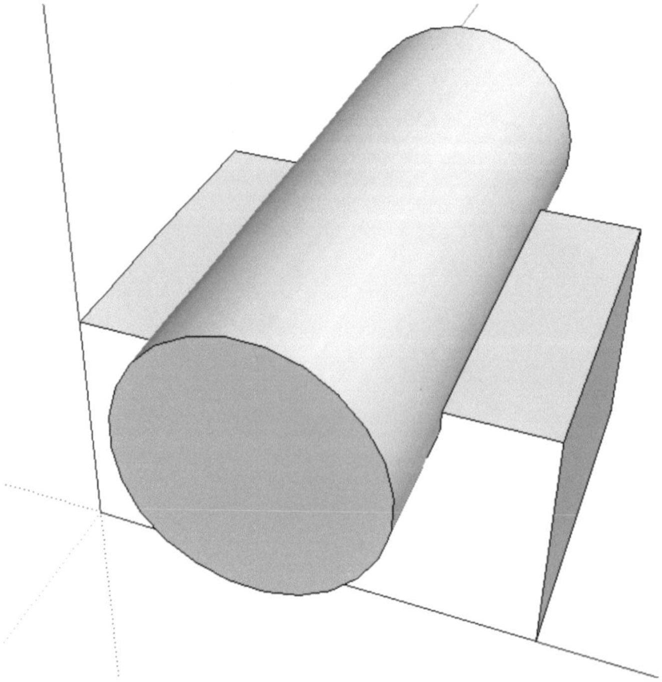

Nicht irgendwo hinklicken! Das Rohr muss ausgewählt bleiben! Klicken Sie es jetzt mit der rechten Maustaste an und wählen Sie den Befehl Verschneiden > Mit Modell verschneiden. Jetzt werden im

Quader Kanten und Flächen erstellt, die quasi der Zylinder erzeugt hat. Löschen oder verschieben Sie ihn, und Sie sehen das gewünschte Ergebnis:

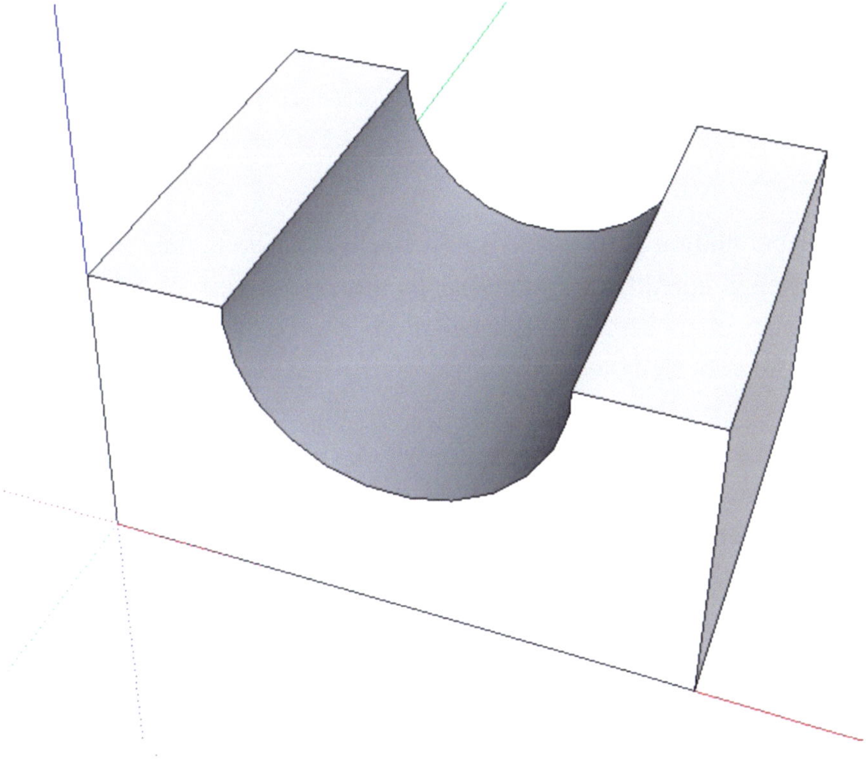

Funktioniert auch mit Gruppen! Aber das probieren Sie einfach mal selbst aus.

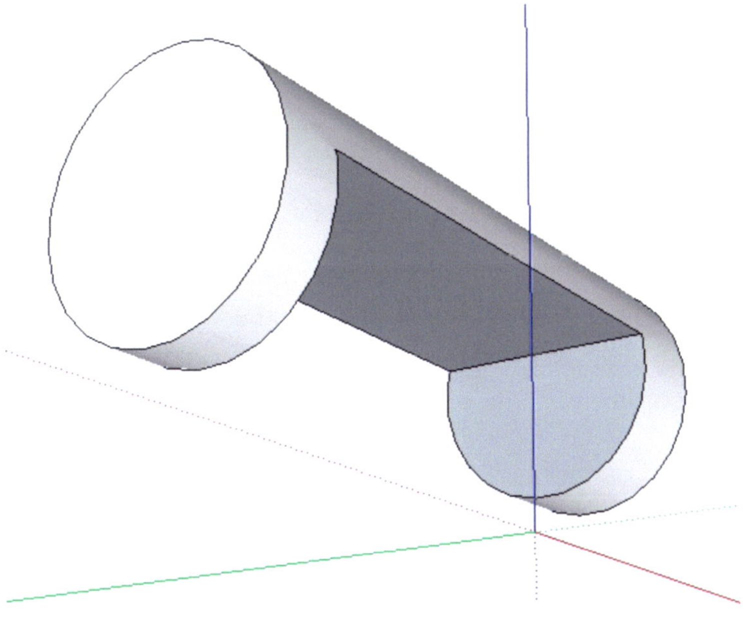

So sieht übrigens der verschnittene Zylinder aus, wenn man nicht ihn, sondern den Quader löscht.

Verschieben

Taste: M (move)

Mit der Verschiebefunktion können Sie geometrische Formen verschieben, dehnen und kopieren. Diese Funktion kann auch zum Drehen von Komponenten und Gruppen verwendet werden.

Sie können die Verschiebefunktion ohne vorherige Auswahl aktivieren, um ein einzelnes Element zu verschieben. Der Auswahlklickpunkt wird zum Basispunkt für den Verschiebevorgang. Sollen mehrere Elemente gemeinsam verschoben werden müssen sie vorher mit dem Auswahlwerkzeug markiert werden. Mit der Strg-Taste lässt sich die Auswahl erweitern, mit der Shift-Taste ein Element aus der Auswahl entfernen.

Verschieben durch Ableitung

Die Verschiebefunktion verwendet die komplexe geometrische Ableitungsfunktion von SketchUp zum Platzieren von Elementen im 3D-Raum. Die Ableitungsentscheidungen, die von der Ableitungsfunktion getroffen werden, werden im Zeichenbereich als Ableitungspunkte und Ableitungslinien angezeigt. Diese Linien und Punkte zeigen die genaue Ausrichtung zwischen dem Verschiebevorgang und der Geometrie Ihres Modells an.

Fixieren einer Verschiebung auf die aktuelle Ableitungsrichtung

Drücken Sie, während die von Ihnen durchgeführte Verschiebung die spezielle Farbe einer Achse aufweist, die Umschalttaste und halten Sie diese gedrückt. So fixieren Sie den Verschiebevorgang auf dieser Achse.

Fixieren einer Linie auf eine spezielle Ableitungsrichtung

Drücken Sie beim Verschieben entweder auf die Taste mit dem Pfeil nach oben, nach links oder nach rechts und halten Sie diese gedrückt, um die Verschiebung auf eine bestimmte Achse zu fixieren. Der Pfeil nach oben entspricht der blauen, der Pfeil nach links der grünen und der Pfeil nach rechts der roten Koordinate.

Genaues Verschieben

Beim Verschieben, Kopieren oder Dehnen wird in der Maßangabensymbolleiste in der rechten unteren Ecke des SketchUp-Fensters die Länge des Verschiebevorgangs (Versatzlänge) in den Standardeinheiten angezeigt, die im Dialog „Einheiten“ des Dialogfelds „Modellinformationen“

festgelegt wurden. Zusätzlich zum Erstellen von Aufreihungen können Sie während oder direkt nach einem Verschiebevorgang auch den genauen Versatz, eine relative oder absolute 3D-Koordinate für den Endpunkt festlegen.

Eingeben eines Versatzwerts

Während oder direkt nach einem Verschiebevorgang können Sie eine neue Versatzlänge festlegen. Wählen Sie zunächst die Funktion Auswählen aus und markieren Sie die gewünschten Elemente. Wählen Sie nun die Funktion Verschieben aus. Der Cursor verwandelt sich in einen Pfeil mit vier Spitzen. Klicken Sie einmal auf den Anfangspunkt des Verschiebevorgangs und beewegen Sie den Cursor, um mit dem Verschieben der Elemente in die richtige Richtung zu beginnen. Die ausgewählten Elemente folgen den Bewegungen des Cursors. Außerdem wird eine Ableitungslinie zwischen dem Anfangs- und Endpunkt der Verschiebung angezeigt, deren Länge dynamisch in der Maßangabensymbolleiste eingeblendet wird. Geben Sie den positiven oder negativen Versatzwert (z. B. 20′ oder -35mm) in die Maßangabensymbolleiste ein und drücken Sie die Eingabetaste zum Abschluss der Operation.

Eingeben von 3D-Koordinaten

SketchUp kann Ihre Elemente an exakte (mit [ ]) oder relative (mit <>) Koordinaten im 3D-Raum verschieben. Wählen Sie die zu verschiebenden Elemente aus. Klicken Sie bei aktivierter Verschiebe-Funktion einmal auf den Anfangspunkt des Verschiebevorgangs und bewegen Sie den Cursor, um mit dem Verschieben der Elemente in die richtige Richtung zu beginnen. Geben Sie dann wie gezeigt die Koordinaten ein!

- Globale Koordinaten: [x; y; z] der aktuellen Zeichnungsachsen.
- Relative Koordinaten: relativ zum Anfangspunkt.

Dehnen von Elementen

Wenn Sie ein Element verschieben, das mit anderen verbunden ist, dehnt SketchUp das ganze Objekt. Punkte, Kanten und Flächen können auf diese Weise verschoben werden.

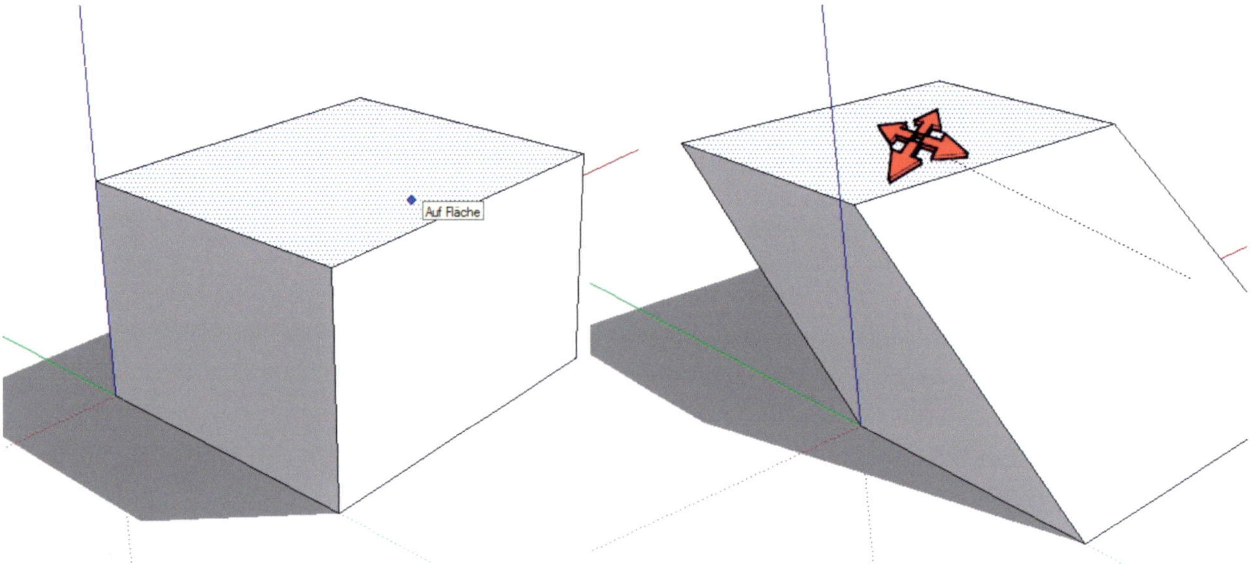

Verzerren eines Quaders

Sie können auch einzelne Liniensegmente verschieben, um ein Objekt zu dehnen. Auf diese Weise lassen sich schnell Körper modifizieren.

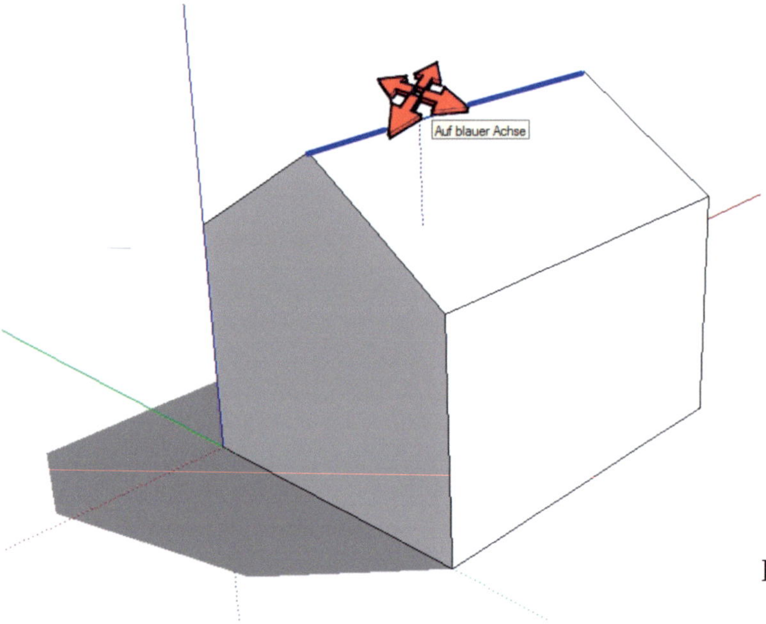

Ein schnelles Satteldach

Ein Quader wird mit einer Linie in der Mitte geteilt, die dann auf der blauen Achse nach oben verschoben wurde. Mit der Shift-Taste lässt sich die Achse fixieren!

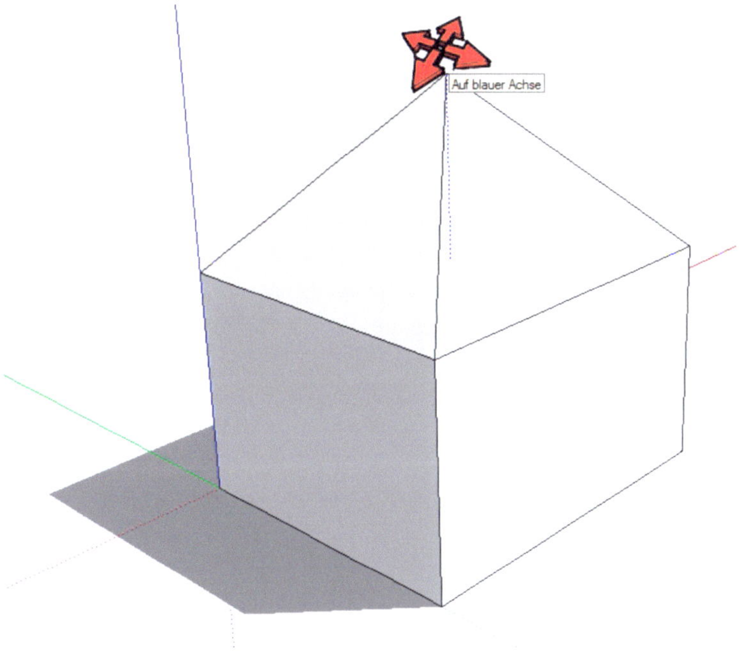

Ein Pyramidendach auf die Schnelle!

Hier wurden die Diagonalen eingezeichnet und deren Schnittpunkt senkrecht nach oben verschoben: die Dreiecke folgen und bilden die Dachflächen.

Verschieben/Dehnen mit automatischem Falten

Wenn durch einen Verschiebe- oder Dehnvorgang nicht-planare Flächen entstehen, werden diese Flächen von SketchUp automatisch gefaltet. Wenn Sie beispielsweise mit der Verschiebefunktion auf die Ecke eines Kastens klicken und in die blaue Richtung nach unten ziehen, erstellt SketchUp eine Faltlinie auf der oberen Fläche des Kastens.

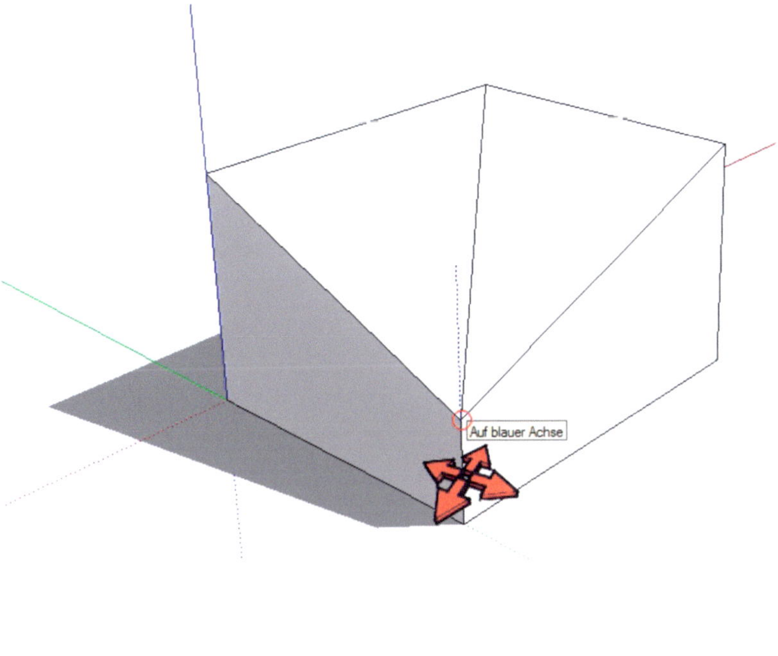

Falten durch Verschieben

Erzwingen der automatischen Faltfunktion

In einigen Fällen führt SketchUp einen Vorgang nur mit Einschränkungen durch, um alle Flächen planar zu halten und keine zusätzlichen Faltlinien zu erstellen. Sie können dieses Verhalten umgehen, indem Sie vor dem Durchführen des Verschiebevorgangs die Alt-Taste (Microsoft Windows) drücken und loslassen. Dadurch wird die automatische Faltfunktion aktiviert, sodass die geometrische Form frei in jede beliebige Richtung verschoben werden kann.

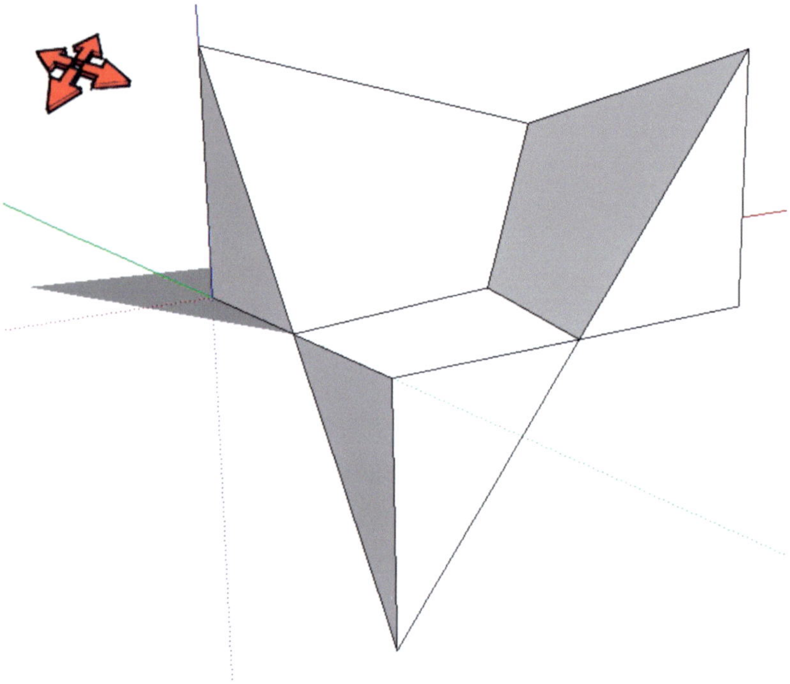

Aus dem Quader entstanden!

Dieser komplizierte Körper ist ausschließlich durch Verschieben von Punkten und Kanten aus einem Quader gewonnen worden. Mit dem Linienwerkzeug wurden lediglich offene Flächen geschlossen.

Kopieren von Elementen

Mit dem Verschiebewerkzeug lassen sich Kopien von vorher ausgewählten Objekten erstellen, wenn während des Verschiebens kurz die Strg-Taste gedrückt wird! Neben dem Symbol erscheint nun ein kleines + und bestätigt die Funktion.

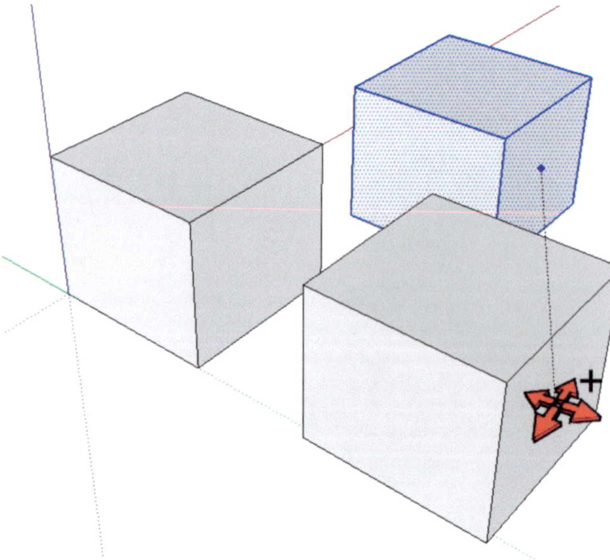

Kopieren und verschieben

Finish

Sollte Ihnen die nackte Konstruktion nicht anschaulich und selbsterklärend genug sein können Sie Texturen sowie Schrif und Zahl einfügen. Schauen Sie sich zur Anregung einmal in Googles 3D-Galerie um! Mit den unterschiedlichsten Materialien lässt sich der Realismus der Darstellung durchaus steigern. Mancher Anbieter kann Ihnen noch hochwertigere Materialien anbieten, als Sketchup sie von Hause aus mitbringt.

Texturen & Co.

Taste: B

Mit dem Werkzeug Farbeimer lassen sich den Oberflächen Farben und ganz unterschiedliche Materialien zuweisen. Sollte man in der Enphase der Bearbeitung dieses Werkzeug öfter gebrauchen empfiehlt es sich, das > Fenster > Materialien auf der Arbeitsfläche zu platzieren. Das erspart mühseliges Geklicke und bietet eine gute Übersicht auf die verfügbaren Ressourcen!

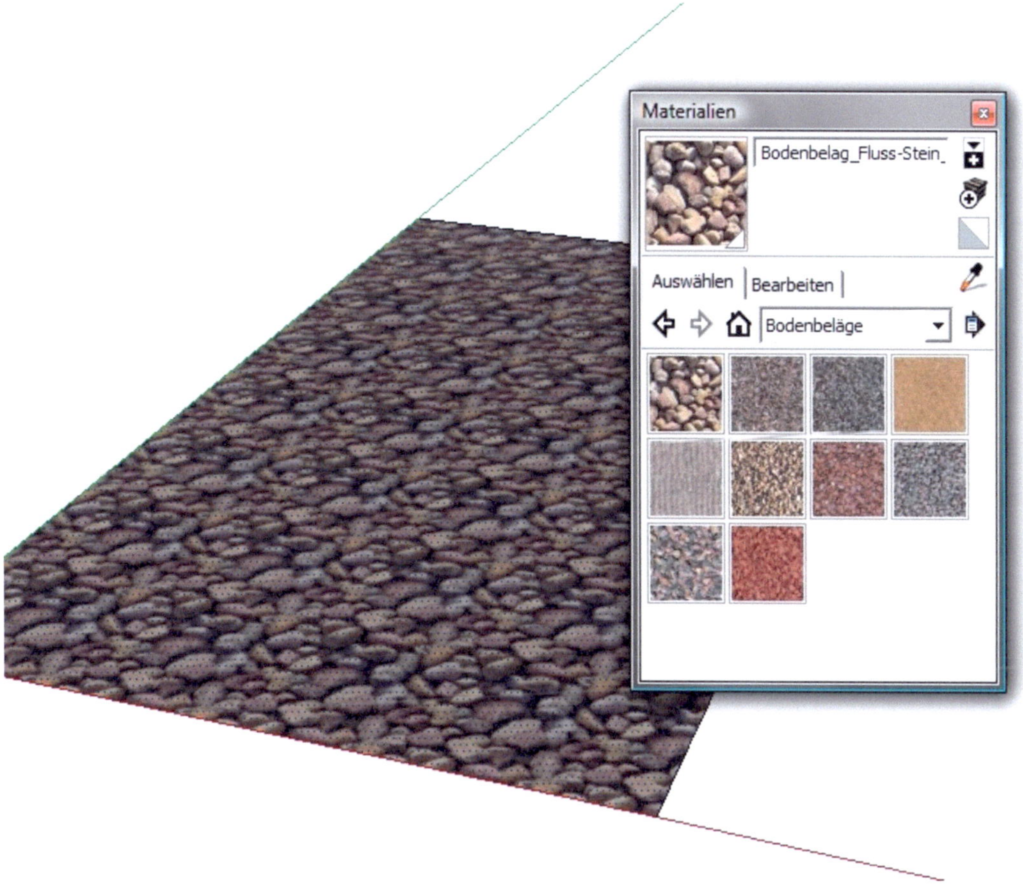

Neben den einzelnen Gruppen zugewiesenen Texturen gibt es auch eine Menge Farben, mit denen man auf einfachste Weise sein Modell aufpeppen kann. Einfach eine der Füllungen in der Vorschau anklicken und dann auf die Fläche klicke, die gehübscht werden soll.

Die Materiaien sind gekachelte Bildchen, die in beide Richtungen auf der Fläche wiederholt werden. Manchmal sieht man ihnen das auch an. Unangenehme, an Artefakte bei stark komprimierten Dateien erinnernde Wiederholungen werden doch deutlich erkennbar.

Wer mehr möchte kann sich ja hier mal umschauen:

- http://www.3dtotal.com/
- http://www.animax.it/animax/Textures.htm
- http://www.mayang.com/textures/
- http://textures.forrest.cz/
- http://local.wasp.uwa.edu.au/~pbourke/texture_colour/

Oder sich selber welche erstellen. Dazu muss einfach ein quadratisches Bild von Sketchup eingelesen werden.

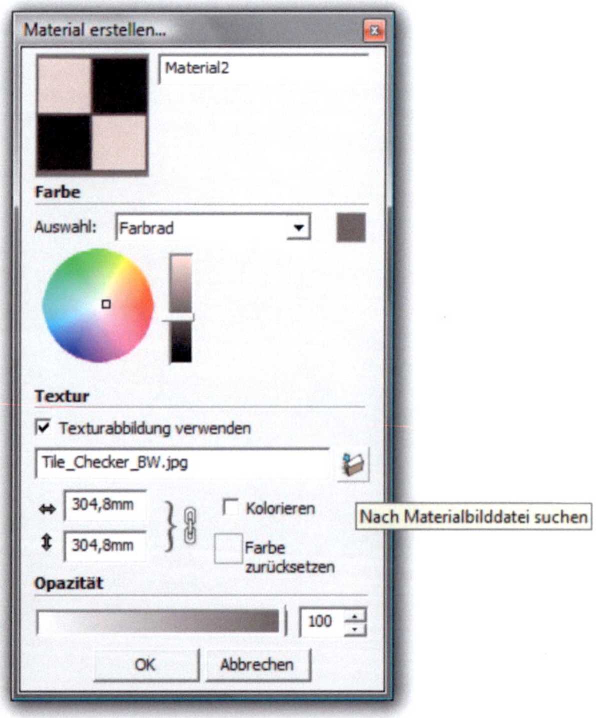

Man klickt im Vorschaufenster rechts oben die Option Material erstellen an und nimmt bei dem sich öffnenden Dialogfenster das Häkchen vor Texturabbildung verwenden weg. Nun weist man Sketchup den Weg zur erstellten Textur eigener Wahl.

Sie können ein Material auf einer Oberfläche auf vielfache Weise anpassen – einschließlich neu positionieren, Größe ändern und verzerren. Zusätzlich können Sie auch einzigartige Aktionen auf Bildern durchführen, z. B. ein Bild um eine Ecke malen oder es auf ein Modell projizieren. Die Funktion >Textur >Position wird im Kontextmenü (rechte Maustaste) eines Flächenelements aktiviert.

Allerdings können Sie so keine Textur, die als Ganzes auf eine gekrümmte Oberfläche angewandt wurde, bearbeiten. Zeigen Sie mit dem Menüelement Ansicht > Ausgeblendete Geometrie die Textur auf den einzelnen Flächen an, aus denen der gekrümmte Flächensatz besteht. Dann können Sie diese auch bearbeiten!

Mit einem einfachen Klick können Sie die Reißzwecken neu positionieren, mit Drücken und Ziehen bearbeiten sie die Textur.

Wie man mit Fotos arbeiten kann wird bei Google beschrieben >>>.

Strategien

Sie sollten auf jeden Fall den Anzeigestil Schattiert oder Schattiert mit Texturen verwenden, damit Sie Materialien sehen können, wenn diese auf Ihr Modell angewendet werden.

Wenn Sie die Füllungsfunktion mit einer oder mehreren Kombinationstasten verwenden, können Sie damit verschiedene Malvorgänge ausführen. Elemente, die mit der Auswahlfunktion ausgewählt wurden, können mit der Füllungsfunktion mit einem Einzelklick ausgefüllt werden.

Klicken Sie bei gedrückter Strg-Taste mit der Füllungsfunktion auf eine Fläche, um diese und alle angrenzenden (verbundenen) Flächen mit dem gleichen Material auszufüllen. Die Fläche, auf die Sie geklickt haben, und alle angrenzenden Flächen müssen vor dem Durchführen dieses Vorgangs dasselbe Material aufweisen!

Materialien können auf gesamte Gruppenelemente oder Komponentenelemente oder auf einzelne Elemente innerhalb einer Gruppe oder Komponente gemalt werden. Voraussetzung ist auch hier, dass sie zuvor schon mit der gleicher Füllung versehen waren. Abweichungen können auch dadurch entstehen, dass die Seiten nicht die gleiche Ausrichtung haben. Die Flächen haben bei SketchUp nämlich eine Vorder- und eine Rückseite!

Füllung kopieren und übertragen

Drücken Sie die Alt-Taste und halten Sie diese gedrückt, um von der Füllungsfunktion zu einer Entnahmefunktion zu wechseln, mit der Sie dem Modell Materialien entnehmen können. Der Cursor verwandelt sich in eine Pipette. Klicken Sie auf die Fläche, deren Material Sie entnehmen möchten. Lassen Sie die Alt-Taste wieder los, um zurück zur Füllungsfunktion zu wechseln. Füllen Sie nun die gewünschte Fläche mit dem entnommenen Material aus.

Fotos als Material verwenden

Wir wollen aus diesem nackten Zylinder eine schmucke Litfaßsäule machen!

Und das geht so: Gehen Sie zu > Datei > Importieren und wählen Sie das gewünschte Bild aus. Klicken Sie in unserem Fall die Option Als Textur verwenden an. Klicken Sie nun auf den unteren und dann den oberen Rand der Säule. Sie haben das Fenster Materialien geöffnet? Dann sehen Sie, dass das Bild als Textur in die geöffnete Sammlung eingefügt wurde! Klicken Sie diese an und füllen Sie mit dem Bild die Säule! Voilá!

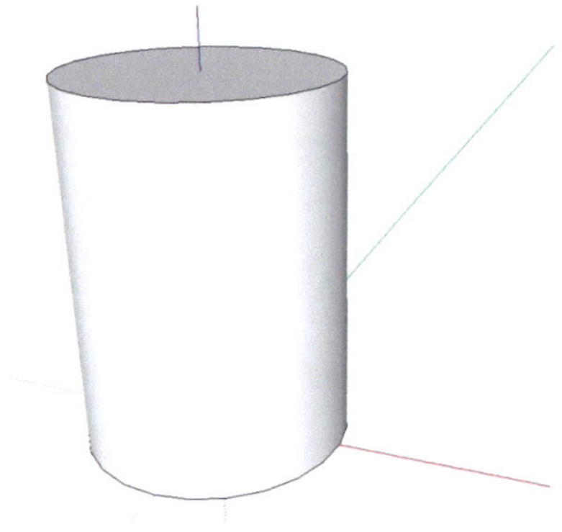

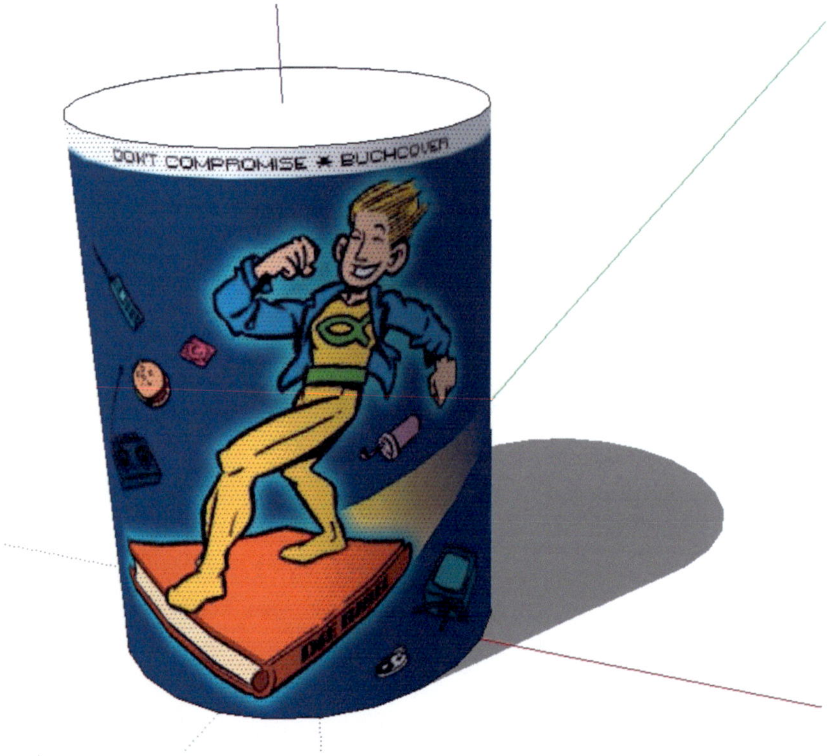

Die Höhe haben wir mit den beiden ersten Klicks vorgegeben, und Sketchup setzt nun das Bild so oft aneinander, bis unsere Säule umwickelt ist.

Projizieren von Bildern und Materialien

Sie können mit dem Farbeimer auch ganze Stadtpläne oder einzelne Grundrisse auf ihre waagerechte Ebene projizieren. Auch hochgezogene Wände lassen sich mit genauen Fotos und so mit Leben füllen! Einzelne Objekte können als Vorlage dienen und in Sketchup nachkonstruiert werden. Möglichkeiten über Möglichkeiten…

Bei gründlicher Vorbereitung kann man so Gebäude und auch andere Objekte in 3D-Objekte verwandeln, die eine verblüffende Nähe zur Wirklichkeit haben!

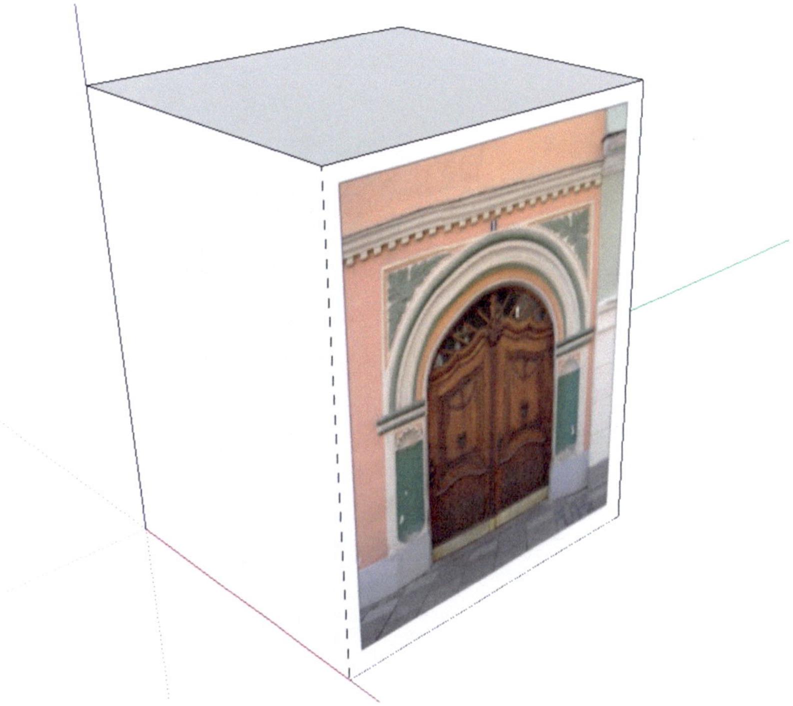

Text

Taste: keine

Mit den Textfunktionen können Sie Ihr Modell auf ganz unterschiedliche Weisen beschriften.

Führungstext

Sie klicken nach der Auswahl des Werkzeugs das Objekt an, das beschriftet werden soll. Hier funktionieren auch die üblichen Ableitungen! Die Spitze des verweisenden Pfeils wird damit verankert. Nun ziehen Sie mit dem Cursor das Textfeld an eine geeignet Position und geben die Beschriftung ein. Mit einem Klick außerhalb beenden Sie die Erstellung des Führungstextes.

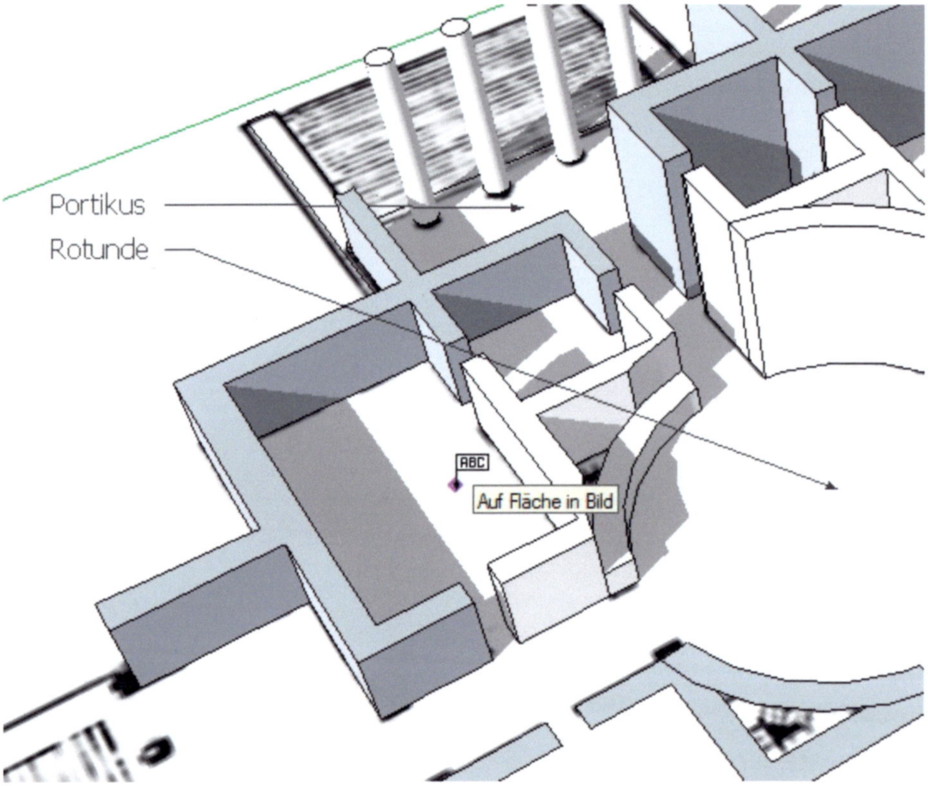

Bildschirmtext

Wenn Sie mit dem Textwerkzeug auf eine leere Stelle klicken, können Sie Text ohne verweisenden Führungspfeil erstellen. Klicken Sie außerhalb des Textfeldes oder drücken Sie die Eingabetaste zweimal, um die Texteingabe abzuschließen. Dieser Text bleibt immer an der gleichen Stelle, im Unterschied zum Führungstext, der tatsächlich räumliche Bewegungen mitmacht!

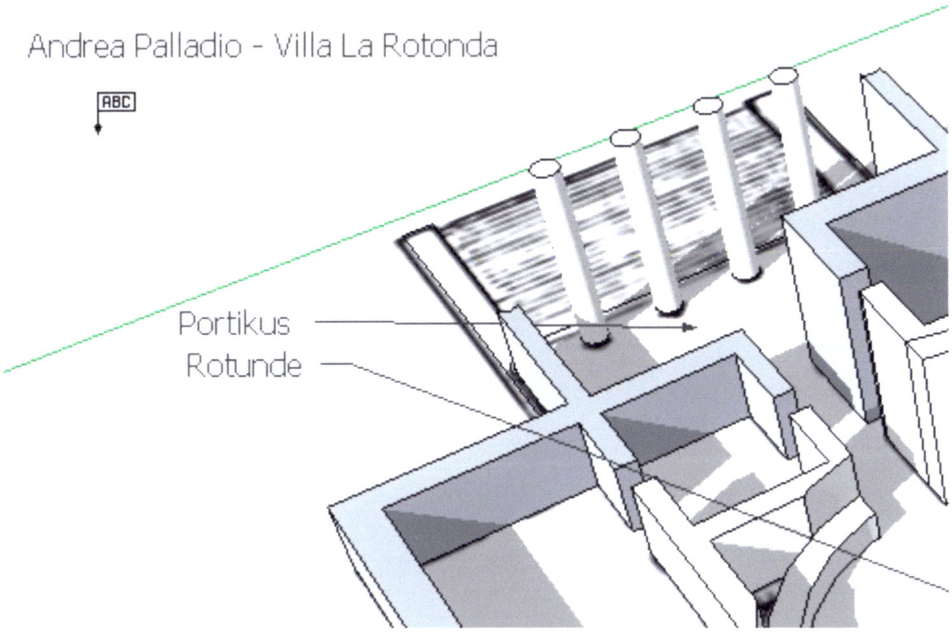

Text auf Flächen

Doppelklicken Sie mit der Textfunktion auf eine Fläche, um Text ohne Führungslinien mit der Fläche zu verknüpfen. Beim Drehen im Raum verschwindet der Text, wenn auch die Fläche nicht mehr zu sehen ist.

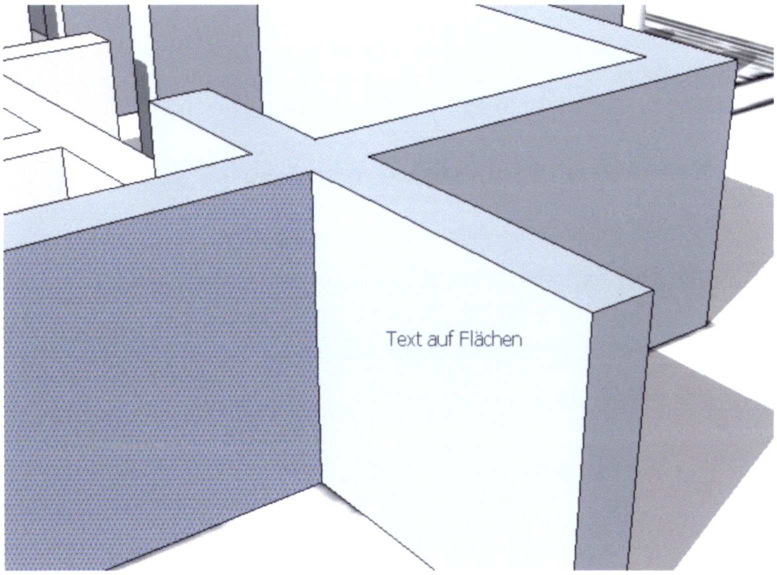

Textelemente bearbeiten

Doppelklicken Sie mit der Textfunktion oder der Auswahlfunktion auf ein Textelement, um den Text zu bearbeiten. Sie können auch mit der rechten Maustaste auf ein Textelement klicken und im Kontextmenü das Menüelement Text bearbeiten auswählen.

Wollen Sie die Einstellungen für ein Textelement, wie zum Beispiel Schriftart, Farbe und Größeneinstellung verändern, klicken Sie es mit der rechten Maustaste an und wählen Sie im Kontextmenü > Elementinformationen. Hier lässt sich auch die Art des Führungspfeils verändern. Der Text interagiert mit dem Modell in drei Dimensionen. Er kann jedoch auf zwei Arten auf dem Bildschirm angezeigt werden. Es gibt daher zwei Hauptstile für Führungslinien: „Ansichtsbasiert“ und „Reißzwecke“. Eine ansichtsbasierte Führungslinie behält immer ihre zweidimensionale Bildschirmausrichtung bei. Eine Reißzweckenführungslinie ist im dreidimensionalen Raum ausgerichtet und dreht sich zusammen mit dem Modell, sobald Sie Ihre Ansicht ändern.

3D-Text

Taste: keine

Mit den Optionen im Dialogfeld „3D-Text platzieren“ können Sie 3D-Text eingeben und konfigurieren.

Schriftart

Wählen Sie eine Schriftart und „Normal“ oder „Fettdruck“ aus dem Dropdown-Menü.

Höhe

Geben Sie die Höhe in aktuellen Modelliereinheiten in das Texteingabefeld „Höhe“ ein.

Ausrichten

Wählen Sie aus der Dropdown-Liste „Links“, „Zentriert“ oder „Rechts“, wenn Sie den Text anders ausrichten möchten.

Gefüllt

Im Dialogfeld für 3D-Text können Sie 2D-Text, der nur Außenlinien (Kanten) oder Flächen enthält, oder extrudierten 3D-Text erstellen. Aktivieren Sie das Kontrollkästchen „Gefüllt“, wenn Sie Flächen für 3D-Text erstellen möchten. Entfernen Sie das Häkchen aus dem Kontrollkästchen „Gefüllt“, um 2D-Text-Außenlinien zu erstellen (nur Kanten).

Hinweis: Wenn Sie 3D-Text erstellen möchten, muss das Kontrollkästchen „Gefüllt“ aktiviert sein.

Extrudiert

Aktivieren Sie das Kontroll-kästchen „Extrudiert“, um extrudierten (gedrückten / gezogenen) 3D-Text zu erstellen.

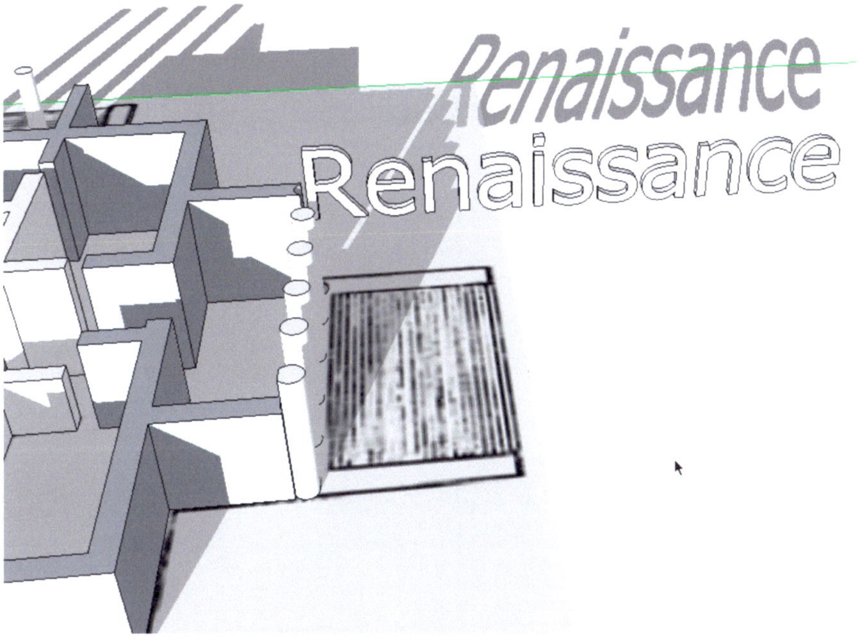

Maßangaben

Zum Abmessen können Kanten und Punkte verwendet werden. Geeignete Punkte sind: Endpunkte, Mittelpunkte, Punkte auf Kanten, Schnittpunkte sowie Bogen- und Kreismittelpunkte. Dabei muss man nicht bestimmten Kanten oder Flächen folgen, sondern kann auch ganz beliebige Punkt vermessen. Vorhandene Linien und Kanten werden zur Bemaßung einfach angeklickt. Verschiebt man nun den Cursor folgen Maßlinien und Wertefeld. Auch nachträglich lassen sich die Werteangaben noch so verschieben, dass sie nicht stören. Einfach anklicken! Mit einem Doppelklick kommt man ins Textfeld und kann dort Veränderungen vornehmen.

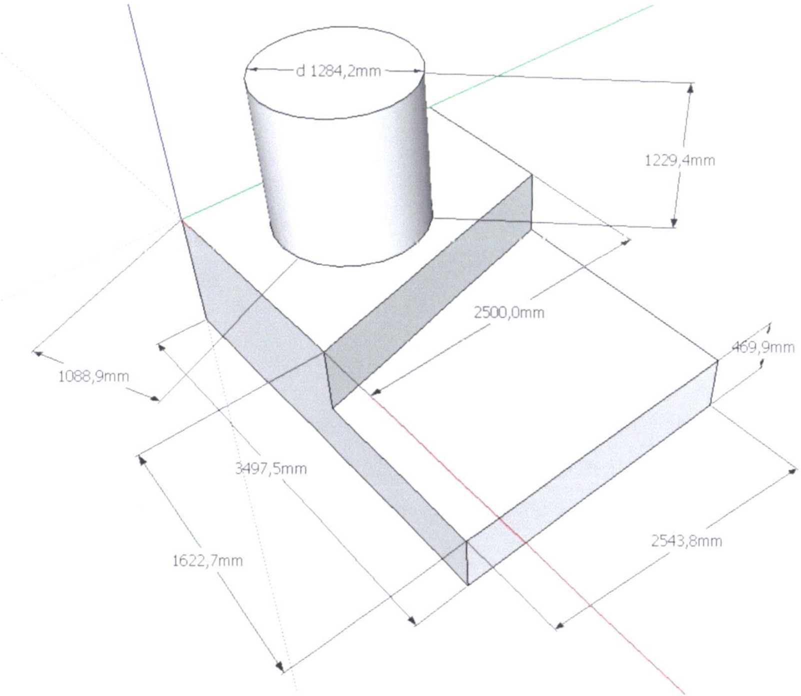

Einstellungen werden über > Fenster > Modellinformationen vorgenommen.

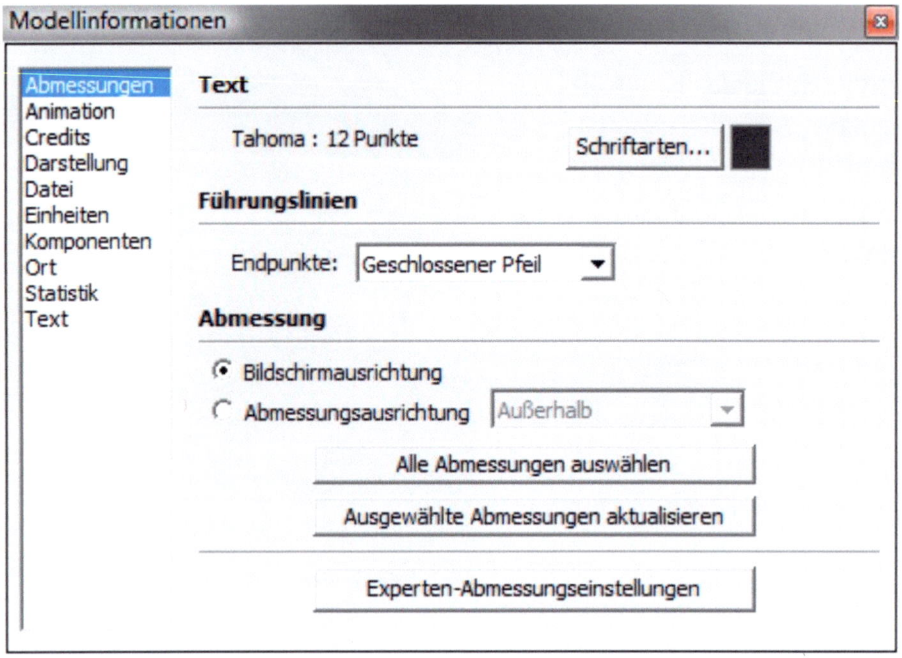

Möchte man den Maßangaben eine zusätzlich Textzeile zur Erläuterung beistellen, so ist auch das kein Problem. Mit einem Doppelklick öffnet man das Textfeld und gibt \n ein, gefolgt von einem Leerzeichen. Der Text erscheint nun in einer eigenen Zeile vor oder nach den Maßen.

Möchte man Text und Maßangabe verbinden, dann verfährt man so: Die Länge dieser Linie ist <>. Ziemlich genau! wird in das Textfeld eingegeben, um folgendes Ergebnis zu erhalten.

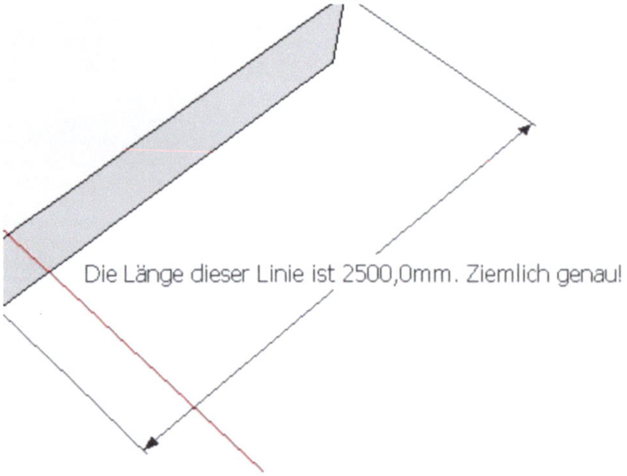

Zwischen den Angaben Radius oder Durchmesser bei Bogen und Kreis kann man umschalten, indem man die Maßangabe mit einem rechten Mausklick anklickt und unter Typ den gewünschten auswählt.

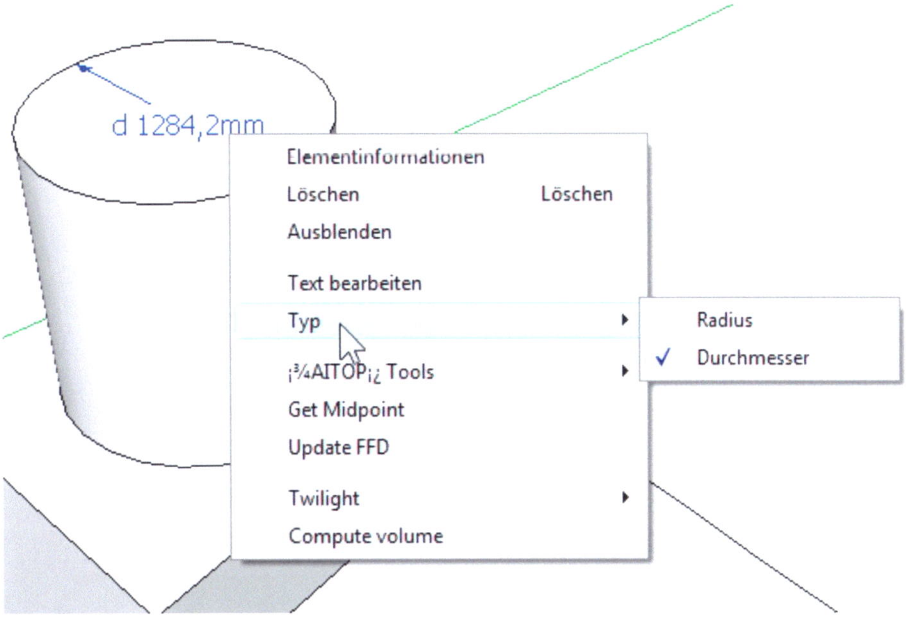

Stile

Unsere mit Sketchup erstellten Modelle lassen sich vor einer Präsentation oder sonstigen Ausgabe noch in Form bringen. Grundsätzlich unterscheiden wir dabei die Darstellung der Linien von denen der Flächen. Über das Menü > Ansicht kommen wir zu den Auswahlmöglichkeiten. Einige lassen sich kombinieren, andere sind alternativ einzustellen.

Linienstile

- Kanten anzeigen oder verbergen
- Profile
- Tiefenschärfe
- Verlängerung

Flächenstile

- Drahtgitter
- Linienausblendung
- Schattiert
- Schattiert mit Texturen
- Monochrom
- Röntgen (immer zuschaltbar)

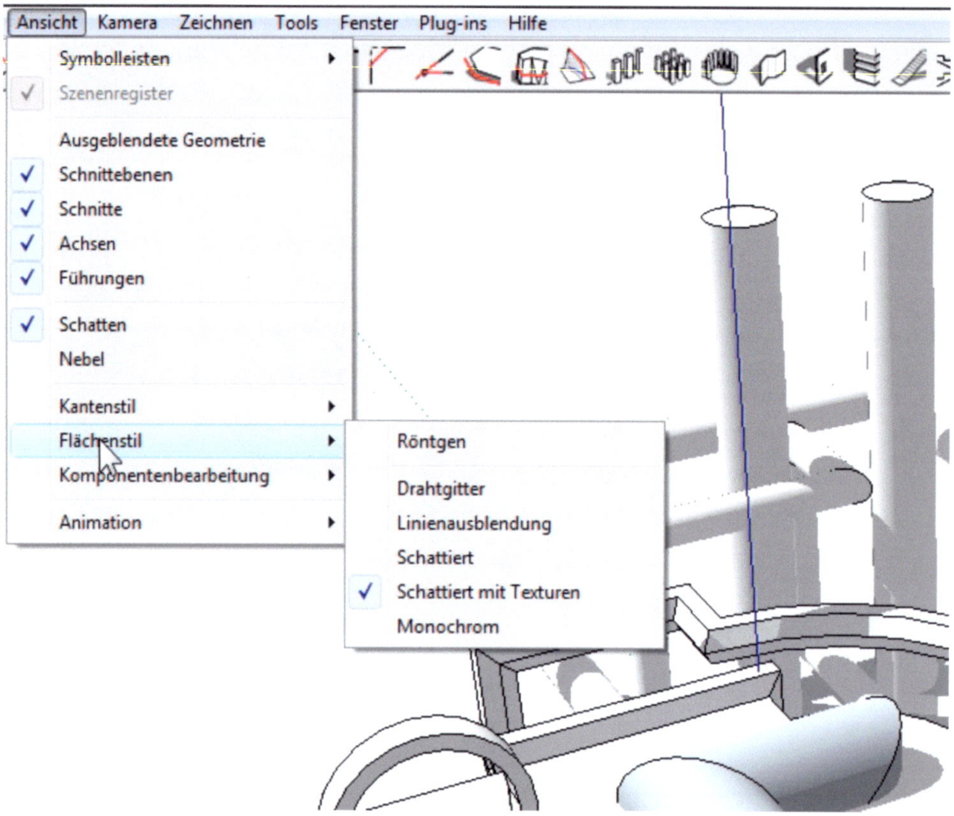

Hier das gleiche Modell mit der Einstellung > Schattiert im Röntgen-Modus. Bei den Linien wurden die > Profile angewählt, da so klare Kanten zu sehen sind.

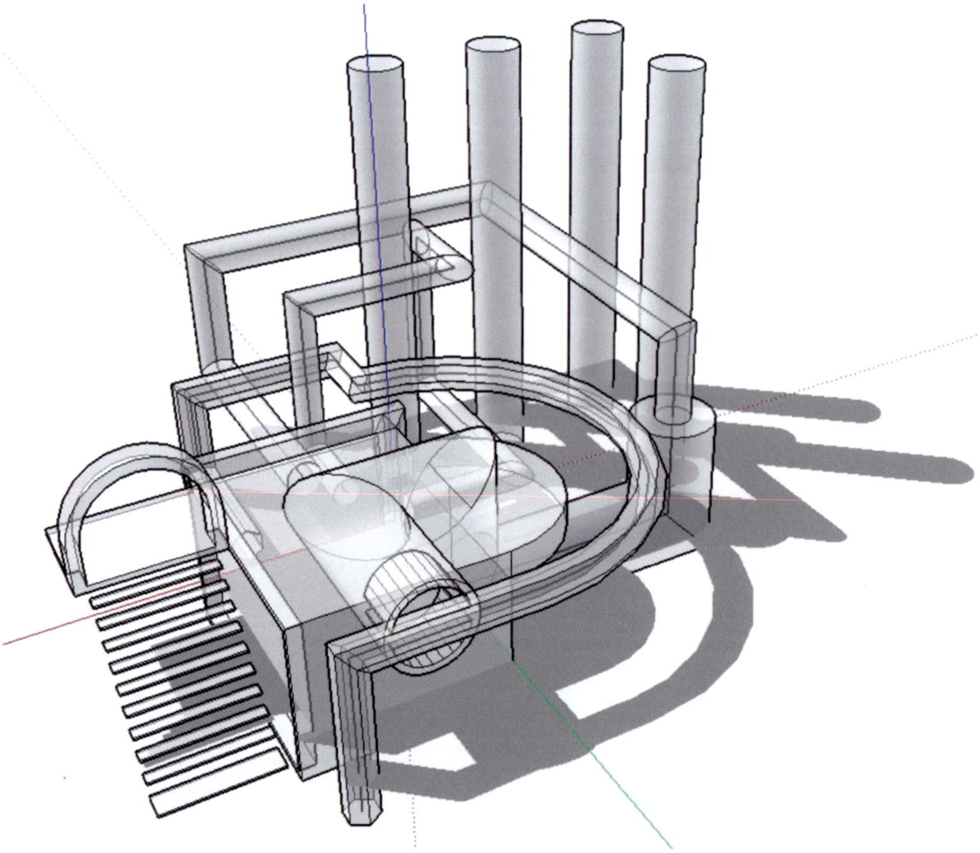

Aber SketchUp hat inzwischen deutlich mehr zu bieten, als uns das Ansichts-Menü glauben machen will. Sicher, Nebel und Schatten sorgen schon für beeindruckende Räumlichkeit und Tiefe. Über > Fenster > Modellinformation > Ort kann man übrigens ganz genau angeben, wo sich denn unser Gebäude befinden soll. Und dementsprechend werden auch Sonnenstand und Uhrzeit angepasst!

So könnte unser Modell auch aussehen.

Oder so…

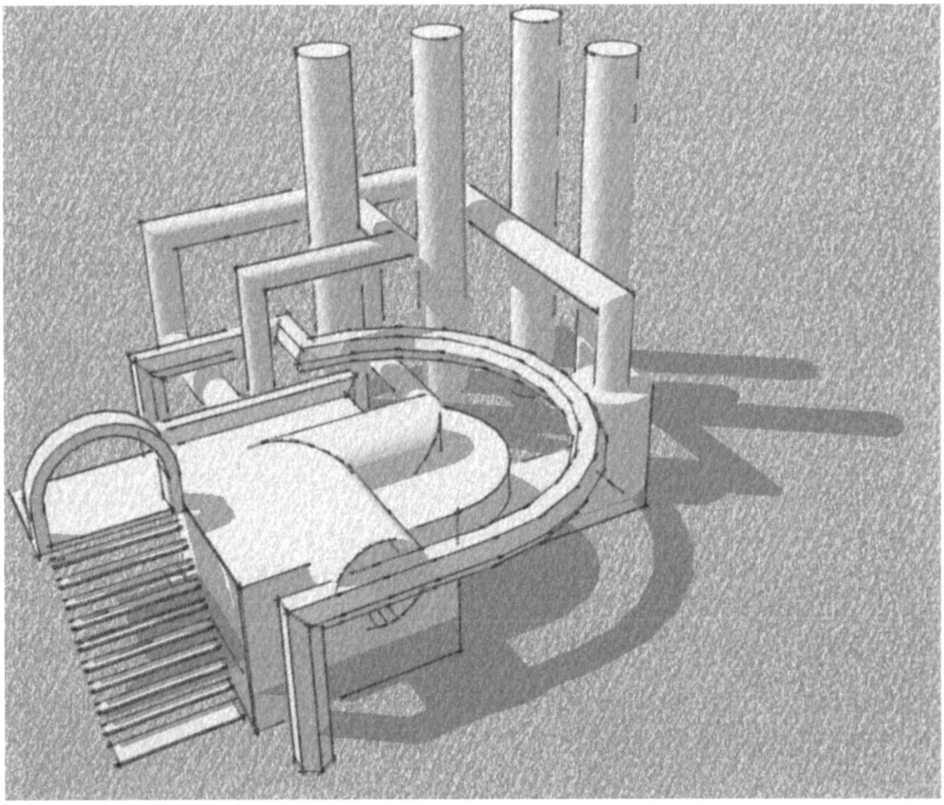

Wie man das hinbekommt? Es ist ganz einfach. Sie öffnen das > Fenster > Stile und probieren einfach mal aus. Mit der Pro-Version von SketchUp können Sie übrigens auch eigene Stile entwerfen.

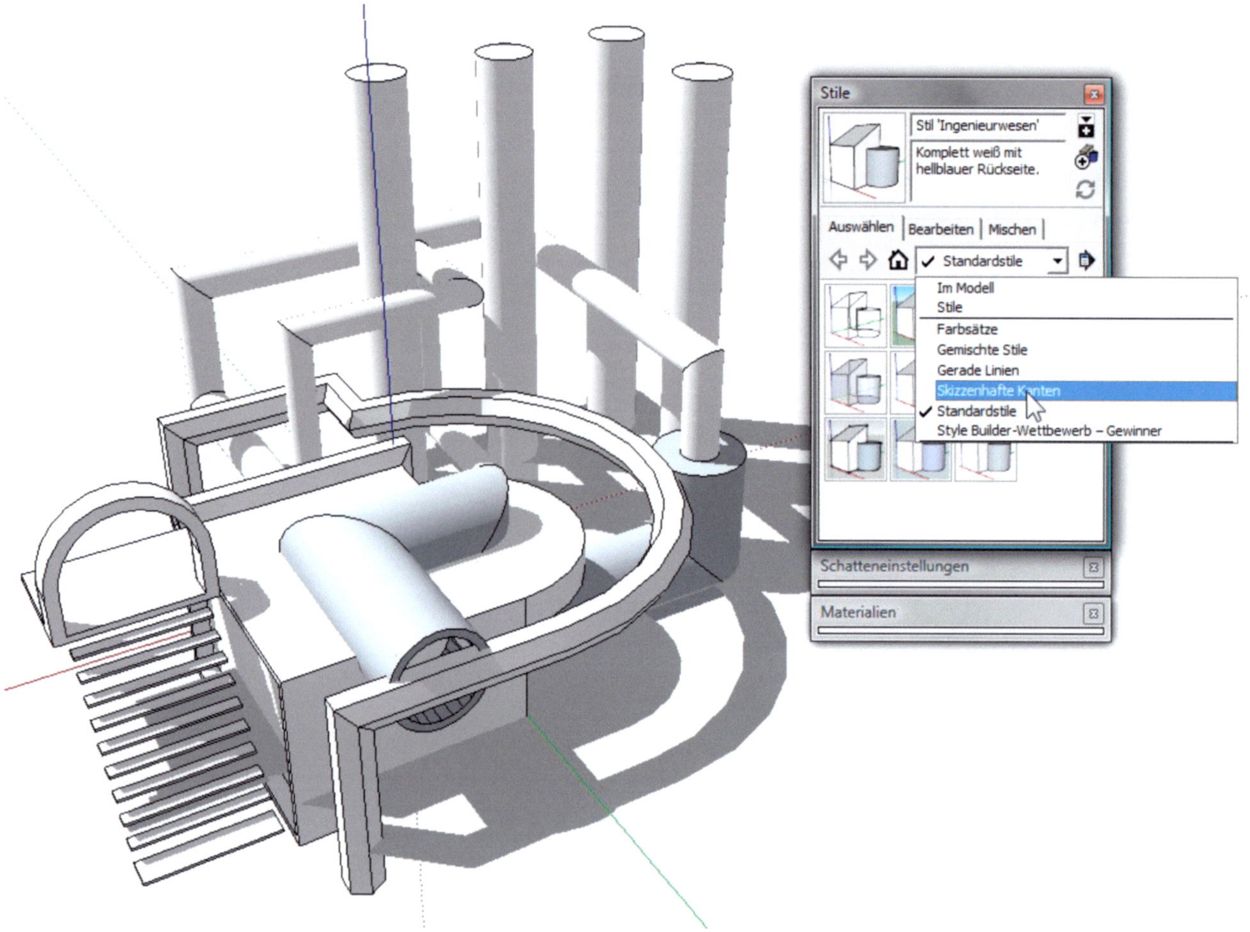

Schatten

Da Google über andere Angebote wie zum Beispiel Google Earth sehr an einer digitalen Bestandsaufnahme unserer Welt interessiert ist, nicht immer zur Freude der Datenschützer, wundert es nicht, dass man seinem Modell nicht nur Schatten spenden kann, sondern auch noch exakt angeben darf, wo sich denn das Modell auf dieser Welt befinden soll. Und dann wird der dazu passende Sonnenstand mit Monat und Tageszeit genau abgeglichen. So kann aber auch jeder Häuslebauer schon vorher sehen, wo er seine Hollywoodschaukel am besten hinstellt, wenn die Villa denn gebaut wird!

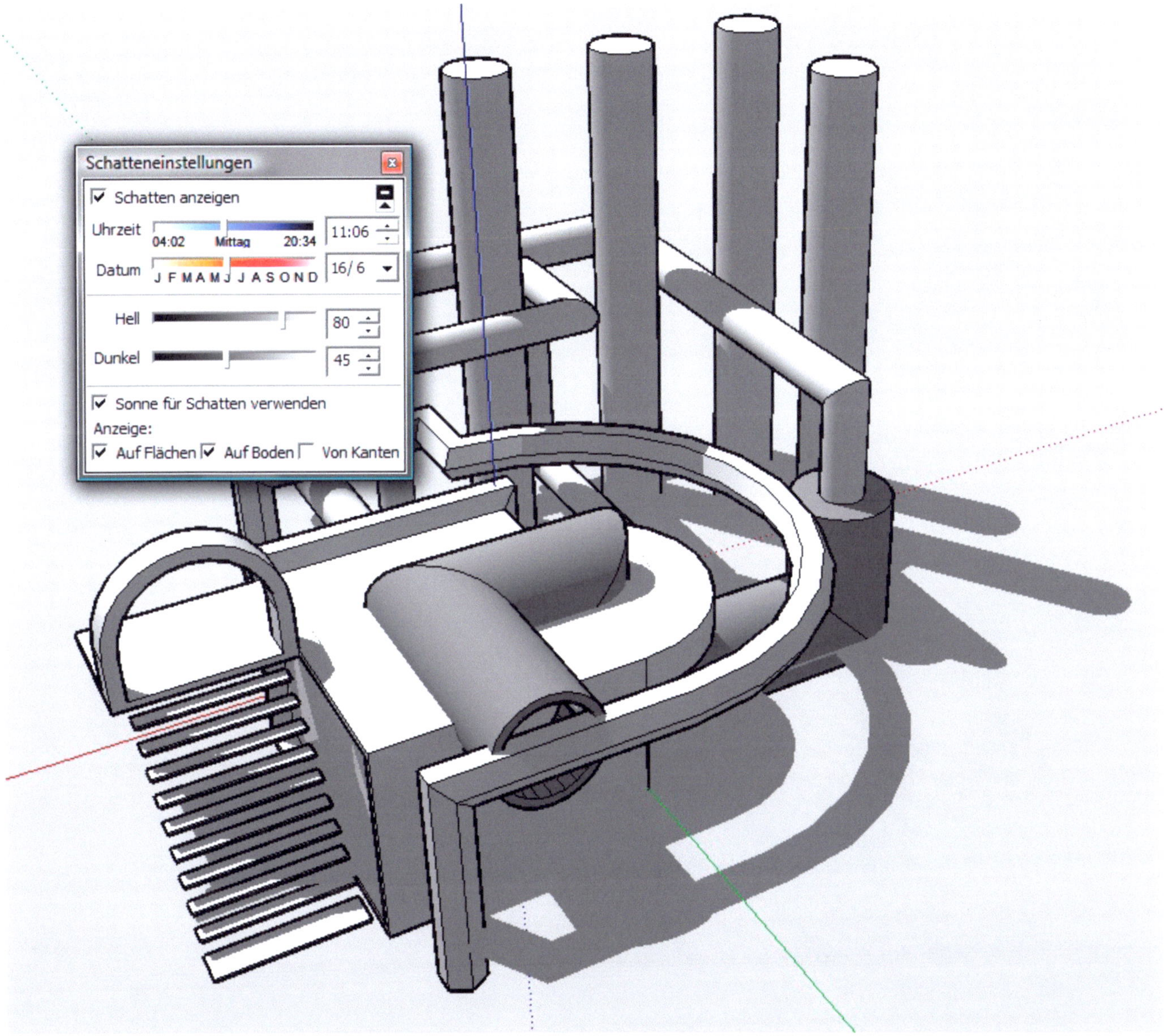

Übrigens lässt sich exakt Tag und Jahr, sogar die Uhrzeit auf die Minute genau einstellen!

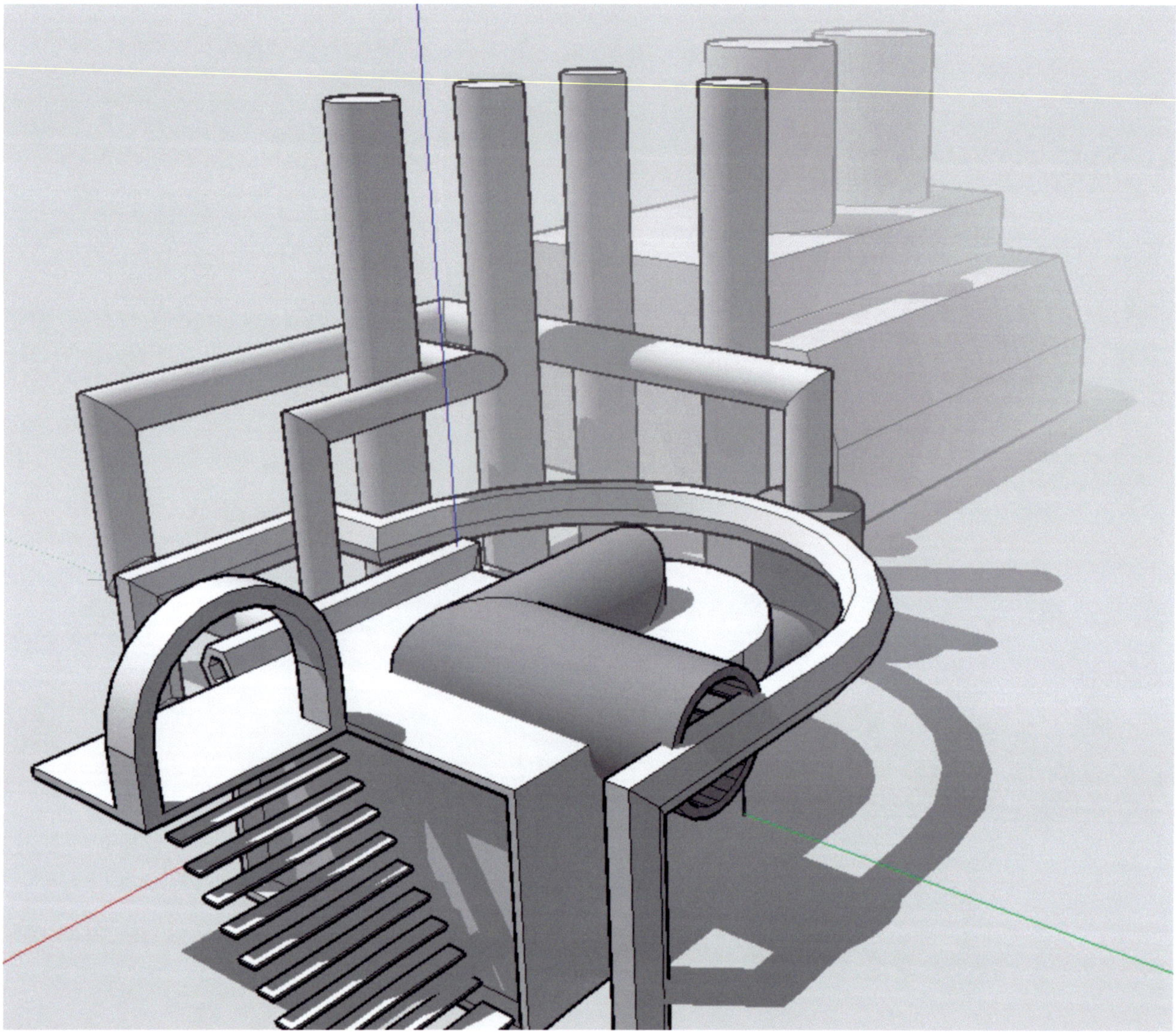

Schrecklich, dieser Bodennebel im November. Nur gut, dass er sich zumindest hier über das Menü > Ansicht auflösen lässt.

Plugins

Die Möglichkeiten von SketchUp lassen sich durch RubyScripts respektive Plugins enorm erweitern! Die Offenheit der Software animiert offensichtlich jede Menge Programmierer, sich etwas einfallen zu lassen. Manche wollen Geld dafür, aber es gibt auch sehr viele kostenlose Scripts, die neue Möglichkeiten eröffnen oder Wege verkürzen. Es ist nicht ganz einfach, das Angebot zu sortieren. Auch möchte ich die Anbieter kostenloser Plugins nicht um die Möglichkeit bringen, Besucher auf ihre Seite zu locken. Zu recht, klar!

Da ich kein Forum betreibe berichte ich folglich einfach von Erfahrungen, die ich beim Ausprobieren gemacht habe. Machen Sie Ihre eigenen! Und wenn Sie mögen, teilen Sie mir mit wie es Ihnen ergangen ist.

Die meisten Plugins sind natürlich Ruby Scripts. Ruby ist eine Programmiersprache, mit der jeder Plug-ins (Skripte) für Google SketchUp schreiben kann. Einmal installiert, können Sie mit Ruby-Skripten Funktionen hinzufügen, mehrstufige Vorgänge vereinfachen und die Art Ihrer Arbeit mit SketchUp verbessern. Sie können sie aus dem Netz herunterladen und dann in den Ordner > Plugins kopieren, der sich auf Laufwerk C:\Programme\Google\Sketchup7 oder so ähnlich befindet. Also im Stammverzeichnis Ihrer Installation. Alle Skripte haben die Endung .rb, manche zusätzlich noch einen Unterordner, der genauere Ausführungen regelt.

Einmal in den Zielordner kopiert finden Sie die Skripte entweder im Ordner > Plug-ins (Originalrecht-schreibung!) oder über > Ansicht > Symbolleisten, wo Sie die entsprechenden Icons verfügbar machen können.

Links

Es gibt inzwischen einige sehr gut sortierte Foren und Blogs, die Plugins für Sketchup zum Download anbieten. Die wichtigsten will ich hier verlinken, damit Sie sich etwas Mühe beim Suchen ersparen. Kenntnisse der englischen Sprache sind schon von Vorteil, wenn man des Fundus auch erfolgreich durchwühlen möchte…

1001bit

Eine besonders für Architekten fast komplette Suite bietet der kommerzielle Anbieter www.1001bit.com an. Die Skripte erleichtern die Planung von Gebäuden enorm, und sie sind auf der Webseite des Anbieters sehr gut erläutert. Für Menschen aus dem Bildungsbereich gibt es eine kostenlose, namensgebundene Lizenz. Das ist sehr gorßzügig, und wird auch ohne biometrische Datenkontrolle abgewickelt. Böse ist, wer die Skripte dennoch kommerziell nutzt! Die Preise sind schon in Ordnung. Und für Lernende und Lehrende ist der Einstieg leicht gemacht.

Die Vielzahl der Skripte kann hier nicht in aller Ausführlichkeit vorgestellt werden. Machen Sie sich hier ein eigenes Bild davon!

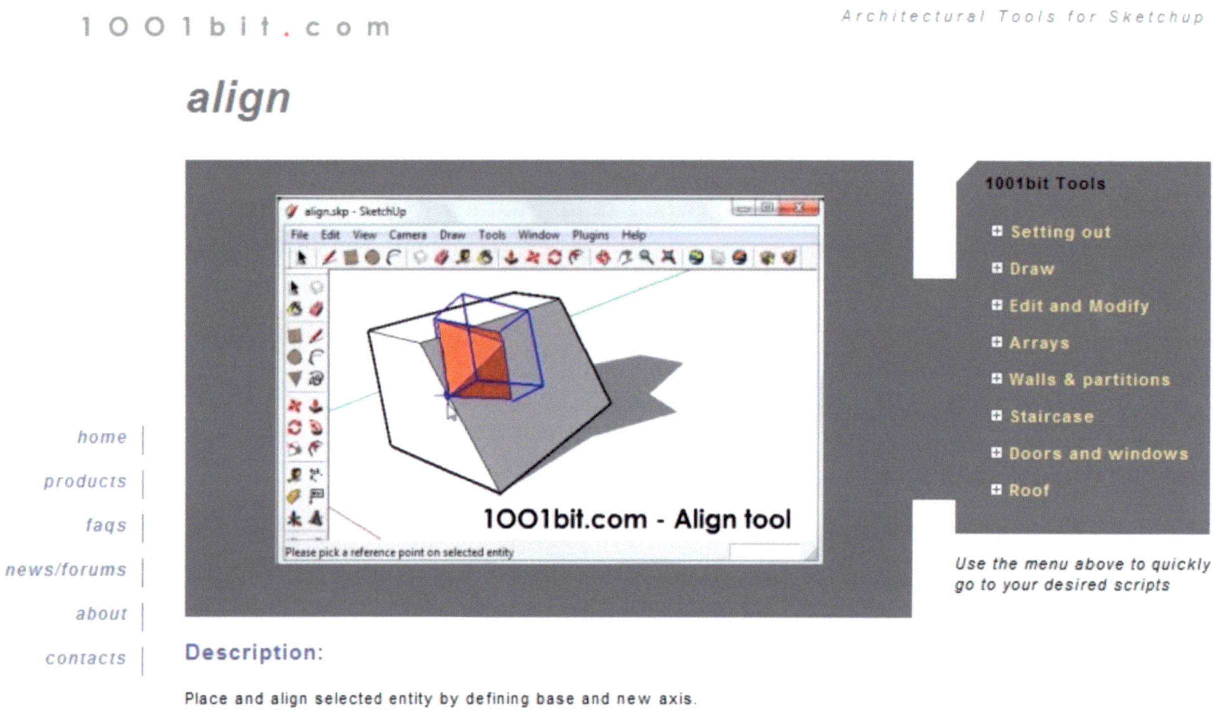

Die einzelnen Skripte werden mit anschaulichen Animationen erklärt. Sehr vorbildlich!

Was ich selbst sehr häufig nutze, ist Extrude a selected profile along a path. Damit lassen sich beliebige Querschnitte an einem Pfad entlang ziehen. Man muss mit den Möglichkeiten spielen, um sie schließlich sinnvoll nutzen zu können. Nur mal als einfaches Beispiel:

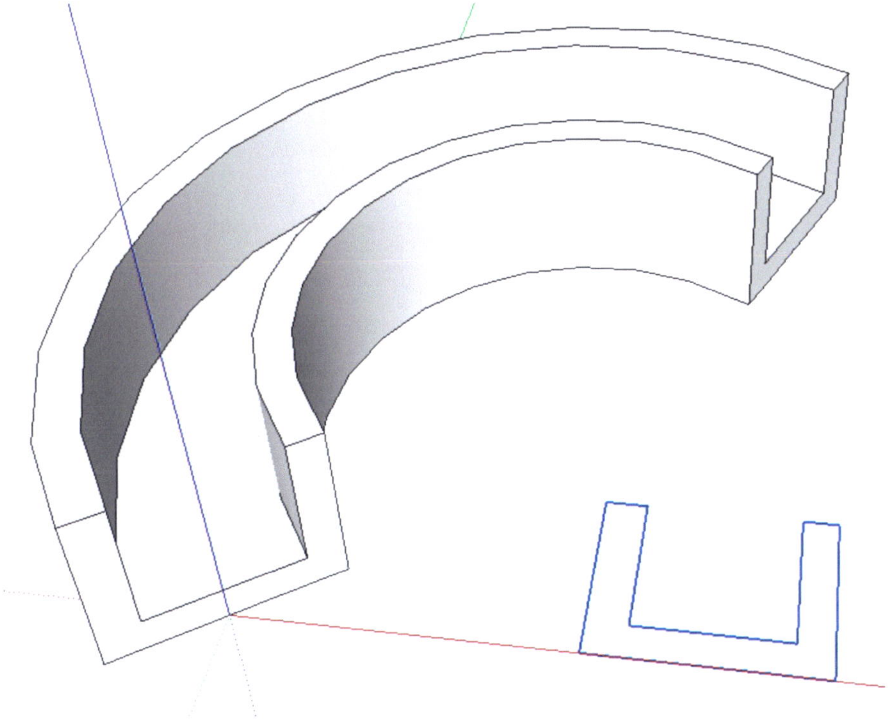

Der u-förmige Querschnitt wurde an einem Bogen entlang extrudiert. An einem! Mehr gehen natürlich auch. Die Querschnitte dürfen auch alle möglichen Formen haben, solange sie flächig sind.

SketchUcation

DAS internationale, und so englischsprachige Forum für SketchUp ist, the one and only!: SketchUcation! Es gibt hier Links zu allen möglichen Skripten. Und ein hilfreiches und kompetentes Forum. Voraussetzung: Kenntnisse der englischen Sprache.

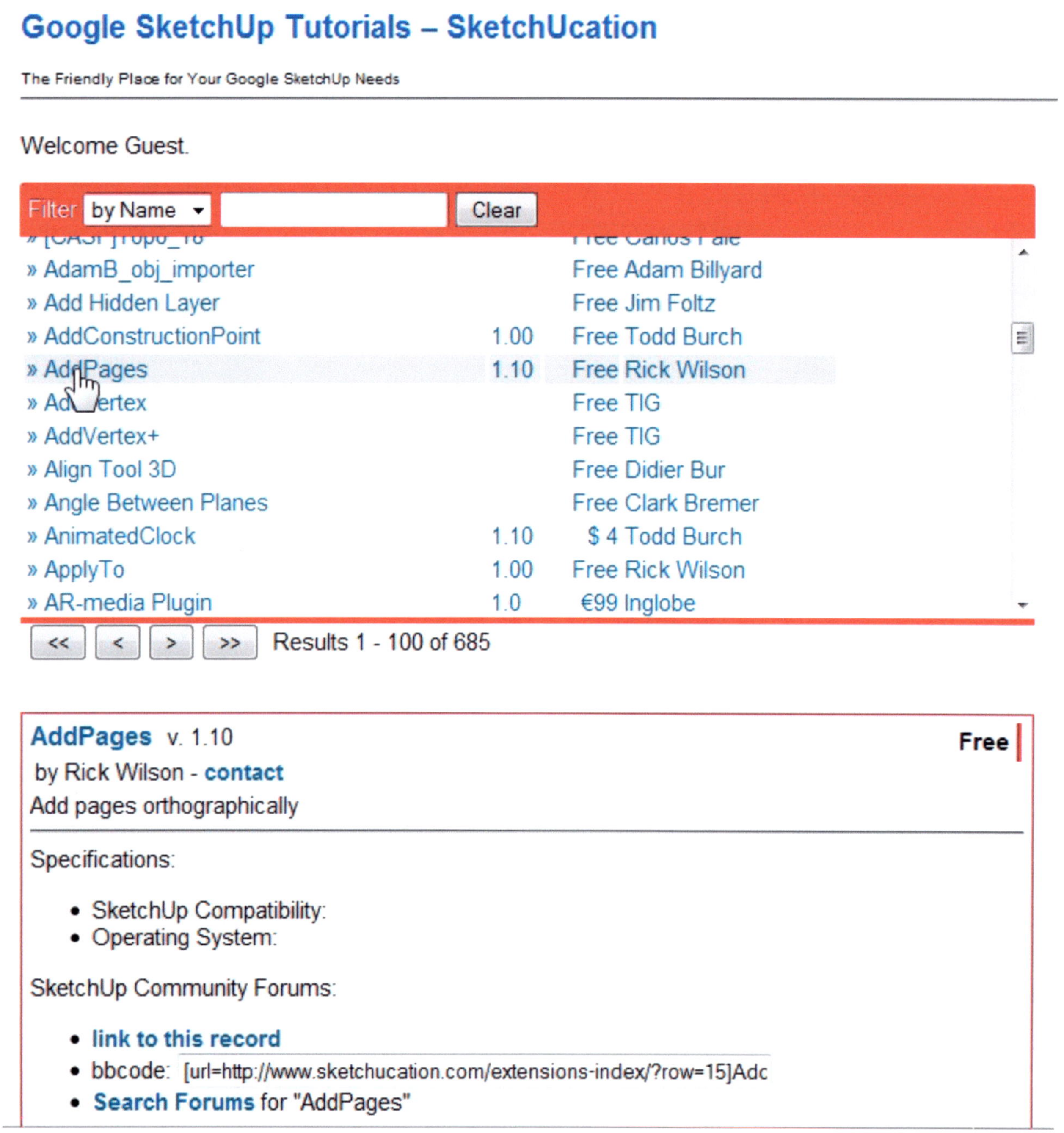

Neben einem gut frequentiertem Forum gibt es eine alphabetisch geordnete Linkliste sehr aktueller Skripte! Eine kurze Beschreibung gibt ein wenig Orientierung. Für das Forum muss man sich anmelden!

Google

Natürlich bietet auch Google ein paar Skripte und Plugins an. Aber das ist meist Schnee von gestern. In letzter Zeit scheinen die Verantwortlichen dort aber auch begriffen zu haben, dass sie mit Sketchup ein Fass aufgemacht haben! Und nun wollen sie natürlich die Professionell-Variante verstärkt ins Spiel bringen. Deshalb sind die kostenlosen Skriptangebote nicht wirklich interessant.

Aber schauen kann man mal…

Meine Favoriten

So nach und nach stelle ich Ihnen hier meine ganz persönlichen Favoriten unter den Scripts vor. Und versuche dabei auch einige Tipps für den kreativen Gebrauch zu geben. Leider würde es meinen Provider nicht sehr amüsieren, wenn ich hier ein Download-Archiv eröffnete. Deshalb verlinke ich auf externe Quellen. Sollten die mal nicht mehr funktionieren wäre ich für eine kurze Nachricht dankbar. Und die anderen Besucher vermutlich auch.

Bezier & Co.

Die Bézierkurve ist eine parametrisch modellierte Kurve, die ein wichtiges Werkzeug für Vektorgrafiken darstellt. Sie wurde Anfang der 1960er Jahre unabhängig voneinander von Pierre Bézier bei Renault und Paul de Casteljau bei Citroën für Computer Aided Design (Computerunterstützte Konstruktion) entwickelt. Paul de Casteljau gelang zwar die Entdeckung früher, Citroën hielt seine Forschungen jedoch bis zum Ende der 1960er Jahre als Betriebsgeheimnis zurück.

Es gibt ein kostenloses Plugin, mit dem sich alle möglichen unterschiedlichen Bezierkurven, Splines und Polylinien in Sketchup erzeugen lassen. Man kann die so entstandenen Formen natürlich auch auf alle möglichen Weisen extrudieren. Damit erweitern sie die von Haus aus gebotenen Zeichenwerkzeug ganz enorm. Die Eleganz und Ebenmäßigkeit einer mit dieser Technik erzeugten Linie ist mit dem Freihand-Werkzeug nicht im entferntesten zu erreichen. Ein muss für jeden User!

DOWNLOAD

Die Datei entpacken und ins Plugins-Verzeichnis von SketchUp kopieren. Sie finden es meist unter C:\ Programme\Google\Sketchup\Plugins… Nach einem Neustart steht es im Menü > Zeichnen zur Verfügung.

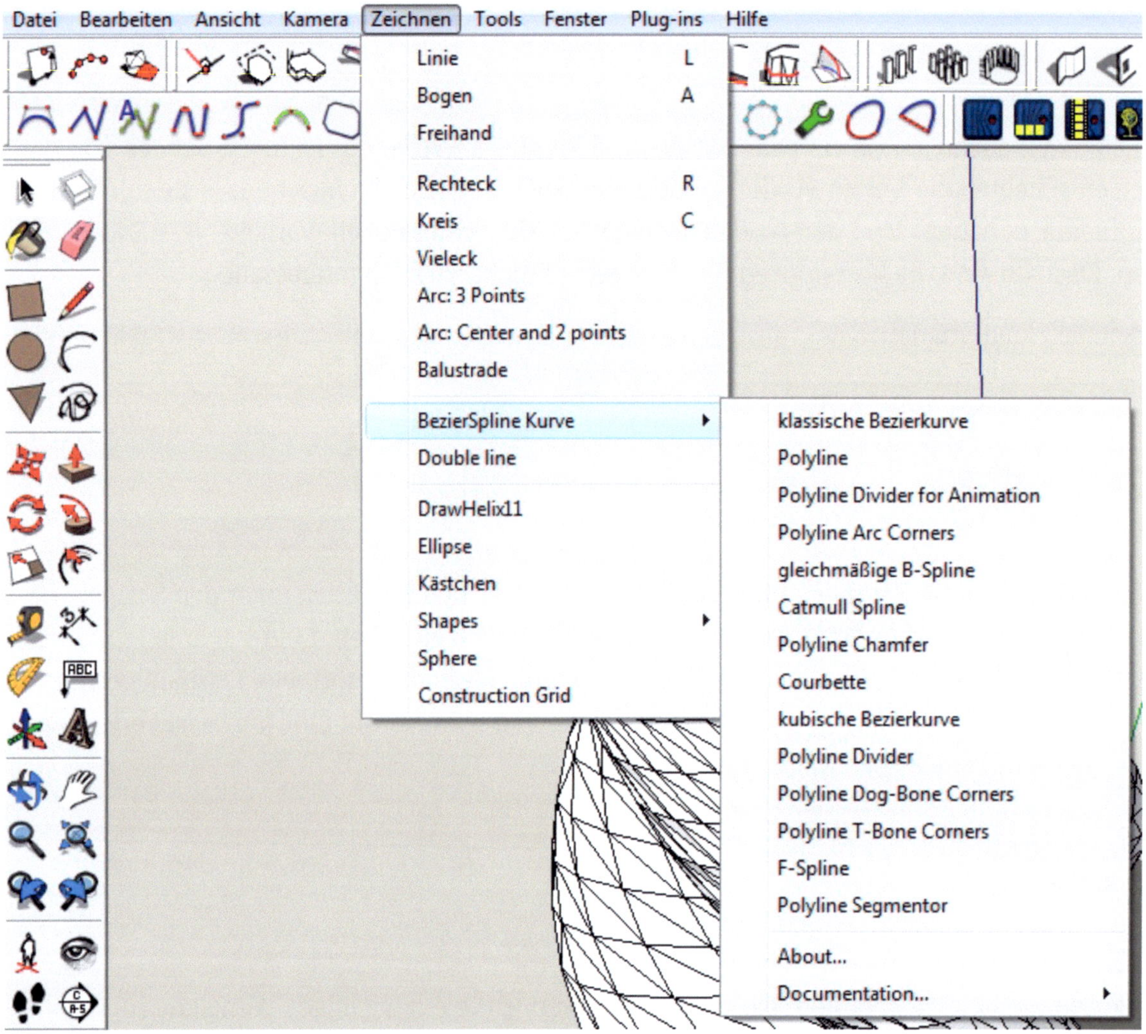

Sie werden die Tools häufig benutzen, deshalb aktivieren Sie > Ansicht > Symbolleisten > BZ_Toolbar. Nun können Sie mit einem Klick auf die unterschiedlichen Funktionen zugreifen.

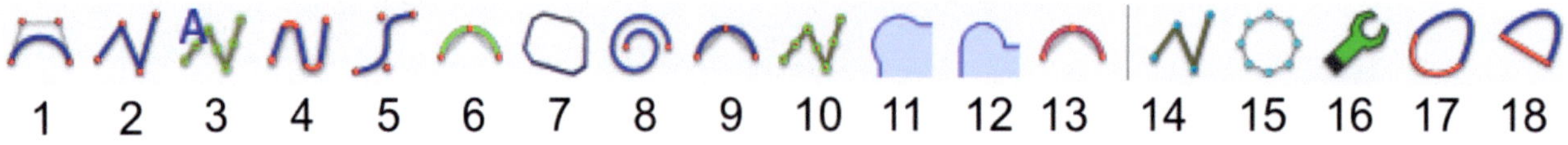

Zeichnen Sie doch gleich einmal eine klassische Bezierkurve (1). Dazu klicken Sie auf die Zeichenfläche und legen so Kontrollpunkte fest, durch welche der Verlauf der Linie gesteuert wird.

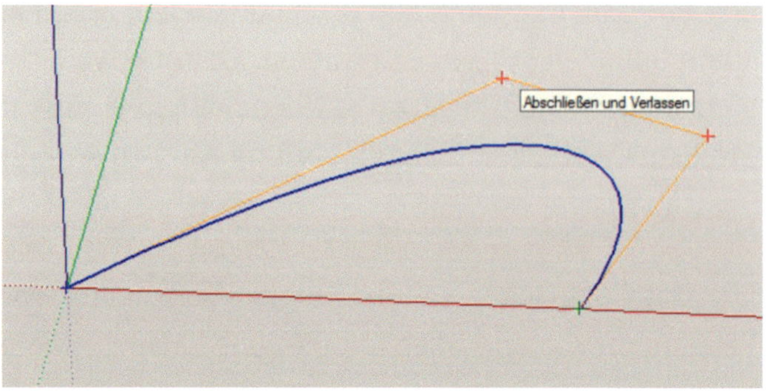

Sie können diese auch später noch verschieben und so den Verlauf der Kurve korrigieren. Einfach mit der rechten Maustaste das Kontextmenü aufrufen.

Standardmäßigkeit ist die Feinheit der Kurve mit 20 Segmenten voreingestellt. Bei längeren Kurven empfiehlt sich aber oft eine feinere Einstellung. Geben Sie dazu die Anzahl ein, gefolgt von einem s und bestätigen Sie mit der Eingabe-Taste.

Auch die Endpunkte der Linie lassen sich verschieben!

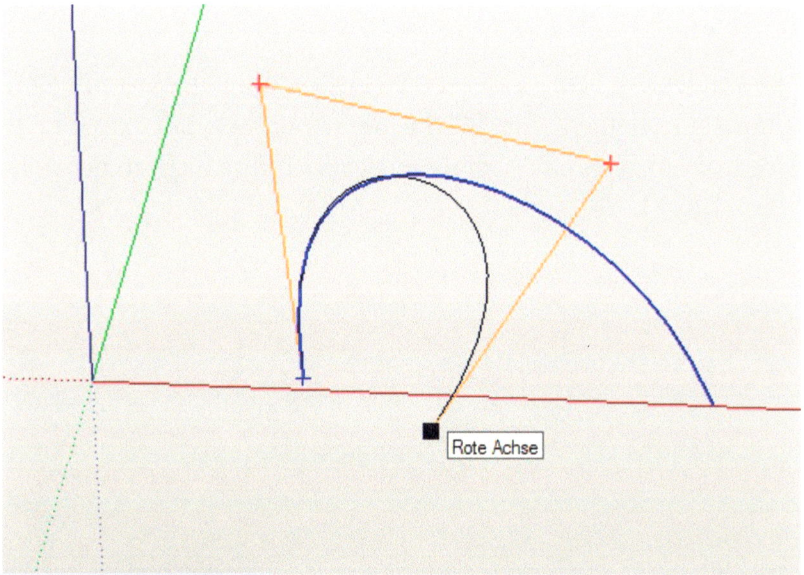

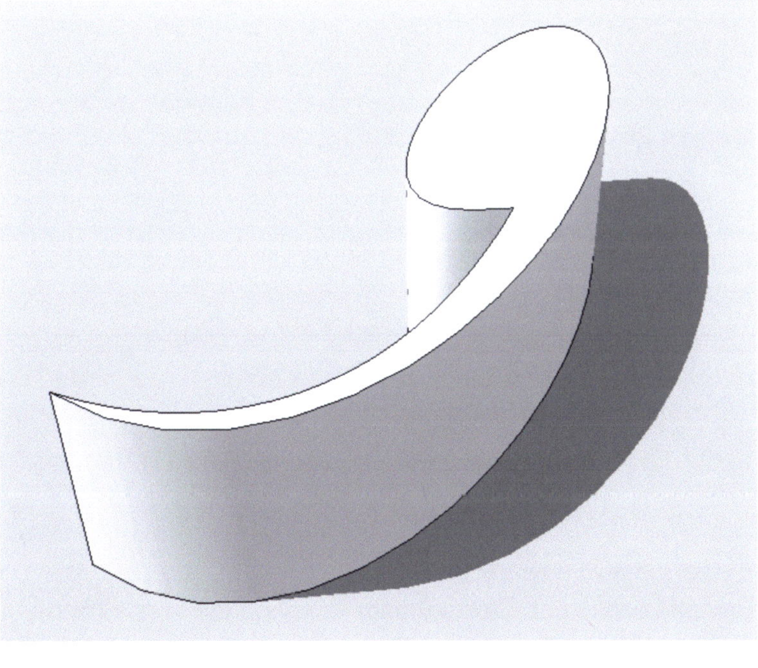

Eine mit einer zweiten Bezierlinie geschlossene erste wird zur Fläche und kann extrudiert werden.

Dem Plugin ist ein englisch-sprachiges Tutorial beigepackt, das viele Besonderheiten der einzelnen Werkzeuge erklärt. Aber dann hilft nur probieren!

Follow me…

Nun hat zwar Sketchup ein eigenes Folge mir-Werkzeug, mit dem man tolle Dinge anstellen kann. Aber mit Follow and Rotate (Far.rb) kann man noch mehr anstellen. Es erlaubt gleichzeitig mit der Extrusion längs eines Pfades auch eine Drehung um die eigene Achse und eine Skalierung. Dadurch wird die

Konstruktion von barocken Schlangensäulen zum Kinderspiel! Der einzige Haken, wenn man es nicht besser weiß: Das Plugin braucht als Pfad Kurven. Die normale Linie von Sketchup reicht so nicht hin.

DOWNLOAD

Verwenden wir also zunächst eine Kurve, die Sketchup mit Bordmitteln hinbekommt. Aber zunächst einmal erstellen wir eine Fläche, die wir drehen und extrudieren wollen. Dann zeichnen wir mit dem Bogen-Werkzeug einen selbigen, der aber bitte nicht in der selben Ebene liegt, und markieren beide (Strg-Taste!).

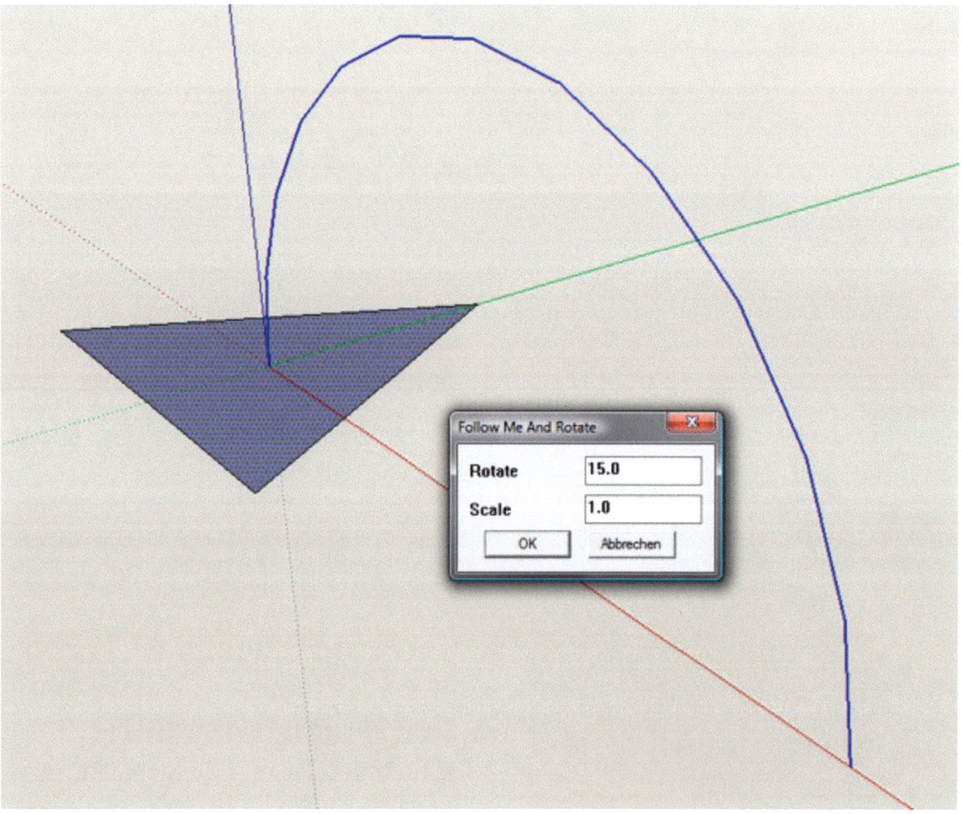

Rufen wir nun den Befehl > Plug-ins > Follow and rotate auf. Dort können wir dann die Werte für die Drehung und die Skalierung eingeben. Ein Klick auf OK bringt Sie hoffentlich zum Staunen?

Wer möchte einen solch komplizierten Drehwurm von Hand konstruieren?

Oder besser, wer könnte es?!

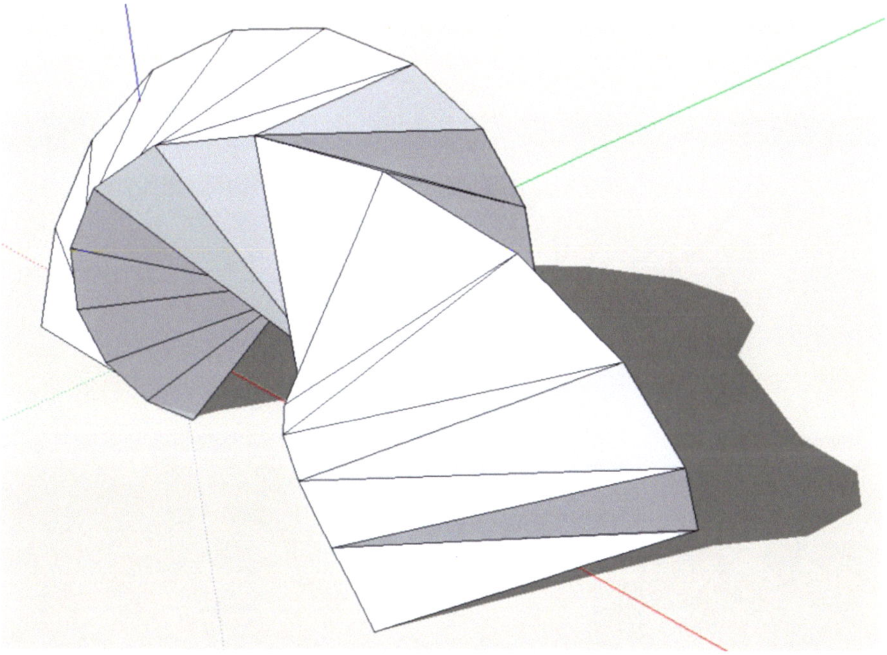

Aber nun zu dem kleinen Problem, das uns gerade Pfade machen. Es gibt zwei (mindestens) Wege, es zu lösen. Der eine führt über die Installtion von weld.rb, einem Plugin, das in der Lage ist schnöde Linien in Polylinien zu verwandeln. Die brauchen wir nämlich als Pfad. Oder Sie zeichnen mit dem Werkzeug > Polylinie des Bezier-Tools (siehe dort!) einen Pfad, nachdem Sie die Fläche erstellt haben.

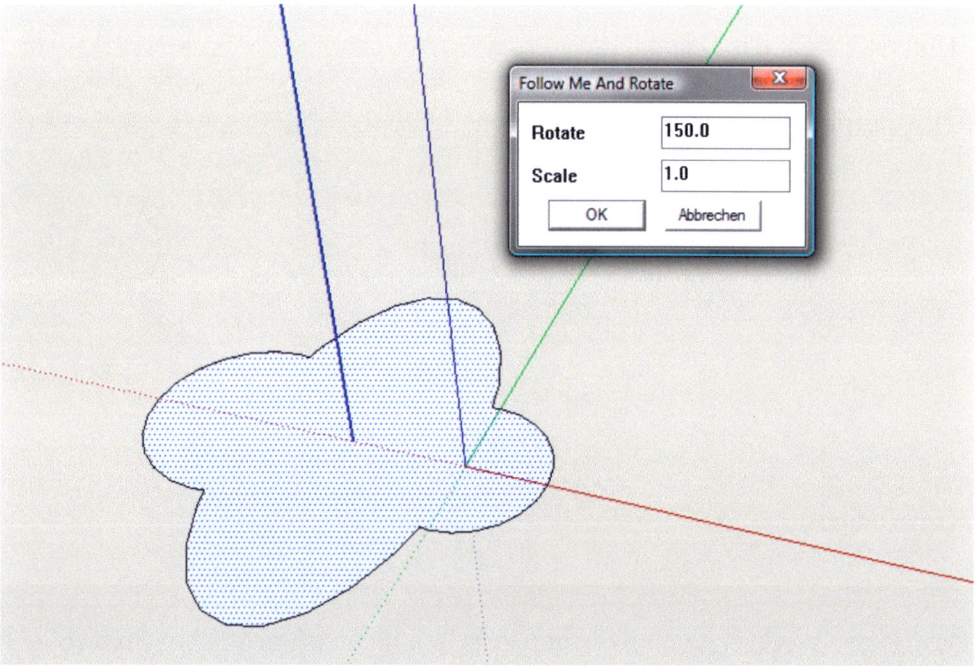

Den dann folgenden Ablauf kennen Sie ja schon.

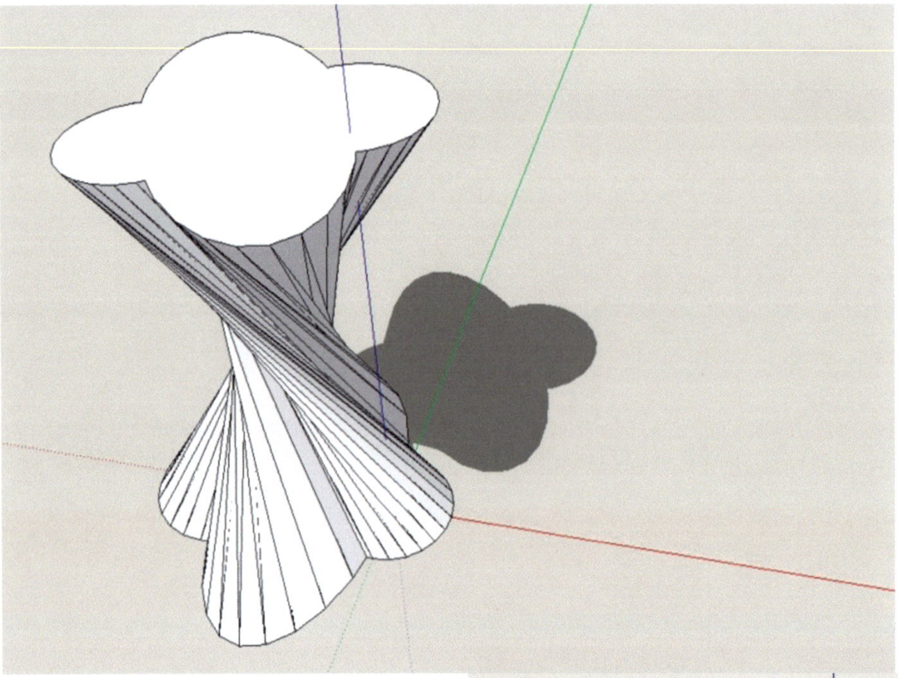

Das Objekt sieht zwar schon ganz gut aus, aber es geht noch besser! Unterteile ich nämlich die Polylinie in kleine Abschnitte, dann beginnt auch dort die Drehung immer wieder neu. Mit der rechten Maustaste den > Polyline Divider aufrufen und entsprechende Einstellungen vornehmen.

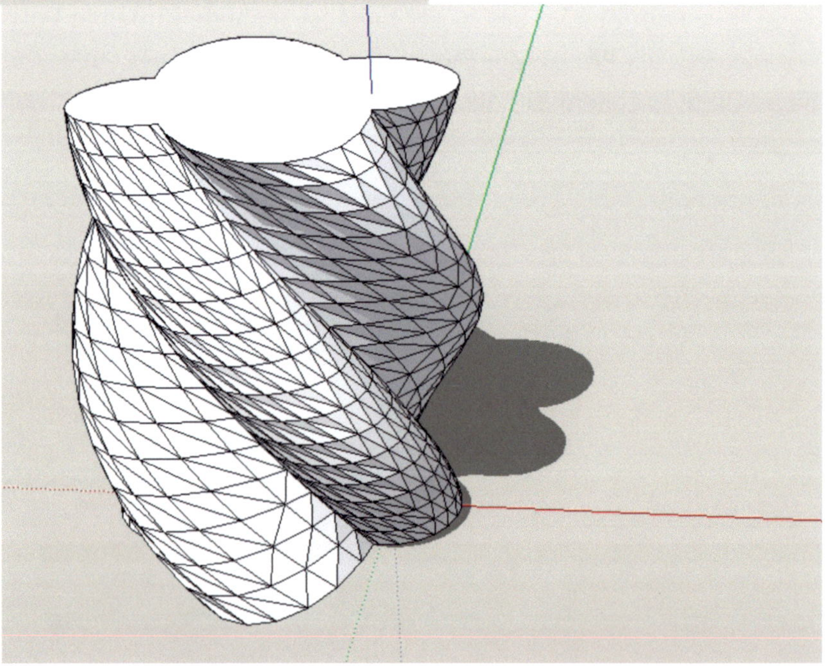

Und jetzt sieht das Ergebnis so aus! An den waagerechten Schnittlinien erkennt man die Anzahl der Unterteilungen der Polylinie.

Kreis(bogen)

Das Bogen-Werkzeug von Sketchup ist schon nicht schlecht, aber **arcs.rb** ist besser! Auf den ersten Blick wirkt das Plugin unscheinbar, aber bald wird man seine Vorteile begreifen und möchte es dann nicht mehr missen.

DOWNLOAD

Wie üblich einfach in den Plugin-Ordner von Sketchup kopieren.

Was kann das Tool?

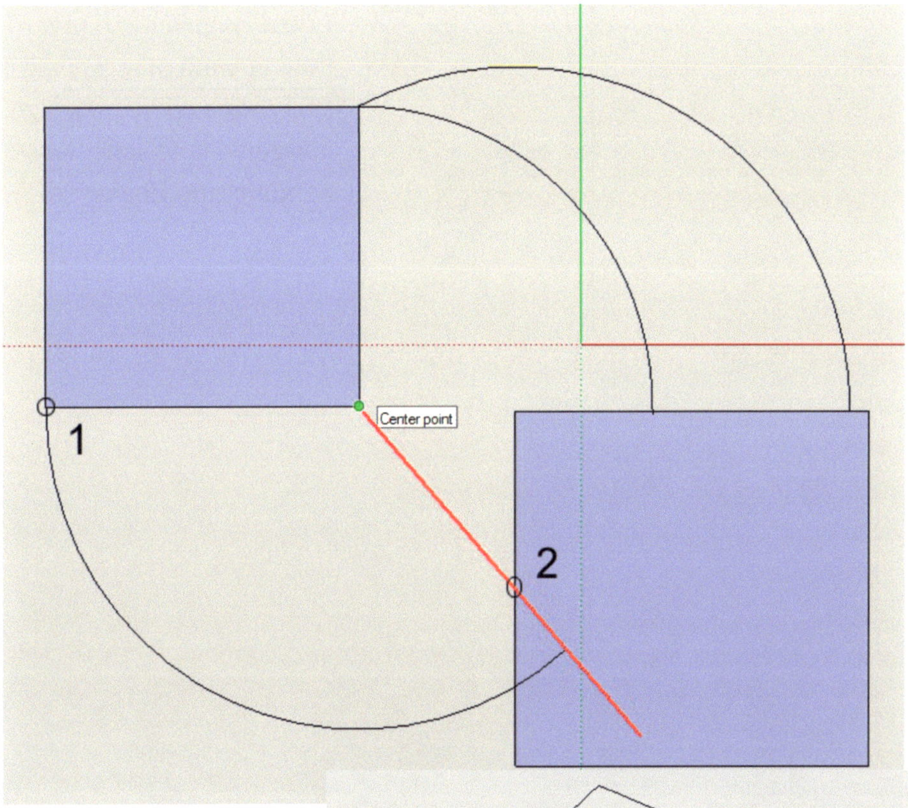

Es kann einen Kreisbogen um einen Mittelpunkt und zwischen zwei Punkten, die den Winkel angeben, schlagen. Dabei gebe ich zunächst den Mittelpunkt an, dann als ersten (eigentlich ja zweiten!) Punkt den Punkt, der den Startwinkel UND den Radius festlegt, und dann den zweiten Punkt, der irgendwo liegen kann und lediglich die Winkelweite (nachträglich als rote Linie eingezeichnet) angibt.

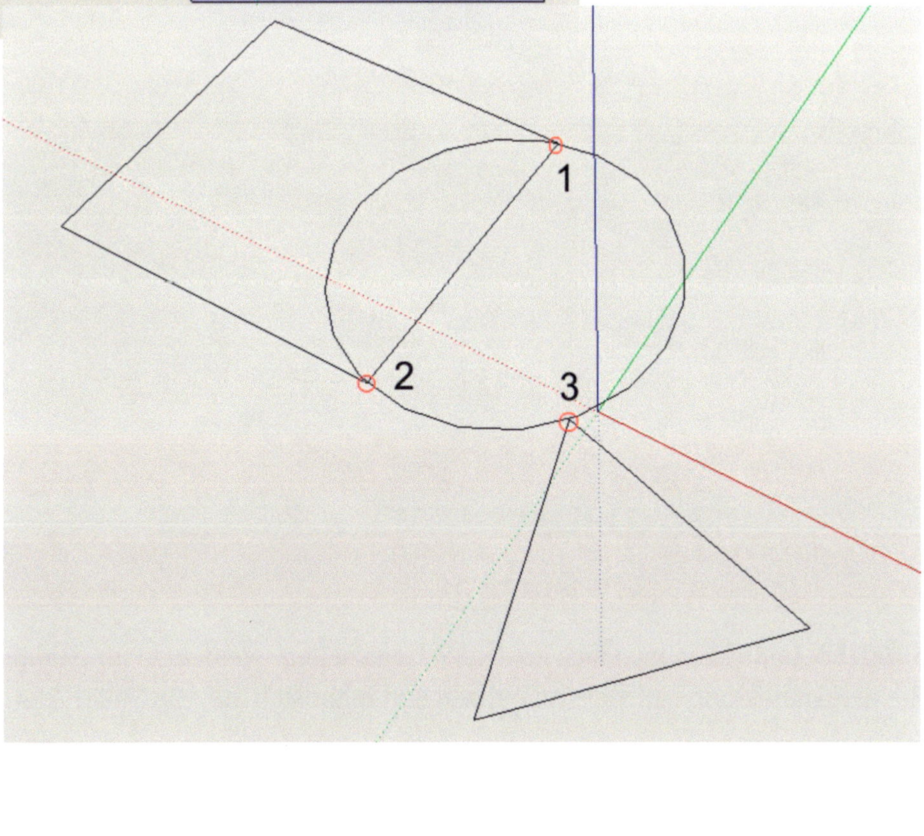

Mit dem kleinen Tool kann ich aber auch einen Kreis durch drei frei bestimmbare Punkte zeichnen lassen! Die Genauigkeit kann ich dabei über die Anzahl der Segmente steuern.

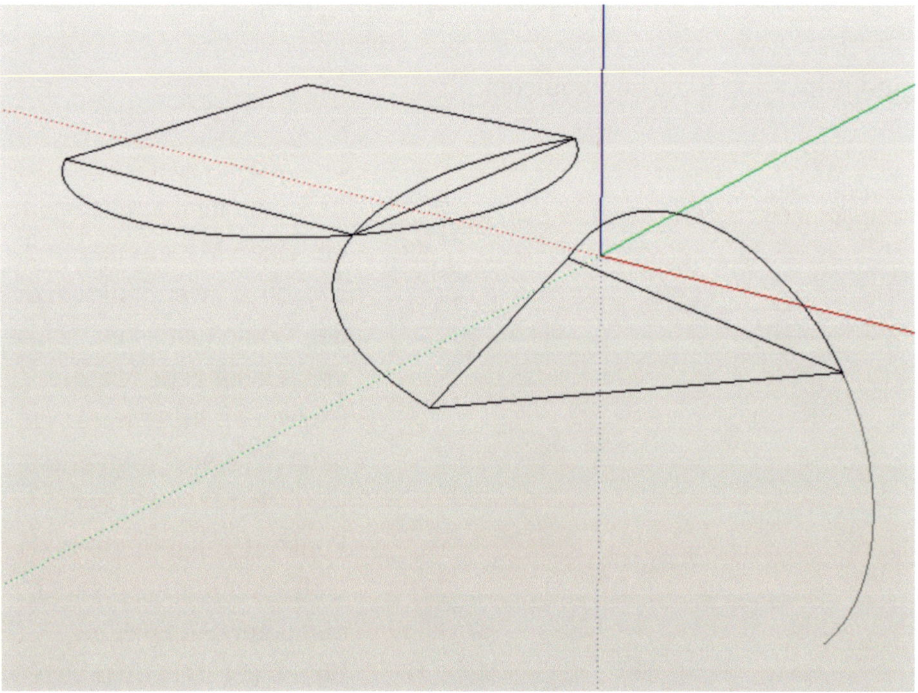

Einen Bogen durch drei Punkte kann man natürlich auch zeichnen lassen. Egal übrigens, in welcher Ausrichtung und Ebene.

1001

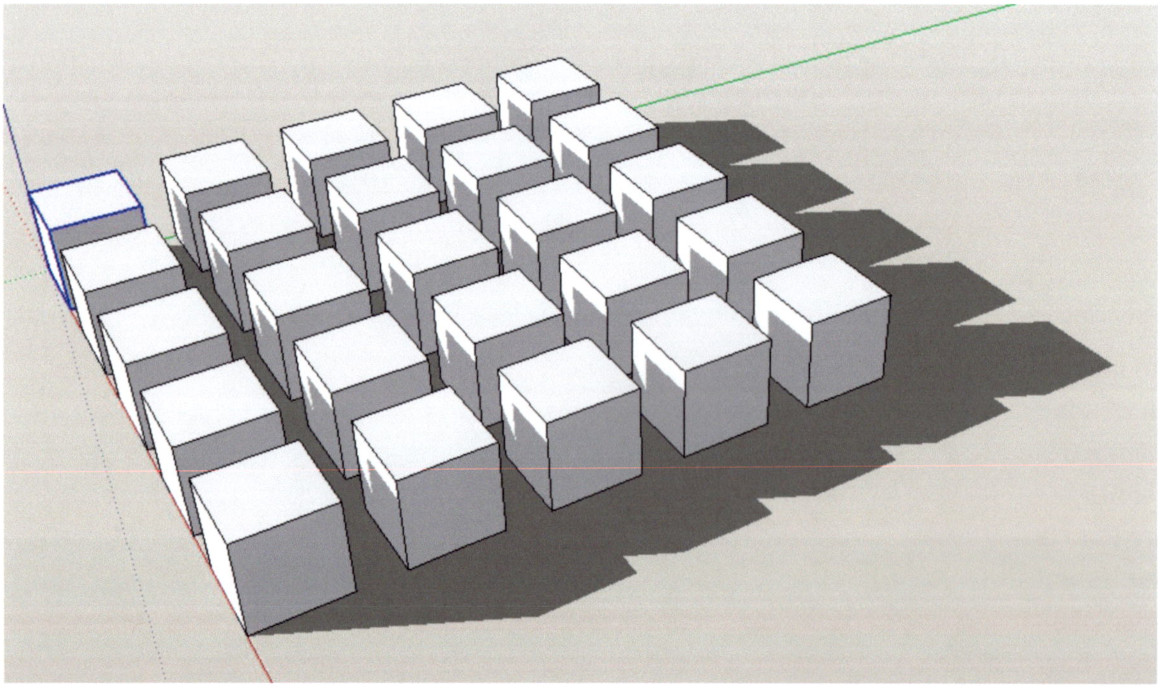

Die **1001bit tools** kann man sich kostenlos freischalten, wenn man im Bildungswesen tätig ist. Die Mühe der Anmeldung hält sich in Grenzen und lohnt sich auf alle Fälle! Aus der Vielzahl der Scripte greife ich hier mal ein paar ganz beliebige heraus, die ich selbst öfter nutze. Auf der Seite des Herstellers werden alle sehr schön vorgestellt. Man muss ein bisschen suchen, schon…

Aus einer Gruppe oder Komponente kann man eine ganze Schar von Wiederholungen machen! Und nicht nur in einem Raser, sondern auch linear und spiralförmig. Solche Abfolgen heißen übrigens **Arrays**. Manche nennen sie auch **Matrix**.

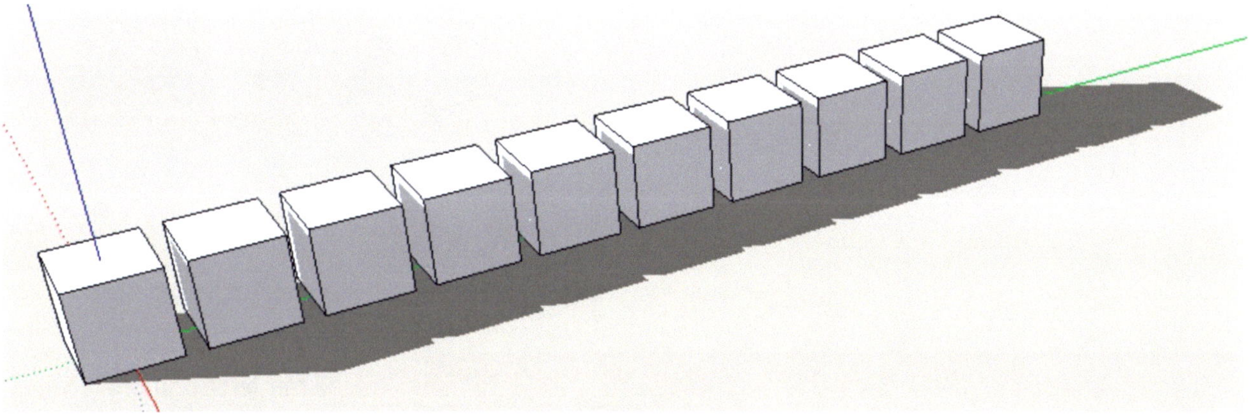

Sieht ja alles noch ganz harmlos, denken Sie? Dann aufgepasst!

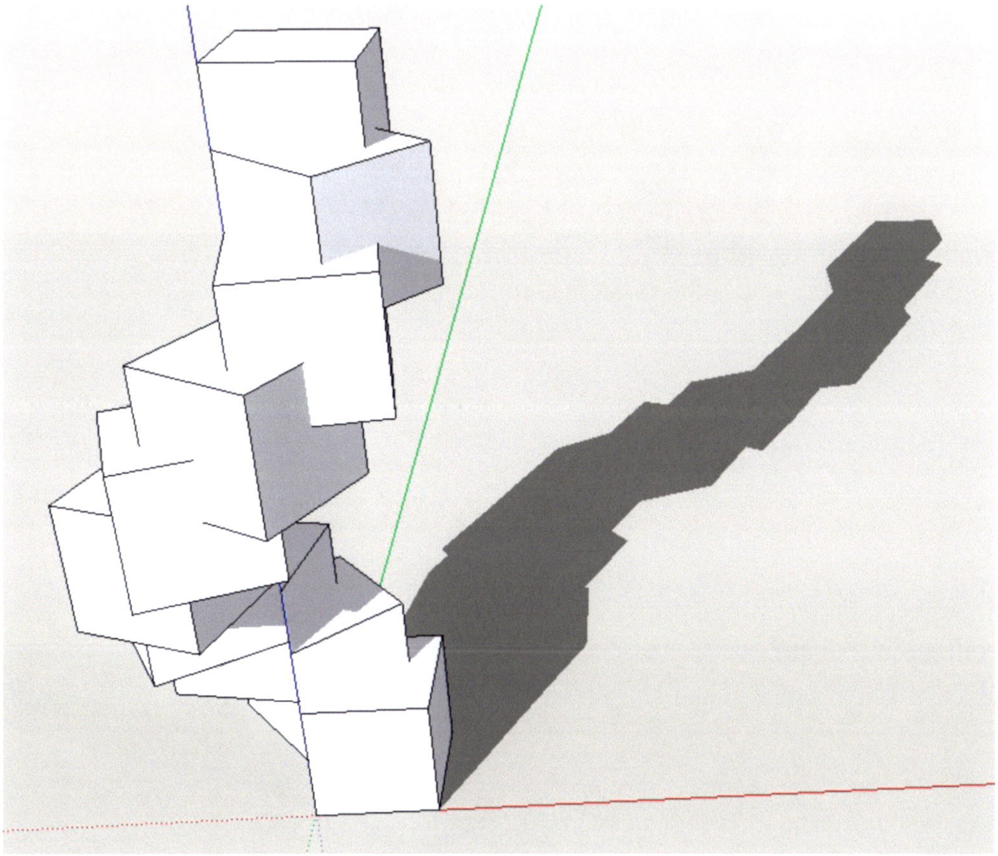

Dächer

So in etwa soll der Baukörper Ihres Traumhauses aussehen?

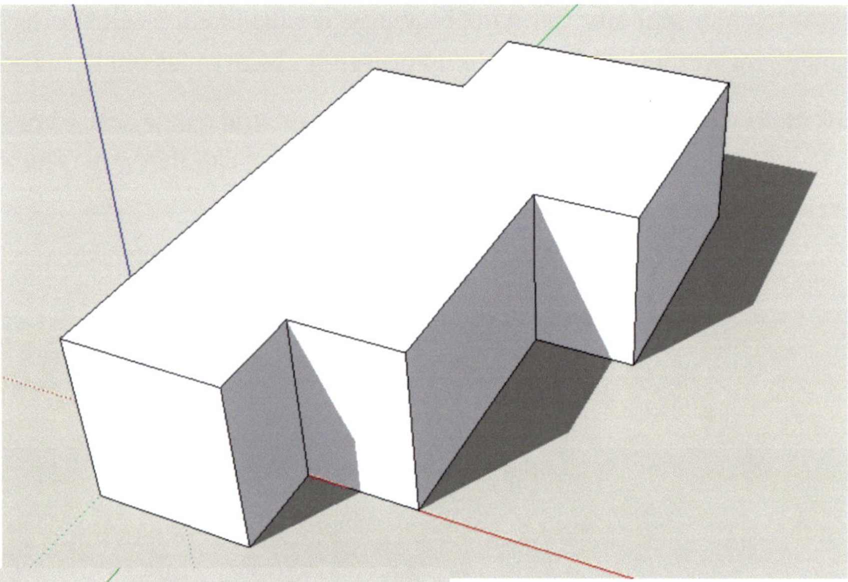

Und jetzt brauchen Sie also ein Dach…?

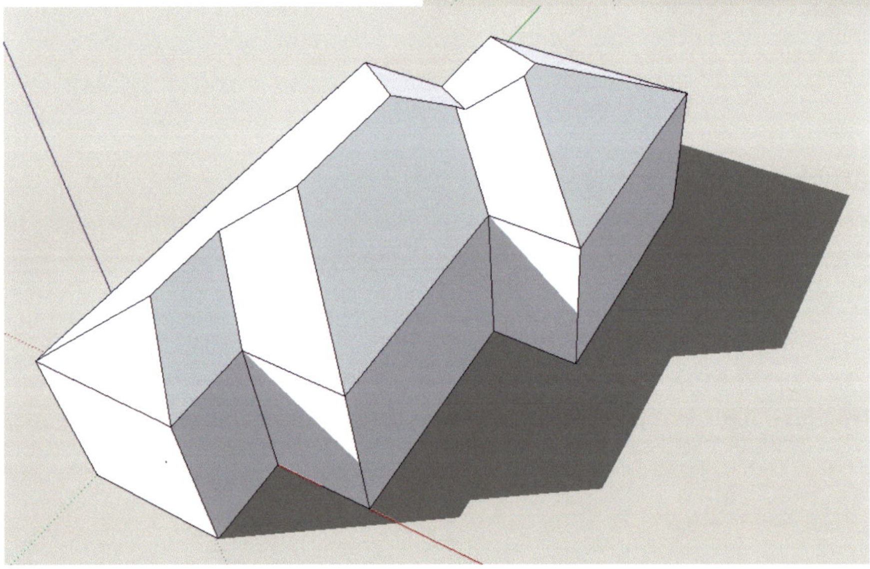

Bitte sehr!

Treppen

Treppen wollen Sie steigen?

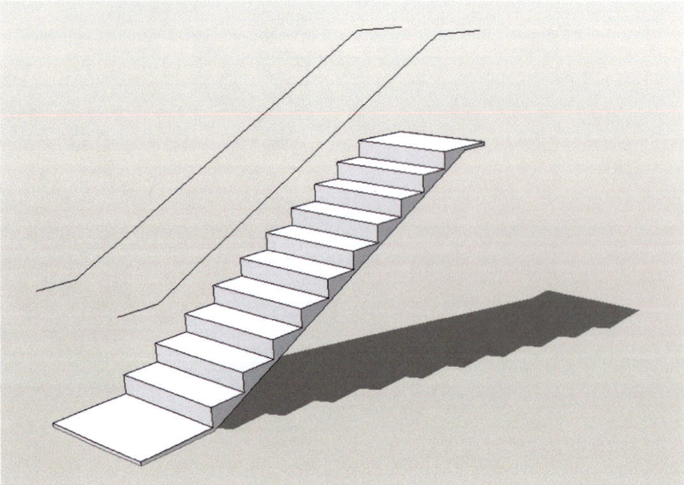

Hält fit, ja…

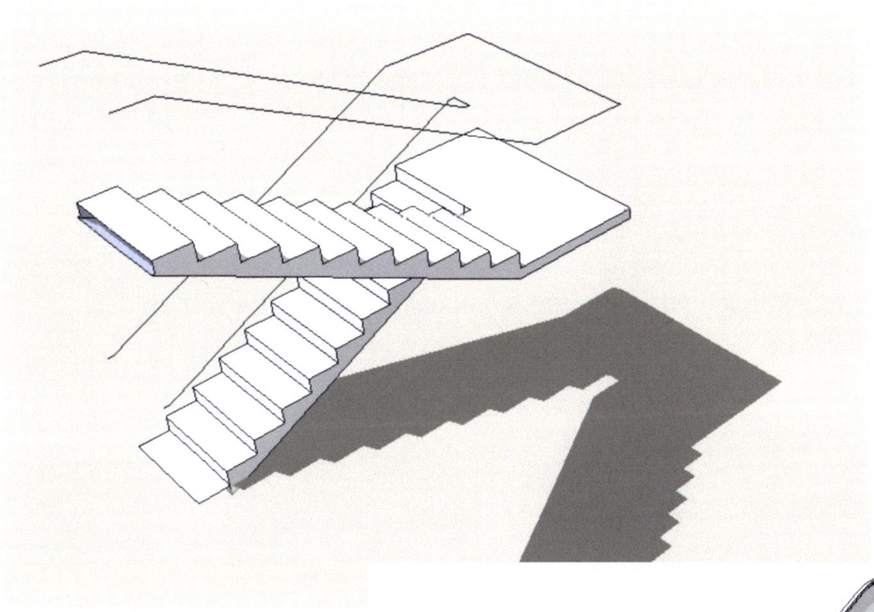

Hält noch fitter. Keuch…

Nehm ich! Endlich…

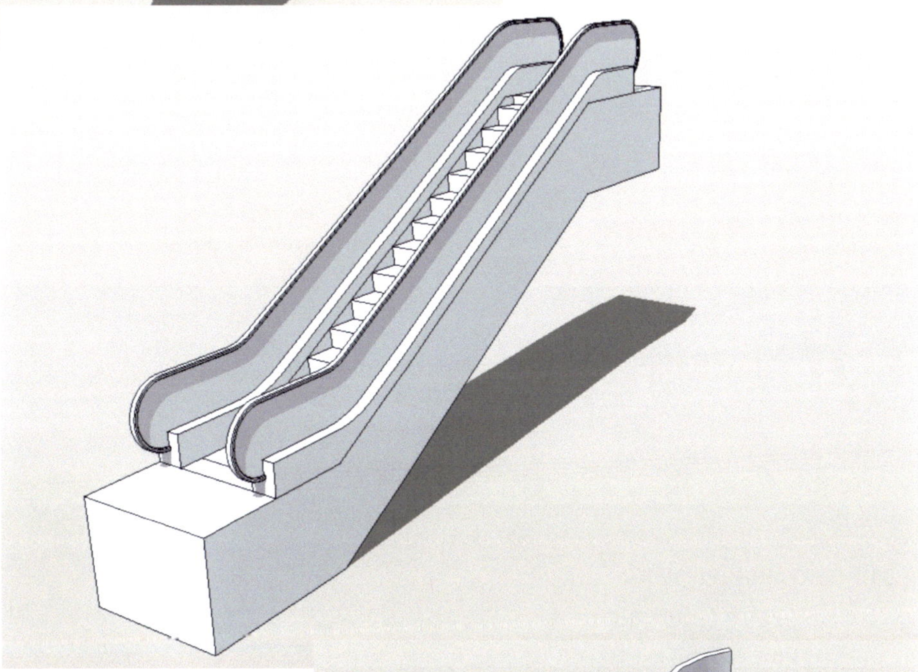

und so weiter…

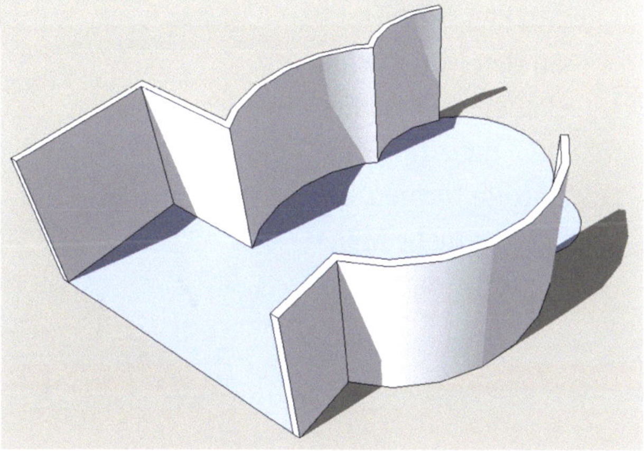

Offset on surface

Das Versatz-Werkzeug, das SketchUp mitbringt, eignet sich nur für plane Flächen. Für gewölbte ist es gänzlich unbrauchbar. Hier kann das Plugin **OffsetOnSurface.rb** weitaus mehr.

DOWNLOAD

Ein einfacher Zylinder. Mit dem Plugin können wir ganz einfach einen parallelen Versatz zu den Kreisumfängen auf dem Mantel eintragen.

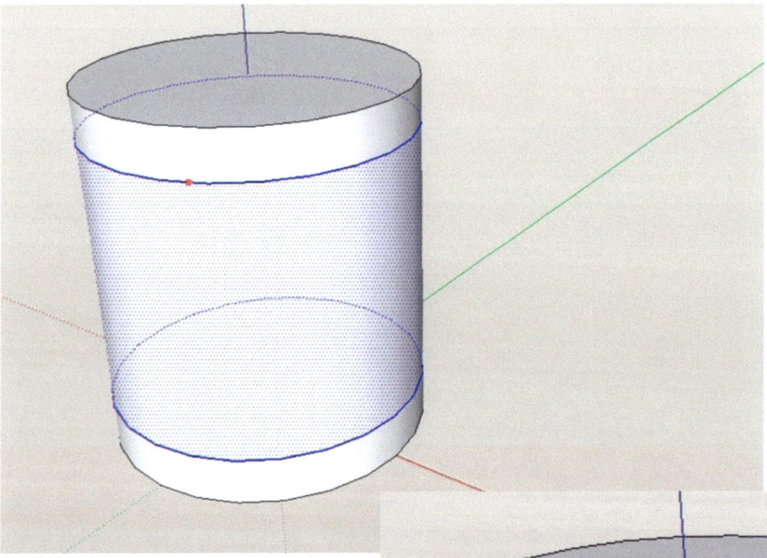

Mit dem Skalier-Werkzeug (hier mit gedrückter Strg-Taste: um den Mittelpunkt skalieren) lässt sich ganz flott eine Zwirnrolle formen, die sonst etwas mehr Mühe erfor-dert hätte.

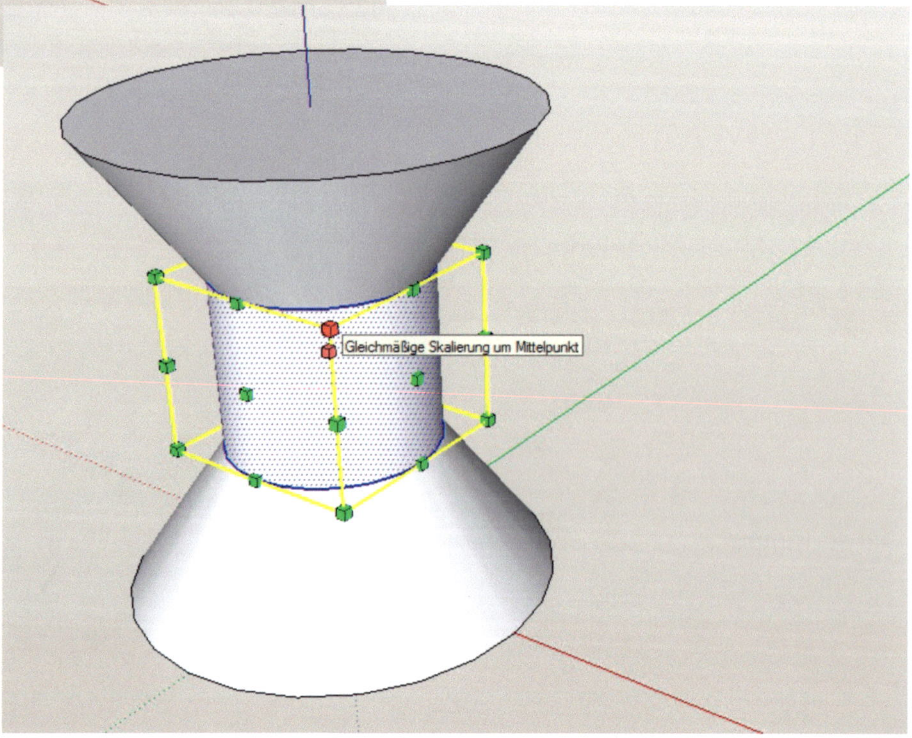

Die wiederholte Anwendung von Offset on Surface schafft die beiden Ringe, die sich mit dem Verschiebe-Werkzeug auch noch neu platzieren ließen. Mit dem hauseigenen Drücken/Ziehen-Tool kann man gar nichts mit ihnen anstellen. Dafür braucht man Joint Push and Pull.

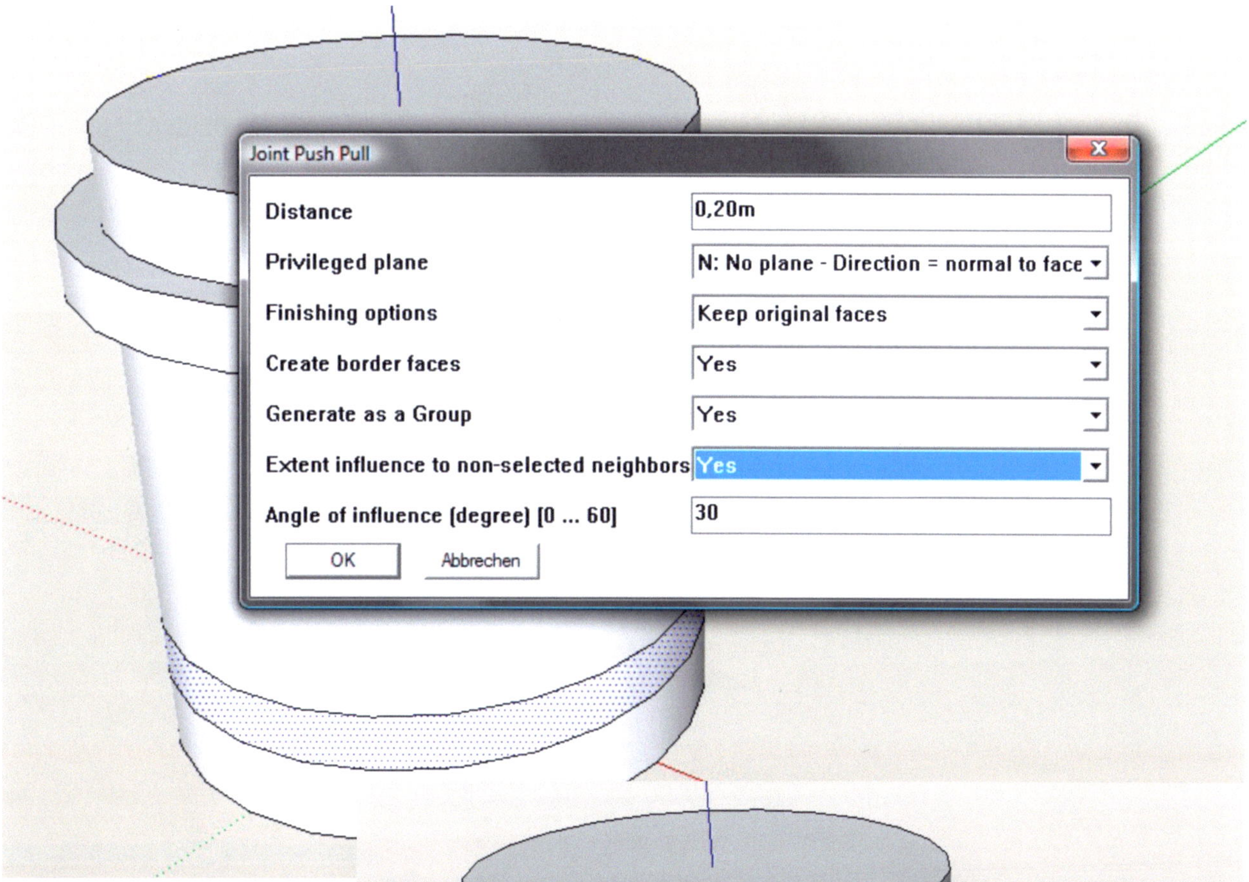

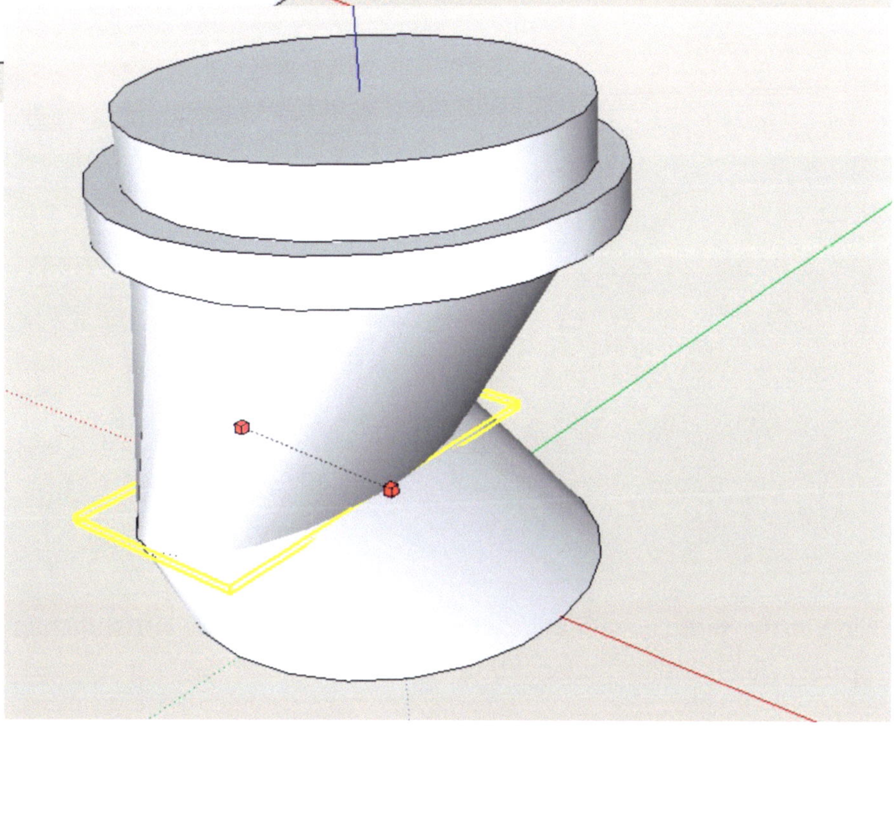

Es werden zwei verschiedene Push and Pull-Werkzeuge installiert. Hier wurde die normale, also nicht die Vektor-Version benutzt. Der obere Ring wurde damit herausgezogen, der untere wurde mit dem Skalieren-Werkzeug zur Ellipse gestaucht.

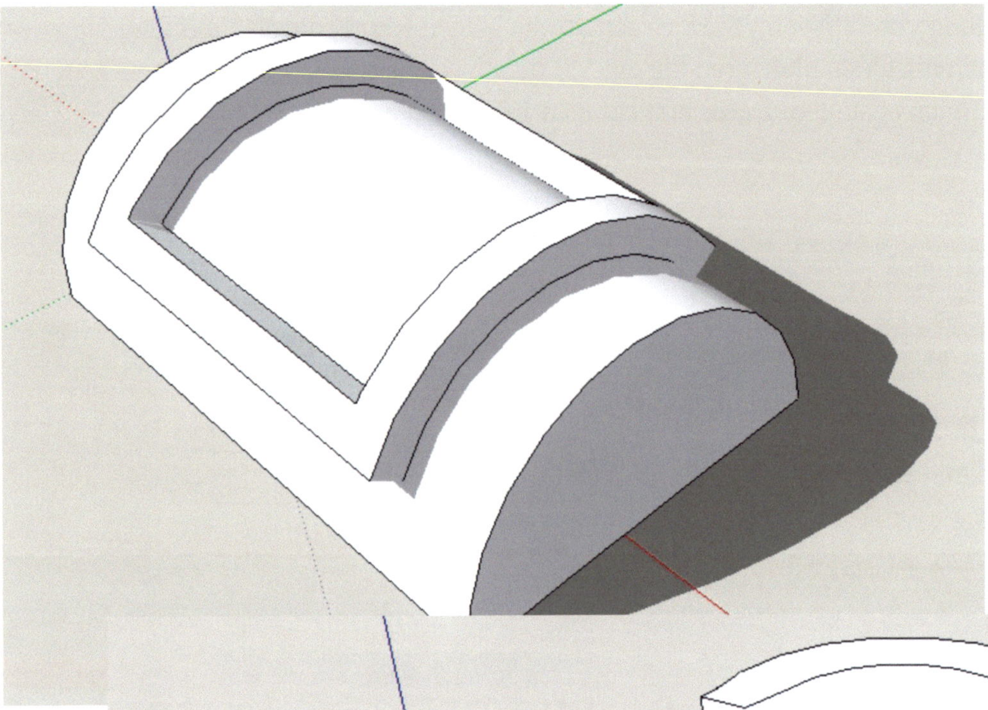

Ein liegende Halbtonne lässt sich mit den beiden Werkzeugen so bearbeiten.

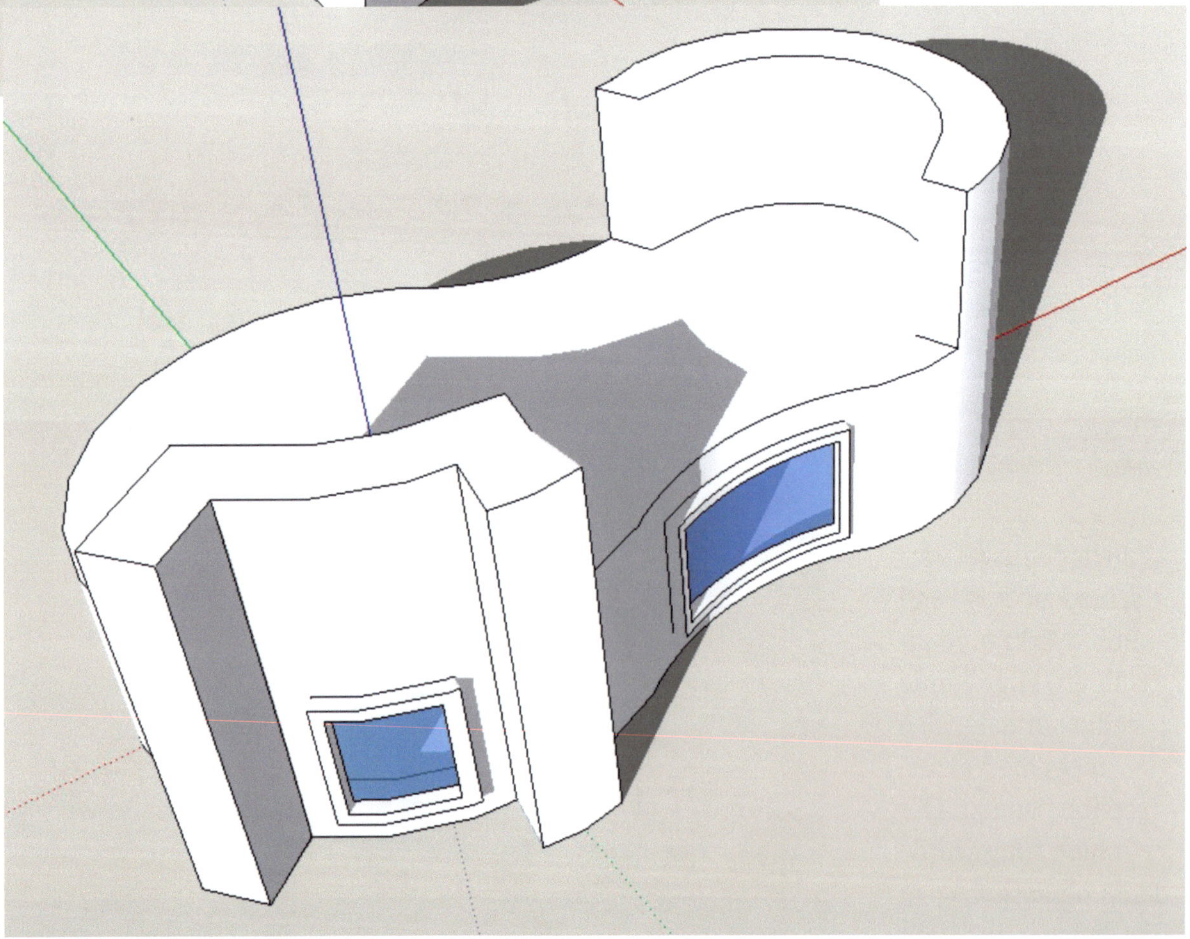

Um die Fenster seitlich zu begrenzen müssen nur senkrechte Hilfslinien eingezogen werden. Sie lassen sich später wieder löschen oder abmildern.

Mauern…

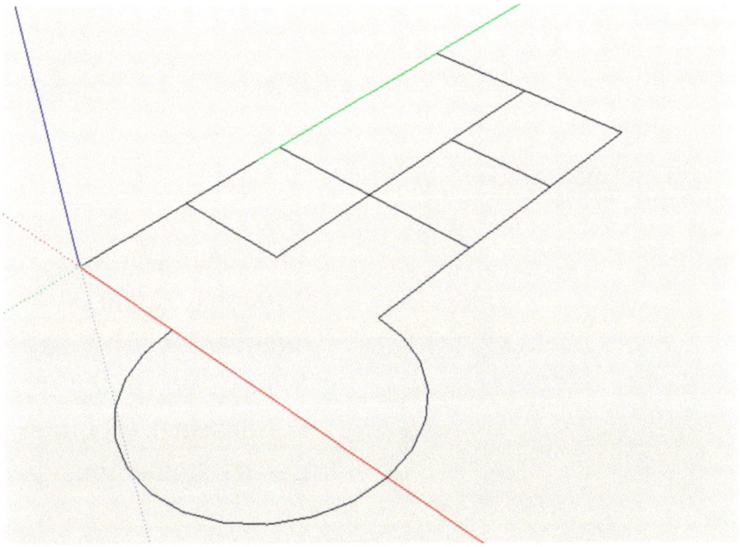

Doppelte Linien zu zeichnen ist mit Sketchup kein Vergnügen. Und dann sollen es ja noch Wände werden, die eine bestimmte Stärke und Höhe haben. Kein Wunder, dass fleißig Skripte erstellt wurden, um hier einzuhelfen. Habe verschiedene mit SketchUp 7.1 ausprobiert. Ausgang des Tests war folgender linearer Grundriss. Er enthält auch einen Kreisbogen, der eine besondere Herausforderung darstellt.

line2wall.rb (DOWNLOAD)

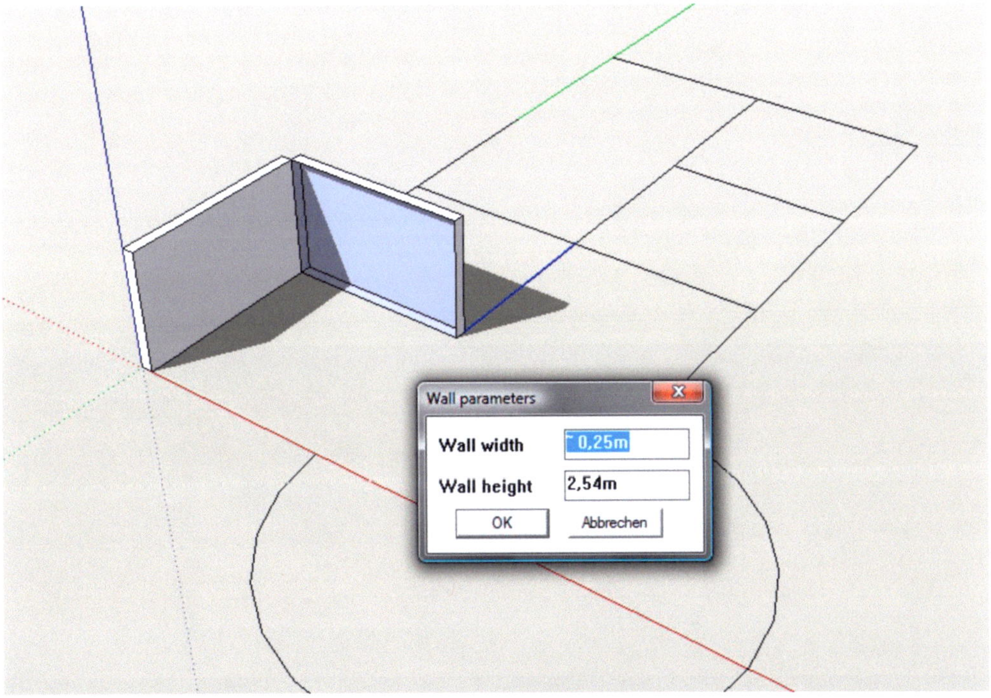

Man kann nur einzelne Linien auswählen und über ein sehr übersichtliches Menü Höhe und Breite der Mauer festlegen. Bögen werden so nicht akzeptiert und müssen erst in Einzelteile zerlegt werden, die dann auch einzeln bearbeitet werden müssen. Bei Ansätzen werden oft die Flächen nicht geschlossen. Die Mauern werden nicht mittig auf die Linien platziert, sondern mal auf dieser, mal auf jener Seite. Mir hat das Plugin nicht besonders zugesagt. Zerrt mehr an den Nerven, als es Erleichterung bringt.

midline2wall.rb (DOWNLOAD)

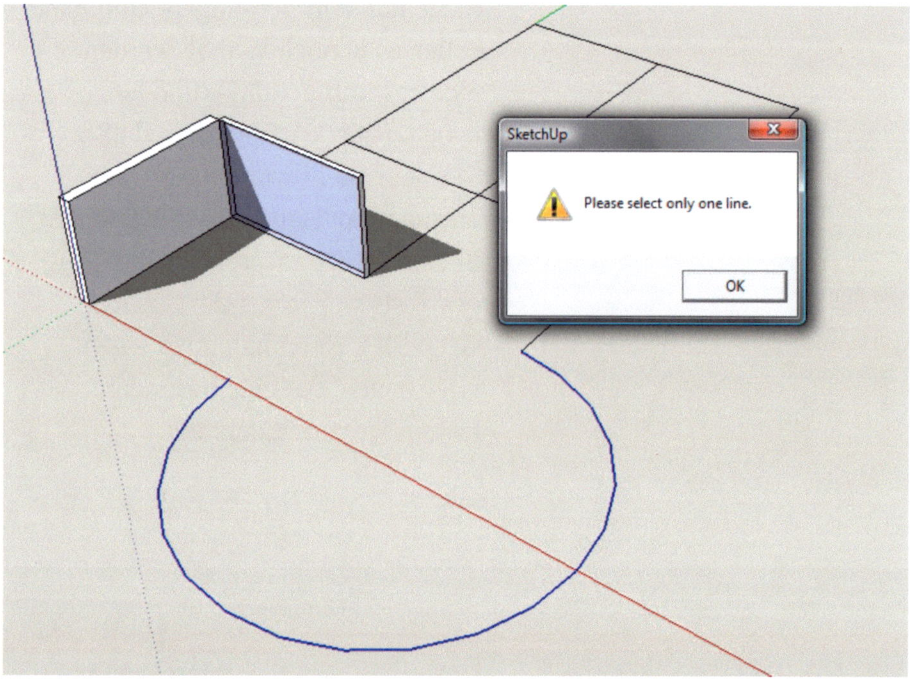

Im Prinzip wie das vorherige Plugin, allerdings werden die Mauern jetzt mittig auf die einzelnen (!) Linien gesetzt. Immerhin…

walls_from_lines.rb (DOWNLOAD)

Na, geht doch! Mit diesem Plugin kann man eine Auswahl an Linien und so auch Bögen und Kreise umwandeln. Die üblichen Angaben sind möglich. Das Ergebnis kann aber auch nicht voll überzeugen.

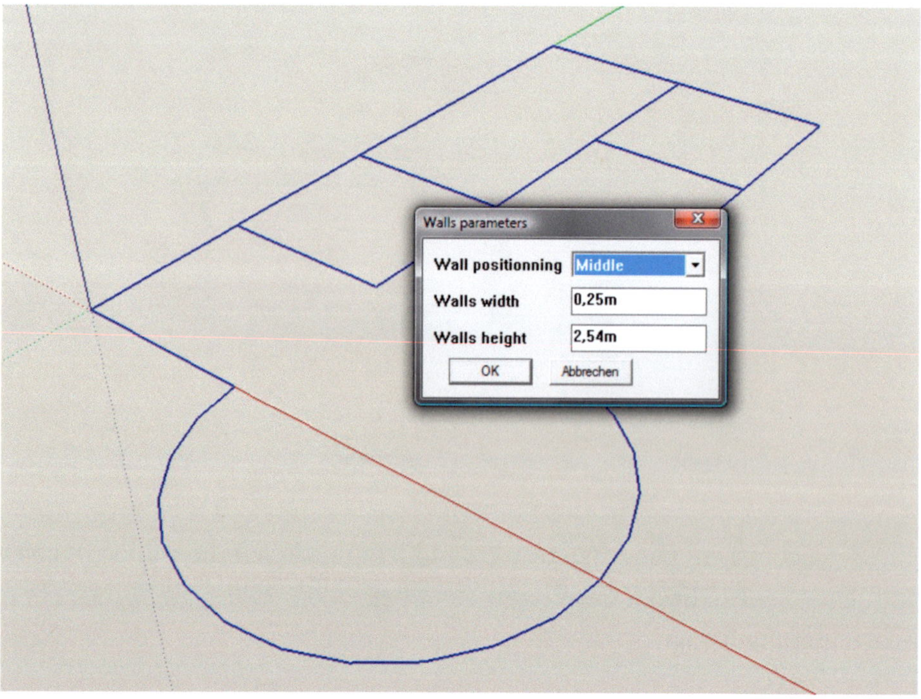

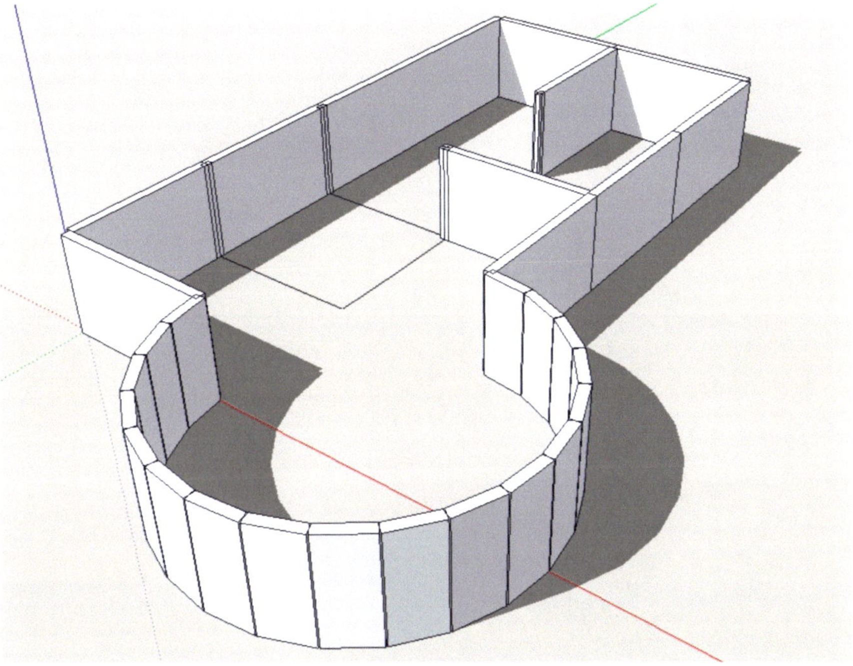

Dass der Kreisbogen nicht geschlossen ist liegt daran, dass wir ja die Mittellinie als Pfad vorgaben. Bei der Wahl der äußeren Linie wird die Wand geschlossen. Aber leider werden einige ausgewählte Linien schlicht und ergreifend „vergessen“. Also auch hier: ohne Nachbesserung geht nichts. Übrigens erscheint das Plugin im Menü als curves to walls.

1001bit-Tools / Vertical Wall (DOWNLOAD)

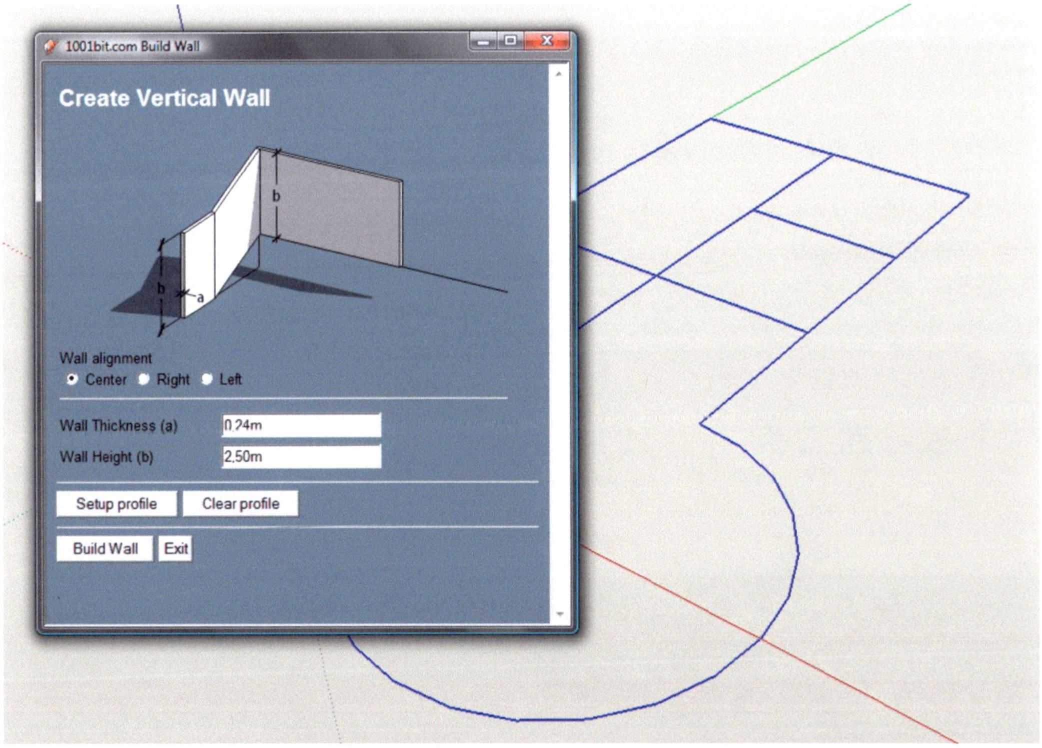

Die für den akademischen Gebrauch kostenlose Sammlung (siehe dort) enthält auch ein Tool, mit dem man Wände errichten kann.

Man kann in der sehr ansprechenden Oberfläche auch aus Schnittflächen eigene Profile erstellen!

Allerdings wird die Auswahl generell nicht automatisch umgewandelt, sondern man klickt einen Punkt nach dem anderen an, und beendet dann mit einem Einzelklick, gefolgt von einem Doppelklick die Errichtung der Mauer. Funktioniert aber auch in Bögen sehr schön!

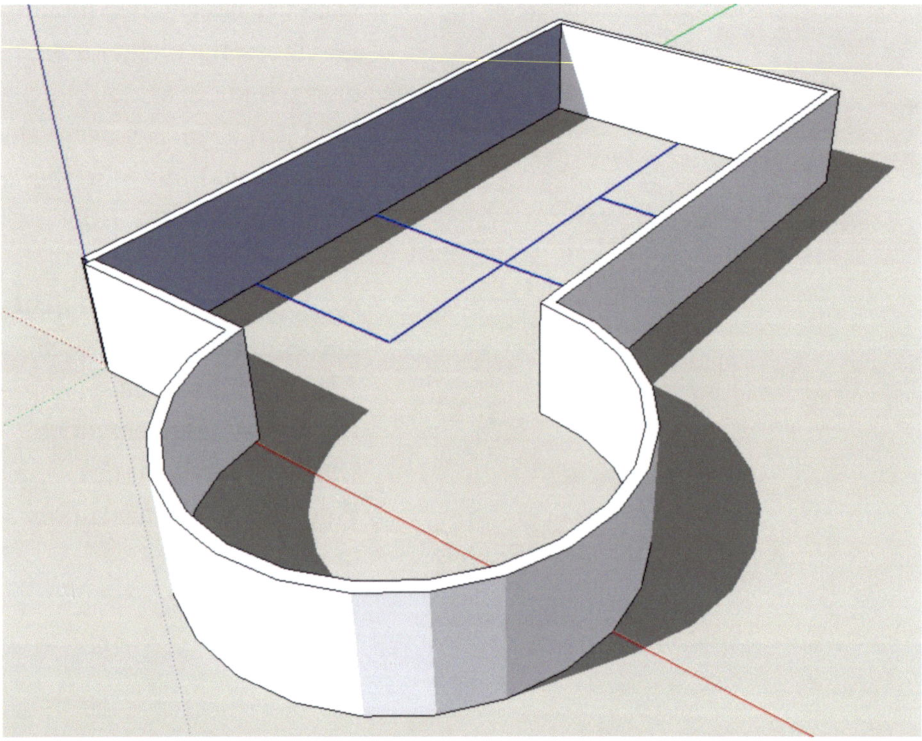

Anfang und Ende der Mauer müssen ein klein wenig nachbearbeitet werden.

Übrigens funktioniert das Plugin auch dann, wenn wir die Ebene verlassen!

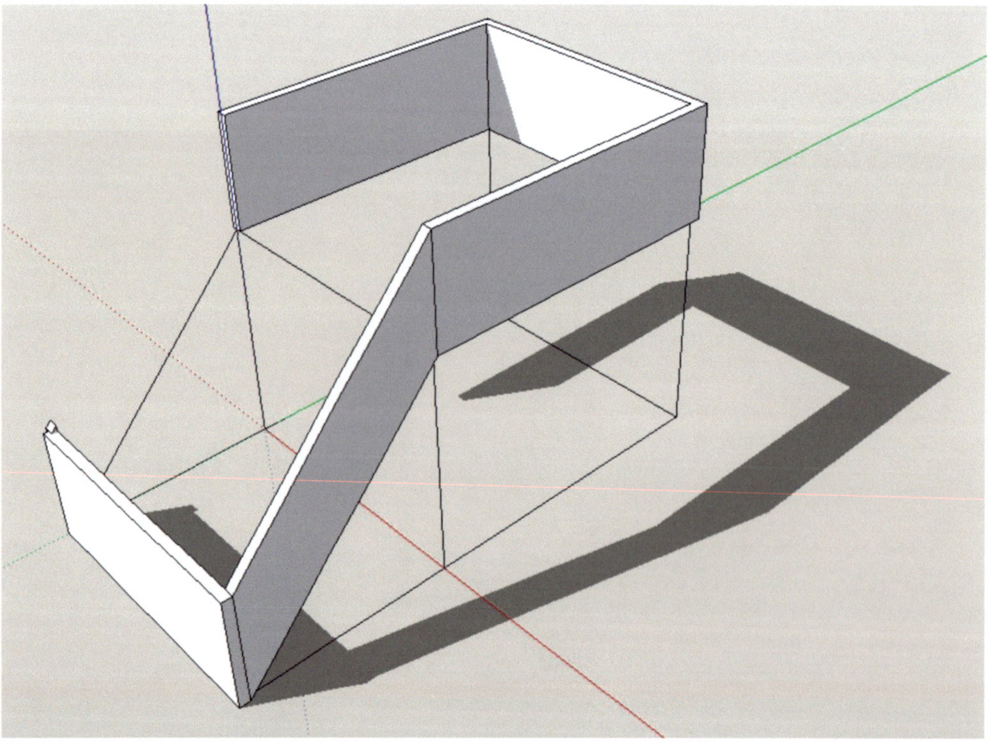

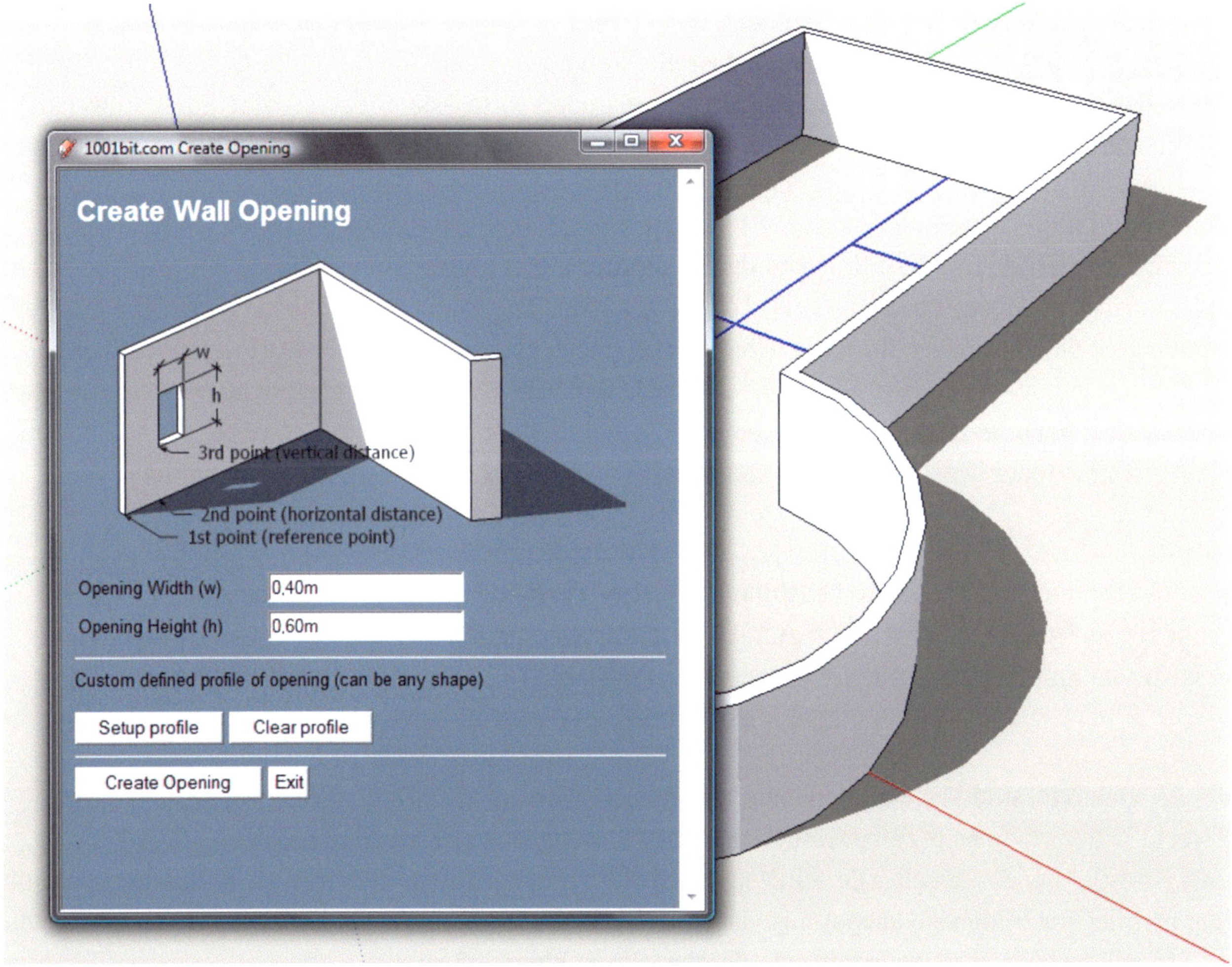

Im Paket von 1001bit ist auch ein nettes Tool, mit dem man Maueröffnungen erstellen kann!

Kamera

Hinter diesem etwas irreführenden Begriff verbergen sich bei Sketchup alle die Funktionen, die etwas mit statischen und bewegten Ansichten und deren Ausgabe zu tun haben. Das Programm trennt einzelne Werkzeuge dabei leider nicht immer logisch. Und auch die Tutorials bei Google tun das nicht. Deshalb folge ich hier mal meinem eigenen Verständnis von Ordnung. Wenn'srecht ist?

Grundsätzlich ist die Kamera hier das, was bei einer üblichen Perspektive der Betrachter ist. Als in der Renaissance die Gesetzmäßigkeiten der Perspektive systematisch untersucht wurden kam es immer darauf an zu zeigen, wie und warum sich Ansichten ändern, wenn der Betrachter seinen Standort ändert. Die Subjektivität der Wahrnehmung objektiver räumlicher Situationen hat die Künstler fasziniert. Wie unterschiedlich wirken dargestellte Personen, wenn ich sie in der Untersicht darstelle, oder in der Draufsicht? Von wo aus habe ich die besonders pittoreske Sicht auf eine Stadtlandschaft? Wie platziere ich den Betrachter, damit er die Szene überschauen kann?

Und durch die Erfindung des Films und der Fotografie wurden diese Fragen für noch mehr Menschen interessant. Die Kamera als Stellvertreter des Betrachters. Das filmsprachliche Mittel der subjektiven Kamera geht da konsequent auf diese Möglichkeiten ein. Aber auch der Amateurfotograf ist schon ambitioniert genug, erst einmal die Szene aus verschiedenen Blickwinkeln im Sucher seiner Kamera zu kontrollieren, bevor er auslöst. Sicher, heute, in Zeiten digitaler Bilderfluten, weniger denn je. Als man jede Aufnahme teuer bezahlen musste, ging man bewusster bei der Auswahl und Einstellung vor…

So ist es also auch bei Sketchup die Kamera, die uns als Betrachter die dreidimensionalen Modelle vermittelt. Es ist dabei hilfreich sich zumindest einige wenige Eigenschaften der unterschiedlichen Perspektiven und Nutzungsmöglichkeiten klar zu machen.

Alle Perspektiven sind Projektionen einer räumlichen Welt auf eine Bildebene. Dies wusste schon Albrecht Dürer, der dies in seinem Buch von der Messung sehr gründlich untersuchte. Hier zeigt er einen Künstler bei der Arbeit. Die schwierigen Verkürzungen, die dadurch entstehen, dass Körperteile nicht parallel zur Bildebene angeordnet sind, erfasst er über ein Raster, mit dem die zwischen Künstler und Modell gestellte Bildebene und sein Zeichenpapier eingeteilt sind.

Der Dorn vor seinem Auge fixiert den Standort oder genauer Augpunkt. So kann nach einer Unterbrechung die Arbeit wieder fortgesetzt werden, ohne dass sich unterschiedliche Blickwinkel in einer Darstellung stören. Im Prinzip muss man sich ausgehend von jedem Punkt des Modells einen Projektionsstrahl vorstellen, der ins Auge des Betrachters fällt und auf dem Wege dorthin die Bildebene durchstößt. Dies ist das Abbild des entsprechenden Punktes.

Hier führt uns Dürer dies ganz pragmatisch vor. Die Projektionsstrahlen werden durch den mit einem Senklot straff gehaltenen Faden simuliert (Wandhaken = Augpunkt!), dessen Ende mit Hilfe eines Stifts bestimmte Punkte am Objekt markiert. Die aufklappbare Bildebene hat ein verstellbares Fadenkreuz, das den Durchstoßpunkt der Strahlen fixiert. Wird der Rahmen zugeklappt kann dieser auf das Zeichenpapier übertragen werden. Ein mühsames Verfahren, wie man sich unschwer vorstellen kann! Aber so und nicht anders werden auch in der digitalen Welt Perspektiven erzeugt!

Die Beispiele verkörpern die Fluchtpunktperspektiven, bei denen die Projektionsstrahlen auf bestimmt Punkte fluchten. Es gibt aber auch das Konstrukt der Parallelperspektiven, bei denen die Projektionsstrahlen parallel verlaufen! Treffen sie senkrecht auf die Bildebene, dann wird aus einem Würfel, dessen eine Seite in der Bildebene liegt, ein Quadrat. Die entsprechenden vorderen und hinteren Punkte und verbindenden Kanten, die so genannten Tiefenlinien, fallen zusammen, da auch sie senkrecht zur Bildebene verlaufen. Diese Art der Projektion kennt Sketchup auch. Sie heißen dort Standardansichten!

Treffen die parallelen Projektionsstrahlen nicht senkrecht auf die Bildebene, dann wird jeder einzelne Eckpunkt des Würfels auch getrennt dargestellt. Man kann sich das mit einem Schattenwurf vor Augen führen. Da viele technische Berufe diese Darstellungsweisen von Körpern nutzen, sind sie auch nach DIN genormt. Sketchup kennt nur eine von vielen möglichen, die Isometrie, und nennt sie parallele Projektion. Eine etwas ungenaue Benennung, da dies ein Sammelbegriff für ganz unterschiedliche Perspektiven ist!

Perspektive

Je nach Verwendungszweck bietet Sketchup alle wesentlichen perspektivischen Ansichten. Bei den Ausführungen im Detail werde ich immer wieder dieses kleine Modell verwenden, damit die Unterschiede in der Darstellung vergleichbar sind.

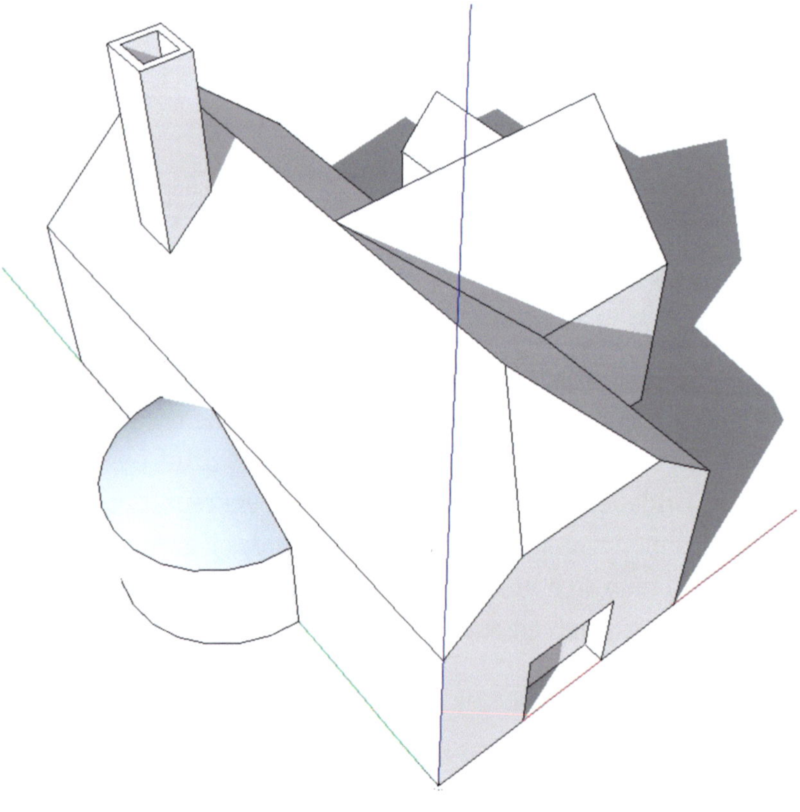

Grundsätzlich unterscheiden wir drei verschiedene Darstellungsweisen:

- die unverzerrten und proprtionsgetreuen Standardansichten, wie sie aus der Dreitafelprojektion bekannt sind.

- die Parallelperspektiven, bei denen alle entsprechenden Tiefenlinien und die Senkrechten parallel zueinander sind.
- die Fluchtpunktperspektiven, die dem menschlichen Seheindruck am nächsten kommen, die aber durch Verkürzungen nicht mehr proportionsgetreu, und zudem verzerrt darstellen. Hier werden die einfacheren Perspektiven mit nur einem oder zwei Fluchtpunkten von den aufwändigeren, die mit dreien arbeiten, unterschieden. Sie erlauben auch eine realistische Rotation im dreidimensionalen Raum.
-

Die einzelnen Möglichkeiten sind nicht immer direkt zu finden. Manchmal muss man einzelne Funktionen kombinieren, um ans Ziel zu gelangen.

Standardansichten

Draufsicht

Über > Kamera > Standardansichten > Draufsicht oder die zuschaltbare Symbolleiste können wir ganz auf die schnelle unser Modell von oben betrachten. Allerdings auf unterschiedliche Weisen! Hier zunächst einmal oben die wohl gängige Ansicht, bei der zugleich > Kamera > Perspektive aktiviert ist! Und unten wurde stattdessen die Option > Kamera > Parallele Projektion gewählt. Hier haben wir dann tatsächlich eine plane Darstellung, während die erste Ansicht im Grunde eine Zentralperspektive mit einem zentralen Fluchtpunkt ist.

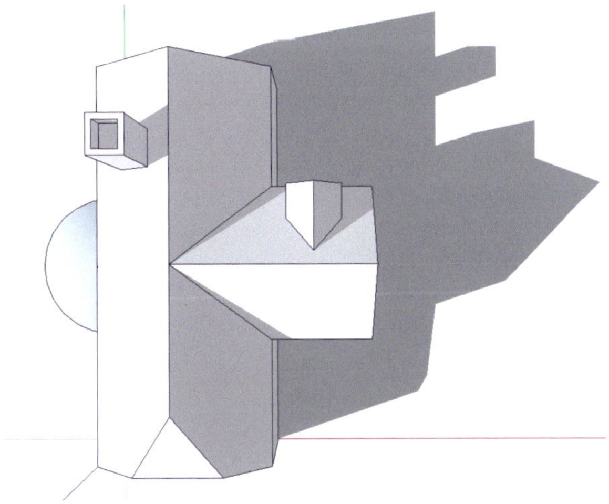

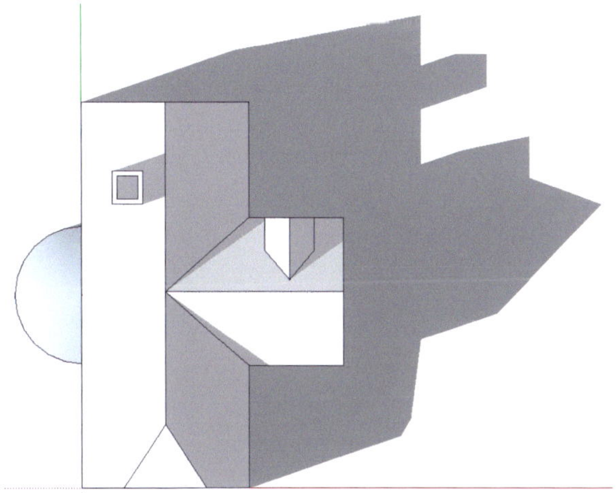

In der rechten Zeichnung können Längen maßstäblich ausgelesen werden, im Unterschied zur linken! Ein kleiner, aber ganz wesentlicher Unterschied.

In ähnlicher Weise unterscheiden sich auch die anderen Standardansichten voneinander, je nachdem, ob die parallele Projektion (Isometrie) oder die (Fluchtpunkt-)Perspektive aktiviert wurde.

Vorderansicht

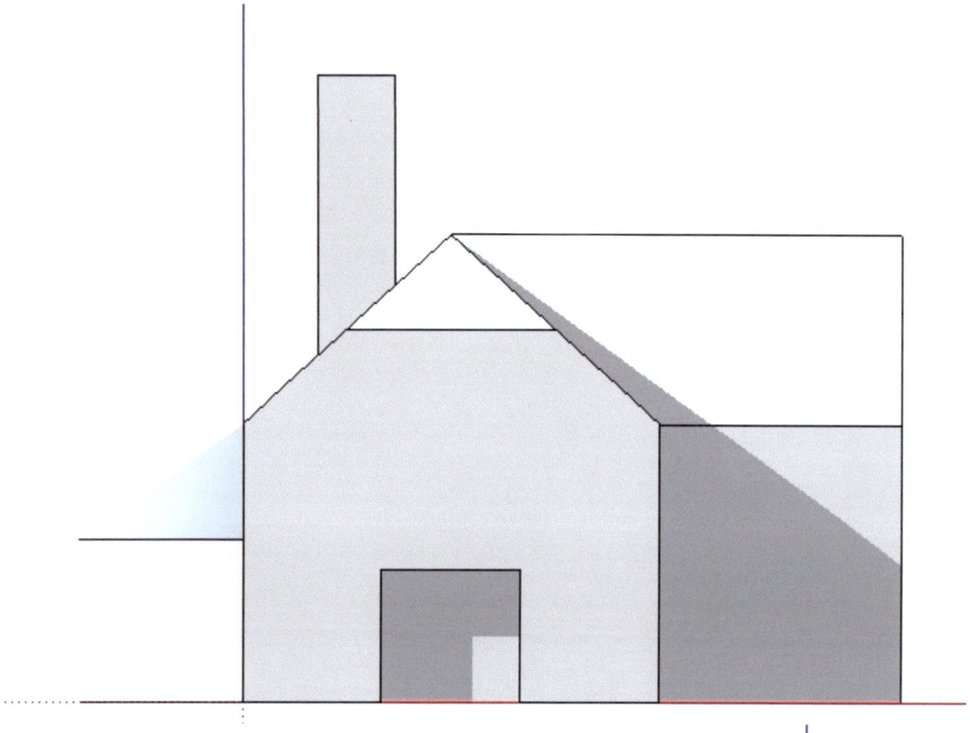

Rückansicht

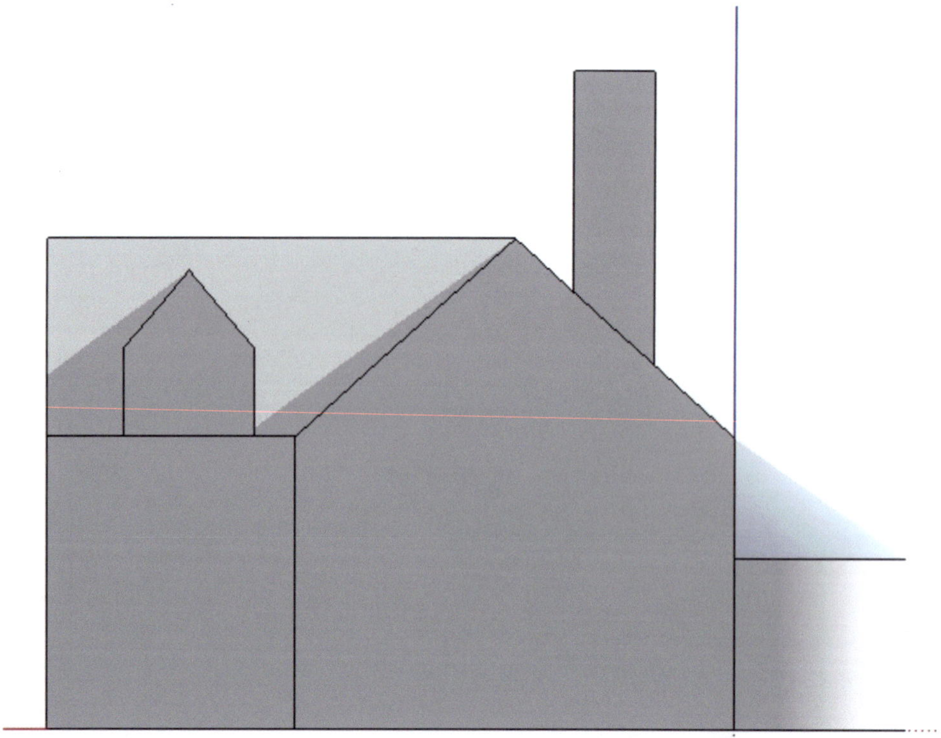

Seitenansicht rechts

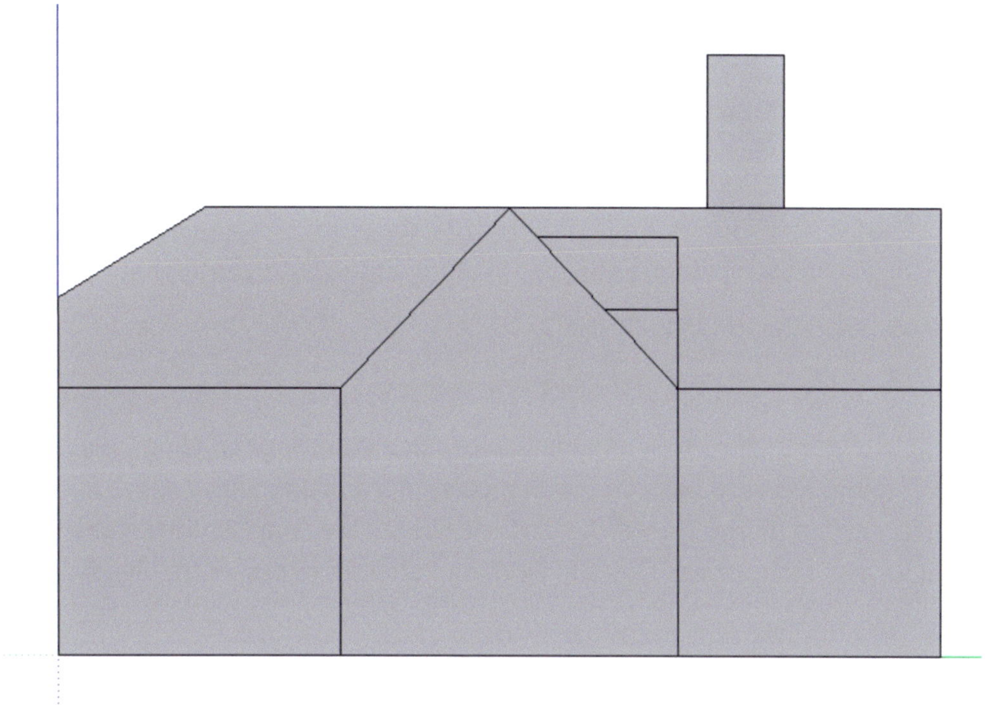

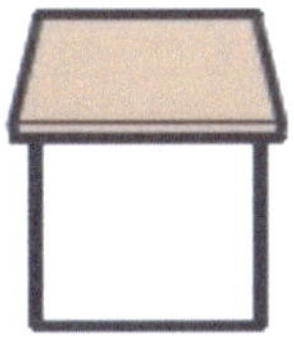

Seitenansicht links

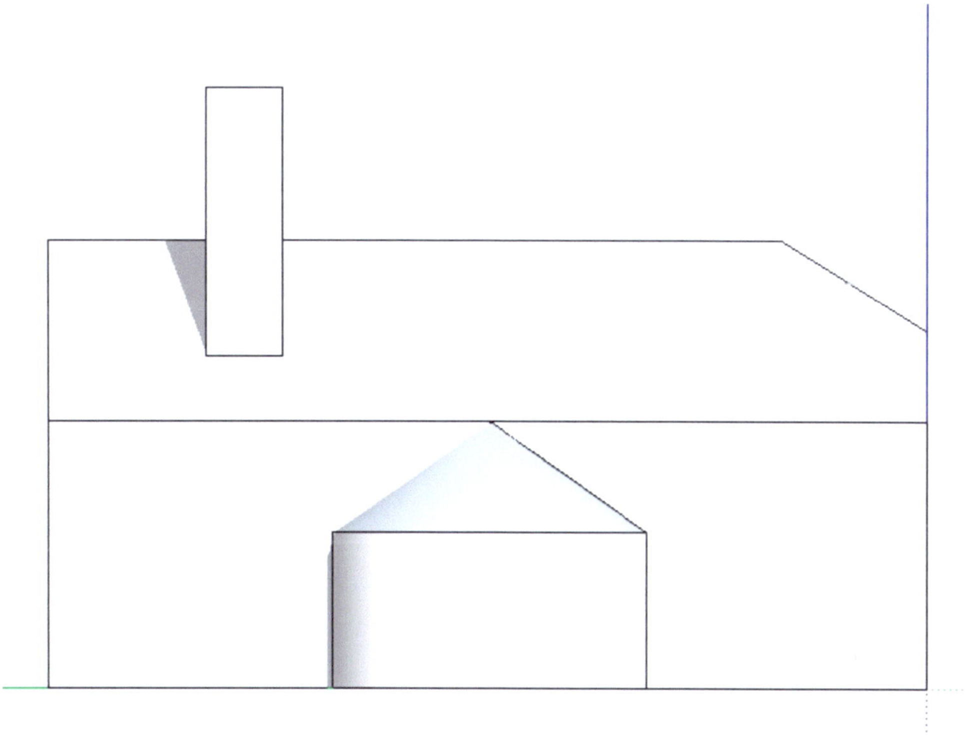

Isometrie

Isometrie / Parallele Projektion

Die jeweiligen Tiefenlinien und die Senkrechten bleiben parallel und die Längen maßstäblich erhalten. Die Tiefenlinien nach links und nach rechts stehen in umgekehrt gleichen Winkel zur Grundlinie. Ein Würfel sieht in dieser Darstellung aus wie ein Sechseck mit drei Diagonalen. Ein räumlicher Eindruck stellt sich nur schwer ein. Deshalb ist diese Perspektive besser für Quader geeignet.

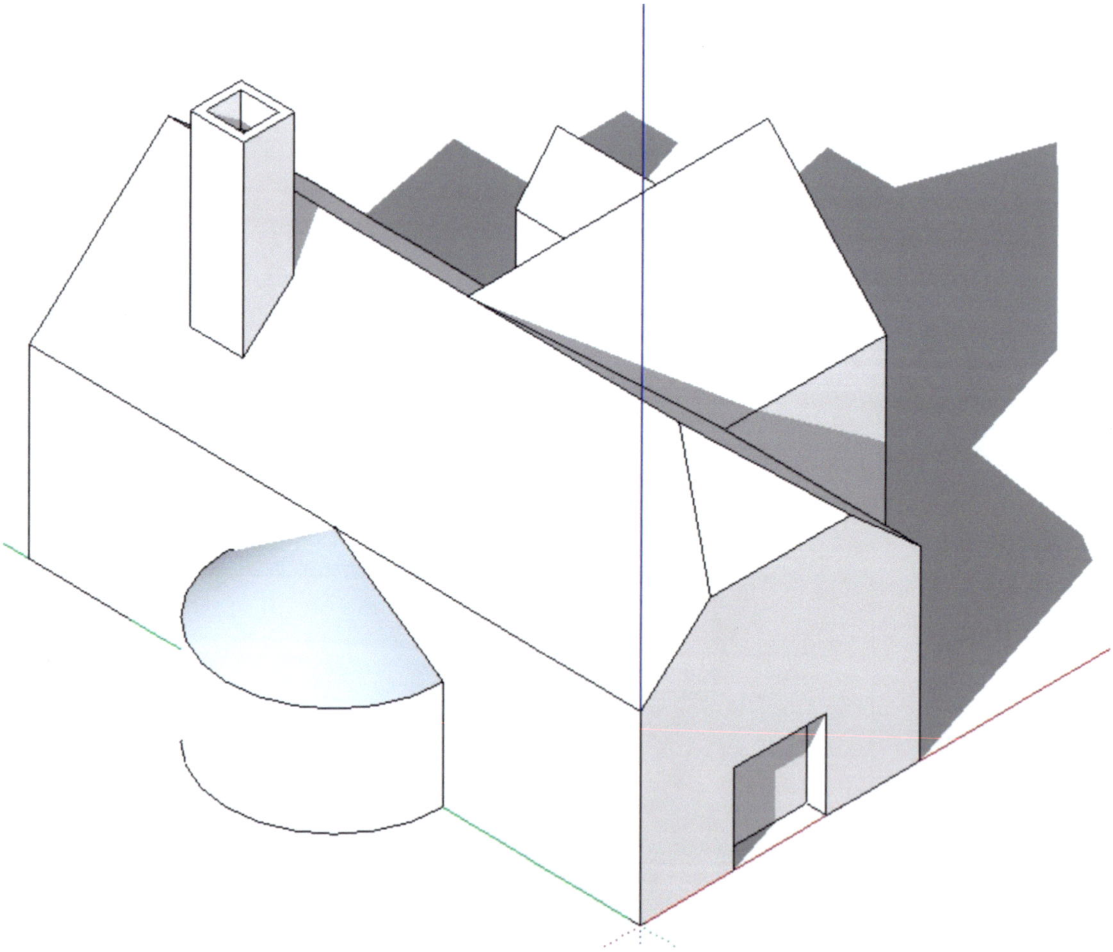

Die Zeichnung sieht für viele falsch aus. Der Grund hierfür liegt in einer optischen Täuschung. Wir erwarten nämlich, dass die Tiefenlinien nach hinten zusammen laufen. Da sie es aber nicht tun, scheinen sie gar auseinander zu driften! Der ungarische Künstler Victor Vasarely, der lange in Frankreich lebte, nutzte diesen Effekt gerne für seine verwirrenden Op-Art-Bilder.

2 Fluchtpunkte

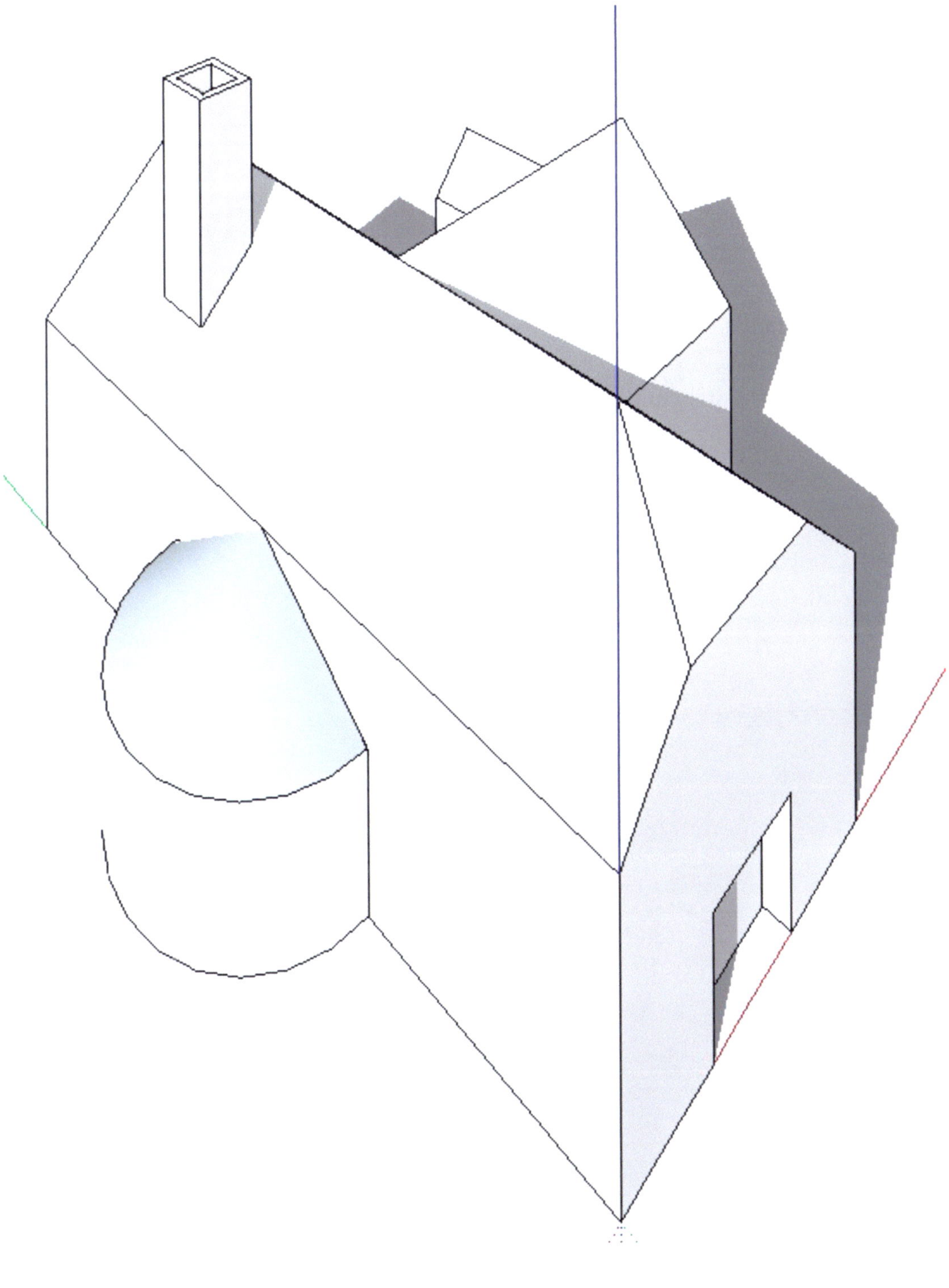

Sketchup bezeichnet diese Übereckperspektive mit zwei Fluchtpunkten etwas großzügig als Zweipunktperspektive. Sie ähnelt ein wenig der Isometrie, nur fluchten die Tiefenlinien hier tatsächlich auf Fluchtpunkte hin! Für alle waagerechten Linien liegen diese auf der Augenhöhe, oft auch Horizont genannt. Die Senkrechten bleiben aber auch hier parallel und senkrecht. Bei zu großer Nähe treten zum Rand hin stärker werdende Verzerrungen auf. Also nicht übertreiben mit der Größe!

3 Fluchtpunkte

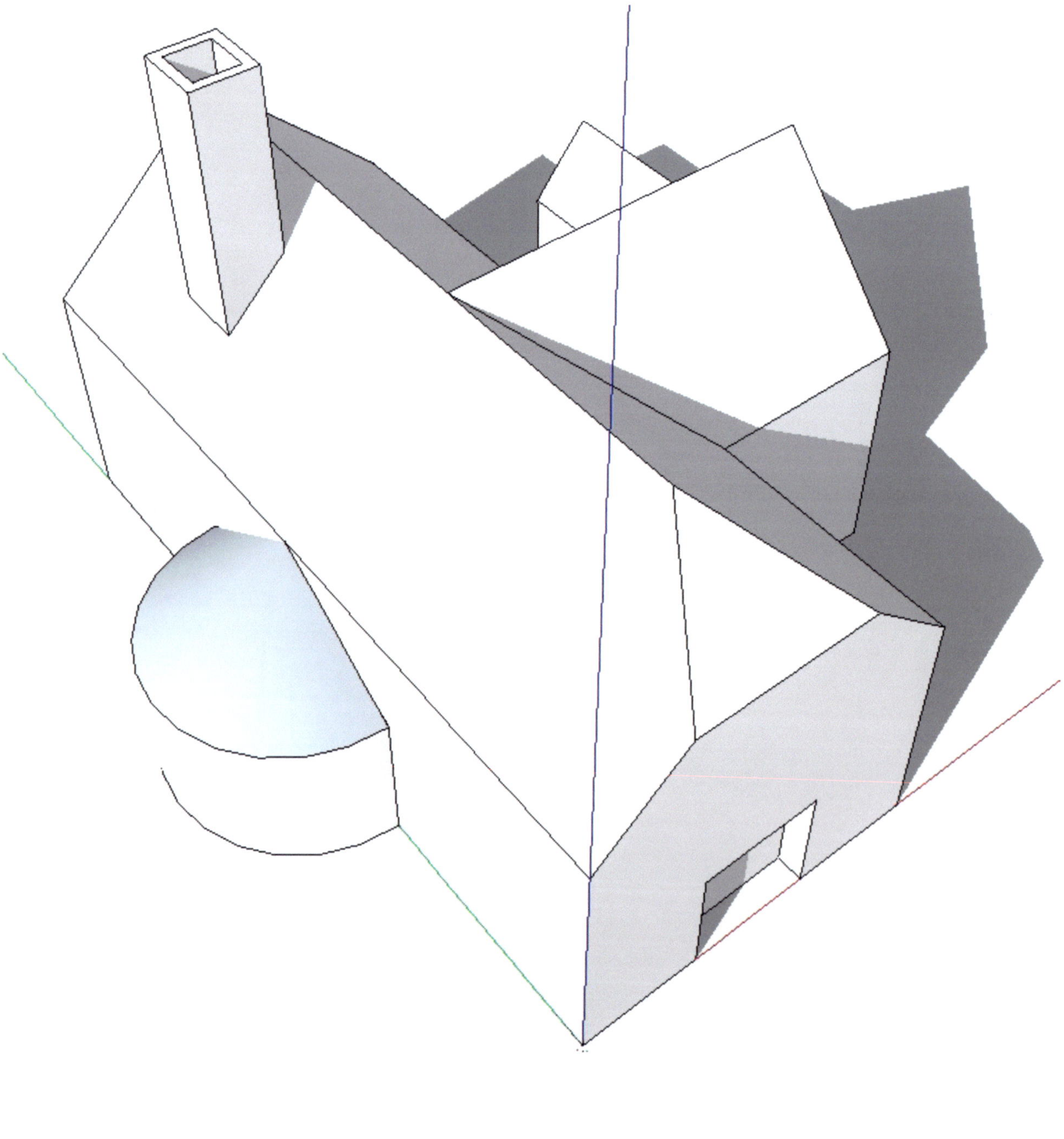

Sketchup benennt diese Visualisierung schlichtweg als Perspektive. Hier nun haben wir eine sehr realistische Darstellung, die sich als 3D-Modell tatsächlich frei drehen lässt und dabei „echt“ erscheint. Die Senkrechten fluchten nun auch, so dass Vogel- und Froschperspektiven deutlich glaubhafter werden. Auch bei Animationen hat man bei diesen Ansichten einen wirklichkeitsnahen Eindruck von den Veränderungen, die sich durch Bewegungen und Blickwechsel ergeben.

Navigation

Die Kenntnis der unterschiedlichen Perspektiven hilft uns dabei während der Arbeit am Modell immer die jeweils günstigste Ansicht zu finden. Zeichnet man zum Beispiel in der Ebene, sind die Standardansichten die erste Wahl. Die Bewegung im dreidimensionalen Raum um unser Modell herum und in das Innenleben hinein erfordert meist etwas Eingewöhnung. Stellen Sie sich einfach vor, dass Sie in einem kleinen Hubschrauber jede Bewegung machen können, die möglich ist. Und natürlich auch innehalten können, wo immer Sie wollen. Diese Ruhepunkte werden für die Animation wichtig! Aus ihnen werden Szenen, die dann in ihrem Nacheinander den Spaziergang durch unser Modell ermöglichen.

In diesen Abschnitten lernen Sie die Steuerinstrumente kennen, mit denen Sie sich in der Dreidimensionalität Ihres Modells positionieren und bewegen können.

Rotieren

Taste: O (orbit)

Mit dieser Funktion drehen Sie ihr Modell in jeder gewünschten Richtung um den Nullpunkt des Koordinatenkreuzes. Oder aber – was nur eine Frage der Betrachtung ist – Sie umfliegen es auf waghalsigen Umlaufbahnen. Dabei kann man schon mal den Überblick verlieren… Sollte dies mal geschehen, dann können Sie Ihr Modell mit einem Doppelklick wieder in die Mitte des Bildschirms bugsieren!

Im Normalfall zeigt beim Rotieren die blaue Achse immer nach oben. Das Modell hat so etwas wie eine eigene Schwerkraft, die dafür sorgt. Auf diese Weise wird unser Gleichgewichtssinn nicht zu sehr strapaziert. Möchte man aber dennoch mal das Gefühl der Schwerelosigkeit genießen, dann drückt man beim Rotieren zugleich die Strg-Taste! Nun können wir uns ganz frei um unser Modell herum bewegen. Sicherlich nicht soo interessant für Architekten, aber für Produktdesigner allemal. Schließlich möchte man sich einen realistischen Eindruck von der Handhabung und Plastizität des Objekts machen, das man entworfen hat.

Das Rotieren ist bei der Arbeit enorm wichtig. Schließlich dreht ein Hutmacher sein Modell auch immer wieder in den Händen, um Fehler und Unstimmigkeiten besser erkennen zu können. Sketchup bietet dafür nützliche Zugriffe auf dieses Werkzeug.

Aktivieren der Rotierfunktion aus einer anderen Funktion

Halten Sie bei einer 3-Tasten-Maus die mittlere Maustaste (Scrollrad) gedrückt. So aktivieren Sie die Rotierfunktion vorübergehend, während Sie eine andere Funktion verwenden (außer bei der Gehfunktion). Drücken Sie zusätzlich die Shift-Taste, wechseln Sie in den Verschiebe-Modus (Hand-Werkzeug).

Übrigens zentrieren Sie einen beliebigen Bildpunkt, indem Sie ihn doppelt mit dem Scrollrad anklicken!

Ziehen

Taste: H (hand)

Verwenden Sie die Handfunktion, um die Kamera (Ihre Ansicht) vertikal und horizontal zu verschieben. Diese Funktion erreichen Sie auch über die Symbolleiste oder durch Klicken auf das Scrollrad und gleichzeitigem Drücken der Shift-Taste.

Das Ziehen und Rotieren wird sehr häufig in schneller Folge kombiniert. Sie werden sehr schnell ein Gespür dafür bekommen, wann das Scrollrad mit der Umschalt-Taste kombiniert wird, und wann nicht. Übrigens zentrieren Sie einen beliebigen Bildpunkt, indem Sie ihn doppelt mit dem Scrollrad anklicken!

Zoomen

Taste: Z (zoom)

Mit der Zoomfunktion bewegt man sich auf das Modell zu oder davon weg. Wählen Sie das Werkzeug aus und ziehen Sie die Maus bei gedrückter linker Tase nach oben oder unten, um zu zoomen. Sie können dies auch mit Scrollrad tun, indem Sie es vor und zurück drehen.

Doppelklicken Sie mit der linken Maustaste auf das Modell, um das Modell im Zeichenbereich zu zentrieren. Ist das Zoom-Werkzeug nicht aktiv, müssen Sie für den gleichen Effekt doppelt auf das Scrollrad klicken! Zentriert wird so oder so immer der Punkt auf dem Bildschirm, der angeklickt wird.

Ändern der Brennweite

Die Brennweite, ausgedrückt in Millimeter, beeinflusst, wie groß der Blickwinkel ist, also wie viel Sie von einem Modell sehen können. Bei einer kleineren Brennweite können Sie einen größeren (breiteren) Teils eines Modells sehen (Weitwinkel-Objektiv), während Sie bei einer größeren Brennweite einen kleineren Teil eines Modells sehen können (Tele-Objektiv). So ändern Sie die Brennweite: Geben Sie bei aktiviertem Werkzeug eine Brennweite in Millimeter ein, z. B. 300mm und bestätigen diese mit Eingabe. Der Wert wird unten rechts angezeigt und die Brennweite wird auf 300 mm geändert.

Ein bisschen gemogelt ist das aber schon! Was lediglich verändert wird, ist der Abstand zum Objekt. In der Fotografie würden Bilder mit unterschiedlichen Brennweiten und gleichen Ausschnitten ganz anders aussehen, da sich mit der Brennweite auch das Verhältnis der Objekte im Raum verändert! Aber das nur nebenbei. Viel spannender ist folgende Funktion!

Ändern des Blickfelds

Das Blickfeld, ausgedrückt in Grad, bezieht sich darauf, wie viel Sie von einem Modell sehen können. Bei einem engen Blickfeld können Sie einen kleinen Teil eines Modells sehen, während Sie bei einem breiteren Blickfeld mehr von einem Modell sehen können. Breitere Blickfelder sind nützlich bei der Arbeit in einem Zimmer, in dem Sie während des Zeichnens mehr sehen möchten. Sie ändern mit dieser Einstellung zwar das Blickfeld, die Kamera bleibt dabei jedoch an der gleichen Position im dreidimensionalen Raum. Den Winkel können Sie übrigens auch numerisch eingeben, z.B so: 45°.

Aktivieren Sie > Kamera > Blickfeld (Häkchen setzen). Bei Verwendung des Lupenwerkzeugs können Sie jetzt das Blickfeld verändern, indem Sie den Cursor nach oben oder nach unten bewegen. Das Blickfeld vergrößert sich, wenn der Cursor nach oben bewegt wird. Das Blickfeld verkleinert sich, wenn der Cursor nach unten bewegt wird. Halten Sie die Shift-(Umschalt-)Taste dabei gedrückt, zoomen Sie ins Modell hinein oder heraus. So behält man einfach und schnell die Übersicht.

Symbolleiste

Über > Ansicht > Symbolleisten > Kamera können zusätzliche Befehle schnell verfügbar gemacht werden, die bei vielen Operationen ein wildes Klicken ersparen: Mit einem Mausklick haben Sie Ihr Modell formatfüllend im Bild!

Zurück zur letzten Ansicht, und das ohne Aufwand. Schneller geht es nicht!

Und damit kommen wir wieder zurück!

Position

Taste: keine

Mit der Funktion Kamera positionieren können Sie die Kamera in einer bestimmten Augenhöhe positionieren, um die Sichtlinie eines Modells zu prüfen oder um in einem Modell umher zu gehen.

Beim ersten Positionierungsverfahren wird die Kamera auf Augenhöhe über einem bestimmten Punkt (standardmäßig 1,68 m über dem Punkt) platziert.

Beim zweiten Positionierungsverfahren wird die Kamera an einem bestimmten Punkt in eine bestimmte Richtung gerichtet platziert.

Augenhöhe

Sie können die Kamera auf einer bestimmten Augenhöhe über einem ausgewählten Punkt positionieren. Die Kamera ist auf kein besonderes Element gerichtet. Sie befinden sich jedoch in der Umschaufunktion, mit der Sie die Kamera um den Punkt bewegen können, um Elemente in Ihrem Modell anzusehen.

Wählen Sie die Funktion aus, und der Cursor verwandelt sich in eine kleine Figur mit einem roten X. In der Maßangabensymbolleiste wird jetzt angezeigt, dass die Augenhöhe über der Bodenebene auf 1,68 m eingestellt ist. Sie können diese Einstellung mit dem gewünschten Wert überschreiben.

Klicken Sie auf einen Punkt in Ihrem Modell und SketchUp platziert dort die Kamera.

Als Ansichtsrichtung wird standardmäßig der obere Bildschirmrand (Norden) festgelegt, wenn Sie die Kamera aus einer Draufsicht platzieren!

Ausrichten auf beliebige Zielpunkte

Man kann die Kamera aber auch an einem bestimmten Punkt und in eine bestimmte Richtung gerichtet positionieren. Sie können so sehr einfach und aussagekräftig Fensterausblicke, Eingangssituationen oder Durchblicke aus jeder Höhe und in jede Richtung simulieren. Wenn es sein muss, dann sogar den Blick vom Elfenbeinturm aus über den Marktplatz der Banalitäten…

Verfahren Sie wie oben, aber halten Sie die Maustaste nun gedrückt, wenn Sie die Kamera platziert haben. Ziehen Sie den Cursor auf den Teil des Modells, den Sie betrachten möchten. Eine gepunktete Linie wird zwischen dem ausgewählten Standpunkt und dem Teil des Modells, den Sie betrachten möchten, angezeigt. Lassen Sie die Maustaste los. Die Kamera wird auf einer Höhe von 0,0 m an dem ausgewählten Punkt positioniert. Die Kamera ist auf das Element gerichtet, zu dem Sie den Cursor gezogen haben.

Geben Sie die gewünschte Augenhöhe in die Maßangabensymbolleiste ein (z.B. 1,73m oder 54cm).

Tipp: Halten Sie beim Klicken auf die Oberfläche die Umschalttaste gedrückt, um die Kamera direkt auf der Oberfläche zu positionieren.

Tipp: Ziehen Sie mit der Maßbandfunktion und der Maßangabensymbolleiste zu Kanten parallele Führungsslinien, damit Sie die Kamera genau platzieren können.

Gehen

Taste: keine

Mit der Gehfunktion wird ein interaktiver Spaziergang durch oder um das Modell herum ermöglicht. Genauer gesagt wird mit der Gehfunktion eine bestimmte Höhe für die Kamera festgelegt und Sie können diese dann durch Ihr Modell bewegen.

Die Gehfunktion ist nur im Perspektive-Modus verfügbar!

In der Maßangabensymbolleiste ist für die Augenhöhe über der Bodenebene ein Wert von 87,6 cm festgelegt. Sie können diese Einstellung mit dem gewünschten Wert überschreiben. Klicken Sie auf eine beliebige Stelle im Zeichenbereich und halten Sie die Maustaste gedrückt. Ein kleines Pluszeichen (Fadenkreuz) wird an der Stelle platziert, auf die Sie geklickt haben.

- Bewegen Sie den Cursor nach oben (vorwärts), unten (rückwärts), links (um nach links zu gehen) oder rechts (um nach rechts zu gehen).
- Je weiter Sie vom Fadenkreuz entfernt sind, desto schneller gehen Sie!
- Bewegen Sie den Cursor bei gedrückter Umschalttaste nach oben oder unten, um die Augenhöhe zu ändern (anstatt vorwärts oder rückwärts zu gehen).
- Die Gehfunktion geht automatisch Steigungen oder Stufen nach oben und unten und behält dabei die Augenhöhe bei.
- Drücken und halten Sie die Strg-Taste gedrückt, um zu laufen, anstatt zu gehen.
- Halten Sie die Alt-Taste gedrückt, um die Zusammenstoßerkennung zu vermeiden (durch Wände gehen).
- Klicken Sie bei aktivierter Gehfunktion auf die Scrolltaste und halten Sie diese gedrückt, um die Umschaufunktion zu verwenden.

Tipp: Oft ist ein weites Blickfeld beim Besichtigen eines Modells wünschenswert. Aktivieren Sie die Zoomfunktion, drücken Sie die Umschalttaste und halten Sie diese gedrückt, drücken Sie die Maustaste und ziehen Sie nun den Cursor nach oben und unten, um das Blickfeld vor dem Durchlaufen eines Modells zu erweitern.

Umschauen

Mit der Umschaufunktion können Sie die Kamera um einen festen Standpunkt (>Position) drehen. Die Kamera verhält sich wie eine Person, die auf der Stelle steht und ihren Kopf nach oben und unten (neigen) sowie zu den Seiten (schwenken) bewegt. Bewegen Sie den Cursor zum Neigen nach oben oder unten und zum Schwenken nach rechts oder links.

Geben Sie die Augenhöhe (z.B. 178cm 0der 3,65m) für die Kamera in die Maßangabensymbolleiste ein und drücken Sie die Eingabetaste, um die Höhe der Kamera über der Bodenebene zu ändern.

Bei aktivierter Gehfunktion genügt ein Klick auf das Scrollrad (gedrückt halten), um die Umschaufunktion zu aktivieren.

Die Umschaufunktion ist besonders hilfreich für den Blick ins Innere von Räumen oder zur Ermittlung des sichtbaren Bereichs nach der Positionierung der Kamera.

Animation

Auf sehr einfache Weise lassen sich mit SketchUp Animationen herstellen. Nun ja, Spielfilmqualität darf man natürlich nicht erwarten, aber dafür geht es einfach und schnell! Das Beispiel auf meiner Homepage entstand – allerdings lag das Modell schon vor – in knapp 10 Minuten.

Und wie man's macht, ist schnell erklärt.

Die Animation besteht aus einzelnen Szenen. Wir öffnen das > Fenster > Szenen, das sehr übersichtlich ist. Wir müssen ja auch nicht groß zaubern! Mit den Navigationswerkzeugen bringen wir unser Modell in die Startposition. Ein Klick auf das Pluszeichen im Szenen-Fenster erstellt aus dieser Ansicht eine erste Szene. Nun verändern wir den Blick auf unser Modell und erstellen eine weitere Szene. Und das tun wir so oft, wie es denn sein soll. Manchmal ist es auch ganz hilfreich, die einzelnen Szenen zu benennen und zu beschreiben. Hier habe ich darauf verzichtet.

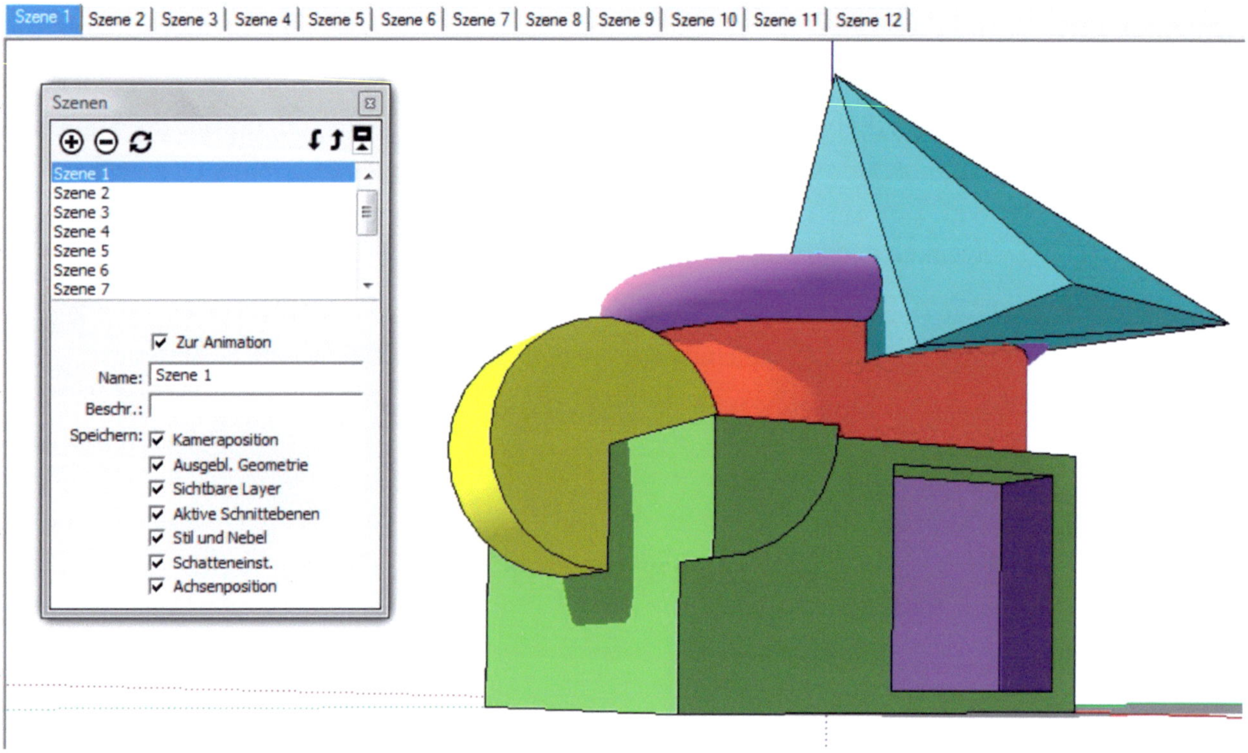

Über dem Arbeitsfenster sehen wir unsere erstellten Szenen auch als Karteireiter. Ein Klick mit der rechten Maustaste führt zu weiteren selbsterklärenden Befehlen. Möchte ich eine Szene ändern, dann wähle ich sie aus und tue, was getan werden muss. Über > Aktualisieren wird der neue Zustand gespeichert.

Einstellungen

Unter > Ansicht > Animation > Einstellungen können einige Parameter festgelegt werden.

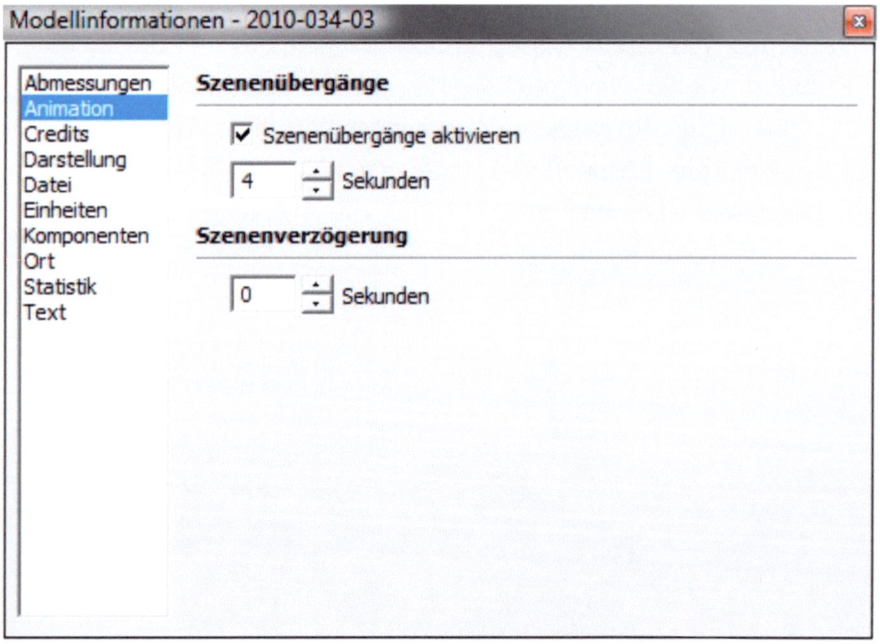

Mit den Szenenübergängen legen wir fest, ob und wie lange diese erfolgen. Im Prinzip erstellt Sketchup aus gemorphten Einzelbildern die Animationen. Manchmal möchte man ja auch nur zwischen verschiedenen Ansichten übergangslos vermitteln. Die Szenenverzögerung bestimmt die Standzeit der einzelnen Bilder, sprich Szenen. Man muss einfach mal ein wenig probieren. Die avi-Dateien lassen sich zudem mit Moviemaker oder anderen Programmen noch aufmotzen. Der Phantasie sind also keine Grenzen gesetzt! Ruhig mal Stilwechseln und anderen Möglichkeiten herumspielen…

Export

Ist alles zur Zufriedenheit geht es ans Speichern! Über > Datei > Exportieren > Animation öffnet sich das übliche Fenster. Doch halt! Ganz beiläufig befindet sich rechts unten die wichtige Schaltfläche Optionen.

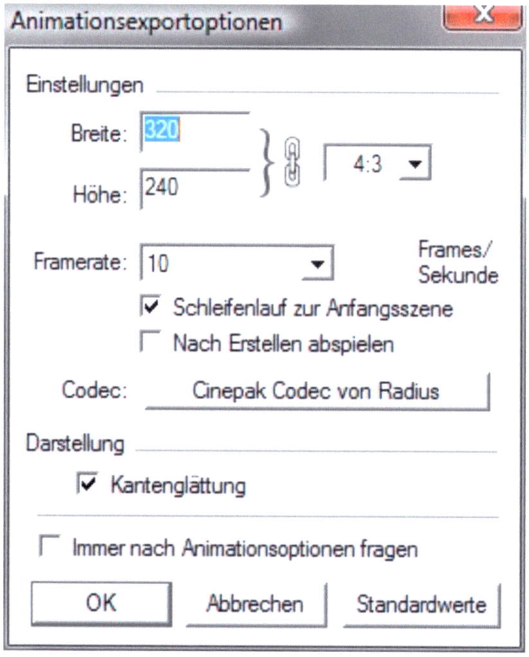

Hier lassen sich neben der Ausgabegröße noch andere wichtige Einstellungen vornehmen. Die voreingestellte Größe von 320 x 240 Pixel habe ich für die kleine Animation oben verwendet. Dafür reicht die Auflösung sicher noch. Wer aber etwas höhere Ansprüche stellt muss auch mit längeren Wartezeiten beim Rendern rechnen.

Die Wahl und Konfiguration des richtigen Codecs ist eine Wissenschaft für sich und würde den Rahmen dieses Tutorials sprengen. Vielleicht mal bei den Spezialisten von Slashcam schauen…

Tutorials

Hat man einmal die Funktionsweise der Werkzeuge einigermaßen erfasst und kann mit ihnen umgehen, dann wird es Zeit für größere Projekte! In den Tutorials werde ich Ihnen grundsätzliche Wege und Strategien aufzeigen, die sie dann alsbald sicher an Ihre eigenen Ideen anpassen können. Manche Aufgaben wiederholen sich in ähnlicher Weise, und diesen Fällen gilt vorerst meine Aufmerksamkeit. Bedenken Sie dabei, dass nicht nur mit Sketchup oft tausend Wege zum Ziel führen. Mit der Zeit entdeckt jeder eigene Wege und Alternativen. Verstehen Sie die kleinen Anleitungen deshalb bitte nur als Vorschläge. Vielleicht finden Sie ja schneller zum Ziel und wollen es mir mitteilen? Dann nehmen Sie bitte Kontakt mit mir auf: eckardt@kunstdirekt.net

Architektur

Sicher ist Sketchup ganz besonders gut für architektonische Aufgaben geeignet, wenngleich sich auch Möglichkeiten für andere Bereiche ergeben. In dieser Kategorie geht es nun aber ausschließlich um Projekte, die mit dem Entwerfen oder der Bauaufnahme zu tun haben.

Grundriss

Unter all den unterschiedlichen Rissen (kommt von ‚Zeichnen‘) ist und bleibt der Grundriss der wichtigste! Und auch bei der Arbeit mit Sketchup kann er uns wertvolle Dienste leisten. Sie wollen zum Beispiel den Grundriss ihrer neuen Wohnung mal schnell in eine 3D-Ansicht verwandeln, um Ihrer Frau die Möglichkeit zu geben schon mal ein paar Möbel zu stellen? Oder Sie sind archäologisch oder architekturgeschichtlich interessiert und wollen ein besonders schönes Bauwerk anschaulicher vor sich haben? Nichts leichter als das! Sie brauchen dazu nicht auf den Millimeter genau zu zeichnen wie ein Architekt oder Bauingenieur bei der konkreten Planung. Ich werde Ihnen einen gangbaren Kompromiss zwischen Geschwindigkeit und Genauigkeit vorstellen.

Ich habe mir dafür meine Lieblingsvilla, die Villa Capra (auch: La Rotonda) von Palladio, ausgesucht. Wer mehr über diesen wegbereitenden italienischen Architekten der Hochrenaissance wissen will, kann ja mal meine Internetseite www.andrea-palladio.de besuchen. Müsste mal wieder was dran machen, fällt mir dabei ein…

Der Grundriss sollte möglichst rechtwinklig sein. Über > Datei > Importieren laden Sie ihn als Bild in Sketchup und platzieren ihn auf der Grundfläche. Dazu klicken und verankern sie damit das Bild am Nullpunkt und ziehen dann die einigermaßen richtige Größe auf. Sie können das unten rechts im Wertefeld der Maßangabensymbolleiste ablesen.

Der Grundriss stammt aus der von Palladio herausgegeben Ausgabe seiner Bauten und Theorien, den „Vier Büchern der Architektur“.

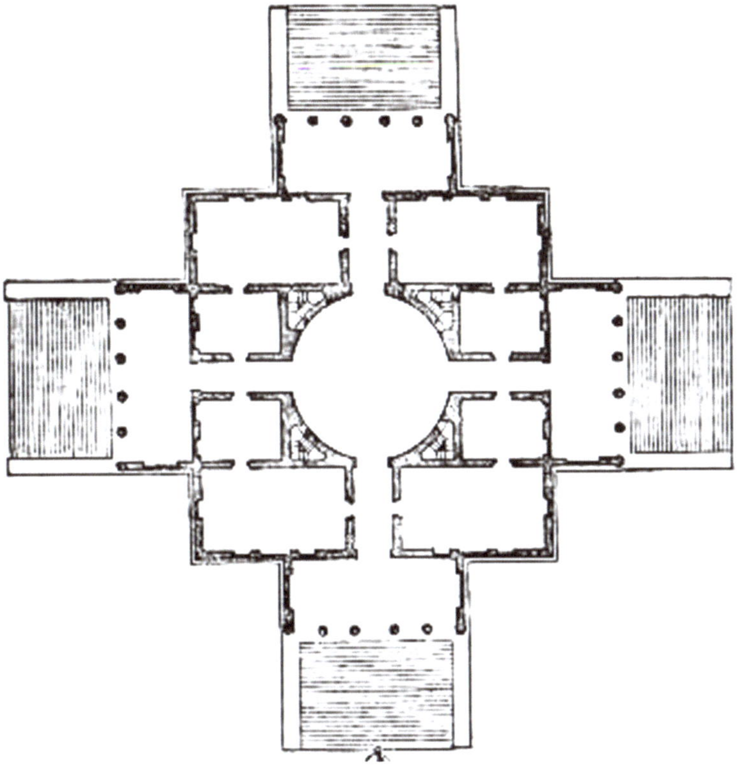

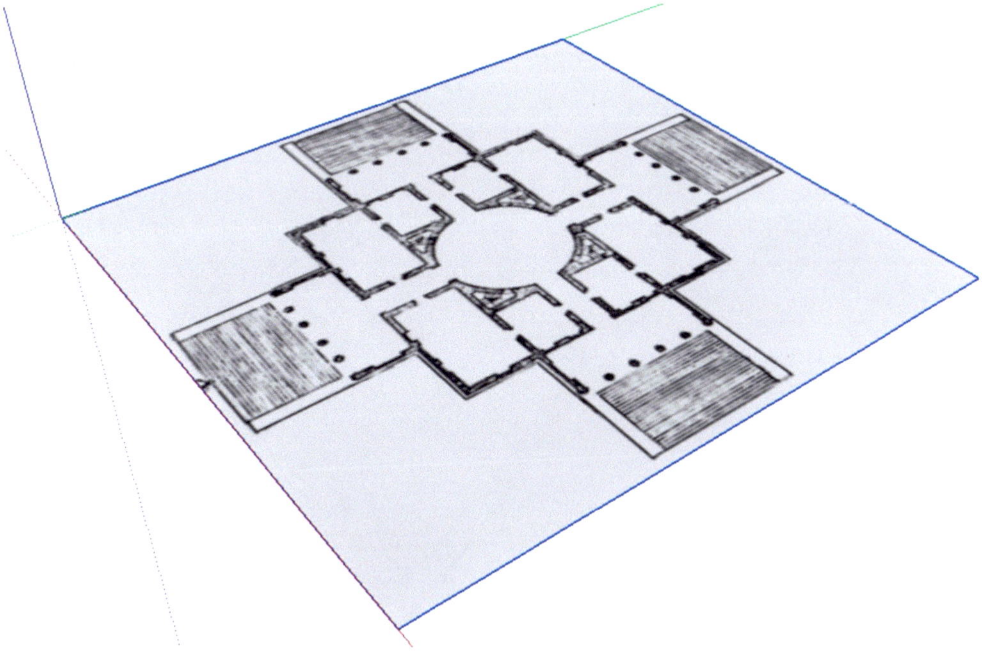

Als Bild in Sketchup importiert sieht er perspektivisch dann so aus.

Aber zunächst ist es deutlich einfacher in der Draufsicht zu arbeiten. Über > Kamera > Standardansichten > Oben stellen Sie diese ein.

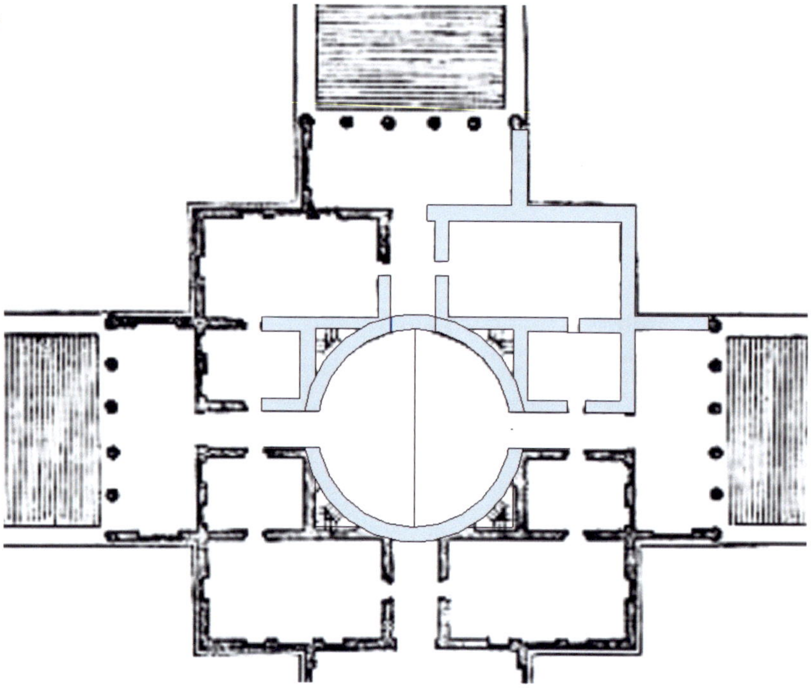

Und in dieser Ansicht kann man sehr einfach mit dem Linienwerkzeug – hier zudem mit dem Kreiswerkzeug – die Mauern nachzeichnen. Fenster- und Türöffnung machen Sie später, also zeichnen Sie die Mauern ruhig durch. Ab Version 7 trennt Sketchup Linien und Flächen bei Überschneidungen. Sie können also lange Fluchten durchzeichnen, um so Ordnung in die Ausrichtung der Wände zu bekommen. Mit trennenden Hilfslinien schaffen Sie dann die gewünschten Öffnungen, markieren diese und löschen sie.

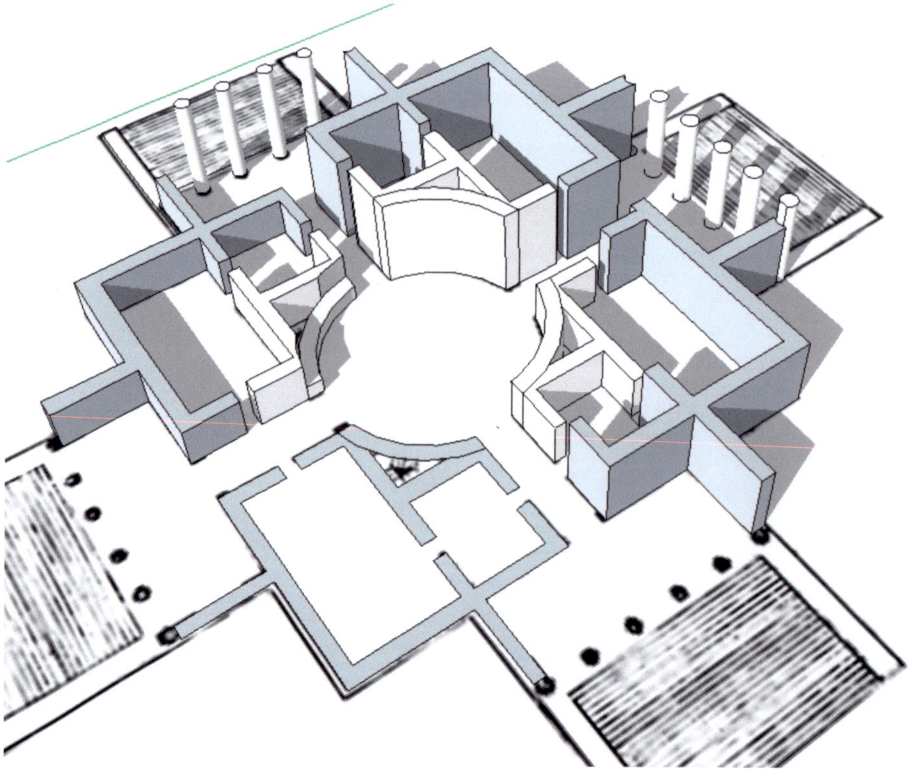

Wechseln wir nun in die perspektivische Ansicht, dann können die unverzerrt gezeichneten Mauern mit dem Ziehen / Drücken – Werkzeug extrudiert werden.

Das sieht doch schon ganz gut aus und hat nicht länger als 10 Minuten Zeit beansprucht. Sie können so Stockwerk für Stockwerk konstruieren und am besten als Komponente oder zumindest Gruppe speichern, damit sie später auch mal einen Blick in das Innere jedes einzelnen Stockwerks genehmigen können!

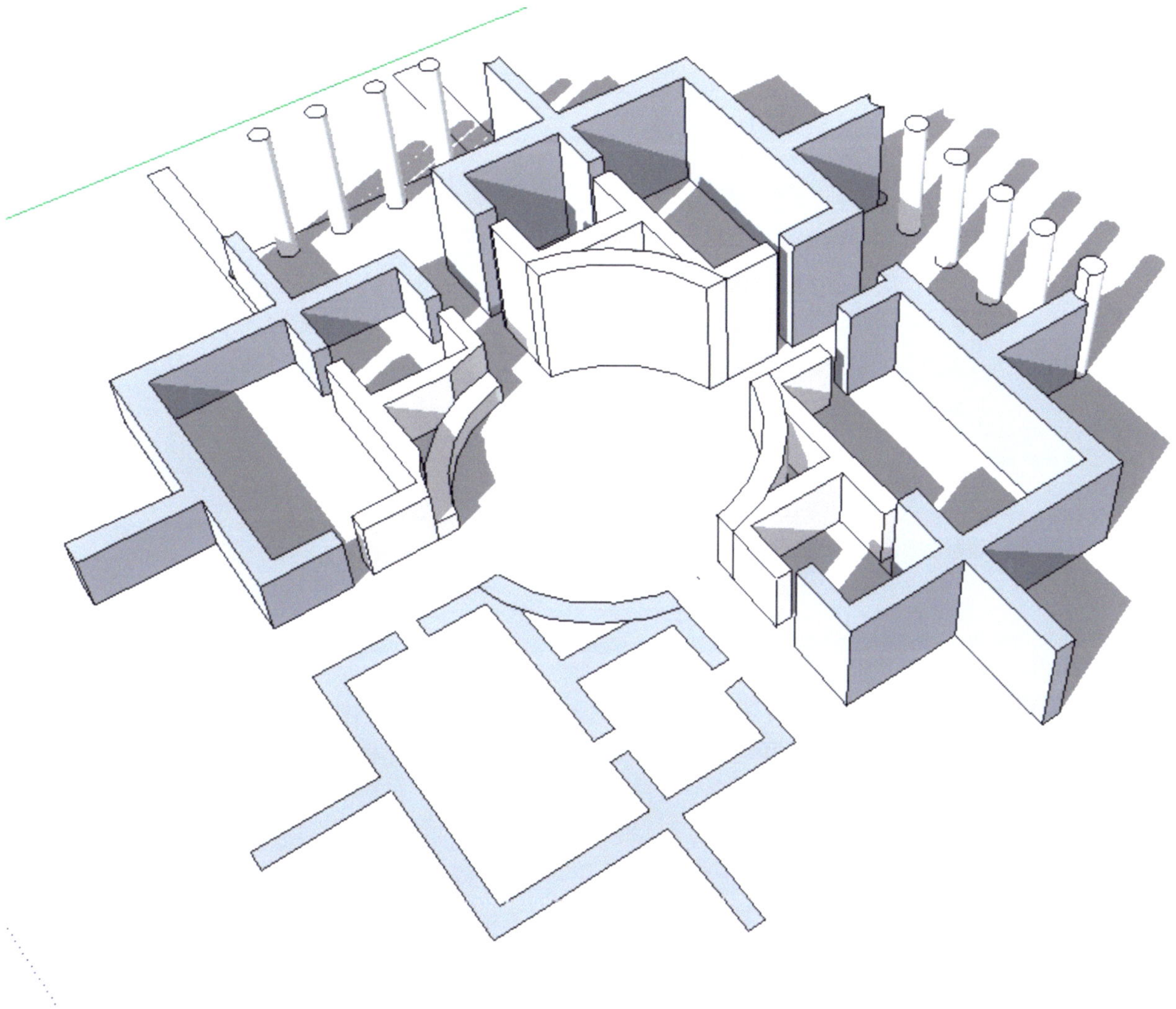

Ist die Zeichnung fertig und alles so, wie es sein soll, dann können wir das Bild auswählen und löschen. Nun können Fenster und Türen eingesetzt werden, und mit der Schatteneinstellung mal die Unterschiede zwischen dem Licht des Südens und dem unserer Breitengraden verglichen werden…

Viel Vergnügen beim Ausprobieren!

Kreuzgratgewölbe

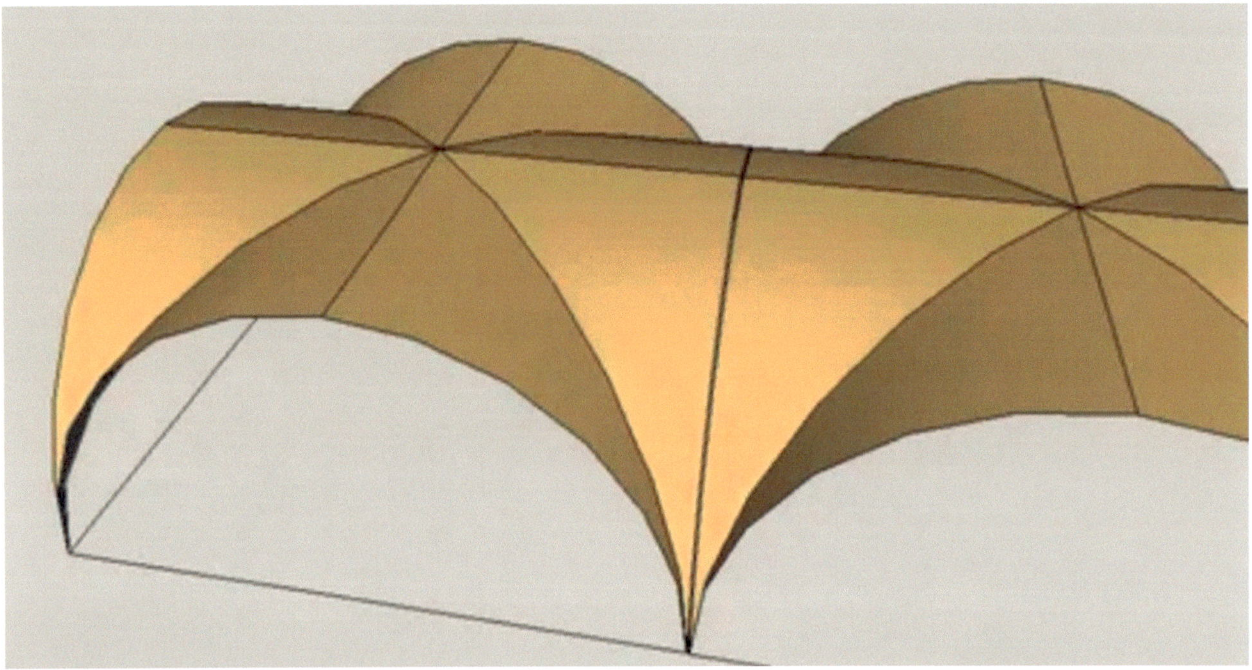

Dieses romanische Kreuzgratgewölbe wollen wir erstellen!

Als erstes erstellen wir uns eine quadratische Grundfläche. Da ein Kreuzgratgewölbe aus der Durchdringung zweier gleicher Halbtonnen entsteht, ergibt sich im Grundrisse diese Flächenform. In eine Ecke zeichnen wir uns dann einen ebenfalls quadratischen Pfeiler, genauer: seinen Grundriss. Wir extrudieren ihn bis zur gewünschten Höhe und erstellen dann eine Gruppe aus seinen Elementen, die wir schließlich kopieren und in die anderen Ecken einfügen.

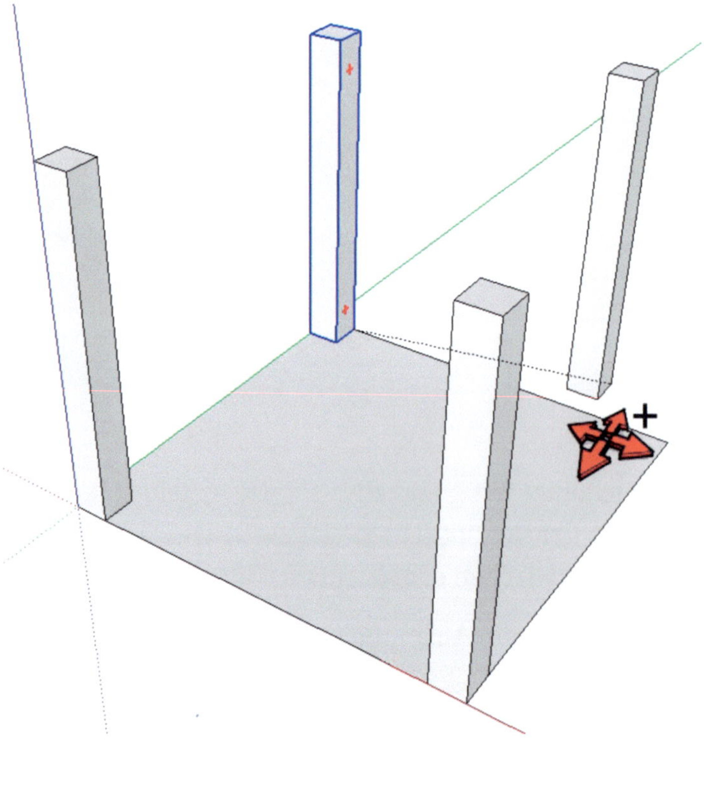

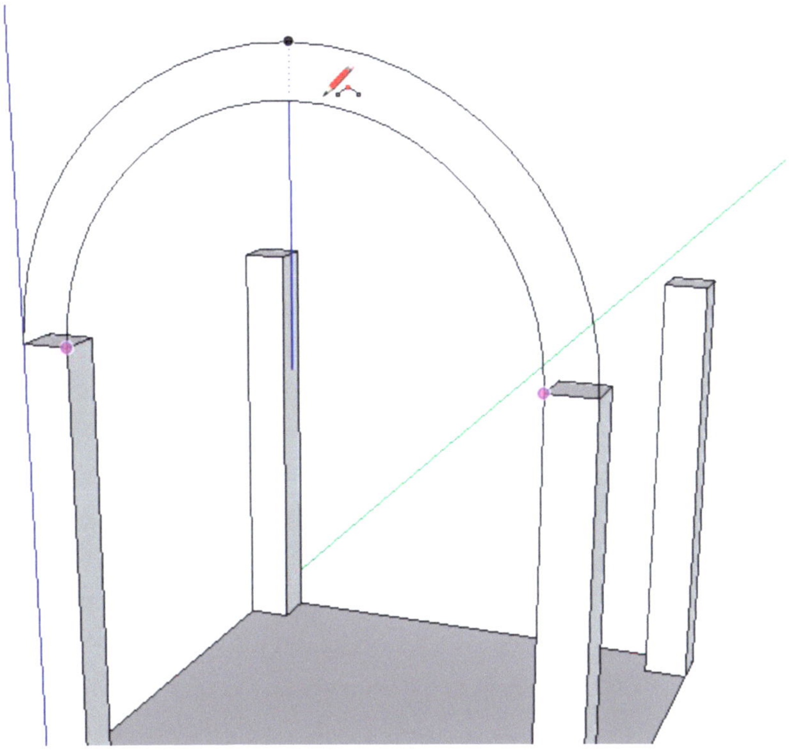

Nun zeichnen wir mit dem Bogen-Werkzeug zwei Bögen ein. Achten Sie bitte darauf, dass exakte Halbkreise erstellt werden. Sketchup zeigt es an, wenn dies der Fall ist! Wenn Sketchup die gewünschte blaue Achse immer wieder verlässt, dann halten Sie die Shift-Taste gedrückt, wenn der Cursor auf der blauen Achse ist. So fixieren Sie das Werkzeug bei weiteren Operationen auf diese Achse!

Falls der Bogen nicht als Fläche erfasst wurde, zeichnen Sie nun mit dem Linien-Werkzeug abschliessende Linien am Ansatz des Pfeilers. Nun können wir die Fläche nach hinten extrudieren. Achten Sie jetzt bitte genau darauf, dass Sie dabei den hinteren Eckpunkt des Pfeilers als Ableitung erwischen!

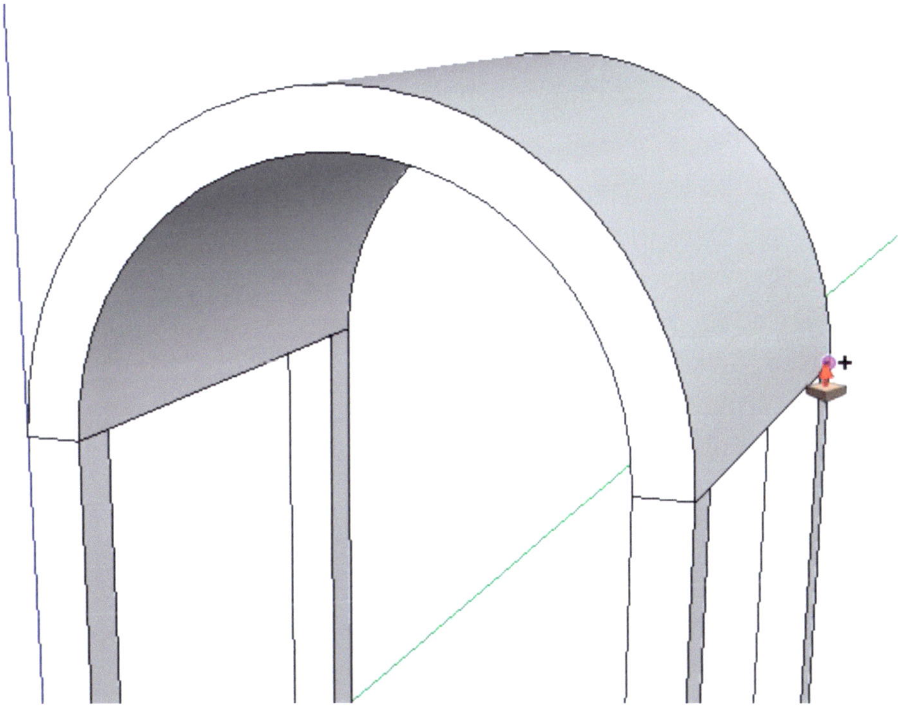

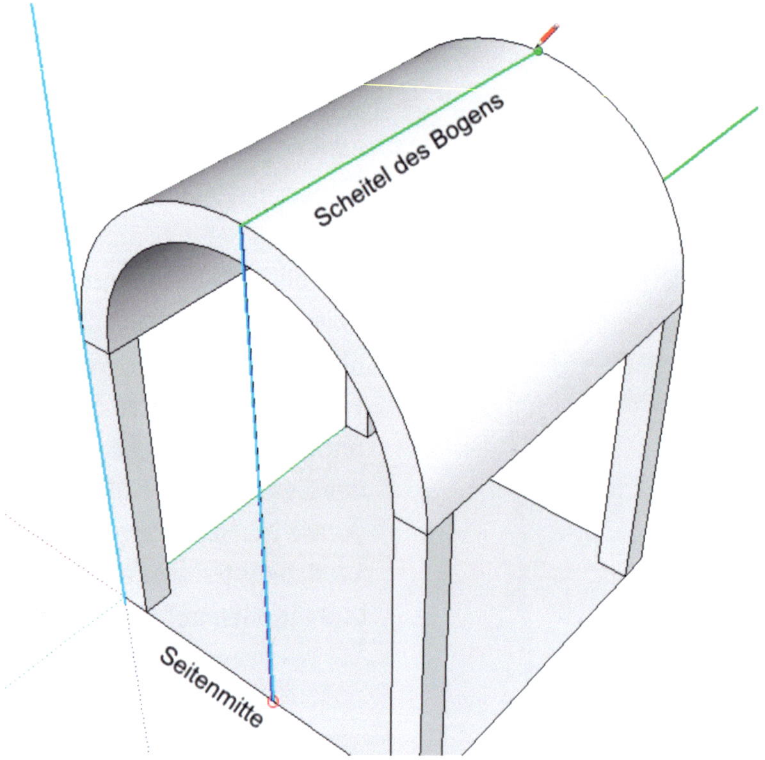

Die erstellte Halbtonne wollen wir nun kopieren und um exakt 90° drehen. Damit wir später das Drehen-Werkzeug exakt positionieren können müssen wir uns zunächst einige Hilfslinien konstruieren. Von der entsprechenden Seitenmitte der Grundfläche aus zeichnen wir auf der blauen Achse (Shift-Taste verwenden!) eine Senkrechte, die bis zur äußeren Bogenlinie reicht. Von dem so gewonnenen Endpunkt aus ein Scheitellinie auf der Achse, der auch unsere Halbtonne folgt. Passen Sie auf und lassen Sie sich nicht von den Einrastversuchen an den unerwünschten Punkten und Linien verführen! Die scheinbar gekrümmt Fläche besteht ja aus ebenen Teilflächen, die für die folgende Prozedur hinderlich sein können.

Nun wählen wir alle Elemente der Halbtonne, nicht aber die Hilfslinien aus und gruppieren sie.

Nun geht es ans Kopieren und Drehen! Dazu wählen wir das Drehwerkzeug und platzieren es mit einem gekonnten Klick in der Mitte der Scheitellinie. Dabei darauf achten, dass es parallel zur Grundfläche ausgerichtet ist! Dazu am besten den Winkelmesser irgendwo hinbewegen bis er in blau erscheint, die Shift-Taste gedrückt halten und das so gesperrte

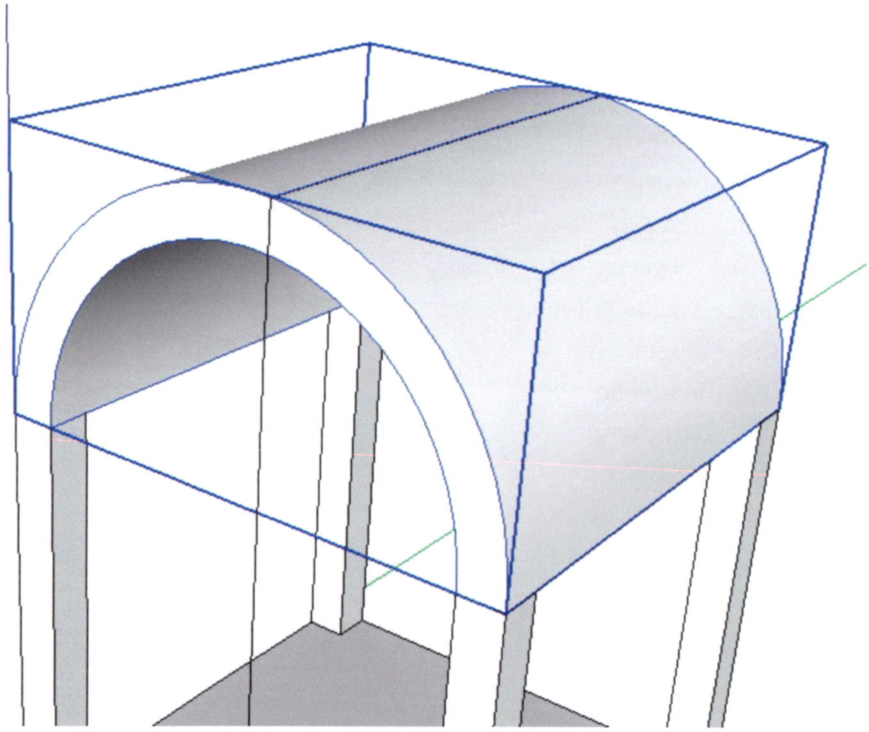

Werkzeug an den gewünschten Punkt setzen. Nun nicht vergessen kurz die Strg-Taste zu drücken, da wir ja kopieren wollen. Ein Plus-Zeichen erscheint neben dem Cursor. Nun geben wir den Ausgangs- und den Endpunkt der Drehung ein.

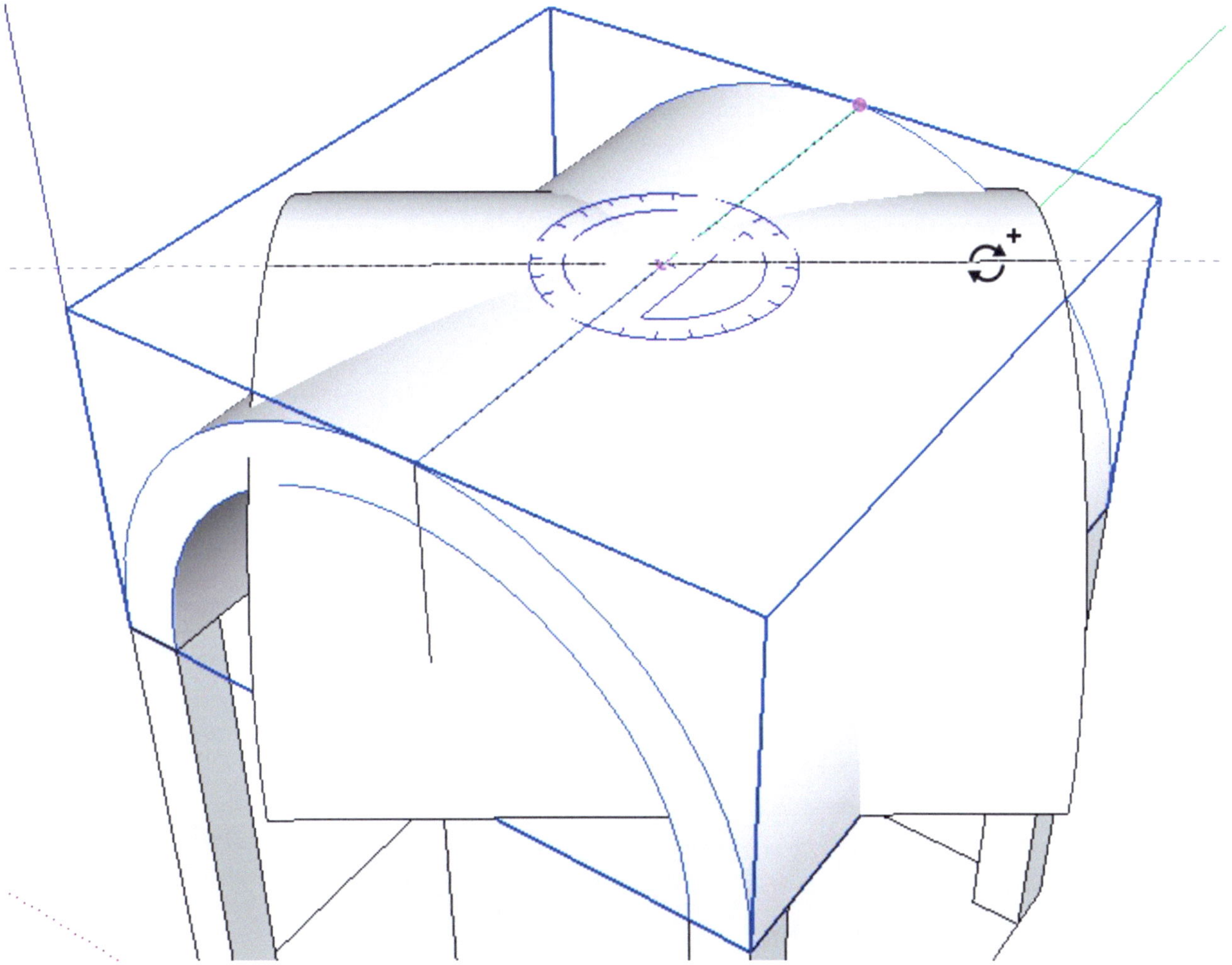

Darauf achten, das es genau 90° sind! Sie können den Wert zur Sicherheit auch nummerisch eingeben und mit der Eingabetaste bestätigen. Oder aber Sie nutzen die Ableitung von Sketchup und klicken an den richtigen Zielpunkt. Sollte das erzeugte Gewölbe nicht am richtigen Platz sein, dann nutzen Sie das Verschieben-Werkzeug und platzieren es dort, wo es sein soll!

Nun klicken Sie beide Halbtonnen mit der rechten Maustaste an und lösen die Gruppen in Einzelteile auf. Jetzt können wir zunächst die äußeren Flächen auswählen (Strg-Taste!) und dann die Auswahl verschneiden. Den Befehl dazu finden Sie im Kontextmenü, das Sie über die rechte Maustaste erreichen. Bei seiner Ausführung werden automatisch dort Linien erzeugt, wo sich die beiden Körper durchdringen. Erst dadurch lassen sich die unnötigen Flächen und Linien löschen!

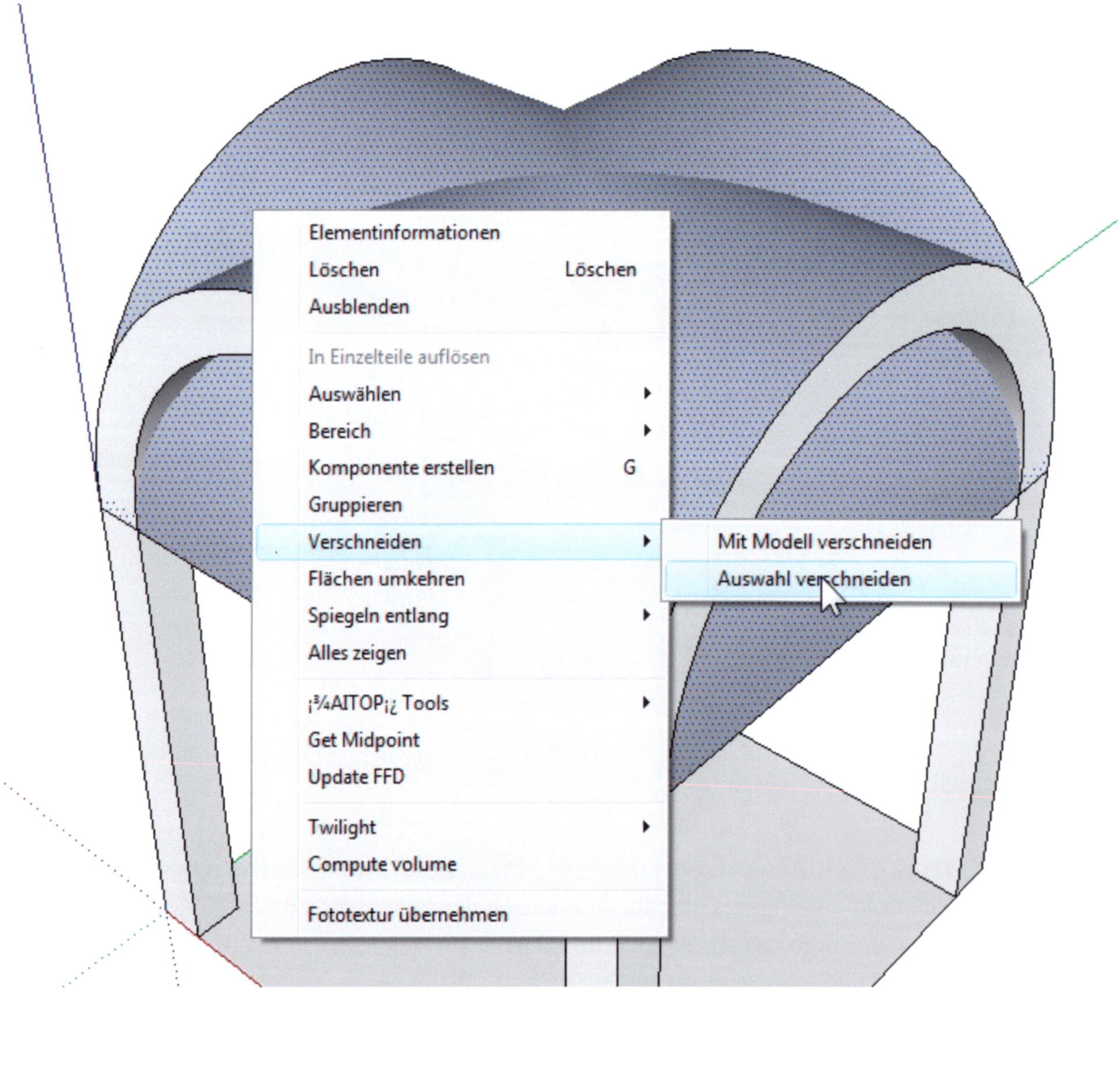

Wir sehen jetzt auch die Grate, also die diagonalen Durchdringslinien, denen dieses Gewölbe seinen Namen verdankt, schwarz gezeichnet. Nun löschen wir die Flächen, die wir nicht brauchen. Dazu klicken wir sie mit dem Auswahl-Werkzeug an und benutzen die Entfernen-Taste.

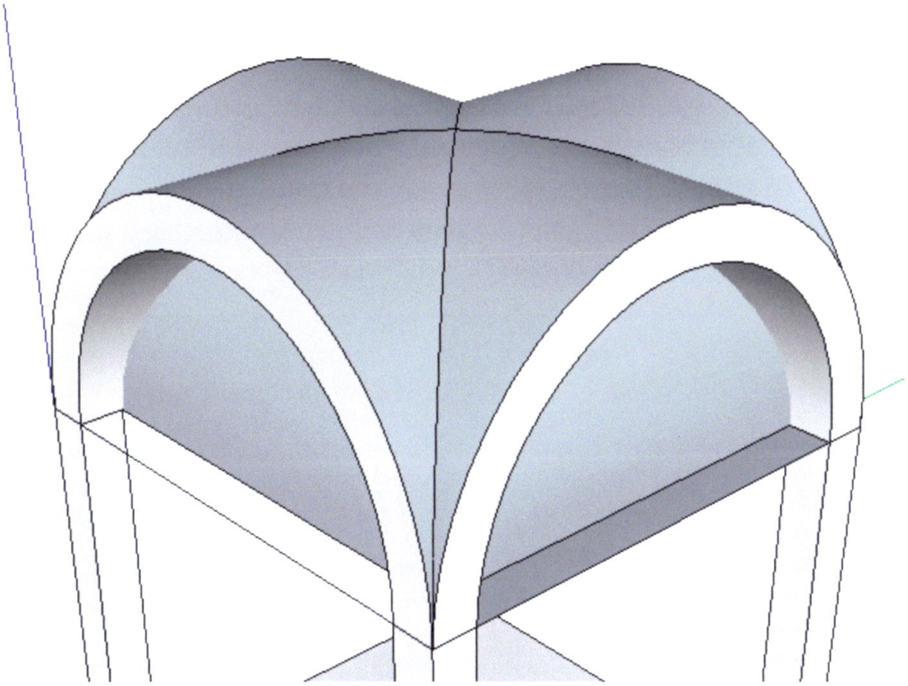

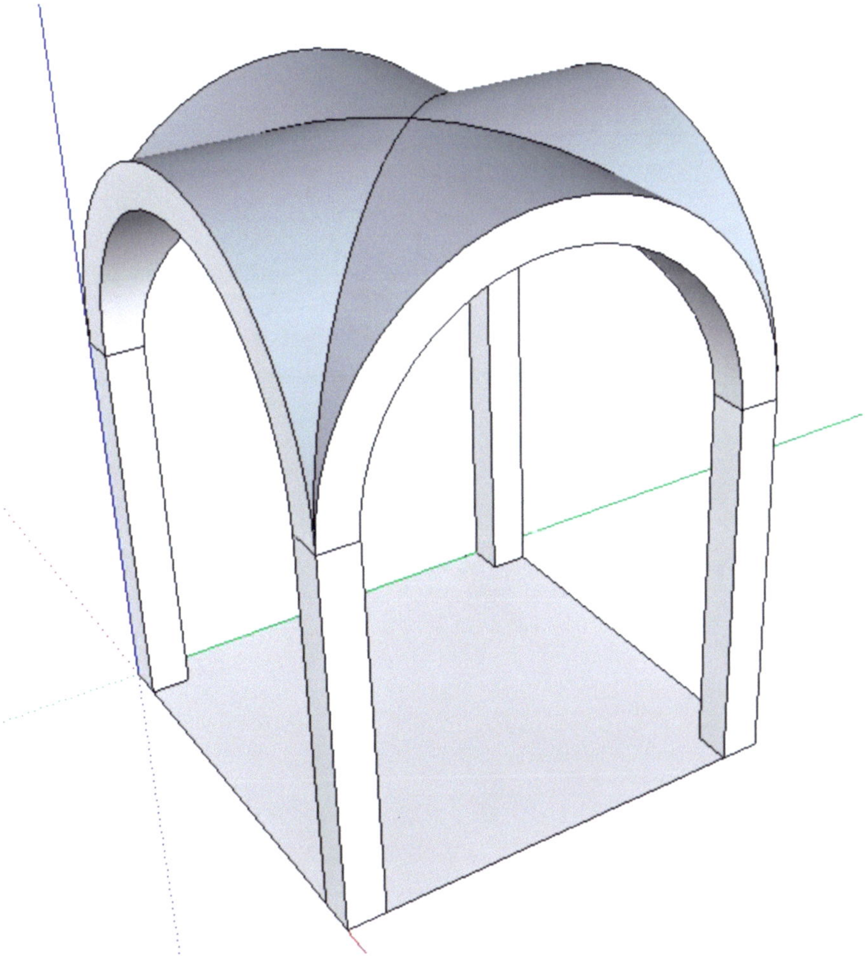

In analoger Weise verfahren wir dann mit den inneren Mantelflächen unserer Halbtonnen: Auswählen, miteinander verschneiden, unnötige Elemente löschen. Das Ergebniss müsste dann so aussehen!

Nun ziehen wir um unser ganzes Gewölbe mit gedrückter Maustaste einen Auswahlrahmen und erstellen eine Komponente. Da in der romanischen Basilika solche Gewölbe immer wiederholt werden, können wir diese Komponente als Baustein sicher noch öfter verwenden. Jetzt aber wollen wir zunächst eine klassische Kreuzform aus Mittel- und Querschiff durch Addition erstellen. Dafür verwenden wir das Verschiebe-Werkzeug und drücken immer wieder die Strg-Taste, bevor den Ausgangs- und den Endpunkt des Kopierens und Verschiebens angeben.

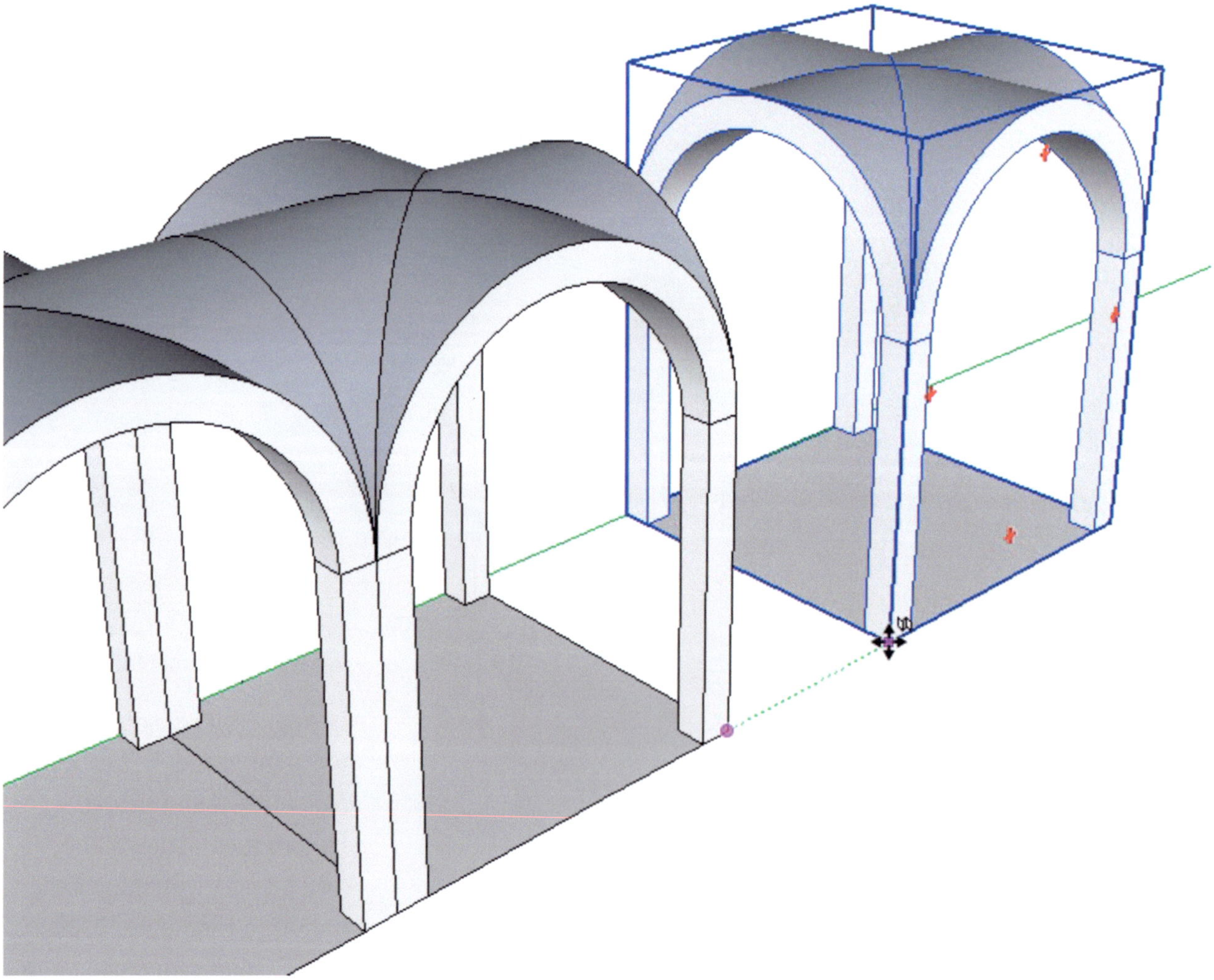

Das Ergebnis kann sich sehen lassen!

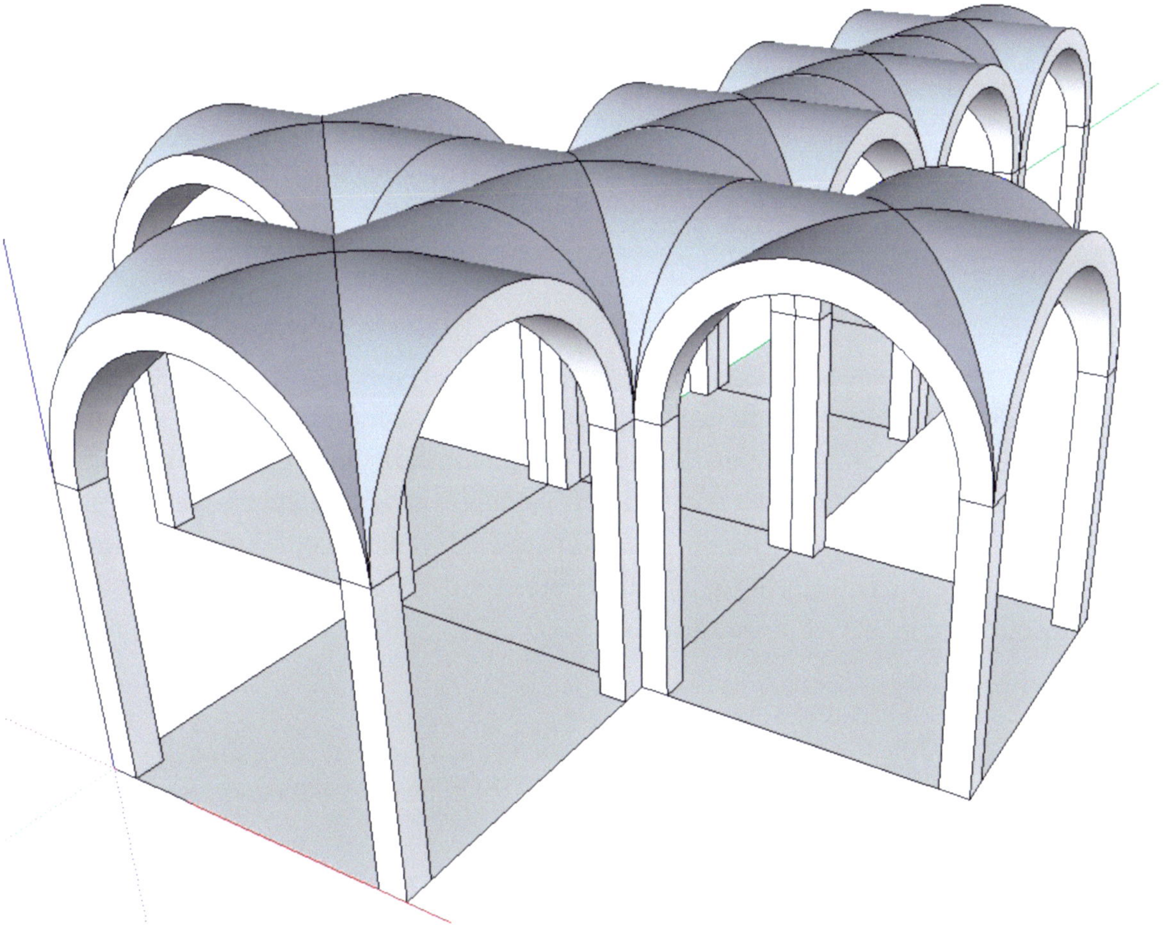

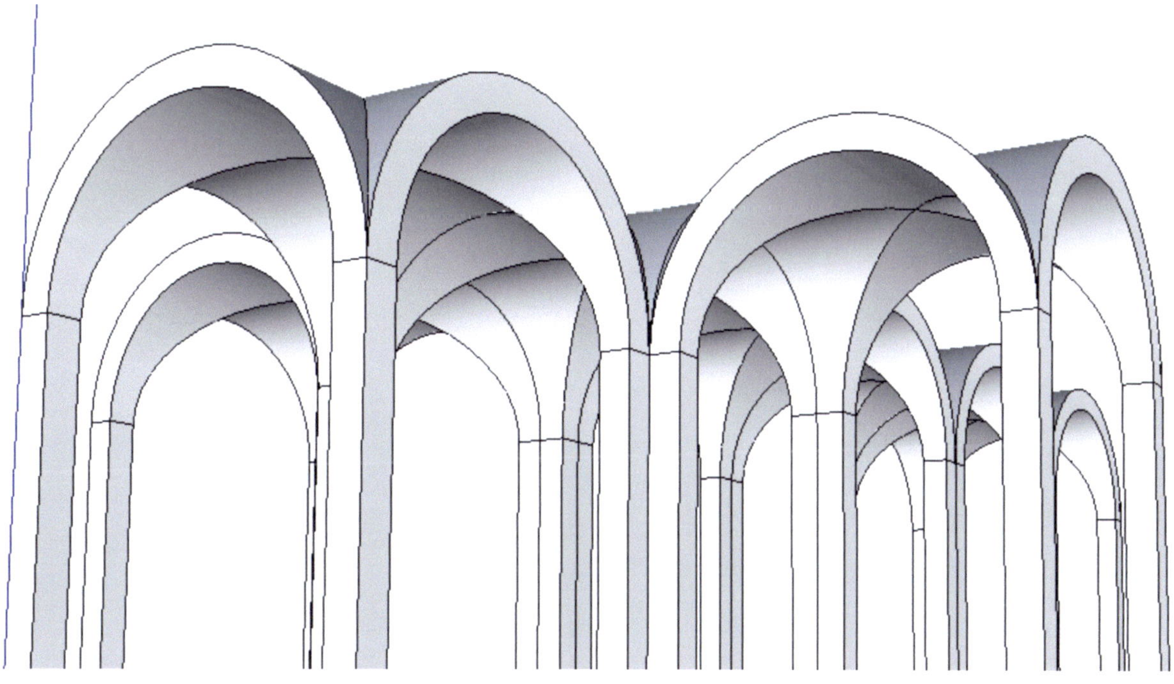

Gestaltung

So wenig ein Pinsel seine Bilder selbst malt, so wenig selbsttätig gestaltet uns SketchUp unsere Modelle. Zumal dann nicht, wenn wir eigene Ideen und Entwürfe visualisieren und ausformulieren wollen. Jede Kunst hat ihre eigenen Möglichkeiten und Bedingungen. Die Arbeit des Architekten, Ingenieurs oder Designers konzentriert sich in der Form sehr stark auf stereometrische Fragestellungen, also auf die Gestaltung von Körper und Raum.

Als grundlegende Lektüre empfehle ich, obgleich aus der Perspektive eines Malers geschrieben, die Ausführungen von W. Kandinsky: Punkt und Linie zu Fläche. Der russische Künstler setzt sich darin sehr anschaulich mit den Zusammenhängen der Dimensionen auseinander und versöhnt in gewisser Weise, was die Mathematik manchmal etwas endgültig in Geometrie und Stereometrie trennt. Anklänge an Platons Vorstellung von den Elementarflächen und -körpern sind wohl gewollt. Zeitgleich mit Kandinsky hat sich der wohl folgenreichste Architekturtheoretiker der Moderne, Le Corbusier, 1922 schon in seinem Ausblick auf eine Architektur geäußert:

> *„… die Würfel, Kegel, Kugeln, Zylinder oder Pyramiden sind die großen primären Formen, die das Licht klar offenbart; ihr Bild erscheint uns rein und greifbar, eindeutig. Deshalb sind sie schöne Formen. Die allerschönsten.“*

……………………………………..

ARCHITEKTUR

besteht aus **RAUM / KONSTRUKTION / UMSCHLIESSUNG**

- Gliederung, Zusammenhänge, Hierarchie
- Ausbildung und Erscheinung des Raums
- Form, Maßstab und Konstruktion
- Oberflächen, Umrisse, Kanten und Öffnungen
- Licht, Ausblick, visueller Schwerpunjkt und Akustik

ist erfahrbar durch **BEWEGUNG IN RAUM UND ZEIT**

- Annäherung an das Gebäude
- Wegführungen, Zugänge, Eintritt
- Folge der Räume und deren Erschließung

ist ausgeführt mit den Mitteln der **TECHNOLOGIE**

- Konstruktion und Umschließung
- äußere Einflüsse
- Gesundheit, Sicherheit, Wohlbefinden

entspricht den Forderungen des **PROGRAMMS**

- Forderungen des Nutzers, Notwendigkeiten und Wünsche
- gesetzliche Auflagen
- wirtschaftliche Faktoren
- soziologische und kulturelle Einflüsse
- historische Vorbilder

ist in Übereinstimmung mit dem **KONTEXT**

- Gelände und Umgebung
- Klima (Sonne, Wind, Temperatur, Niederschläge)
- Geologie (Baugrund, Vegetation, Topographie, Wasser)
- gefühlsmäßige Eindrücke: genius loci (Charakter des Ortes, Ausblicke, Geräusche)

ORDNUNG IN DER ARCHITEKTUR ERLEBEN WIR

PHYSISCH

Form und Raum / Körper und Hohlraum / Innen und Außen

- Raum
- Konstruktion
- Umschließung
- Technologie

OPTISCH

Wahrnehmen und Erleben der materiellen Elemente durch fortschreitende Erfahrung in der Zeit

- Ankunft und Aufbruch
- Eintreten und Herausgehen
- Durchschreiten der Raumordnungen
- Ausstattung der Räume
- Licht, Farbe und Textur
- Aus- und Einblicke

IDELL

Verstehen der Zusammenhänge zwischen den Elementen und Systemen eines Gebäudes mit den Bedeutungen, die sie zu erkennen geben

- Ideen
- Modelle
- Zeichen
- Symbole

(Quelle: Francis D.K. Ching: Die Kunst der Architekturgestaltung. Wiesbaden, Berlin 1986)

Formen

Was zeichnet nun Formen aus, welche visuellen Merkmale sind ihnen eigen?

Umriss

Ein Körper im Raum hat keinen eindeutigen Umriss. Seine Kontur, sein Schattenriss, seine Silhouette ergibt sich aus dem veränderlichen Bezug zwischen Körper und Betrachter, zwischen Beleuchtung und Umgebung. Es gibt keine Linien, sondern lediglich Grenzen zwischen Flächen. Und diese nehmen wir als Linien wahr!

Größe

Die Proportionen einer Form werden durch Länge, Breit und Tiefe bestimmt. Aber auch im Verhältnis zwischen Körpern und dem Umraum spielen Maße eine wichtige Rolle.

Farbe

Das visuelle Gewicht einer Form wird oft sehr eindrücklich durch deren Farbe bestimmt. Sie lässt Akzente und Hervorhebungen zu, die sich mit anderen Mitteln oft nicht erreichen lassen.

Textur

Die sicht- und fühlbaren Oberflächen werden durch seren Textur geprägt.

Standort

Die Lage einer Form in Bezug zu ihrer Umgebung oder ihrem Blickfeld.

Richtung

Formen können eine bevorzugte Ausdehnung in Bezug zu Himmelsrichtungen oder zum Betrachter haben.

Dynamik

Die Lage des Schwerpunkts und die Ausrichtung der Form entscheiden darüber, ob sie labil oder stabil erscheint. Die visuelle Trägheit ist auch vom Blick des Betrachters abhängig und kann sich bei der Erschließung verändern.

Alle diese optischen Merkmale werden durch die Bedingungen, unter denen man die Form sieht, beeinflusst:

- die Perspektive und den Blickwinkel des Betrachters
- den Abstand zur Form
- die Belichtung
- das gebaute und natürlich Umfeld

Kugel

Die Kugelfläche ist die bei der Drehung einer Kreislinie um einen Kreisdurchmesser entstehende Fläche. Sie ist eine Rotationsfläche und wird beschrieben als die Menge (der geometrische Ort) aller Punkte im dreidimensionalen Raum, deren Abstand von einem festen Punkt des Raumes gleich ist. Der feste Punkt wird als Mittelpunkt oder Zentrum der Kugel bezeichnet, der Abstand als Radius der Kugel.

Die Vereinigungsmenge einer Kugelfläche und ihres Inneren heißt Kugelkörper. Die Kugelfläche wird auch Kugeloberfläche oder Sphäre genannt.

Die Kugel ist eine hochkonzentrierte Form. Wie der Kreis, aus dem sie erzeugt wurde, ist sie zentralisiert und ruht normalerweise stabil in ihrer Umgebung. Ihren kreisförmigen Umriss behält sie unter jedem Blickwinkel bei.

Kugeln in SketchUp erstellen

Da die Kugel durch Rotation aus einem Kreis gewonnen werden kann, zeichnen wir uns einen solchen in der Standardansicht > Vorne mit entsprechendem Radius um den Nullpunkt. Möchte man eine möglichst glatte Oberfläche erhalten, dann sollte man die Anzahl der Kreissegmente auf mindestens 48 einstellen. Dies geschieht, indem bei der Erstellung 48s eingegeben und mit Eingabe bestätigt wird. Das nachfolgende s steht für Segmente!

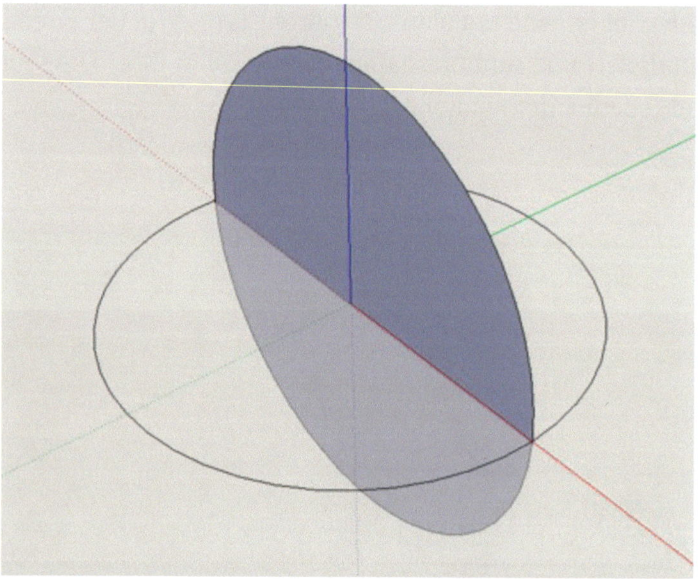

Nun müssen wir den Pfad definieren. Er wird ein Kreis sein, der in der Grundfläche mit gleichem Radius erstellt wird. Dazu wechseln wir nun in die Standardansicht > Oben und zeichnen auch ihn um den Nullpunkt herum.

In der perspektivischen Ansicht löschen wir dann die eingeschriebene Fläche, indem wir sie mit dem Auswahlwerkzeug anklicken. Ein kurzer Druck auf die Entfernen-Taste, und wir haben eine Kreislinie ohne Füllung, die nun als Pfad für die folgende Extrusion genutzt wird.

Das Werkzeug Folge mir verhilft uns nun zum gewünschten Rotationskörper! Erst Klicken wir aber mit dem Auswahlwerkzeug auf die Kreislinie, und definieren so den Pfad. Dann wird das Werkzeug aktiviert und die Kreisfläche angeklickt. Schwupps! Da haben wir die Kugel.

Alternativen:

Es gibt Plugins, die das nahezu automatisch erledigen. Eines für Kugeln habe ich neben einigen anderen, mit denen die Erstellung von Grundkörpern deutlich vereinfacht wird, mal gepackt. Sie können sie >>> hier downloaden. Die Datei spheretool.rb (und dann gleich die anderen auch!) einfach in den Ordner > Programme > Google > Sketchup > Plugins kopieren. Beim nächsten Start werden die Scripte geladen und stehen im Menü > Zeichnen zur Verfügung.

Sie geben zunächst als reinen Zahlenwert die Anzahl der Segmente ein. In der Voreinstellung sind es 24. Dann wählen Sie den Mittelpunkt und geben schließlich den Radius an, auf Wunsch auch als genaue Länge (z.B. 12m).

Kugelschnitte

- Bringt man eine Ebene mit einer Kugel zum Schnitt, so heißt die entstehende Schnittlinie Großkreis, wenn die Ebene den Mittelpunkt der Kugel enthält, andernfalls Kleinkreis.

- Die beiden dabei entstehenden Teilkörper heißen Kugelabschnitt oder Kugelsegment, im Falle des Großkreises Halbkugel (Hemisphäre).
- Der gekrümmte Teil der Oberfläche eines Kugelsegments wird Kugelkappe, Kugelhaube oder Kugelkalotte genannt.
- Ein Kugelsegment und der Kegel mit dem Schnittkreis als Basis und dem Kugelmittelpunkt als Spitze ergeben einen Kugelausschnitt oder Kugelsektor.
- Zwei parallele, die Kugel schneidende (nicht berührende) Ebenen schneiden aus der Kugel eine Kugelschicht heraus. Den gekrümmten Teil der Oberfläche einer Kugelschicht bezeichnet man als Kugelzone.
- Zwei sich schneidende Ebenen, deren Schnittgerade teilweise innerhalb der Kugel liegt, schneiden aus der Kugel ein Objekt, dessen gekrümmte Oberfläche das Kugelzweieck ist.
- Eine Kugelschale (Hohlkugel) ist die Differenzmenge zweier konzentrischer Kugeln mit unterschiedlichem Radius.

Eine Kugel mit einer Ebene zu verschneiden ist nicht sehr schwer. Zunächst erstellt man natürlich eine Kugel, und dann ein Rechteck. Dieses sollte etwas größer sein als die Kugel selbst. Man kann es nun drehen und so verschieben, dass es die Kugel auf die gewünschte Weise schneidet.

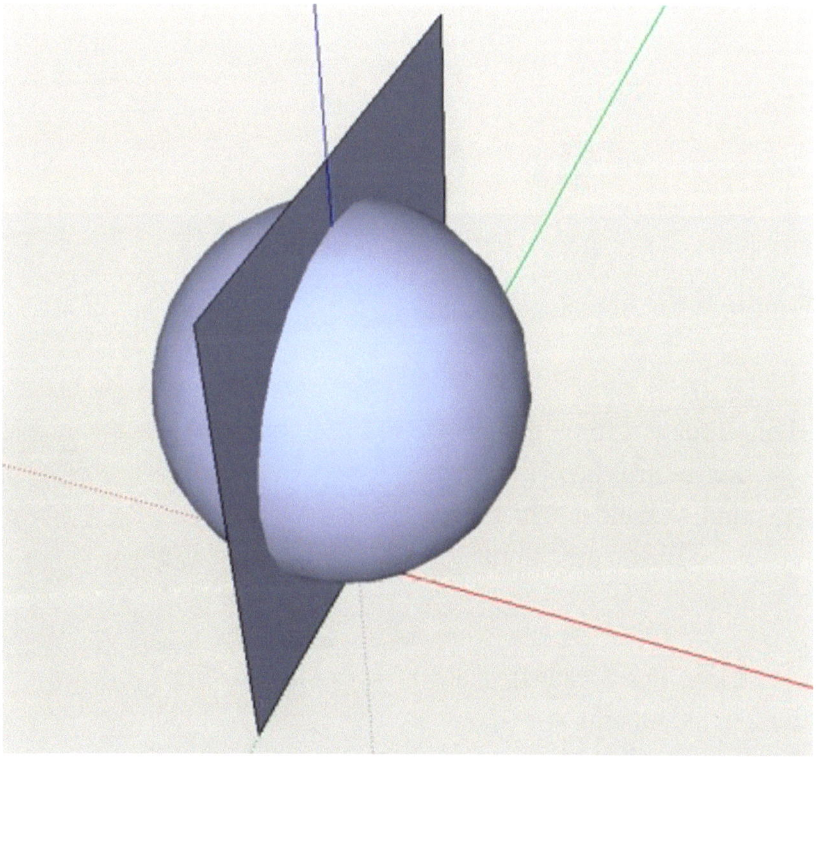

Mit dem Auswahlwerkzeug nun einen Rahmen um alle Elemente aufziehen, und dann den Befehl > Bearbeiten > Verschneiden > Nur Auswahl verschneiden ausführen. Dadurch entstehen Kanten und Flächen dort, wo sich die beiden Objekte schneiden. Nun kann man alle überflüssigen Teile löschen und erhält einen Kugelschnitt, der etwa so aussehen könnte:

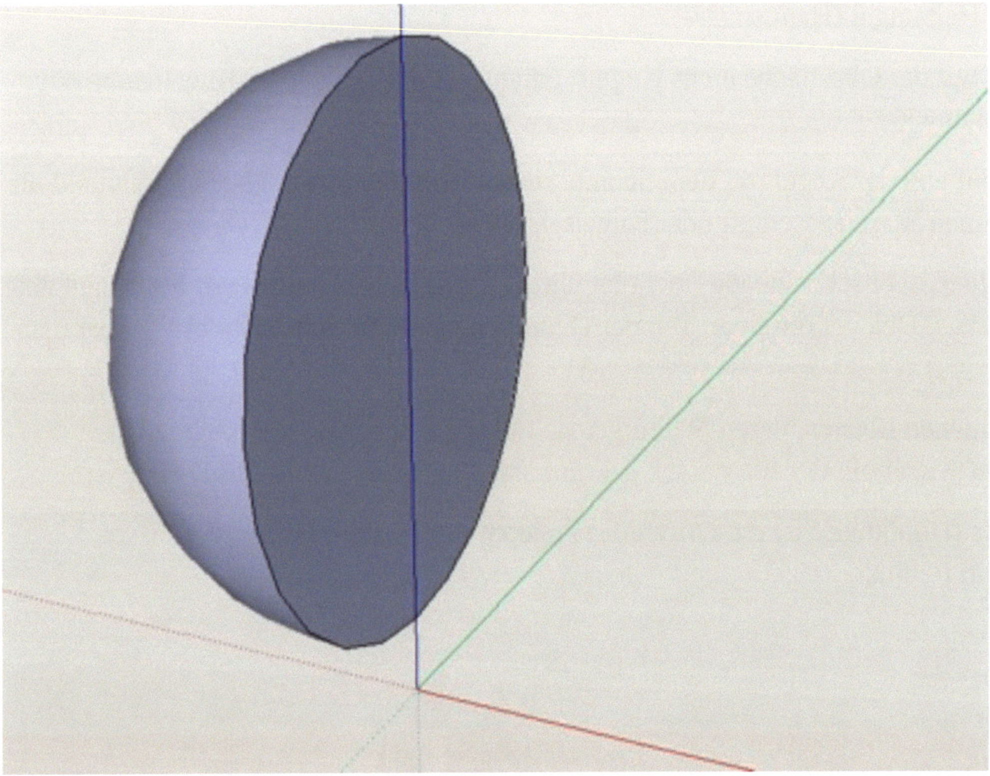

Eventuell müssen Sie aber die Gruppe oder Komponente (Kugel) in Einzelteile auflösen! Mit dem Kontextmenü geht dies am schnellsten (rechte Maustaste).

Anregung:

Hier wurde ein Ring, der aus konzentrischen Kreisen entstand, von einer schrägen Ebene geschnitten.

Tipp: Die Schnittfläche schließen, indem eine relevante Kante nachgezeichnet wird!

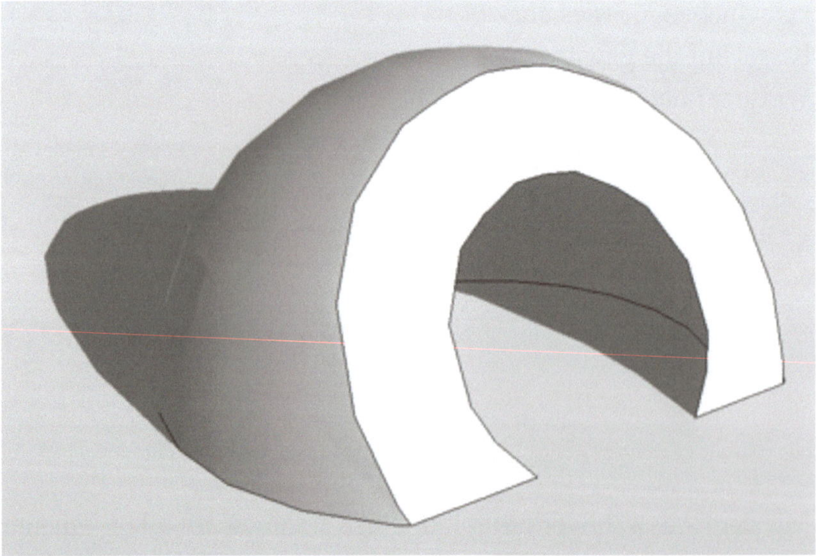

Zylinder

Ein endlicher Zylinder (von griech. kylíndein ‚rollen‘, ‚wälzen‘) ist laut der allgemeinen Definition von zwei parallelen, ebenen Flächen (Grund- und Deckfläche) und einer Mantel- bzw. Zylinderfläche, die von parallelen Geraden gebildet wird, begrenzt. Das heißt, er entsteht durch Verschiebung einer ebenen Fläche oder Kurve entlang einer Geraden, die nicht in dieser Ebene liegt. Sind die Geraden senkrecht zu Grund- und Deckfläche, spricht man von einem geraden Zylinder. Die Höhe des Zylinders ist gegeben durch den Abstand der beiden Ebenen, in denen Grund- und Deckfläche liegen.

Wenn von einem Zylinder die Rede ist, handelt es sich meist um einen (geraden) Kreiszylinder.

Er ist sehr einfach aus einem Kreis durch Extrusion (Werkzeug Drücken / Ziehen) zu gewinnen.

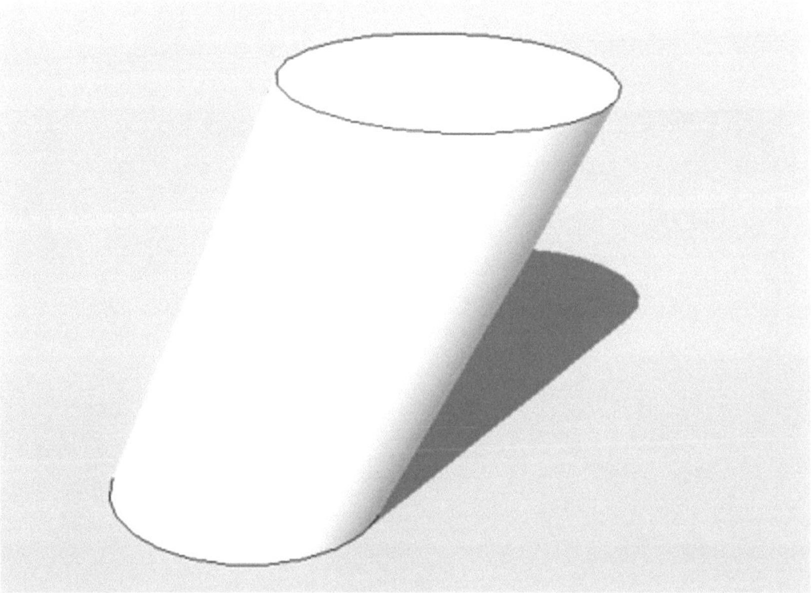

Mit einem Doppelklick wählt man die obere Kreisfläche und die umfassende Linie aus. Mit dem Werkzeug Verschieben kann man bei gedrückter Alt-Taste nun die Höhe in Schieflage bringen.

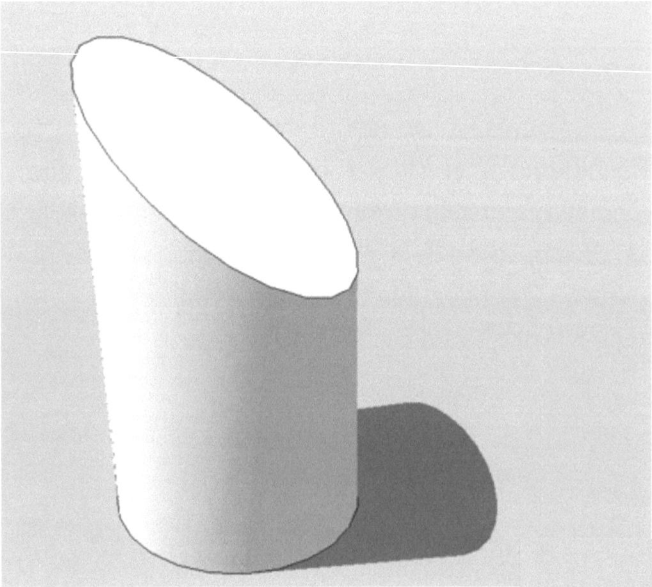

Und wenn man die Oberfläche aus der Waagerechten dreht hat man zwar keinen Zylinder mehr, aber einen schnell erstellten Schnitt durch eben jenen!

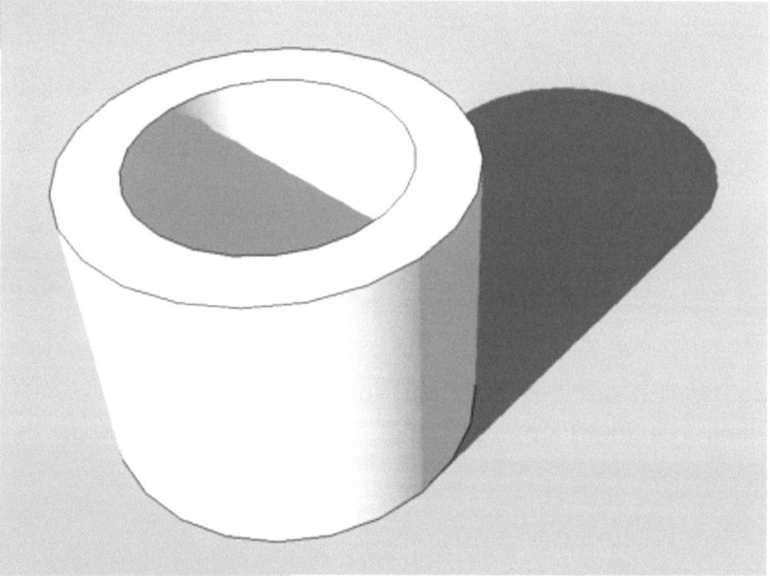

Einen Hohlzylinder oder auch eine Röhre extrudiert man aus zwei konzentrischen Kreisen. Die kleinere Fläche wird gelöscht, so dass ein Ring übrig bleibt.

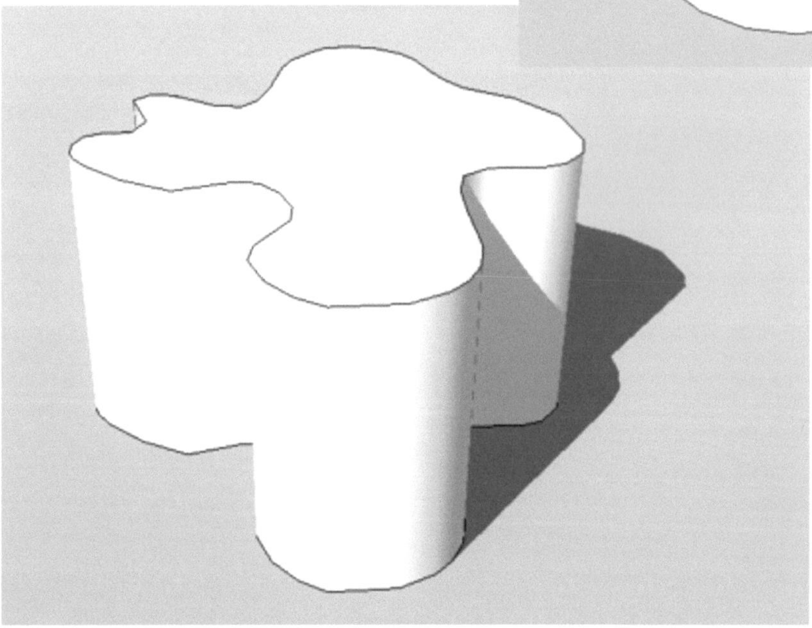

Eine mit dem Freihand-Werkzeug gezeichnete Fläche wird extrudiert. So einfach erhalten wir mit SketchUp allgemeine Zylinder. Dies gelingt auch mit Polygonen und Ellipsen!

Und wenn man dann die Alt-Taste einsetzt macht man aus ihnen schiefe allgemeine Zylinder!

Mit dem Vieleck-Werkzeug kann man aus beliebigen Polygonen Zylinder auf einfache Weise erstellen und modifizieren.

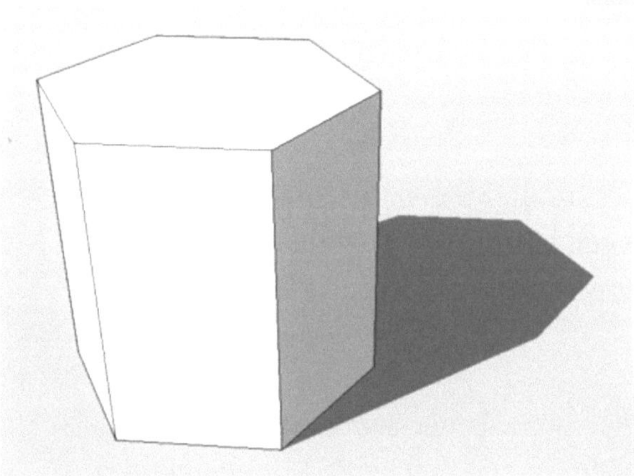

Im strengen Sinne auch kein Zylinder mehr! Hier wurde die Deckfläche gedreht!

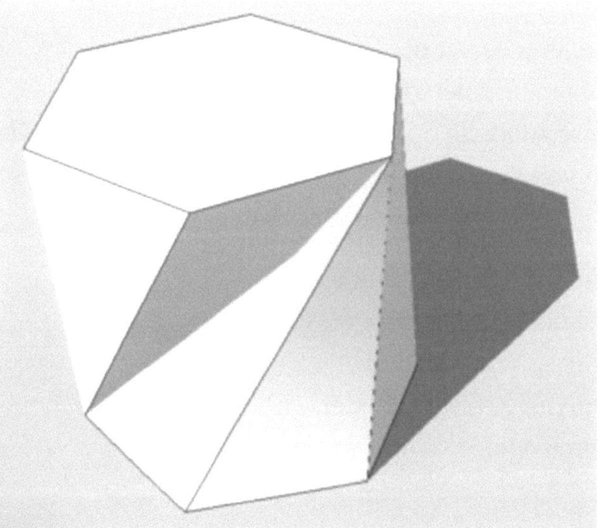

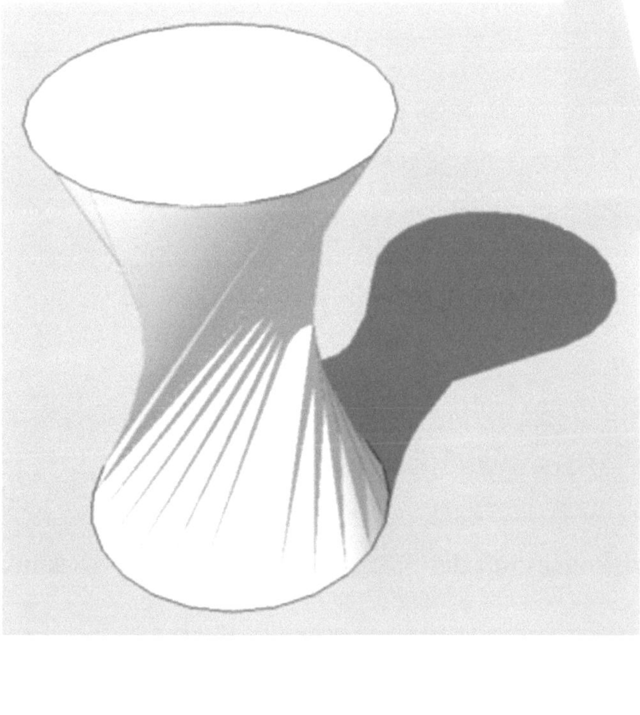

Macht man dies mit einem klassischen geraden Kreiszylinder, auch Drehzylinder genannt, erhält man ein **hyperbolisches Paraboloid**! Manche sagen Kühlturm dazu. Nicht korrekt bezeichnet, aber die Analogie stimmt!

Kegel

Ein Kegel ist ein Körper, der entsteht, wenn man alle Punkte eines in einer Ebene liegenden, begrenzten Flächenstücks geradlinig mit einem Punkt (Spitze) außerhalb der Ebene verbindet. Das Flächenstück nennt man Grundfläche, deren Begrenzungslinie die Leitkurve und den Punkt die Spitze oder den Scheitel des Kegels.

Der Abstand der Spitze von der Grundfläche wird die Höhe des Kegels genannt. Die Verbindungsstrecken der Spitze mit der Leitkurve heißen Mantellinien, ihre Vereinigung bildet den Kegelmantel oder die Mantelfläche.

Wenn von einem Kegel gesprochen wird, ist häufig der Spezialfall des geraden Kreiskegels gemeint. Unter einem Kreiskegel versteht man einen Körper, der durch einen Kreis (Grundkreis oder Basiskreis) und einen Punkt außerhalb der Ebene des Kreises (Spitze des Kegels) festgelegt ist.

Die Ebene, in welcher der Basiskreis liegt, heißt Basis(kreis)ebene. Unter dem Radius r des Kegels versteht man normalerweise den Radius des Basiskreises. Die Gerade durch den Mittelpunkt des Grundkreises und die Spitze nennt man die Achse des Kegels. Die Höhe h des Kegels ist der Abstand der Spitze von der Basisebene; dieser Abstand muss senkrecht zur Basisebene gemessen werden.

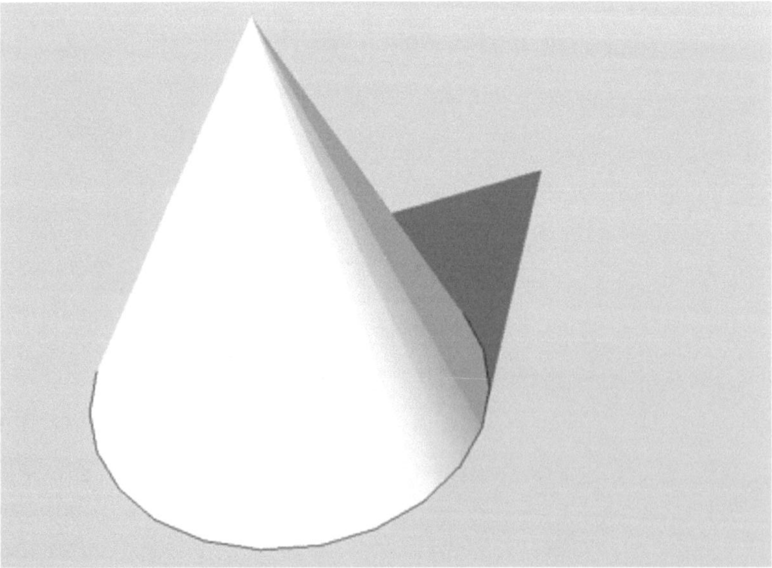

Steht die Achse senkrecht zur Basisebene, so liegt ein gerader Kreiskegel oder Drehkegel vor. Andernfalls spricht man von einem schiefen Kreiskegel oder elliptischen Kegel.

Die Bezeichnung „Drehkegel“ deutet darauf hin, dass es sich um einen Rotationskörper handelt. Er entsteht durch Rotation eines rechtwinkligen Dreiecks um eine seiner beiden Katheten. In diesem Fall werden die Mantellinien (also die Verbindungsstrecken der (Rand-)Punkte des Basiskreises mit der Spitze) auch Erzeugende genannt (m), da sie den Mantel „erzeugen“.

Vor allem in der Technik wird für den Drehkegel auch das Wort Konus (von lat. conus) verwendet. Das zugehörige Eigenschaftswort konisch bezeichnet Objekte mit der Form eines Drehkegels oder eines (Dreh-)Kegelstumpfs.

Mit SketchUp einen Kegel erstellen

Wie schon beschrieben geht es über die kreisförmige Extrusion eines Dreiecks. Das Verfahren wurde beim Kreis beschrieben.

Die auch dort zum Download zur Verfügung gestellten Scripte enthalten eines, das shapes.rb heißt. Mit diesem (bitte die anderen mitinstallieren!) lassen sich Kegel und andere Körper sehr einfach zeichnen.

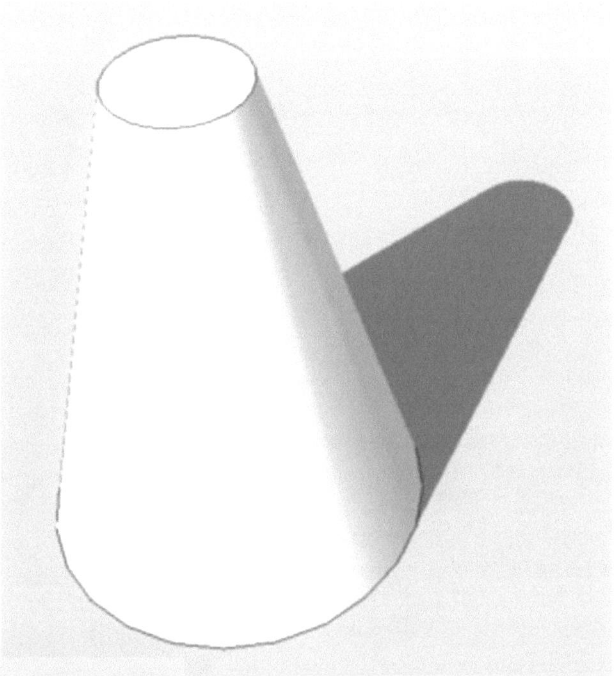

Einen Kegelstumpf gewinnt man am einfachsten aus einem Zylinder, dessen Deckfläche skaliert wird. Dabei bitte die Strg-Taste gedrückt halten, da so um den Mittelpunkt skaliert wird. Aber probieren Sie ruhig auch die anderen Möglichkeiten aus!

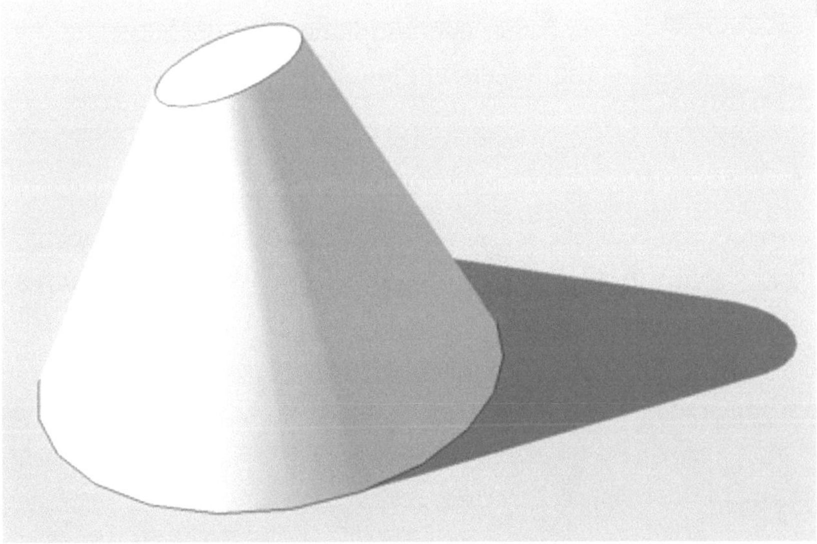

Und schiefe Schnitte? Geht ähnlich wie bei den Zylindern beschrieben!

Torus

Ein Torus (lat. torus, „Wulst", Plural: Tori) ist ein geometrisches Gebilde, das wulstartig aufgebaut ist und mit der Form eines Schwimmreifens oder Donuts verglichen werden kann. Er ist ein Rotationskörper, der aus einem Kreis entsteht, der die Rotationsachse nicht berührt.

Und so lässt er sich auch mit Sketchup erstellen!

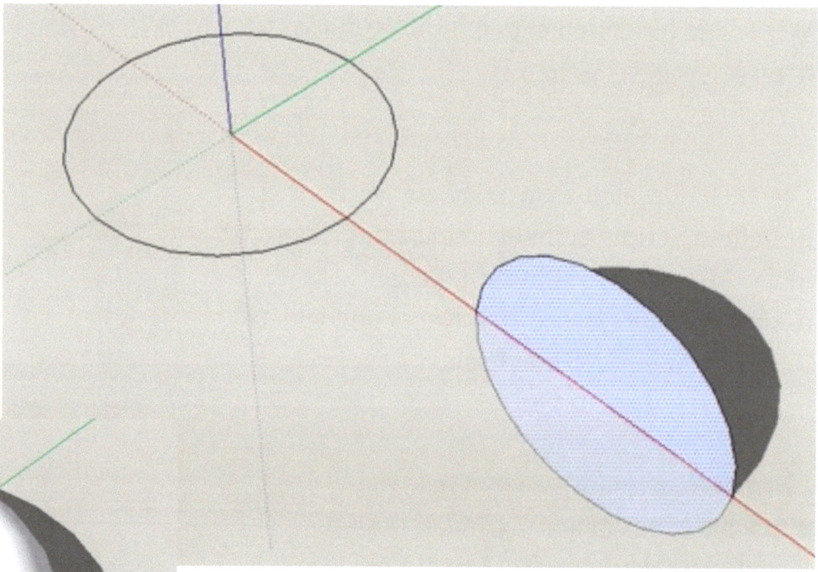

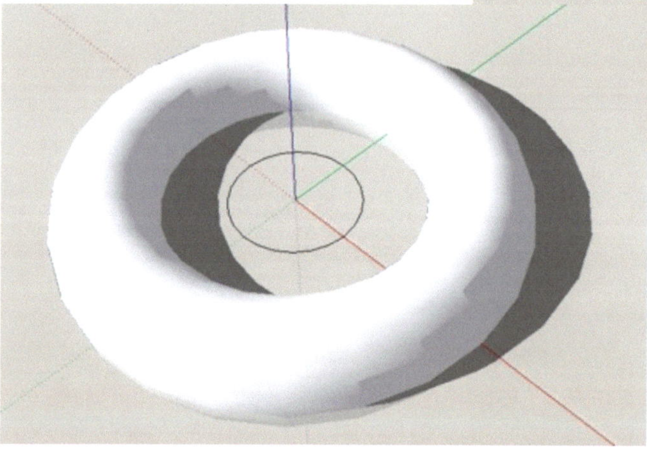

Der Kreis um den Nullpunkt dient als Pfad für die Extrusion des senkrechten Kreises. Viel einfacher geht es mit dem bei der Kugel empfohlenem Plugin!

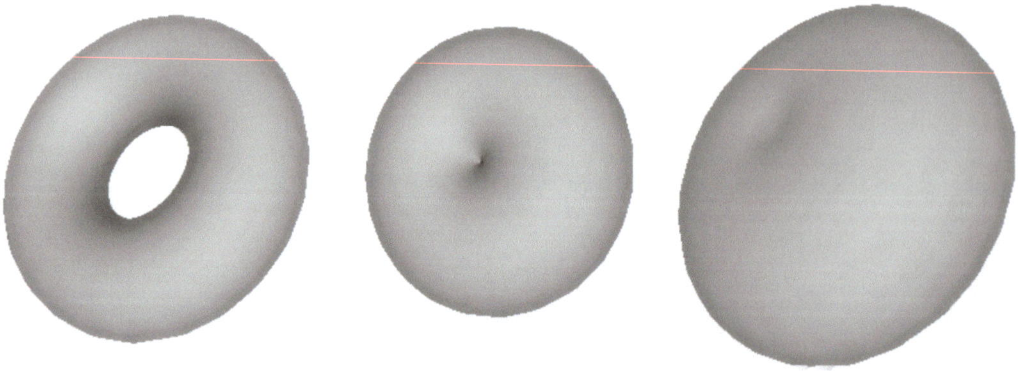

Wir unterschei-den drei Typen: v.l.n.r. Ringtorus, Horntorus und Spindeltorus.

Würfel

Der Würfel (von deutsch Wurf, weil er in Würfelspielen geworfen wird; auch gleichseitiges Hexaeder, von griech. hexáedron, „Sechsflächner“, oder Kubus, von lat. cubus, „Würfel“) ist einer der fünf platonischen Körper, genauer ein (dreidimensionales) Polyeder (Vielflächner) mit

- sechs (kongruenten) Quadraten als Begrenzungsflächen
- zwölf (gleichlangen) Kanten und
- acht Ecken, in denen jeweils drei Begrenzungsflächen zusammentreffen

Der Würfel ist ein spezielles (dreidimensionales) Parallelepiped (Parallelflach), ein spezieller (nämlich gleichseitiger) Quader sowie ein spezielles gerades quadratisches Prisma. Die Größe eines Würfels wird bereits durch die Angabe der Kantenlänge festgelegt.

Wegen seiner hohen Symmetrie – alle Ecken, Kanten und Seiten sind untereinander gleichartig – ist der Würfel ein reguläres Polytop. Er hat

- drei vierzählige Drehachsen (durch die Mittelpunkte zweier gegenüberliegender Seiten),
- vier dreizählige Drehachsen (durch zwei diagonal gegenüberliegende Ecken),
- sechs zweizählige Drehachsen (durch die Mittelpunkte zweier diagonal gegenüberliegender Kanten) und
- neun Spiegelebenen (sechs Ebenen durch jeweils vier Ecken, drei Ebenen durch je vier Kantenmittelpunkte)

und ist punktsymmetrisch (zum Mittelpunkt).

In Sketchup lässt er sich am einfachsten durch Extrusion eines Quadrats gewinnen. Natürlich kann man auch die Kanten zeichnen. Aber warum so umständlich?

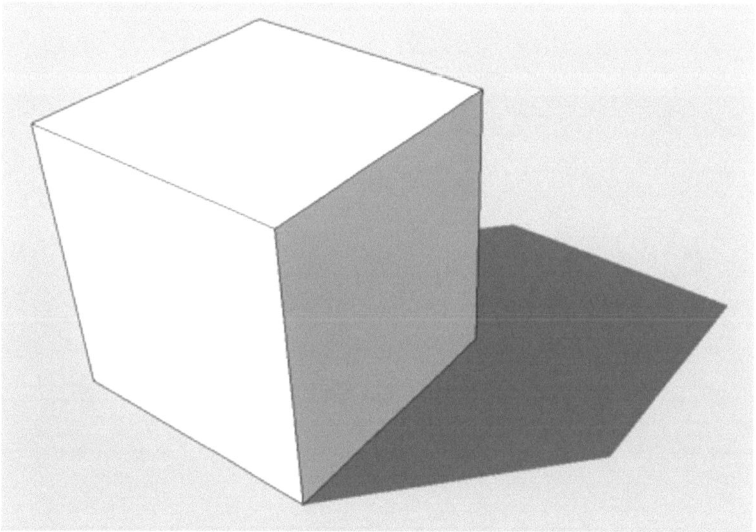

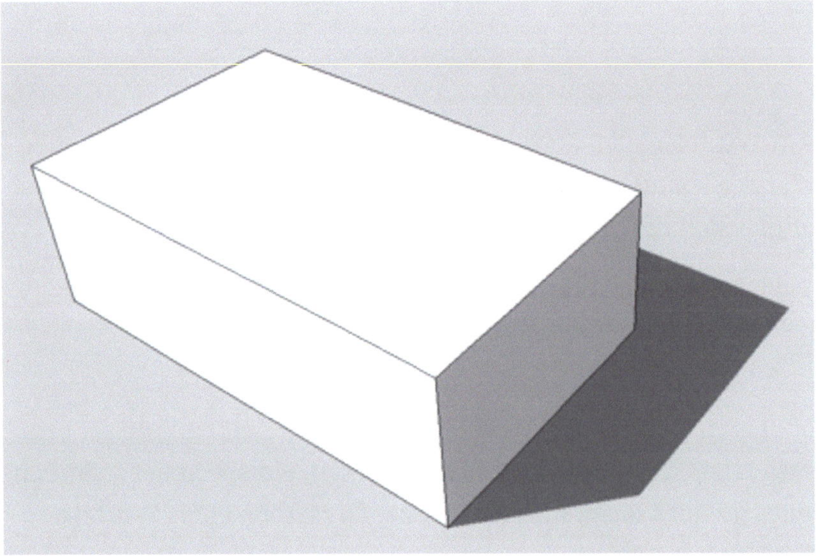

Mit der Extrusion einzelner Seiten des Würfels erhält man Quader unterschiedlicher Poroportionierung.

Der Würfel enthält sehr viele regelmäßige Körper, wie zum Beispiel den Tetraeder in unterschiedlichsten Varianten. Die durch Subtraktion oder Durchdringung mit anderen Körpern zu gewinnenden Varianten sind äußerst vielfältig und oft sehr überraschend! Hier ein kleines Beispiel, der Sterntetraeder.

Die Seitenhalbierenden zweier gegenüber liegender Seiten reichen für die folgende Konstruktion aus.

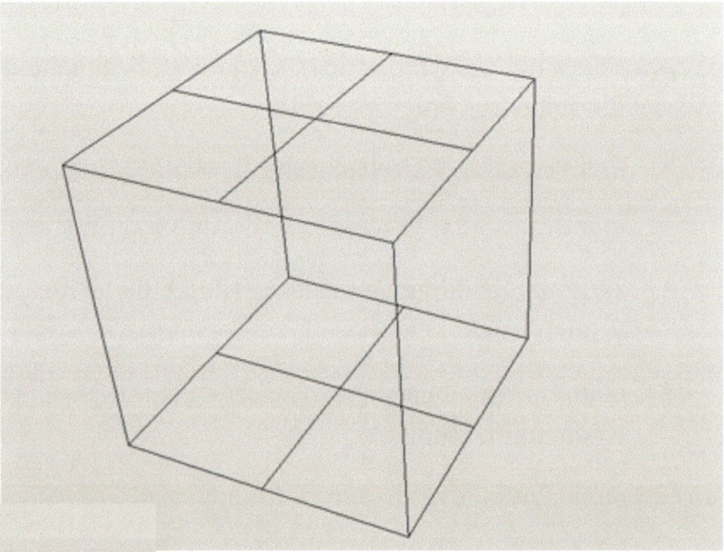

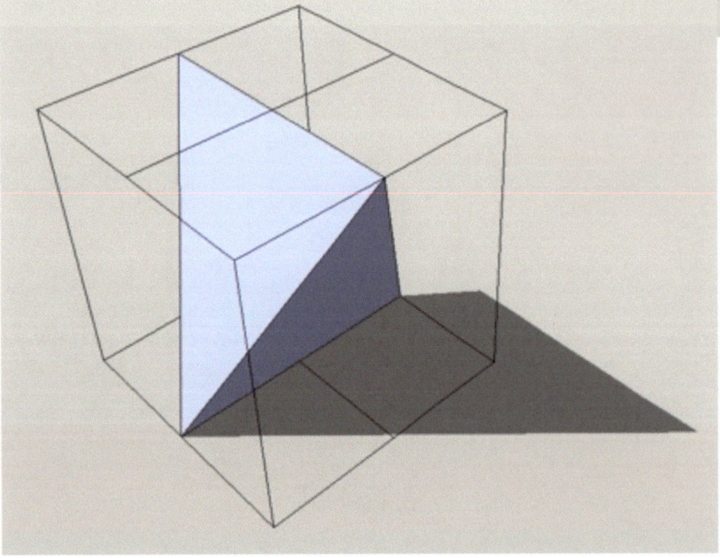

So schnell wird der erste Tetraeder konstruiert.

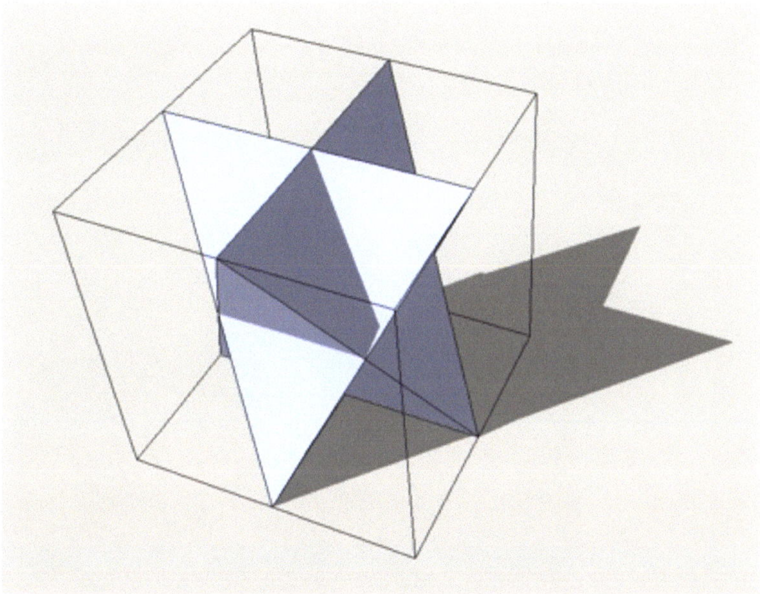

Aber erst der zweite bringt die Überraschung!

Das **Sterntetraeder** oder der **Keplerstern** ist ein achtstrahliger Stern. Es handelt sich um einen vielflächigen Körper, der durch Verschmelzung zweier punktsymmetrischer Tetraeder entsteht. Entdeckt und benannt durch Johannes Kepler (daher der Name „Keplerscher Stern“) im Jahr 1609 ist dies sowohl das einfachste reguläre zusammengesetzte Polyeder als auch das einfachste nicht-konvexe gleichmäßige Polyeder.

Die äußeren Eckpunkte des Körpers beschreiben einen Würfel, während die Schnittmenge der beiden Tetraeder ein Oktaeder darstellt, dessen Kanten wiederum die Innenkanten des Sterntetraeders darstellen.

Der Grafiker M. C. Escher hat das Sterntetreaeder als Motiv für das Bild Doppelplanetoid verwendet: Das eine Tetraeder hat die Form einer von Menschen bewohnten Burg, während das andere eine mit dem ersten durchdrungene, von Dinosauriern bewohnte Welt darstellt.

Prisma

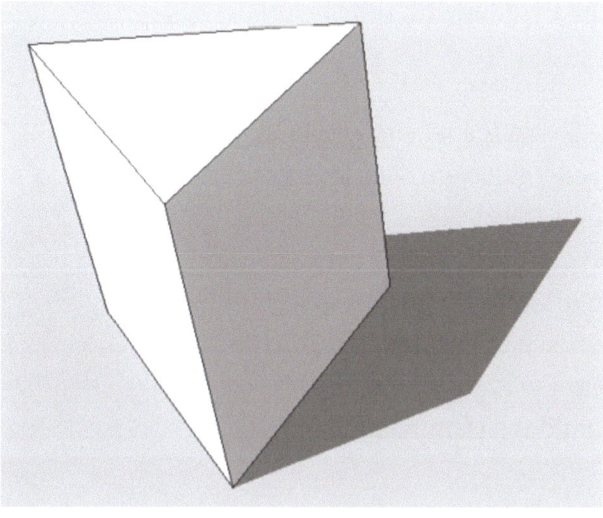

Ein Prisma ist ein geometrischer Körper, der ein Vieleck als Grundfläche hat und dessen Seitenkanten parallel und gleich lang sind. Ein Prisma entsteht durch Parallelverschiebung eines ebenen Vielecks entlang einer nicht in dieser Ebene liegenden Geraden im Raum und ist daher ein spezielles Polyeder. Man kann auch von einer Extrusion des Vielecks sprechen.

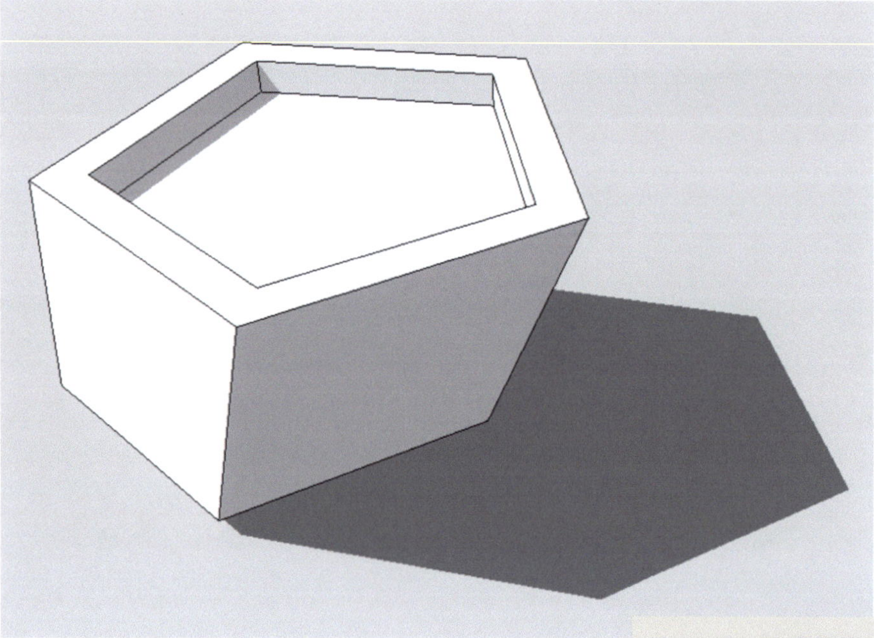

Irgend etwas stimmt doch da nicht…?

Das extrudierte Pentagramm wurde erst geneigt, und dann wurde mit dem Versatz-Werkzeug die Brüstung gezeichnet und tiefgezogen. Die Kanten sind dadurch senkrecht. Funktioniert natürlich nur, wenn der Turm schief geplant war.

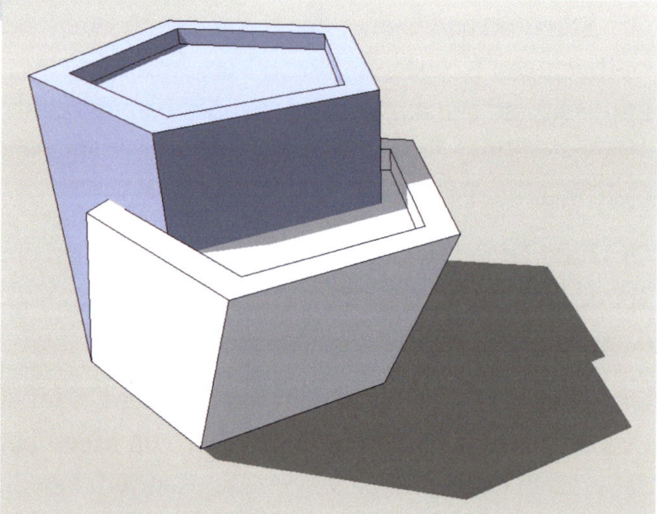

Hier sind beide vereint. Das eine Prisma mit senkrechten, das andere mit schiefen Kanten.

Pyramide

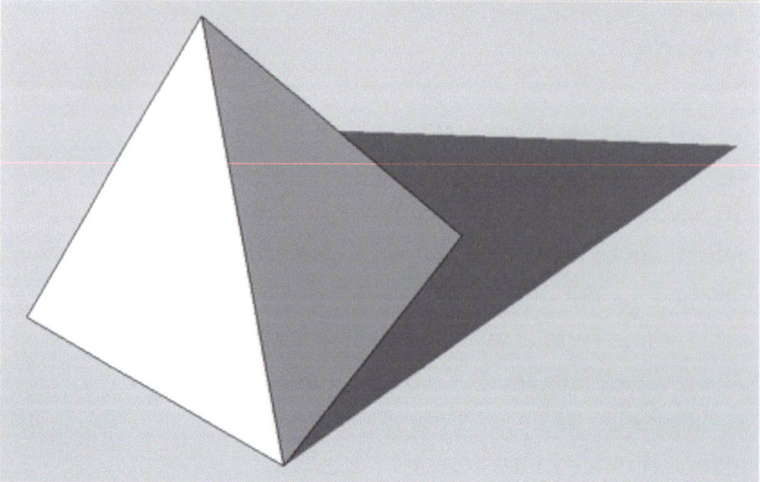

Das, was der Kegel für den Kreis ist, ist die Pyramide für das Quadrat!

Eine Pyramide ist ein spezielles Polyeder (also ein Vielflächner). Sie wird begrenzt von einem Vieleck (Polygon) beliebiger Eckenzahl (der Grundfläche) und mindestens drei Dreiecken (Seitenflächen), die in einem Punkt (der Spitze der Pyramide) zusammentreffen. Die

Gesamtheit der Seitenflächen bezeichnet man als Mantelfläche. Die Pyramide erfüllt die allgemeine Definition eines Kegels.

Die übliche Pyramide ist eine gerade Pyramide auf quadratischer Grundfläche.

Sie lässt sich einfach konstruieren, indem man über der Mitte (Schnittpunkt der Diagonalen) eines Quadrats die Höhe errichtet und die so definierte Spitze mit den Ecken verbindet.

Ein zweiter Weg geht über den Quader. Die Deckfläche lässt sich mit gedrückter Strg-Taste um den Mittelpunkt skalieren, bis alle Ecken zusammenfallen. So kann man auch am schnellsten einen Pyramidenstumpf konstruieren!

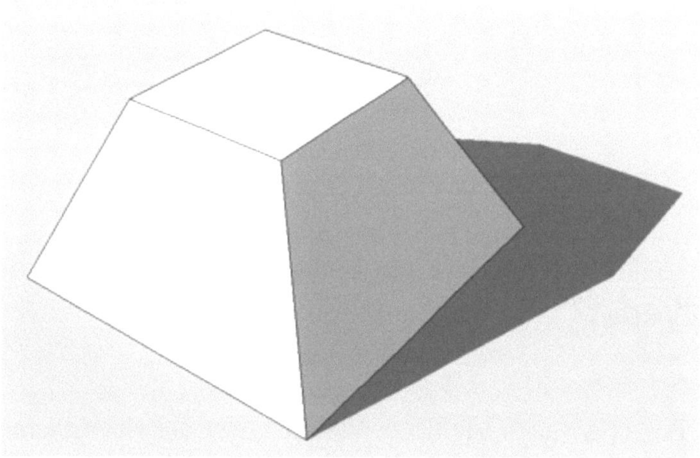

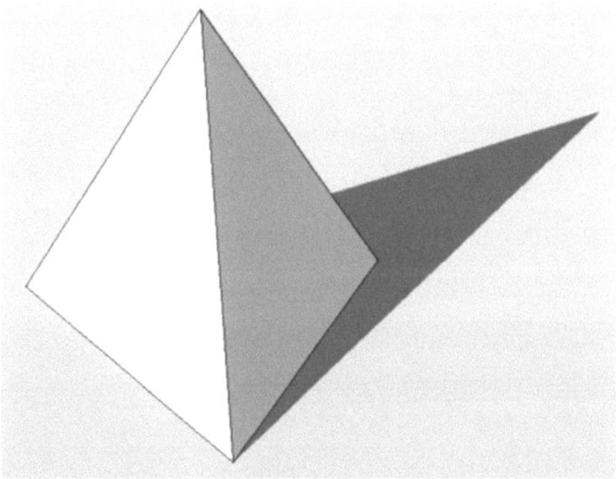

Im Prinzip ist ein Tetraeder auch eine Pyramide!

Eine gerade Pyramide über einem Fünfeck, mit folglich gleich langen Seitenkanten (gehen von der Spitze aus).

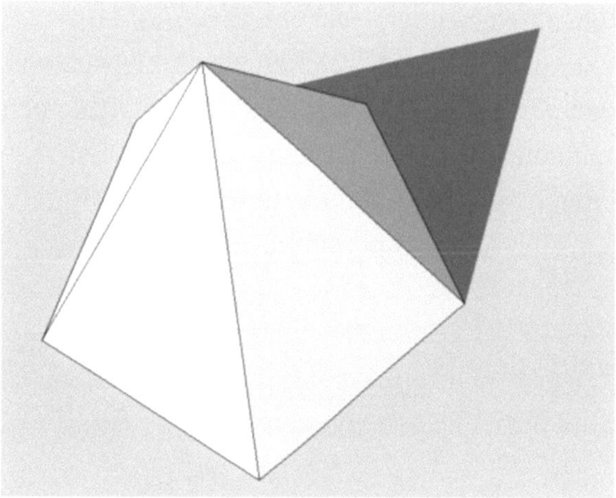

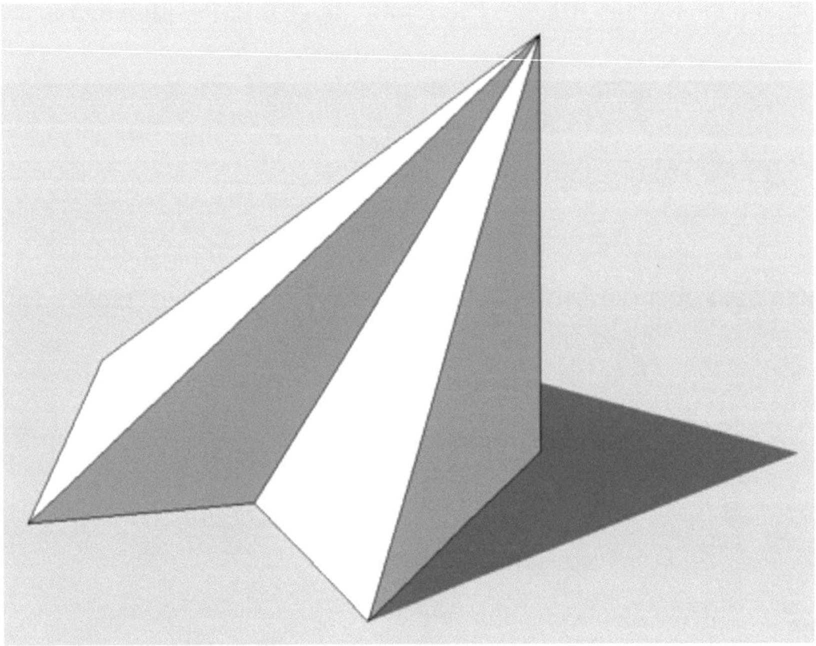

Und jetzt die gleiche Grundfläche und unterschiedlich lange Seitenkanten! Mit dem Verschiebe-Werkzeug wurde das bewerkstelligt.

Polyeder

Ein Polyeder (auch Vielflach, Vielflächner oder Ebenflächner) ist ein Teil des dreidimensionalen Raumes, der ausschließlich von geraden Flächen (Ebenen) begrenzt wird, beispielsweise ein Würfel oder ein Tetraeder. Beispiele für Polyeder aus dem Alltag sind (in ihrer üblichen Bauweise) Schränke, Pyramiden, Häuser, Kristalle oder Spielwürfel. Keine Polyeder sind Kugeln, Kegel, Flaschen, Tortenstücke, da sie krumme Randflächen besitzen. Die wichtigsten Polyeder in der geometrischen Anwendung sind Quader, Prismen, Pyramiden und Spate (Parallelepipede).

Bekannt sind auch Polyeder, die sich durch eine hohe Regelmäßigkeit auszeichnen, wie die platonischen Körper – die einzigen fünf konvexen Polyeder, die sich nur aus kongruenten (deckungsgleichen) Vielecken zusammensetzen und deren Ecken alle identisch sind. Wird im Gegensatz dazu die Kongruenz der Seitenflächen nicht erfüllt und es sind mehrere Flächentypen vorhanden, ist der Körper entweder ein Prisma, Antiprisma oder einer der 13 archimedischen Körper. Die konvexen Polyeder, die durch regelmäßige Vielecke begrenzt sind und nicht in eine der vorherigen Kategorien fallen, sind die 92 Johnson-Körper.

Eine weitere Gruppe regelmäßiger konvexer Polyeder sind die 13 catalanischen Körper, deren nicht regelmäßige Flächen alle kongruent sind und gleichermaßen im Körper auftauchen.

Platonische Körper

Die platonischen Körper (oder regulären Polyeder) sind die nach dem griechischen Philosophen Platon benannten fünf besonders regelmäßigen konvexen Polyeder (Vielflächner), die dadurch charakterisiert sind, dass ihre Seitenflächen zueinander kongruente regelmäßige Vielecke sind, von denen in jeder Ecke jeweils gleich viele zusammentreffen. Sie werden deswegen auch reguläre oder regelmäßige Körper genannt.

Verbindet man die Mittelpunkte benachbarter Seitenflächen eines platonischen Körpers, so erhält man (mit den Verbindungslinien als Kanten) wieder einen platonischen Körper, und zwar mit demselben Mittelpunkt. Dieser Körper wird als Dualkörper zum Ausgangskörper bezeichnet.

Ihre Namen stammen aus dem Griechischen und beziehen sich auf die Anzahl ihrer Flächen:

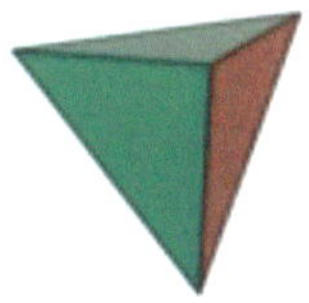

Tetraeder (Vierflächner aus vier Dreiecken)

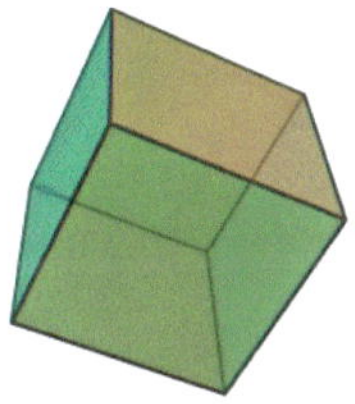

Hexaeder (Sechsflächner bzw. Würfel aus sechs Quadraten)

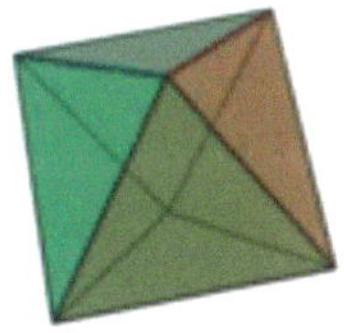

Oktaeder (Achtflächner aus acht Dreiecken)

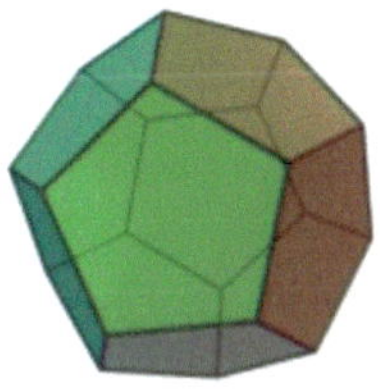

Dodekaeder (Zwölfflächner aus zwölf Fünfecken)

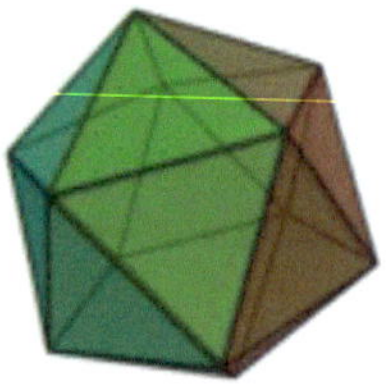 **Ikosaeder** (Zwanzigflächner aus zwanzig Dreiecken)

Die archimedischen Körper

Informieren Sie sich bitte bei Wikipedia!

Die catalanischen Körper

Informieren Sie sich bitte bei Wikipedia!

Die Johnson-Körper

Informieren Sie sich bitte bei Wikipedia

....

Link-Tipps:

- Polyedergarten
- Bulatov Abstract Creations

Rotationskörper

Rotationskörper werden Körper genannt, die durch Rotation einer erzeugenden Kurve um eine Rotationsachse gebildet werden. Die Kurve und die Achse liegen dabei in einer Ebene. Die Kurve schneidet die Achse nicht, berührt sie höchstens. Ein bekannter Rotationskörper ist der Torus. Er wird durch die Rotation eines Kreises gebildet. Auch Körper wie Kugel, Ei, Kegel (-stumpf), Zylinder und Hohlzylinder zählen zu den Rotationskörpern.

Sketchup liefert mit dem Folge mir-Werkzeug das ideale Hilfsmittel, um Rotationskörper zu generieren. Und nicht nur solche. An jedem beliebigen Pfad entlang lassen sich ausgewählte Flächen extrudieren (siehe unter Werkzeuge).

Als Pfad für Rotationskörper dient uns ein Kreis, am besten in der Bodenebene um den Nullpunkt des Koordinatensystems gezeichnet. In der Standardansicht > Vorne konstruieren wir uns nun die zu rotierende Fläche. Sie kann auch – wie im gezeigten Beispiel – aus verschiedenen Flächen zusammen gesetzt werden.

Die überflüssigen Linien lassen sich mit gedrückter Maustaste mit dem Radierwerkzeug überstreichen und so entfernen.

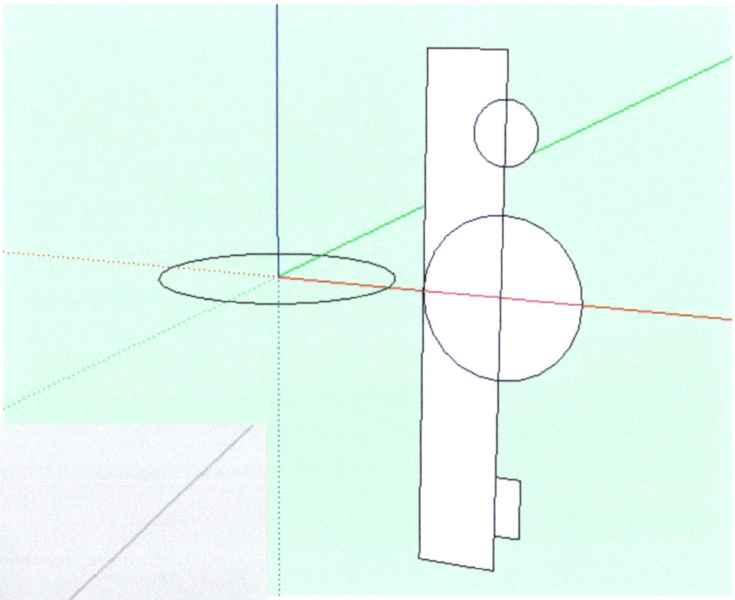

Nun zur Rotation. Wir wählen mit dem Auswahlwerkzeug den Kreis als Pfad aus, schalten dann das Folge mir-Werkzeug ein und klicken auf die erstellte Fläche. Das war’s!

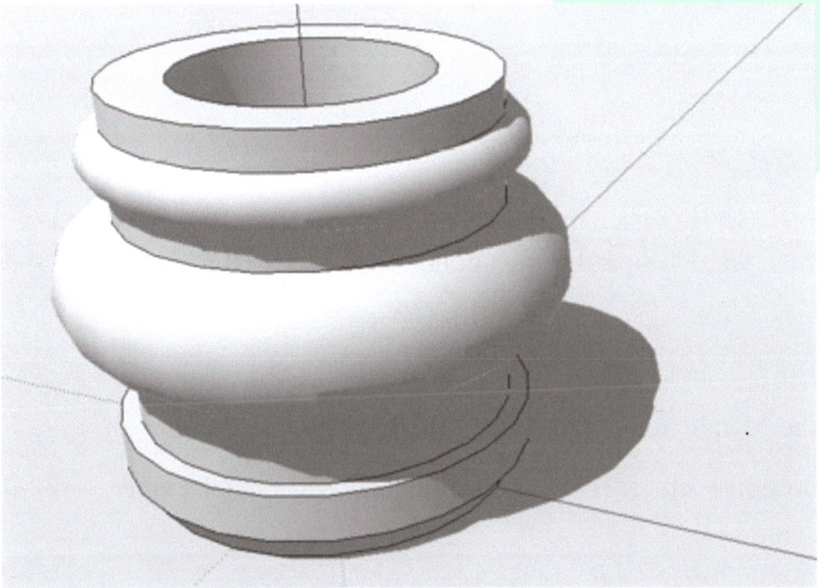

Aus diesem gekurvtem Etwas …

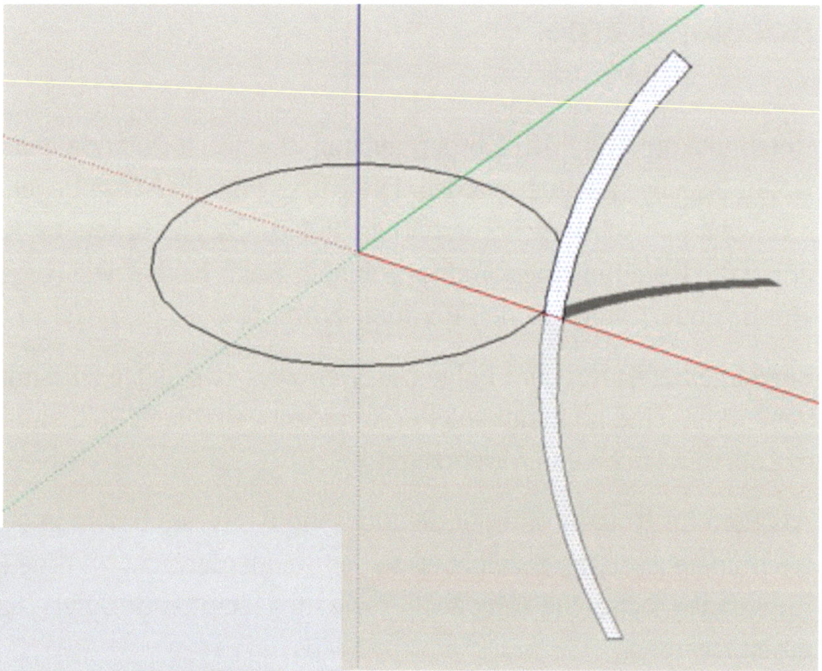

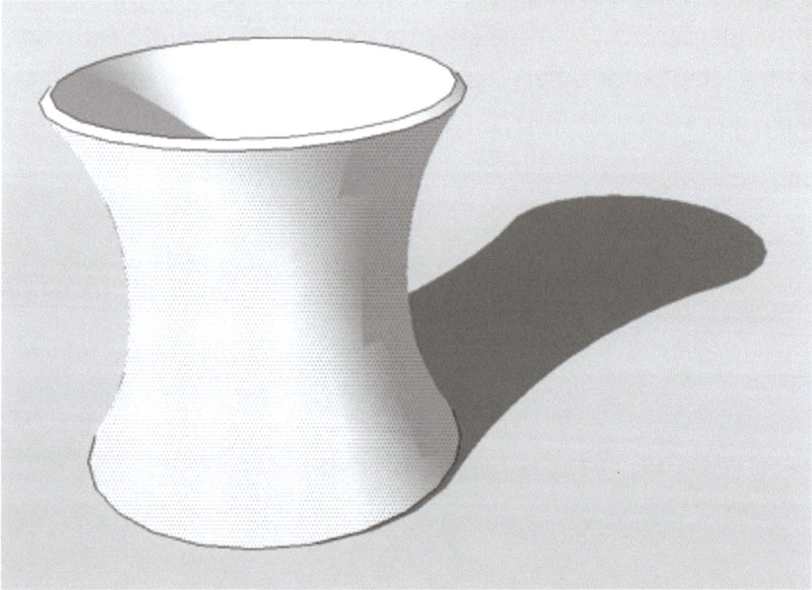

… entsteht ein Rotationshyperboloid, das ja wohl jeder kennt?

Kreation

Neue Formen entstehen aus Grundformen, welche nach mehr oder weniger präzisen Regeln verändert oder verbunden werden. Einfache Formen werden so in Formen höherer Komplexität und Kompliziertheit überführt.

- Komplexität: bezieht sich auf die Menge der enthaltenen Grundformen
- Kompliziertheit: bezieht sich auf eine mehr oder weniger schnell erkennbare Ordnung

Die ersten Formversuche führen im Prozess der Kreation zu möglichst vielfältigen vorläufigen Lösungsversuchen, deren kritische Bewertung die Lösung ergibt. Die bei den Fehlversuchen gemachten Erfahrungen können weitere Entscheidungen beeinflussen.

Innovationen können von unterschiedlichen Formkomponenten ausgehen:

- Grundformen
- Operationsarten
- Formbeziehungen
- Ordnungen

Repertoire

Jedes Schaffen beginnt mit der Auswahl der Elemente. Grundsätzlich stehen uns zur Verfügung:

- Punkte
- Linien
- Flächen
- Körper
- Räume

Aus diesem Repertoire wählen wir Formen aus, um sie zu verändern und / oder zueinander in Beziehung zu setzen. Es gibt für die Auswahl unterschiedliche Strategien.

Ähnlichkeit

Die Verwendung gleicher oder ähnlicher Formen führt zu Kompositionen von geringer Komplexität. Beziehungen und Ordnungen werden deshalb sehr wichtig.

Kontrast

In jeder Kunst geht es um den Zusammenklang von Ungleichem. Das wussten schon die antiken Philosophen. Die Harmonie (griech. harmonia = (Zusammen-) fügung, Silbe ar oder har: indogerman. Herk. = Vereinigung von Entgegengesetztem zu einem Ganzen) bezeichnet allgemein Übereinstimmung, Einklang, Eintracht, Ebenmaß.

„Obgleich nur der Unisonus (Einklang) die vollkommene Harmonie hat, so ist er deswegen nicht die angenehmste Konsonanz, sondern nur die volleste. Die Übereinstimmung des Mannigfaltigen (Concordia discors) ist allemal angenehmer als die noch vollkommnere Übereinstimmung des Gleichartigen.“ (Johann Georg Sulzer: „Allgemeine Theorie der Schönen Künste“, 1771/74)

Unsere Formen unterscheiden sich also zum Beispiel in diesen Merkmalen, bilden folgende Kontraste:

- rund / eckig
- regelmäßig / frei
- groß / klein
- hoch / niedrig
- eng / weit
- dünn / dick
- lang / kurz
- eben / gewölbt
- flächig / plastisch
- offen / geschlossen

Neben dem Kontrast zwischen Formenpaaren gibt es auch solche, die auf mehrere Formen aufgebaut sind. So bilden im Stufen-Kontrast einige Formen auf Grund ihrer Ähnlichkeit eine Untergruppe, welche dann zu anderen Formen in einem zusätzlichen Kontrast steht. Je größer die Zahl verschiedener Formen, umso höher ist die Komplexität des Ganzen.

Sketchup bietet uns folgende Formerzeugungen an:

gerade Linie

Kreis

Freihandlinie

Quadrat und Rechteck

Bogen

Polygon mit beliebiger Eckenzahl

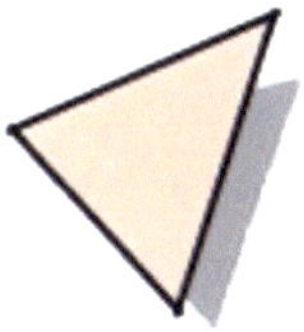

Operationen

Die einzelnen Grundformen lassen sich auf ganz unterschiedliche Weise verändern. So bleibt der wesentliche Charakter der Form zwar mehr oder weniger erhalten, doch wird sie in einen neuen Zustand überführt.

Übergang zur nächsten Dimension

Eine flächige Form kann man in einen dreidimensionalen Zustand bringen, indem sie aufrollt, biegt, wölbt, knittert oder faltet.

Ein Rechteck wird mit durchgehenden Linien unterteilt, die dann mit dem Verschieben-Werkzeug aus der Fläche in den Raum gezogen werden können. Die ebene Fläche wird dabei aufgefaltet!

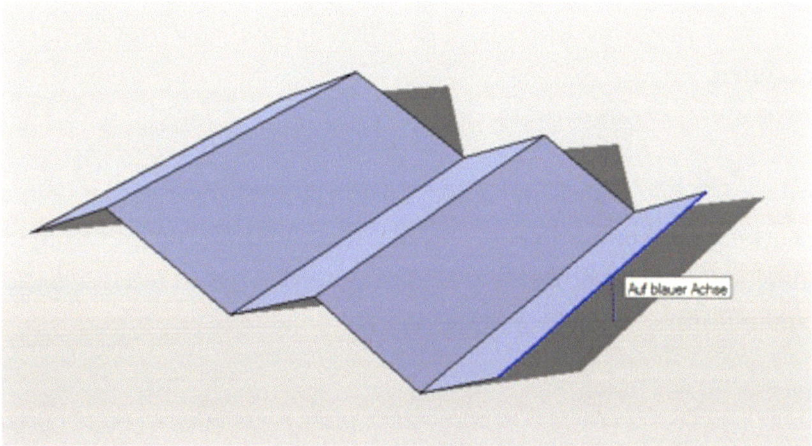

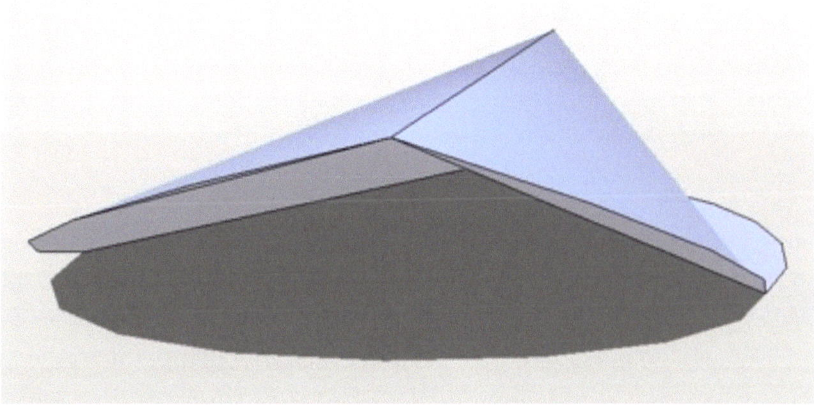

Das funktioniert auch mit einem Kreis! Hier wurden die Linien radial eingezeichnet. Mit doch wohl überraschendem Ergebnis?

Proportionsveränderung

Einzelne Längen und Winkel werden für sich verändert und verändern dadurch die ursprüngliche Form. Dehnen und Stauchen sind einfache Mittel dafür. Sketchup glänzt hier mit einigen tollen Möglichkeiten, allen voran das Extrudieren von ganzen Flächen, aber auch Linien mit dem Drücken/Ziehen-Werkzeug.

Eine Ecke eines Würfels wurde mit dem Verschieben-Werkzeug gepackt und an einen fremden Ort gezogen.

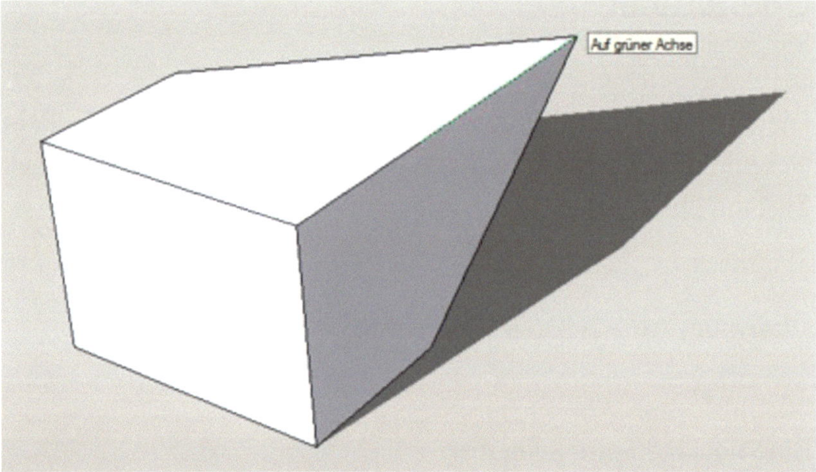

Verdrehen

Einzelne Flächen oder Kanten können so verdreht werden, dass ein neuer Körper entsteht. Sehr verblüffend ist hier das hyperbolische Paraboloid, bei dem zwei Scheiben eines Zylinders gegeneinander gedreht werden. Dadurch werden die Mantellinien geneigt und ergeben die ganz spezielle Form.

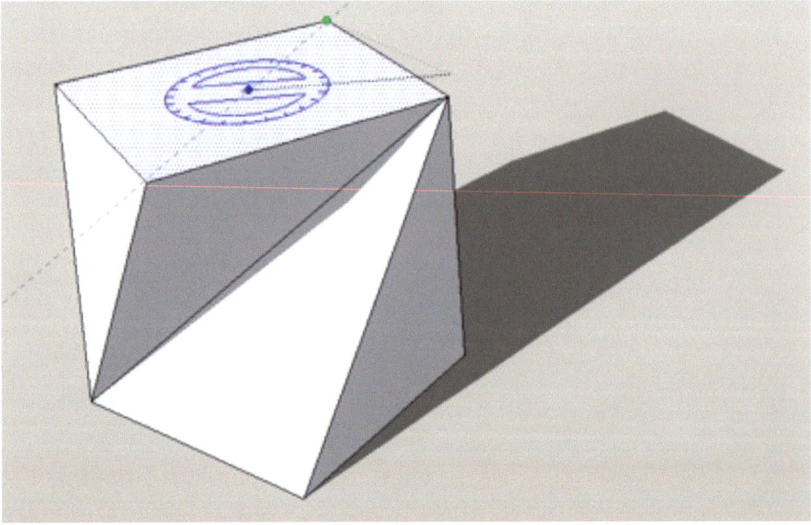

Die Deckfläche eines Quaders wird verdreht, und die ehemals senkrechten Flächen gefaltet.

Deformieren

Körper können ohne Verlust ihres ursprünglichen Volumens gequetscht und gekneten und gestaucht werden. So verlieren sie oft nur teilweise ihre ursprüngliche Form.

Teilen

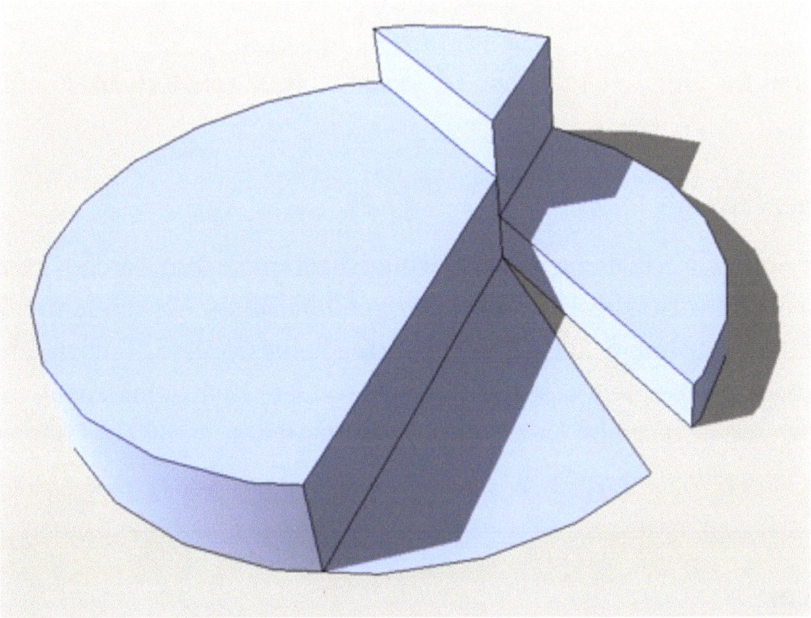

Regelmäßiges Zerschneiden oder freies Sprengen der Form unterbricht deren Geschlossenheit. Die Teile lassen in ihrer Anordnung noch Rückschlüsse auf den ursprünglichen Zustand zu?

Verwendet man mehrere Grundformen kann man auf unterschiedliche Weisen eine neue Form kreieren:

- Addition
- Subtraktion
- Durchdringung / Überschneidung

Formbeziehungen

Besonders bei Additionen werden Beziehungen zwischen Formen wichtig. Dies gilt aber nicht ausschließlich! Die Relationen zwischen den Einzelformen einer Gesamtform kann unabhängig von der gewählten Ordnung sein. Besonders dann, wenn sie sich auf Details beziehen und zum Gegenspieler starrer Raster werden.

Zuwendung

Formen können auf einen gemeinsamen Höhepunkt, einem Zentrum hin organisiert werden. Ob es sich hierbei um einen Gipfel, oder aber eine gefühlte Mitte in der Ebene handelt ist ohne Bedeutung. Blickachsen, Wege, Höhenlinien… Alle Mittel der Verdichtung können nicht aufgeführt werden. Auch können Formen einen Raum verdichten, indem Abstände und Weiten systematisch auf ein oder mehrer Zenren fokussiert werden, ohne dass sich dort etwas Markantes befindet.

Gegensätze

Das Spiel mit Richtungen kennzeichnet die komplexere Aerchitekturgestaltung. Nur selten zentriert sich alles auf eine geometrische oder gefühlte Mitte. Achsen führen in unterschiedliche Richtungen, sind Weggabelungen, die Entscheidungen herausfordern. Teilformen gruppieren sich und andere werden so vereinzelt, dass ihnen eine besondere Bedeutung zuzukommen scheint. Während viele Bauelemente quasi im Dreivierteltakt harmonieren, stellen sich einzelne quer und bremsen Bewegungen oder leiten sie um.

Raum

Nebeneinander, vereint oder integriert können Bauformen sein. Und so nicht unbedingt durchgehend. Ein plötzlicher oder gleitender Wechsel ist hier ebenfalls möglich. Wir empfinden in solchen Beziehungen Nachbarschaft, Berührung und Vereinigung.

Umfeld

Die Wehrhaftigkeit einer Burg und das Schleifen der Wälle in der napoleonischen Zeit machen deutlich, wie unterschiedlich sich umbaute Einheiten nach außen verhalten. Komplexe Formen lösen sich zum Rand hin auf und verschmelzen mit dem Natur- oder Siedlungsraum, können sich aber auch schroff abgrenzen. Ebenen und Höhenunterschiede können verbunden werden, Blickfelder zum Schönen, zum Meer zum Beispiel geöffnet werden. Der genius loci wirkt auf die Formen!

Ordnungen

Wenn denn Schöpfung im höchsten Sinne die Ordnung des Urchaos war, ist dann kein Durcheinander mehr erlaubt?! Natürlich nicht. Nicht erst die Chaosforschung hat erkannt, dass die Ordnung im scheinbar Ungeordnetem schlichtweg nur nicht erkannt wird. Außerdem will der Mensch beides. Totale Ordnung ist neurotisch und totalitär, totale Unordnung haltlos und beliebig.

Schöne oder interessante Objekte dürfen also weder dem einen noch dem anderen Extrem angehören, sie müssen irgendwo dazwischen liegen. Ordnung allein wird schnell langweilig, Chaos dagegen verwirrt uns.

Raster

Ein Blick auf die Stadtpläne gewachsener, meist mittelalterlicher, und geplanter Städte verrät uns, wie unterschiedlich menschliches Sozialleben organisiert werden kann. Gewachsene Städte entwickeln sich meist ringförmig um wichtige Zentren herum, nehmen dabei Rücksicht auf topographische Gegebenheiten und später auch auf den immer wichtigeren Verkehr. Geplante Städte dagegen folgen einem strengen Raster.

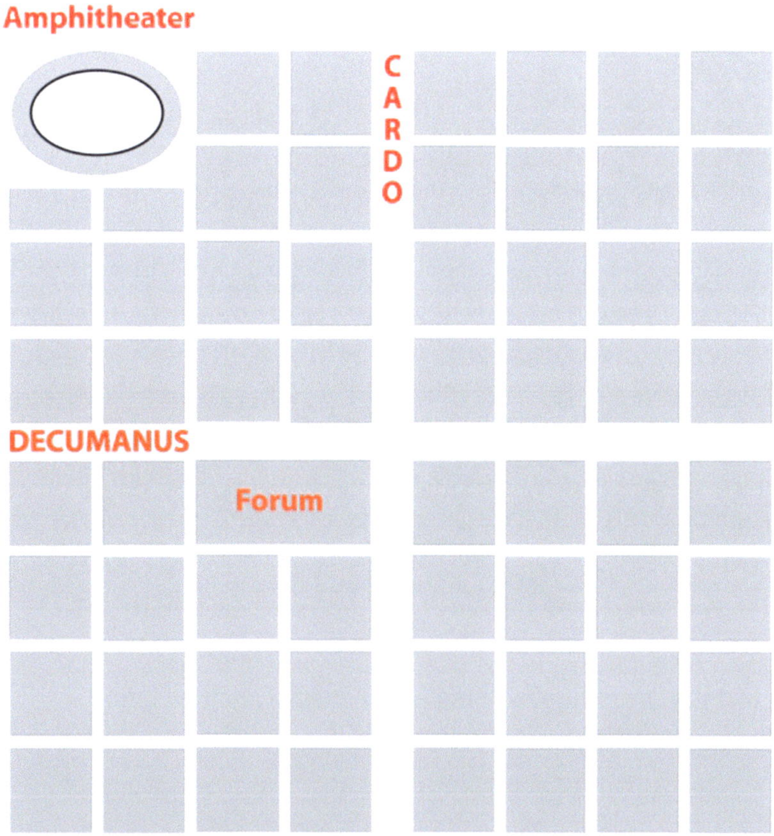

Stellvertretend für viele Idealstädte mag hier die schachbrettartige Stadtanlage stehen, die im antiken Rom gebräuchlich war. Das Grundelement bildete das Achsenkreuz zweier durchlaufender Hauptstraßen, des Cardo in Nord-Süd-Richtung und des Decumanus in Ost-West-Richtung.

Dadurch entstehen auch heute noch so genannten Stadtviertel, die in einzelne Parzellen, die insulae, unterteilt wurden, zwischen denen weitere parallele Straßen verliefen! Im Schnittpunkt der Achsen lag das Forum, ein großer Platz. Die Idee zu einer solchen Anlage war eng mit der Errichtung von Militärlagern verknüpft, die nicht selten zum Ausgangspunkt vieler Städte, zumal in den von Römern besetzten Gebieten wurden.

Es gibt zahlreiche Städte, die in der Absicht entstanden, eine ideale Stadt zu sein. Besonders im Barock wurden sie in kaum vorstellbaren Dimensionen nicht nur entworfen, sondern auch gebaut: Versailles, Karlsruhe …

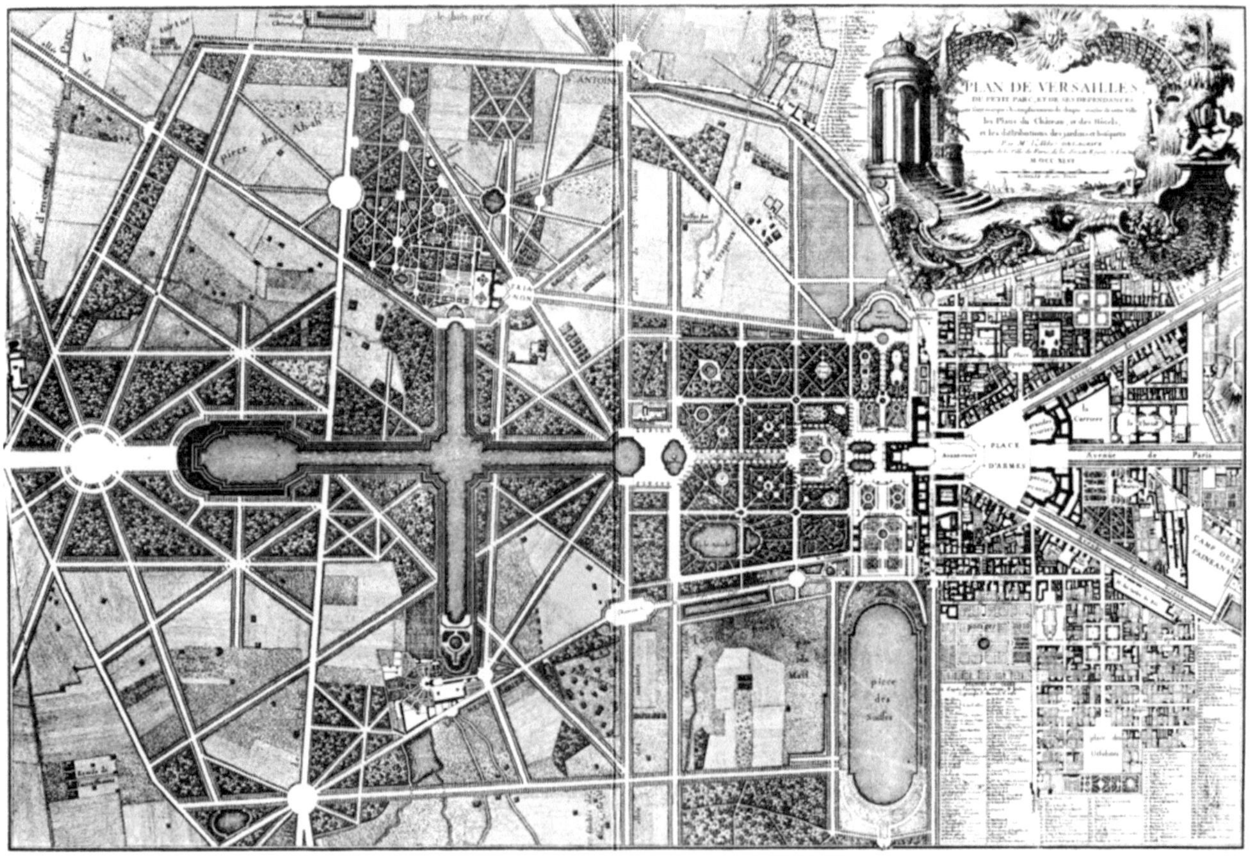

Und erst die „vereinigten“ Staaten – Amerika, heute China…
Stadtbaugeschichte ist ein weites Feld.

Module

Wiederholungen ordnen, ob sie sichtbar sind oder nicht. Die Säulenordnungen der klassischen Antike legten die jeweiligen Poroportionen und Abstände von wiederkehrenden, und stilbildenden Elementen, eben den Säulen fest.

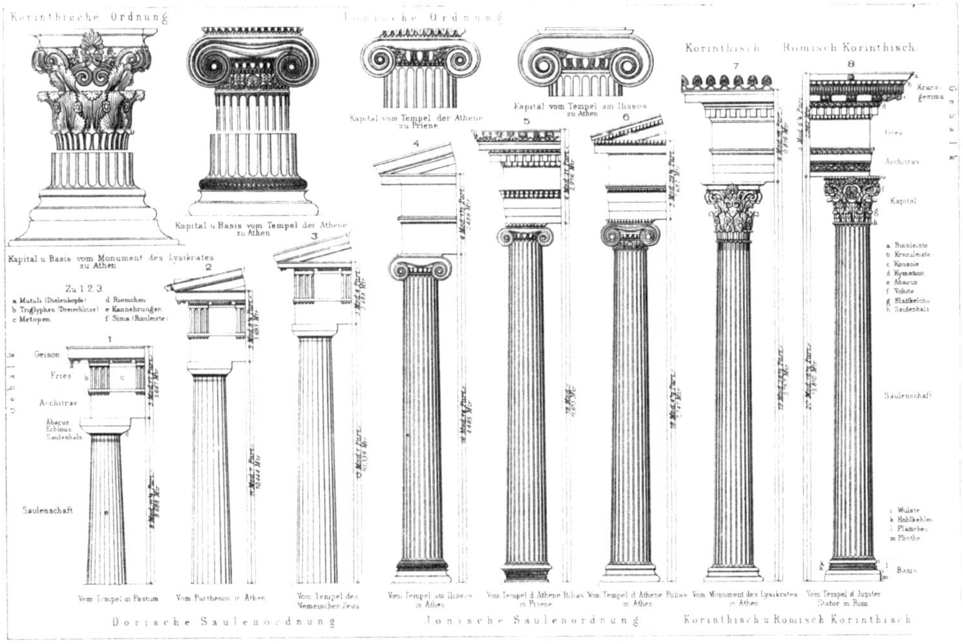

Allgemein wird in der Architektur und bei der Untersuchung archäologischer Befunde ein gemeinsames Grundmaß, das den Abmessungen eines Gebäudes oder einer Anlage zugrunde liegt, so dass alle Abmessungen sich als Vielfache dieses Grundmaßes ausdrücken lassen, Modul genannt. In Archäologie und Kunstgeschichte spricht man auch oft von Baumaß. Ein sehr verbreitetes Maßverhältnis war der goldene Schnitt, den Vitruv in seiner Architekturlehre schon vorstellt, und der bis hin zu Schinkel und Le Corbusier, der ihn zur Grundlage seines Modulors machte, Bedeutung behielt.

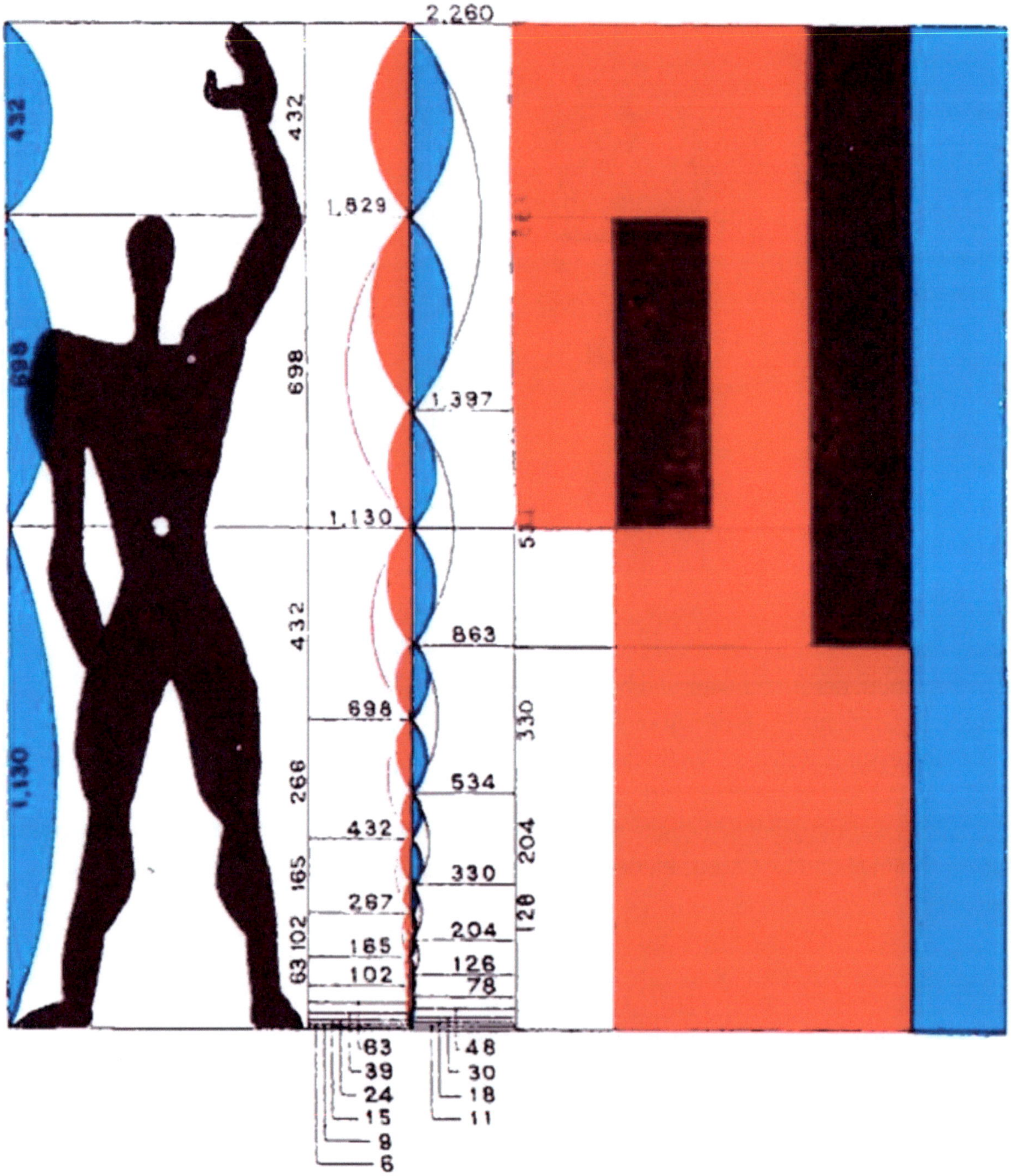

Der Modulor von Le Corbusier

In der japanischen Architektur wird oft die Tatami, eine Reisstrohmatte, mit der die Fußböden lückenlos bedeckt werden, als Modulor für die Proportionierung von Zimmern und Häusern verwendet.

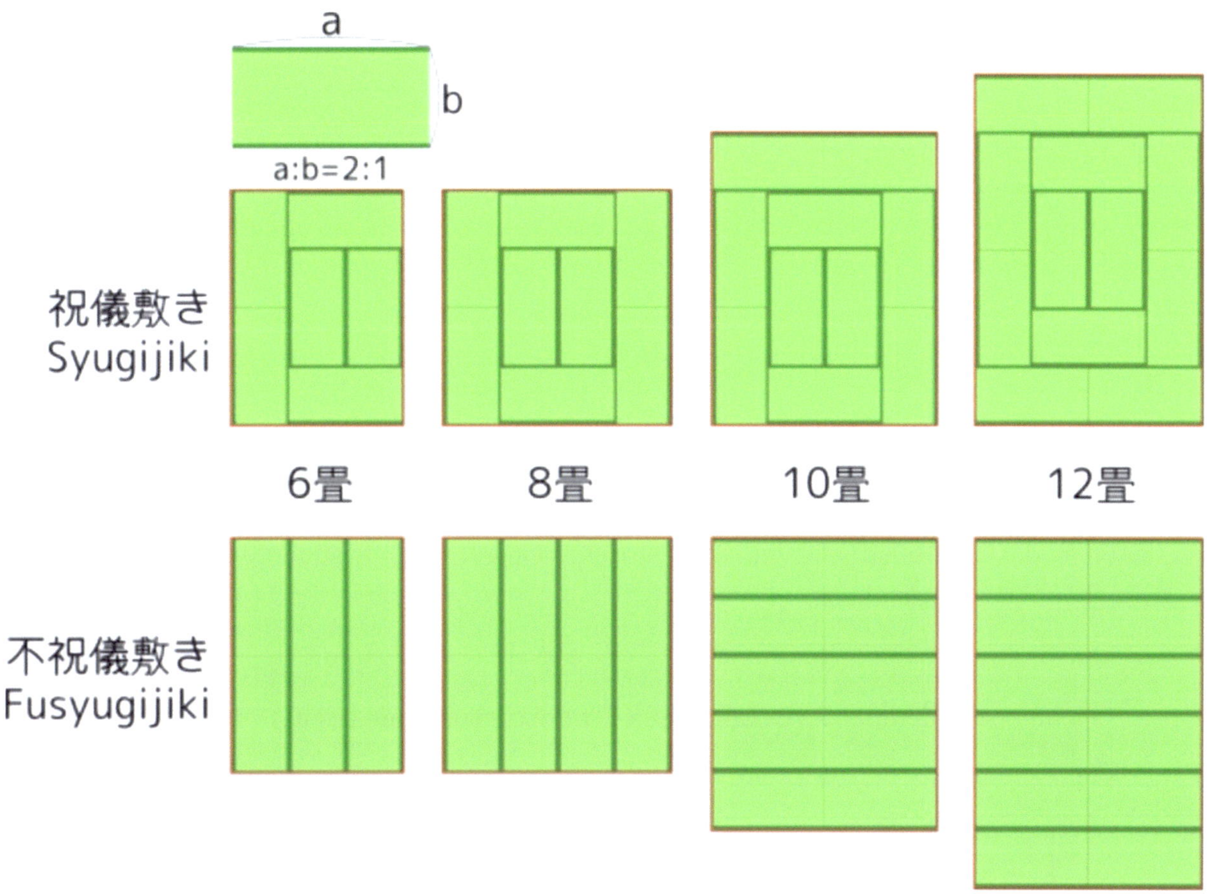

Eine Mustersprache (engl. **pattern language**) ist eine Sammlung von Entwurfsmustern, also bewährten Verfahren zur Lösung typischer Probleme, die bei konstruierenden Tätigkeiten in einem bestimmten Anwendungsgebiet auftreten. Dabei werden im Wesentlichen zwei Ziele verfolgt:

1. Es wird eine einheitliche Sprache aus Namen für Probleme und deren Lösungen definiert, um die Kommunikation zwischen Entwicklern zu erleichtern.

2. Unerfahrenen Entwicklern werden Problemlösungen für typische, immer wiederkehrende Entwurfsprobleme geboten. Sie können somit von Erfahrungen anderer profitieren.

Der Begriff wurde ursprünglich vom Architekten Christopher Alexander geprägt. In seinem an Laien gerichteten Buch A Pattern Language. Towns, Buildings, Construction stellte er 1977 die erste Mustersprache vor.

Heute werden Rasterweiten meist durch fertige Bauelemente und deren kostengünstigste Größe bestimmt. Eine Weite von etwa 1,30m wird als ökonomisch günstig angesehen.

Inzwischen wird der genormte Container auch in der Architektur immer interessanter! Die mobile Gesellschaft in Zeiten der Globalisierung übernimmt dessen Maße, um schnell den Ort wechseln zu können. Und das wird nicht nur für Katastropheneinsaätze und Studentenwohnungen, sondern auch für viele andere Aufgaben interessant.

Symmetrien

Mit dem geometrischen Begriff Symmetrie (von griechisch syn (=zusammen) und metron (=Maß)) bezeichnet man die Eigenschaft, dass ein geometrisches Objekt durch bestimmte Umwandlungen auf sich selbst abgebildet werden kann.

Grundsätzlich unterscheidet man zwischen **Punkt- und Achsensymmetrien**.

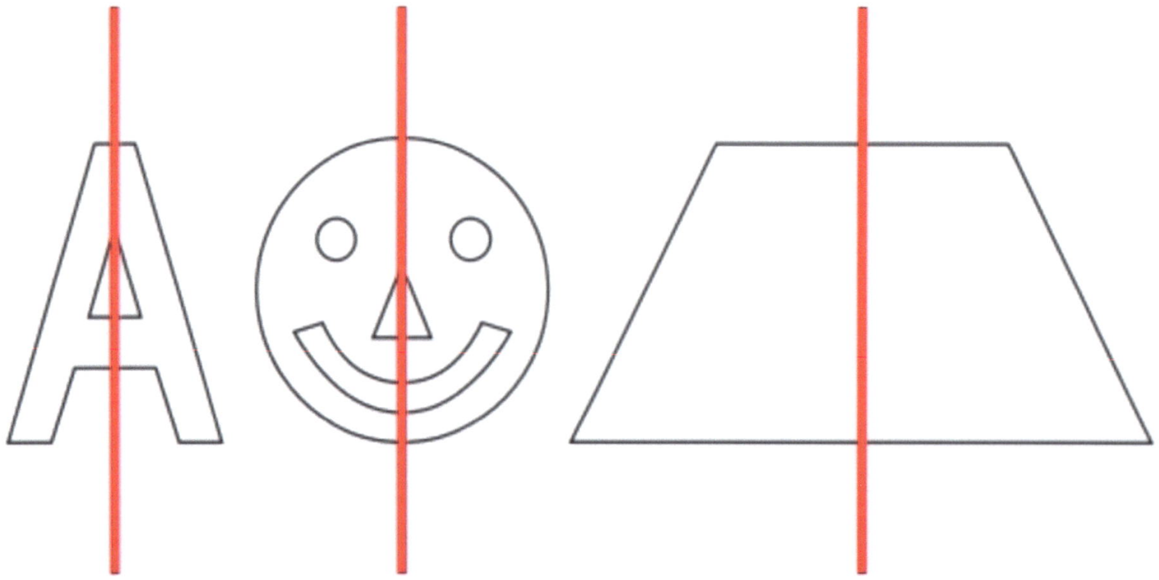

Die **Achsensymmetrie** (axiale Symmetrie, Spiegelsymmetrie) ist eine Form der Symmetrie, die bei Dingen auftritt, die entlang einer Symmetrieachse gespiegelt sind.

Die **Punktsymmetrie** (Zentralsymmetrie), ist eine Eigenschaft geometrischer Objekte. Ein geometrisches Objekt (z. B. ein Viereck) heißt (in sich) punktsymmetrisch, wenn es eine Punktspiegelung gibt, die dieses Objekt auf sich abbildet. Der Punkt, an dem diese Spiegelung erfolgt, wird als Symmetriezentrum bezeichnet. Obwohl eine solche Punktspiegelung einer Drehung um 180° entspricht, ist die Punktsymmetrie von der Drehsymmetrie zu unterscheiden. Sie bildet lediglich den Spezialfall einer Drehsymmetrie.

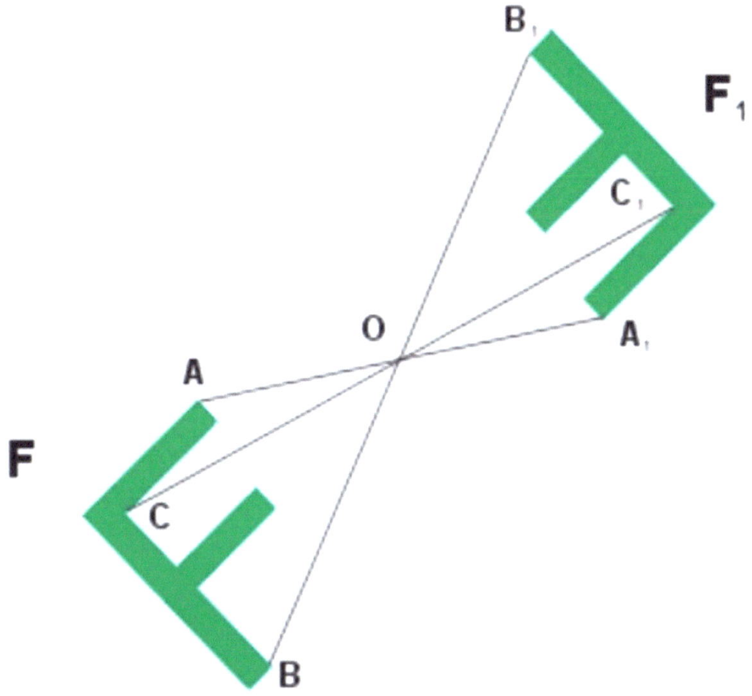

Dreidimensionale Objekte sind rotationssymmetrisch, wenn eine Drehung um jeden beliebigen Winkel um eine Achse (die Symmetrieachse) das Objekt auf sich selbst abbildet. **Rotationssymmetrie** um eine Achse wird auch als Zylindersymmetrie bezeichnet. Dreidimensionale geometrische Objekte mit dieser Eigenschaft nennt man auch Rotationskörper.

Bei zweidimensionalen Objekten gilt dies dementsprechend bei Drehung um einen Punkt. Diese Symmetrie wird auch als **Dreh- oder Kreissymmetrie** bezeichnet.

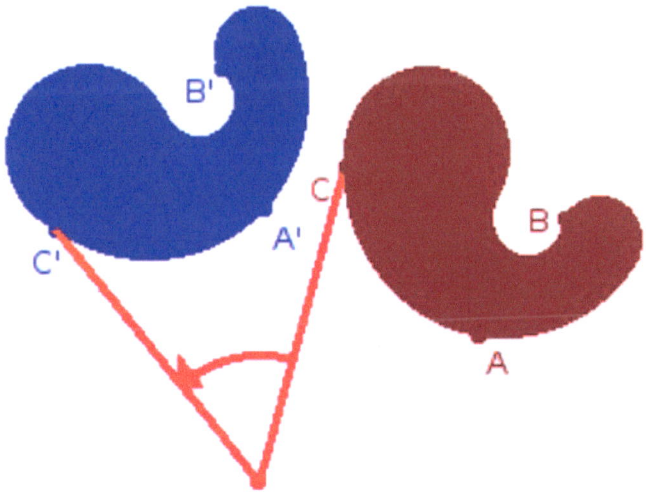

Unter einer **Translationssymmetrie** versteht man eine Symmetrie, die durch eine (Parallel-)Verschiebung entseht.

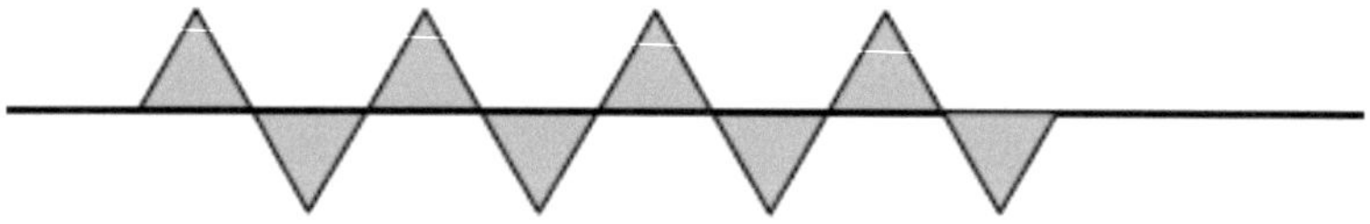

Aus der Möglichkeit, Symmetrieoperationen zu kombinieren, lassen sich die symmetrischen Grundoperationen herleiten:

- Identität (Null-Operation, keine Veränderung)
- Rotation (Drehung)
- Rotation – Inversion (Drehspiegelung)
- Translation (Verschiebung)
- Gleitspiegelung

Im 17. Jahrhundert ist die Symmetrie das Schönheitsideal Europas. Der Schloßpark in Versailles war Vorbild, und so nennen wir auch heute noch diese Art der Gärten „französisch“, im Unterschied besonders zum englischen Landschaftsgarten, der betont asymmetrisch und „natürlich“ wirken sollte. Ein kultivierter englischer Gentleman, Sir William Temple, machte sich 1685 interessante Gedanken zu diesem Thema:

„Es mag andere, ganz unregelmäßige Gartenformen geben, und sie könnten, soweit ich sehe, schöner sein als alle anderen; doch hätten sie diese Schönheit dann einer außerordentlichen natürlichen Lage oder einer großen Anstrengung der Phantasie zu verdanken, die zwar eine Anlage aus vielen unsymmetrischen Teilen entstehen läßt, welche als Ganzes dennoch sehr wohltuend wirken könnte. Ich habe mancherorts etwas davon gesehen; und mehr noch habe ich von anderen darüber gehört, die lange unter Chinesen gelebt haben, einem Volk, dessen Denkungsart von der unseren in Europa ebenso weit entfernt zu sein scheint wie sein Land.

Bei uns zieht die Baukunst und die Gartenkunst Schönheit vor allem aus bestimmten Proportionen, aus Symmetrie und Einheitlichkeit; unsere Wege und Bäume sind so ausgerichtet, daß sie einander in exakten Abständen antworten. Die Chinesen aber verachten diese Art der Anlage und sagen, daß jedes Kind in der Lage sei, Wege anzulegen mit schnurgerade ausgerichteten Bäumen, einer immer schön gegenüber dem anderen, und in jeder ihm beliebigen Länge und Ausdehnung.

Die größte Vorstellungskraft verwenden die Chinesen auf das Ersinnen von Figuren, deren Schönheit das Auge ganz besonders entzücken soll, obwohl es ihnen an jener Ordnung oder Komposition der Teile mangelt, die jedermann leicht erkennen könnte. Wir haben zwar kaum eine Ahnung von dieser Art Schönheit, aber die Chinesen besitzen sogar ein eigenes Wort, um sie auszudrücken. Wo sie ihnen auf den ersten Blick ins Auge fällt, sagen sie, das >Sharawadgi< sei schön oder bewundernswert, oder sie gebrauchen sonst einen Ausdruck der Hochschätzung.“

Feng Shui

Feng Shui (chin. „Wind und Wasser“) ist ein in China begründeter Teil der daoistischen Philosophie. Ziel dieser Lehre ist eine Harmonisierung des Menschen mit seiner Umgebung, die durch eine besondere Gestaltung der Wohn- und Lebensräume erreicht werden soll. Der ältere Begriff für Feng Shui ist Kan Yu, eine Kurzform für den Begriff „den Himmel und die Erde beobachten“. Nach der traditionellen Vorstellung sollen mit Feng Shui „die Geister der Luft und des Wassers geneigt gemacht“ werden können.

Eines der traditionellen Anwendungsgebiete des Feng Shui in China ist die Planung von Grabstätten (Ahnenkult). Daneben hat Feng Shui auch die chinesische Gartenkunst maßgeblich geprägt. Die Prinzipien des Feng Shui können auch bei Zimmereinrichtungen, Hausarchitektur und Landschaftsgestaltung berücksichtigt werden. Die Raumgestaltung und Baugestaltung erfolgt nach verschiedenen Regeln, die sicherstellen sollen, dass sich sogenannte „verstockte Energien" nicht in diesen Räumen festsetzen können und das Qi (andere Umschrift: Chi) frei fließen kann. Dabei handelt es sich jedoch nicht um Energie im naturwissenschaftlichen Sinne.

Feng Shui basiert auf chinesischen Philosophiesystemen, wie der Yin-und-Yang-Lehre, den nach den Himmelsrichtungen ausgerichteten Acht Trigrammen sowie der Fünf-Elemente-Lehre. Seit einigen Jahren erfahren die Lehren des Feng Shui auch zunehmendes Interesse in der westlichen Architektur und Innenarchitektur – es ist auch eine Verschmelzung von westlichen Ideen der Esoterik mit Feng Shui zu beobachten.

Freie Ordnungen

Nicht immer waren starre Raster erwünscht. Zeitweise kam ihre nachgerade totalitäre Gewalt sogar in ideologischen Verruf. Man bedenke nur den Übergang von der Architektur des Nationalsozialismus zur Baukunst der Nachkriegszeit. Starre Ausrichtungen wurden vermieden, Dimension auf ein verträgliches Maß reduziert.

Dennoch ist eine solche Gestaltung nicht regellos. Ähnlich der konkreten, also ungegenständlichen Kunst oder der Musik werden Bezüge und Strukturen geschaffen, die eine beliebige Anordnung verhindern. Oft sind es einfache Spielregeln, die für den gewünschten Zusammenhang sorgen:

- parallel, aber nicht gleich lang
- gleich lang, aber nicht parallel
- Bögen unterschiedlicher Länge, aber mit identischem Mittelpunkt
- Begrenzungen der Richtungen auf definierte Winkel
- Beziehung zwischen verlängerten oder durchlaufenden Linien und Flächen
- aus einer Grundform aufgespalten und unterschiedlich weit verschoben usw.

Auch eine gewisse Stetigkeit, das heißt Regelmäßigkeit kann für einen Zusammenhang sorgen. Übrigens taucht der goldene Schnitt in der Mathematik als stetige Teilung wieder auf! Einige Beispiele:

- stetige Wiederholung, regelmäßig oder nicht
- stetige Veränderung von Form und / oder Größe (z.B. Metamorphose)
- stetiger Wechsel zwischen Elementen und Dimensionen
- stetige Ausdehnung, stetiges Wachstum (siehe Fraktale)
- stetige Richtungswechsel usw.

Übungen

Sketchup bietet vielfältige kreative Möglichkeiten bei der Formfindung. Nachdem man sich mit den einzelnen Werkzeugen vertraut gemacht hat wird man immer neue Wege entdecken, die sich auch und besonders aus der Kombination ergeben.

Ausgehend von elementaren Formen werde ich Ihnen an einzelnen Beispielen zeigen, wohin die Reise gehen kann. Natürlich finden Sie andere und hoffentlich bessere Varianten. Experimentieren Sie ganz frei und beginnen Sie mit bechränkten Mitteln und Formen. Komplexere Ableitungen ergeben sich mit der Zeit fast von selbst.

Folgen Sie dem Prinzip der semantischen Intuition, einer Kreativitätstechnik, bei der zwei oder mehr Objekte auf alle nur erdenklichen Weisen kombiniert werden. Die Softrware lässt dafür viel Spielraum, ohne dass Sie sich unnötig und blockierend in komplizierte Befehle einarbeiten müssen. Sketchup ist in seiner Einfachheit und Offenheit wie gemacht für spielerische Experimente!

Nutzen Sie dieses Potential!

Kreise

Allein mit diesem Werkzeug bieten sich tolle Möglichkeiten. Kombinieren Sie es behutsam mit dem Bogen- und Linie-Werkzeug, und Sie werden erstaunt feststellen, wie unterschiedliche Ihre Ergebnisse ausfallen!

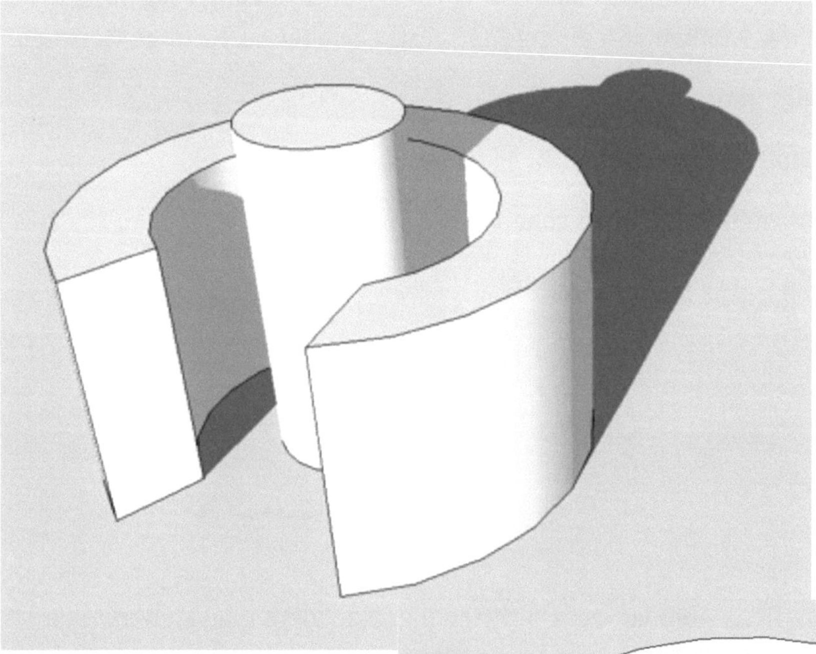

Konzentrische Kreise wurden mit dem Linien-Werkzeug aufgeschnitten und die überflüssigen Kanten und Flächen gelöscht. Die unterschiedlich hohe Extrusion sorgt für eine Akzentuierung der Säule.

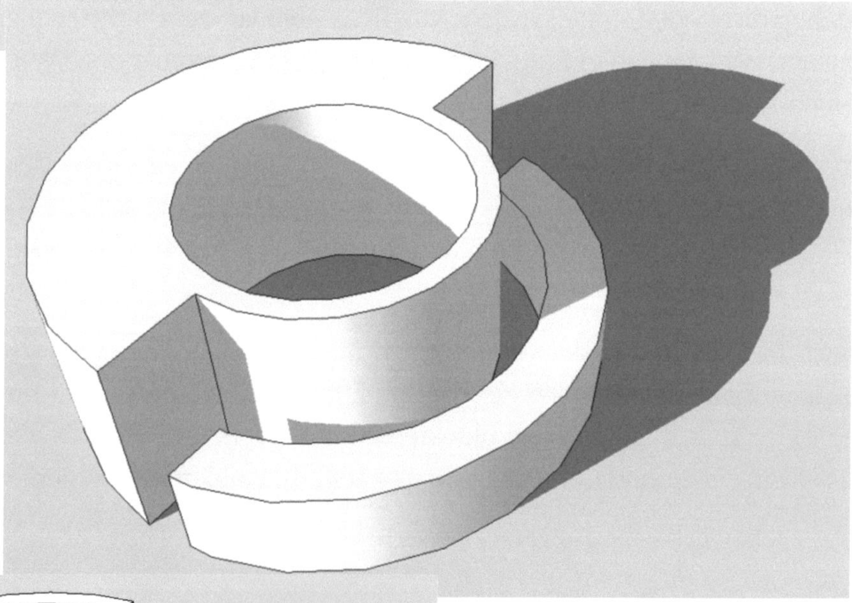

Ähnliche Vorgehensweise mit unterschiedlichem Ergebnis.

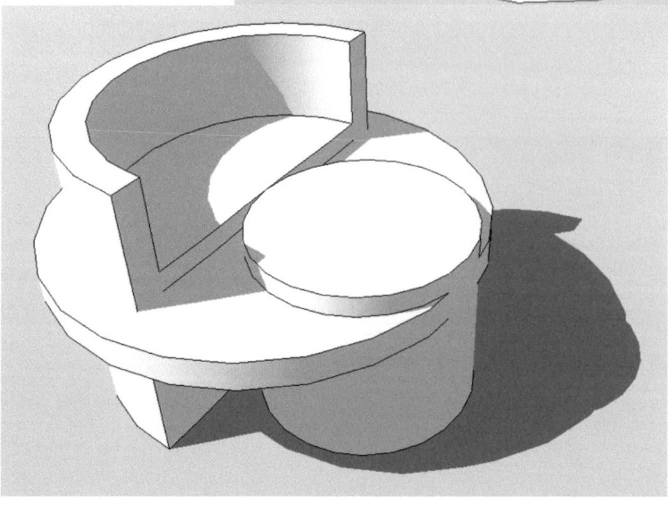

Die Kreise haben zum Teil unterschiedliche Mittelpunkte.

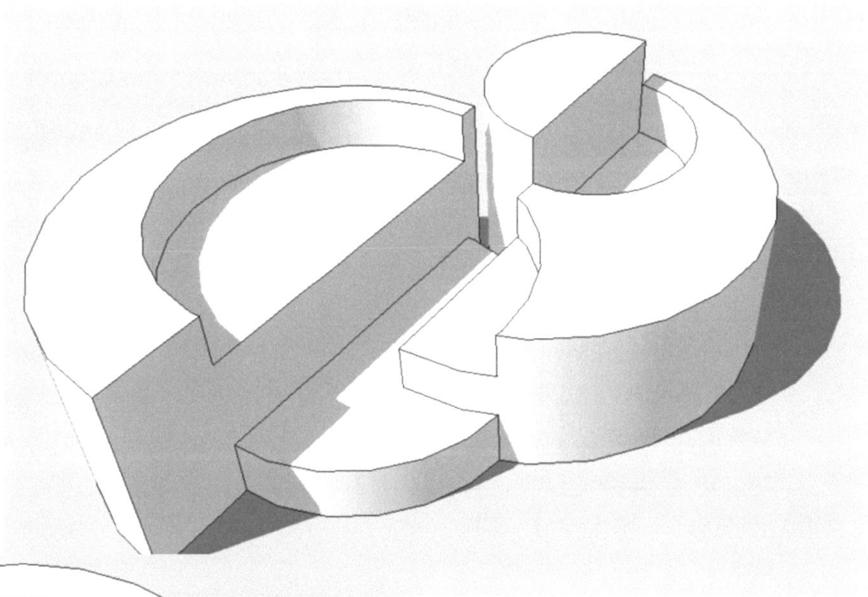

Ein halbierter Kreis wurde am Durchmesser verschoben und die Halbkreise von exzentrischen Kreisen geschnitten.

Zwei Kreise mit unterschiedlichem Mittelpunkt und ihre konzentrischen Innenkreise schneiden sich.

Rechtecke

Rechte Ecken sind zum Streitthema der modernen Architektur geworden. Der allgegenwärtige Funktionalismus hat es aber auch übertrieben! So praktisch Räume mit rechten Winkeln oft sind, so langweilig sehen sie leider als Baukörper oft aus. Aber das muss wahrlich nicht so sein. Belege gibt es genug dafür, dass sich interessante Ableitungen und Beziehungen erstellen lassen. Am Beispiel der > Subtraktion habe ich einige Möglichkeiten ja schon vorgeführt.

Hier nun werde ich Ihnen einige andere Wege und Kombinationen von Methoden zeigen, die zu nicht minder originellen Objekten führen können.

Ein ganz einfaches Verfahren. Rechtecke unterschiedlicher Größe und Ausrichtung werden unterschiedlich hoch extrudiert. Die Schnittpunkte teilen in neueren Versionen von SketchUp endlich auch die Kanten in Teilstücke auf, die dann als solche oder als Fläche unterschiedlich behandelt werden können.

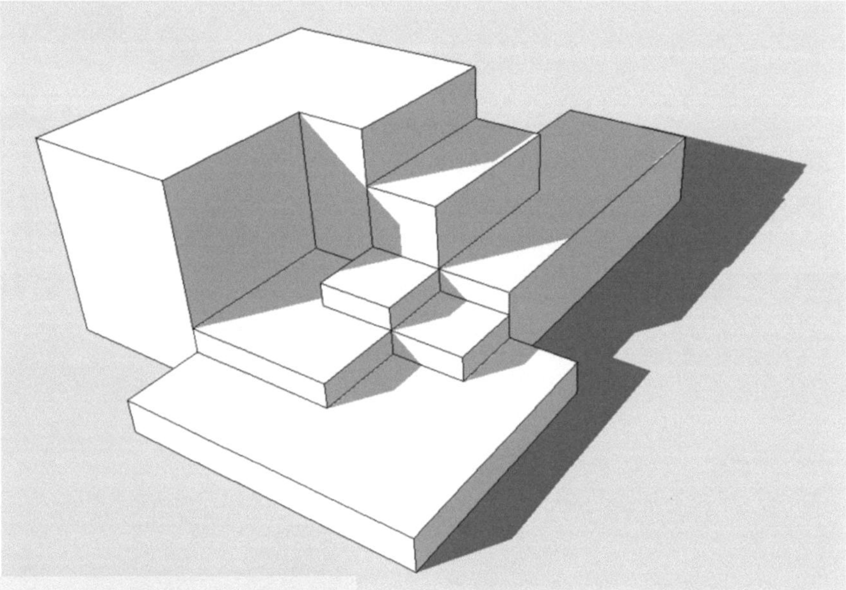

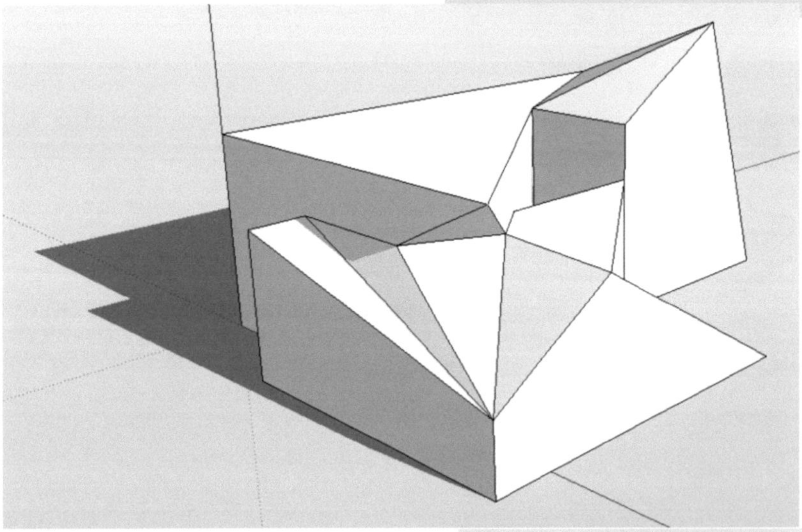

Zwei sich überschneidende Rechtecke wurden unterschiedlich hoch extrudiert und dann einzelne Punkte mit dem Verschieben-Werkzeug so verschoben, dass die automatische Faltung der neu entstehenden Flächen noch ansprechende Ergebnisse liefert. Eventuell müssen einige Flächen neu erstellt oder wieder geschlossen werden.

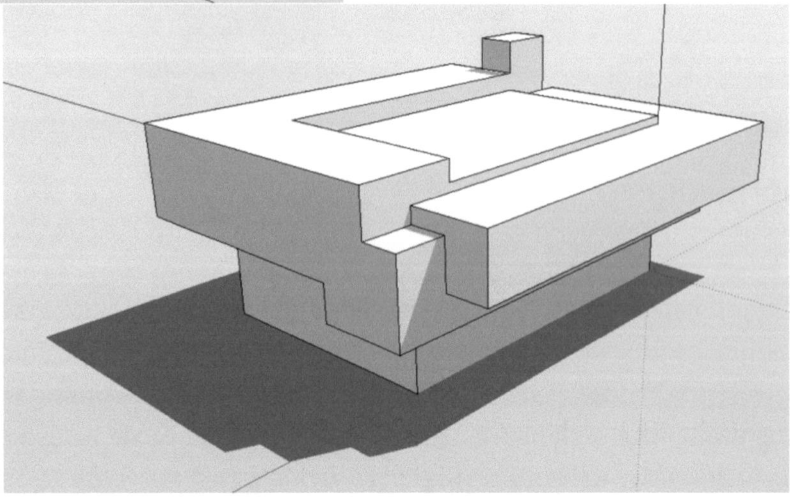

Ein Quader war hier der Ausgangspunkt. An den Ecken wurden in den jeweiligen unverzerrten Standardansichten (am besten auch > Parallelprojektion aktivieren) kleinere Rechtecke erzeugt und mit dem Folge mir-Werkzeug dann an den Kanten als Pfad extrudiert. Die Kanten kann man mit der rechten Maustaste > Unterteilen in kleine Stücke zerlegen, so dass man sich die Länge und Richtung des Pfads selber zusammenstellen kann.

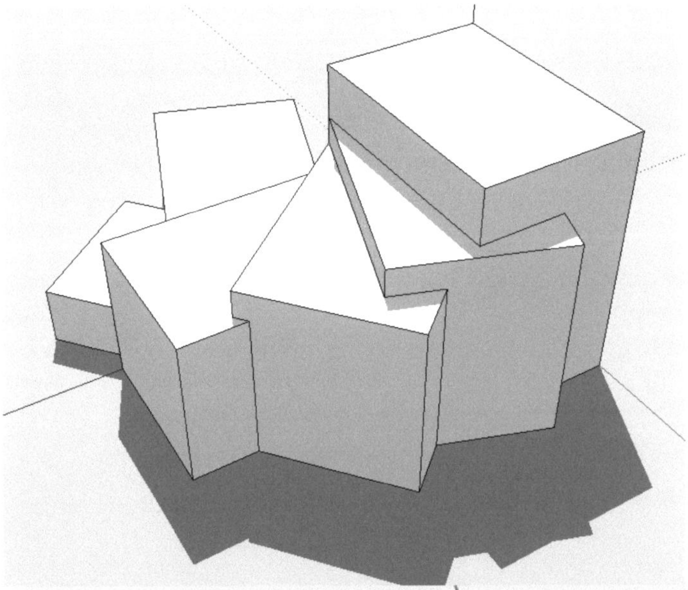

Ein einzelner Quader wurde zunächst insgesamt ausgewählt und gruppiert, dann mit dem Drehen-Werkzeug mit stetig zunehmenden Winkeln um eine Ecke gedreht und kopiert (Strg-Taste jedes Mal kurz drücken!). Die Überschneidungslinien lassen sich auf unterschiedliche Weise löschen und nutzen. Bei der anschließenden Extrusion wurde die Höhe durch nummerische Eingabe stetig verringert, um einen Bezug zu den ungleichen Drehwinkeln herzustellen!

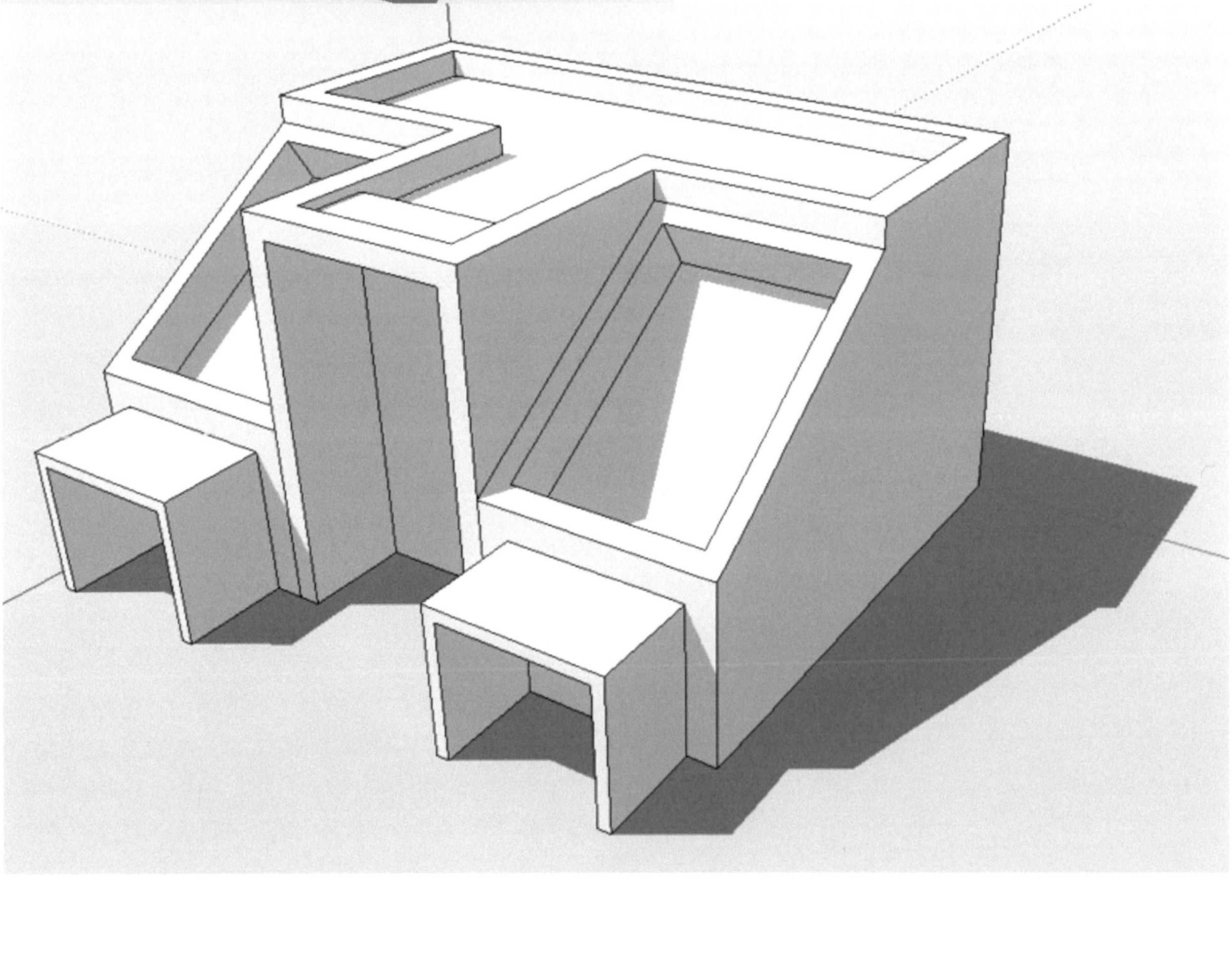

Ein einfacher Quader wurde mit dem Linien-Werkzeug an den Schmalseiten in den Seitenmitten diagonal aufgeschnitten und dort zu einem Drittel seiner Länge zusammengeschoben. Die entstandenen Flächen wurden mit dem Versatz-Werkzeug bearbeitet und unterschiedlich extrudiert. Gelegentlich wurde mit dem Linien-Werkzeug korrigiert.

Polygone

Eigentlich sind in SketchUp Kreise ja auch Polygone, aber es gibt der Übersicht halber dennoch für Vielecke ein eigenes Werkzeug! Man kann die Anzahl der Ecken nummerisch eingeben und bestätigt mit Eingabe. Da besonders Fünf- und Siebenecke recht schwer zu konstruieren sind, erspart man sich damit eine Menge Arbeit.

Ein einfaches Sechseck bekommt in den Ecken halb so große spendiert, die dann unterschiedlich hoch extrudiert werden. Sieht recht weihnachtlich aus, oder?

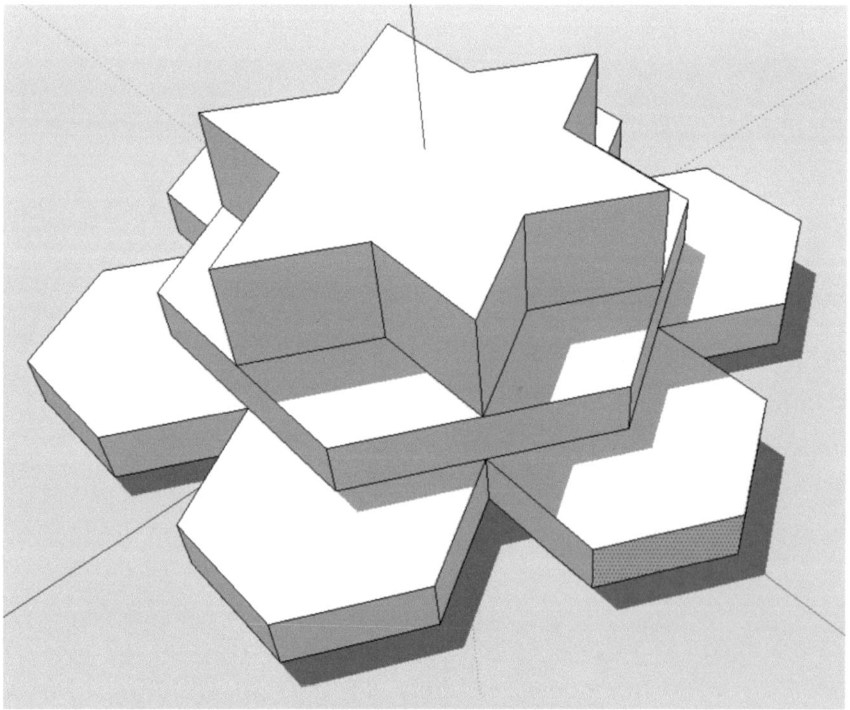

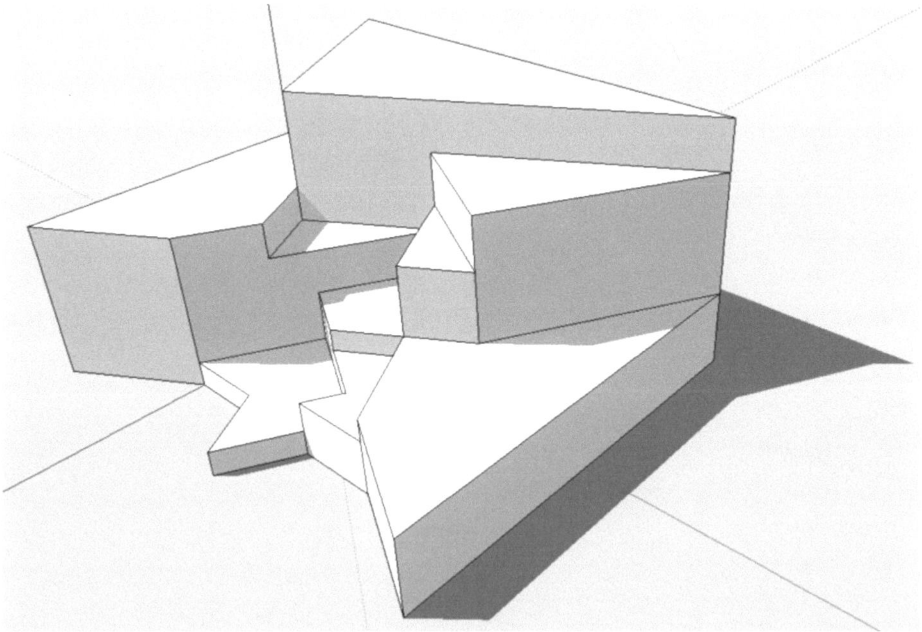

Sich überschneidende Dreiecke unterschiedlicher Größe und Richtung ergeben eine ausgedehnte Spielwiese für Formfindungen. Löschen Sie mal nicht symmetrisch die Teillinien, sondern suchen Sie besonders überraschende Kombinationen und Flächen für die Extrusion aus!

Ausgangsformen waren hier Fünfecke. Überschneidungen wurden hier zwar symmetrisch genutzt, aber nicht am Pentagramm selbst übermäßig orientiert. Übrigens verstecken sich hier viele Proportionen, die dem goldenen Schnitt folgen! Die Diagonalen des Fünfecks schneiden sich nämlich alle in diesem Verhältnis, dem man dann auch in der Kombination kaum ausweichen könnte.

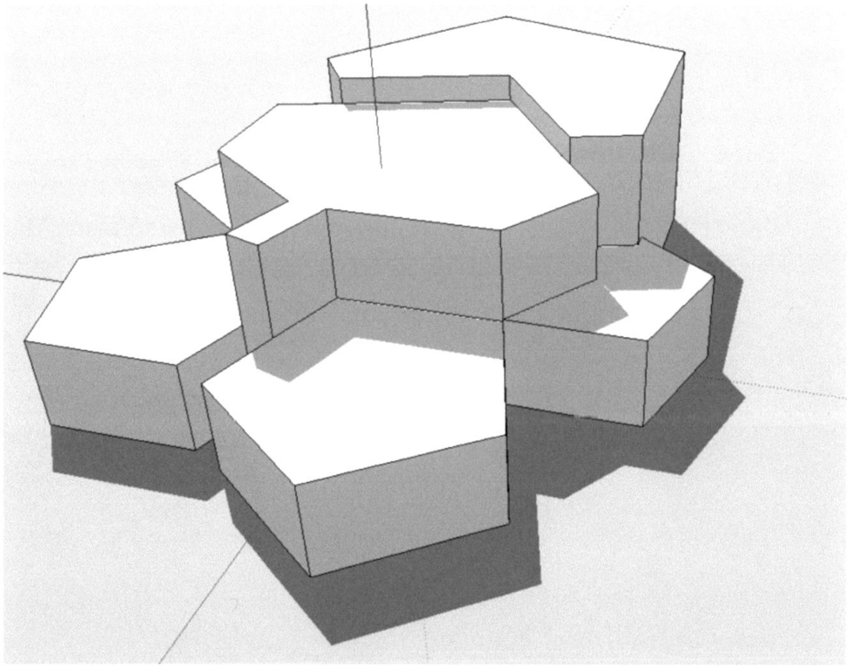

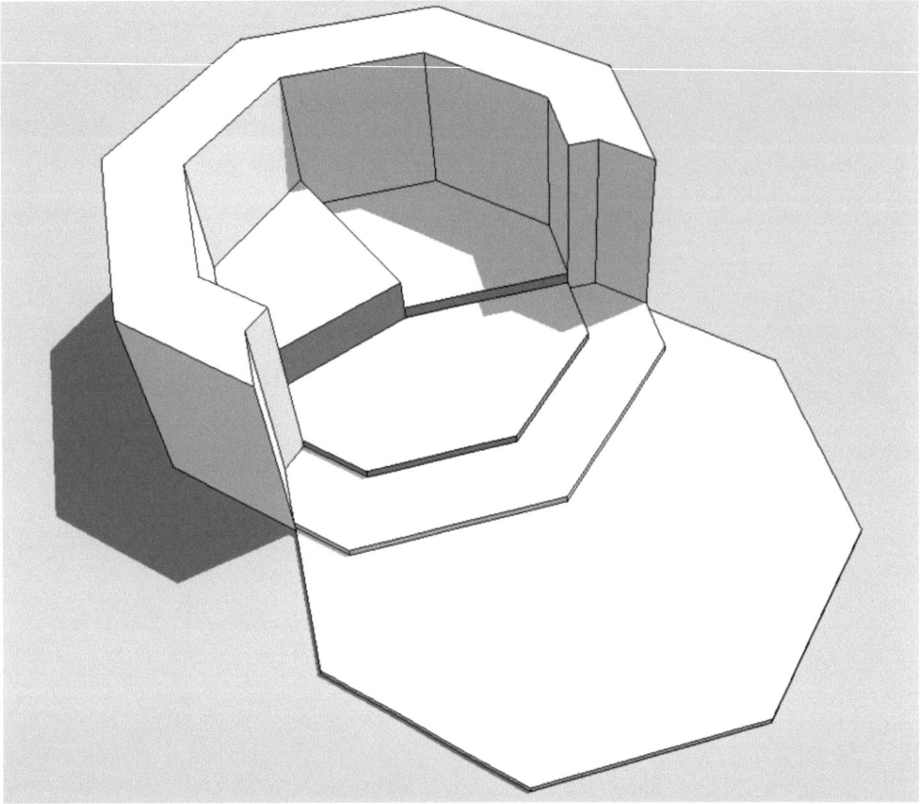

Zwei Zehnecke, von denen eines diagonal zerschnitten und mit dem Versatz-Werkzeug weiter differenziert wurde, waren hier der Ausgangspunkt.

Paare

Unterschiedliche Formenpaare ergeben spannende Kombinationsmöglichkeiten. Kontraste zwischen rund und eckig lassen sich steigern und miteinander versöhnen. Man kann sich auf tatsächlich nur zwei Elemente beschränken, und so die Komplexität des Ergebnisses im Zaum halten. Oder aber mit Wiederholungen und stetigen Variationen das Leitmotiv umspielen. Spannend ist es auch, eine der beiden Formen ins Zentrum zu rücken, und die andere auf vielfältige Weise anzunähern und zu verbinden…

Zwei Würfel, zwei Zylinder. Höhen und Richtungen unterscheiden sich, Durchdringungen verbinden.

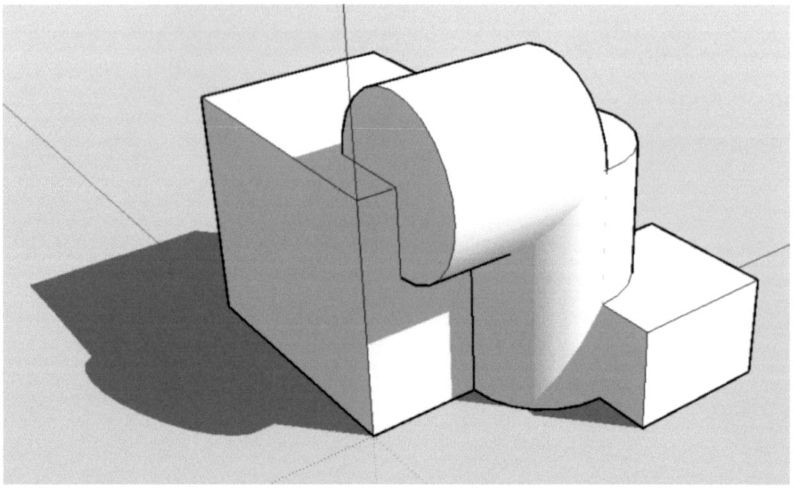

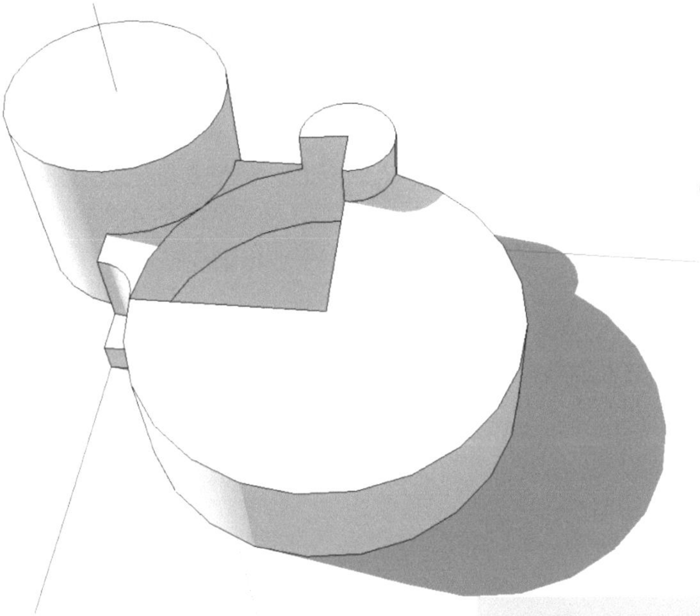

Oder auch so…

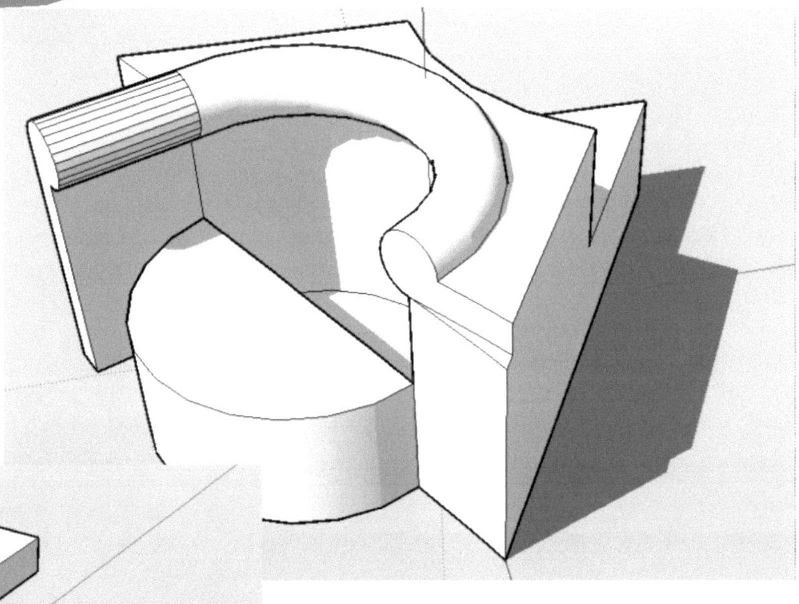

Dreieck und Kreise werden geschnitten und auf unterschiedliche Weise extrudiert.

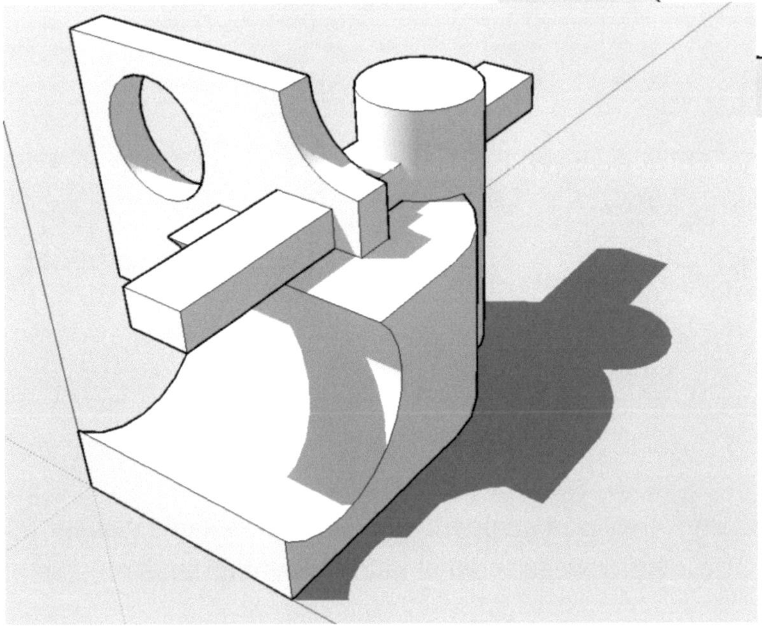

Kreise und Rechtecke in freiem Spiel: Subtraktionen, Durchdringungen, Extrusionen und Durchbrüche. Und alles schnell und einfach!

Zur Verdeutlichung etwas Farbe! Zylinder wurden in nur einer Richtung skaliert, entstandene Faltflächen gelöscht, Quader an den Eckpunkten verschoben und gefaltet. Und ansonsten das übliche Programm!

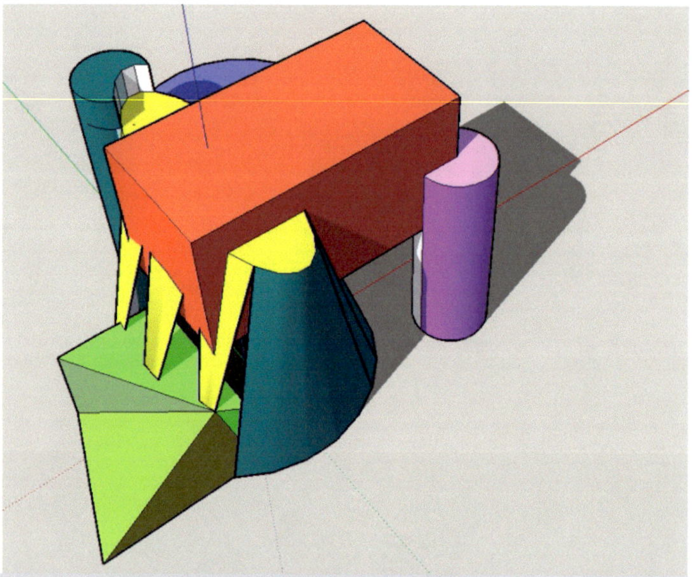

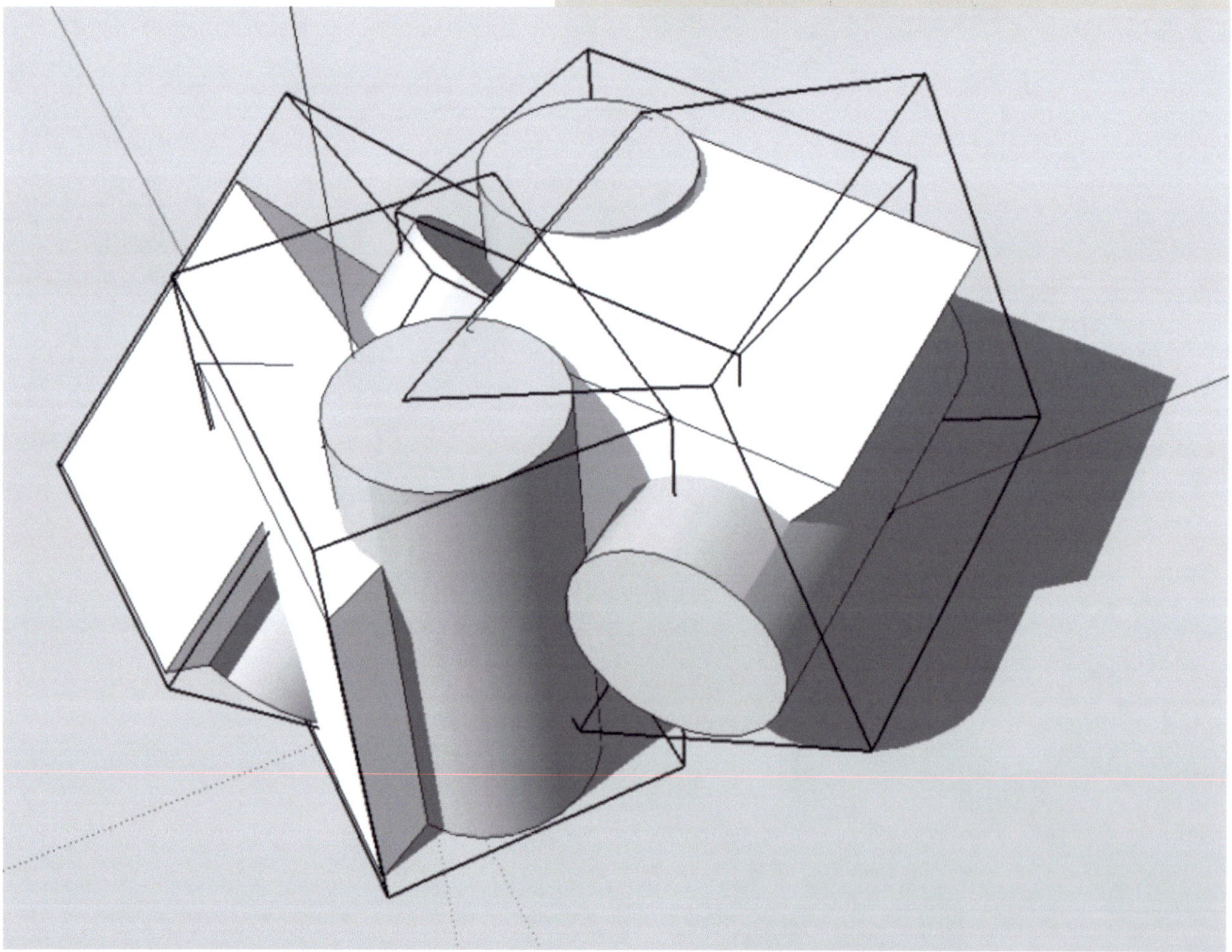

Ein Prisma und ein Zylinder, die sich durchdringen, wurden gruppiert und dann gedreht und geneigt, dabei natürlich auch kopiert! Der besseren Orientierung wegen einmal mit Markierungsrahmen (oben), und einmal ohne (unten).

Die Perspektive unterscheidet sich übrigens auch ein wenig.

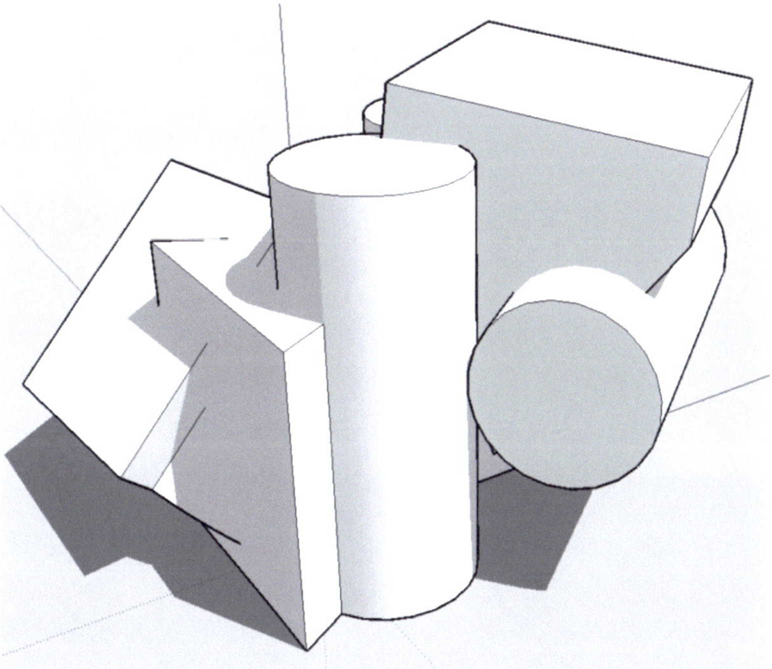

Beispiele

Curviloft – Loft along path

Bestimmen Sie mit dem Befehl **Loft along path** den Pfad, an dem entlang die beiden (oder mehre) Flächen miteinander gemorpht werden. Der Pfad kann eine Linie, eine Kurve oder ein Bogen sein! Das Plugin und weitere Informationen bekommen Sie hier >>>.

Die beiden zu verbindenden Flächen dürfen sich nicht berühren. Eine Bezierkurve verbindet die Mittelpunkte.

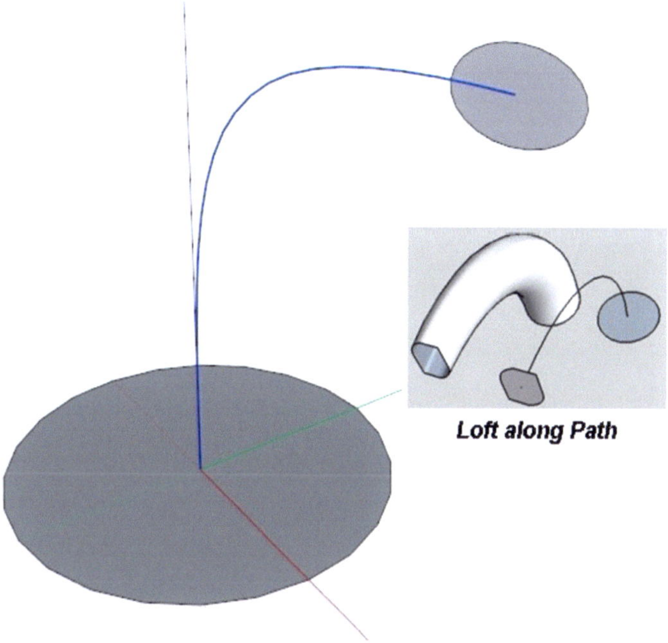

Sobald Loft along path aufgerufen wird ist die Bezier-Kurve als Pfad rot markiert. Linien oder Kreisbögen wählen Sie als erstes Element (auch mehrere in geordneter Reihenfolge sind möglich!) an und klicken dann ins Leere. Verfärbt sich die Linie zu rot, dann ist sie als Pfad definiert. Nun klicken sie die beiden Flächen an, die extrudiert werden sollen.

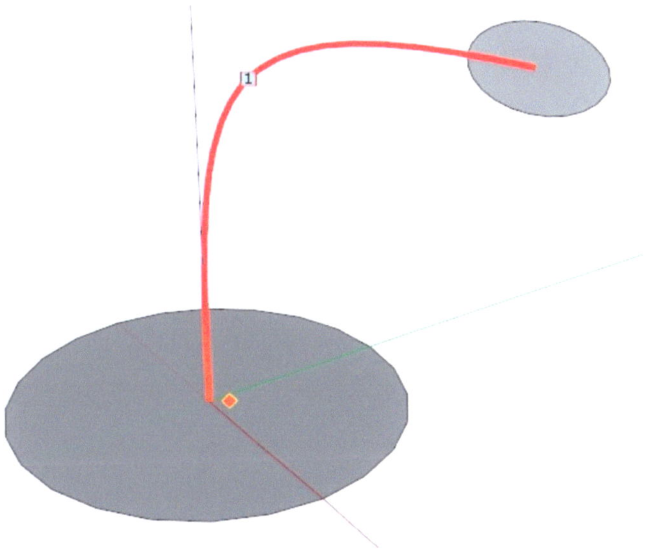

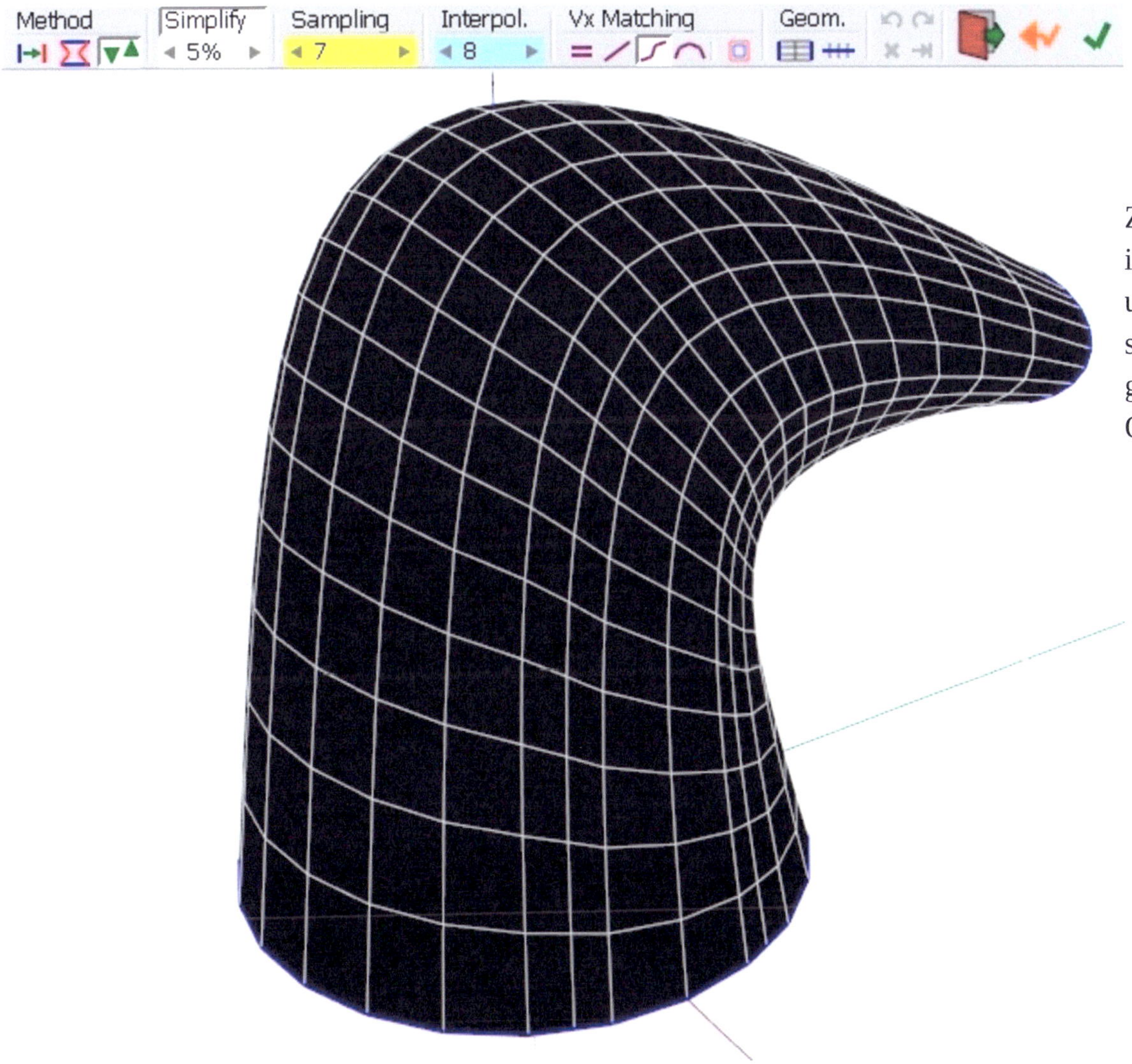

Zwei Klicks ins Leere und Sie sehen ihr generiertes Objekt.

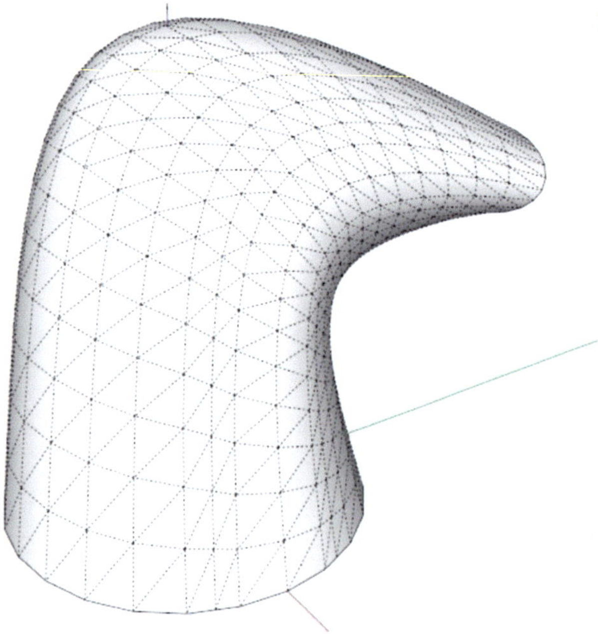

Und nach einem weiteren Klick…

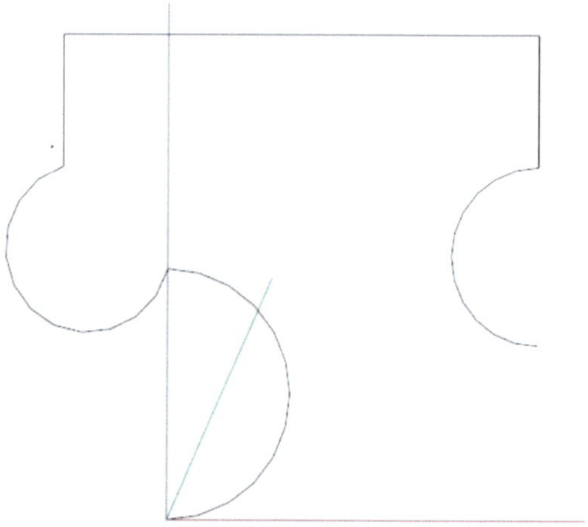

Tipp:

Entwerfen Sie Ihren Pfad in der Standardansicht von vorne (Menü > Kamera). So bleiben Sie immer in der richtigen Ebene, falls dies erwünscht ist (auch dreidimensionale Pfade sind möglich!). Denn schließlich ist der Pfad für das spätere Erscheinungsbild des Körpers ganz wesentlich. Verwenden Sie also recht viel Sorgfalt auf seine Erstellung! Beim Ausprobieren müssen Sie ja nicht übertreiben.

Und nachdem wir die Flächen platziert und das Plugin eingeschaltet haben…

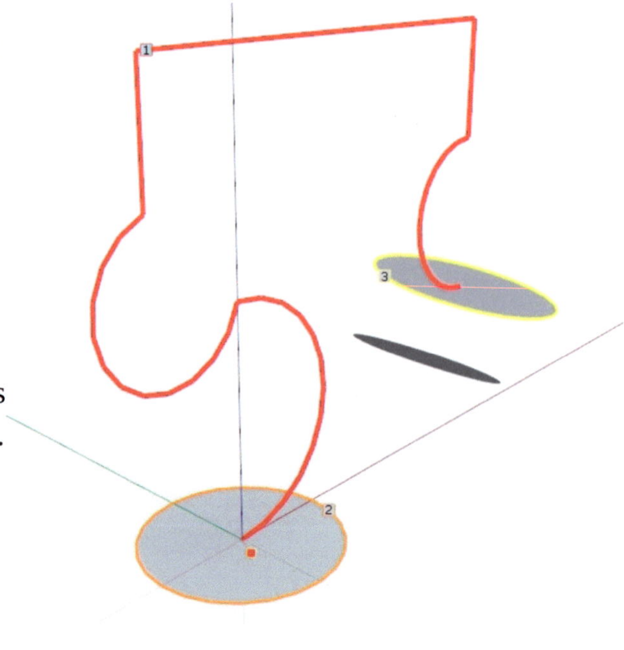

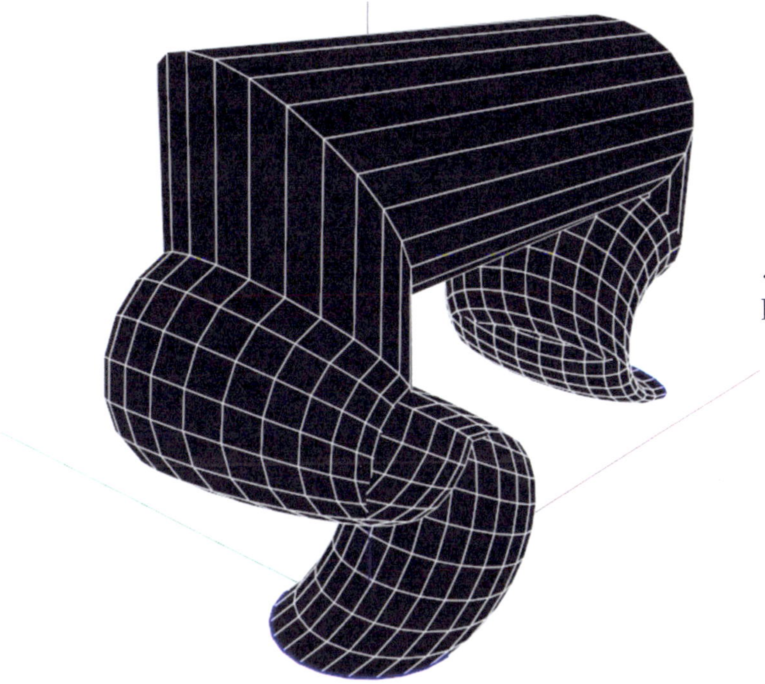

… und nach zweite weiteren Klicks in eine leere Fläche wird es dreidimensional!

Curviloft – Loft by Spline 2

Im vorangehenden Artikel haben wir Flächen verbunden. Aber wir können auch Linien und Kurven plastisch verbinden. Die entstehenden Flächen lassen sich natürlich auch per Feintuning an persönliche Vorstellungen anpassen! (>>> Download).

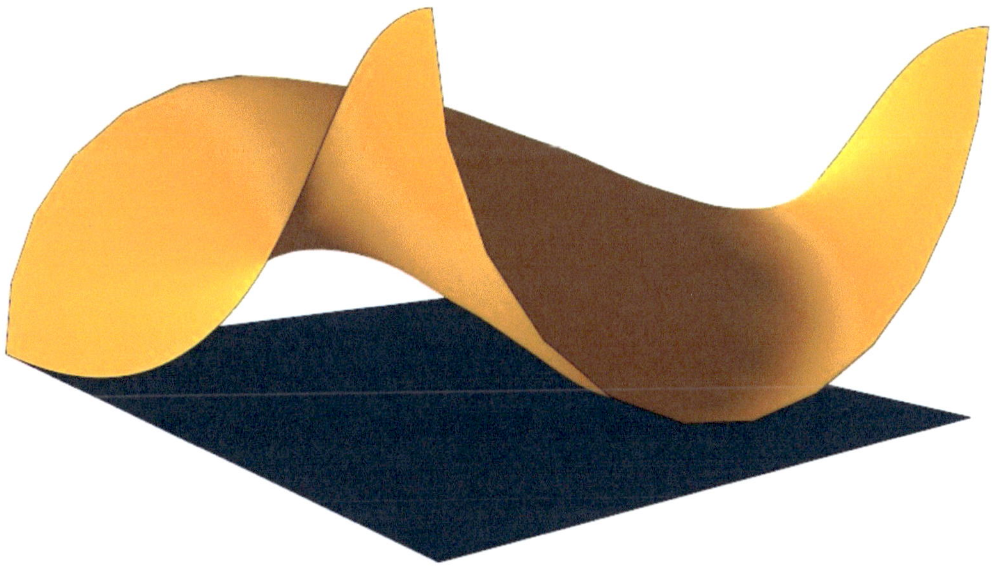

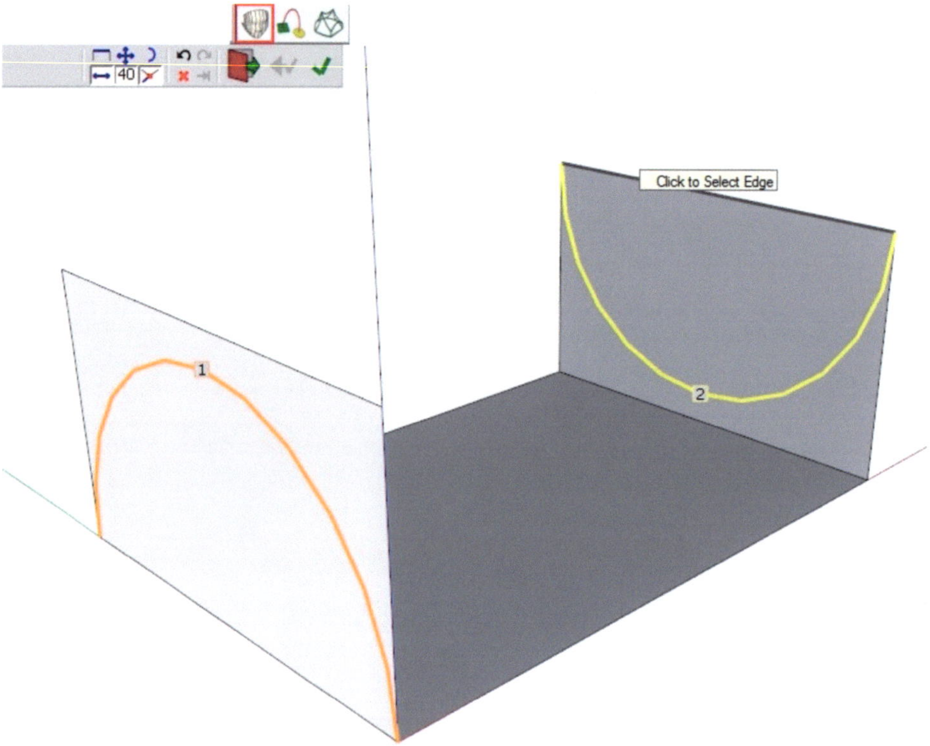

Zwei Halbkreise sind schnell konstruiert und dienen uns als Elemente.

Nach Aktivierung des Plugins wählen Sie die beiden Halbkreise aus. Erneutes Anklicken hebt die Auswahl übrigens wieder auf. Nur falls Sie sich mal verklickt haben.

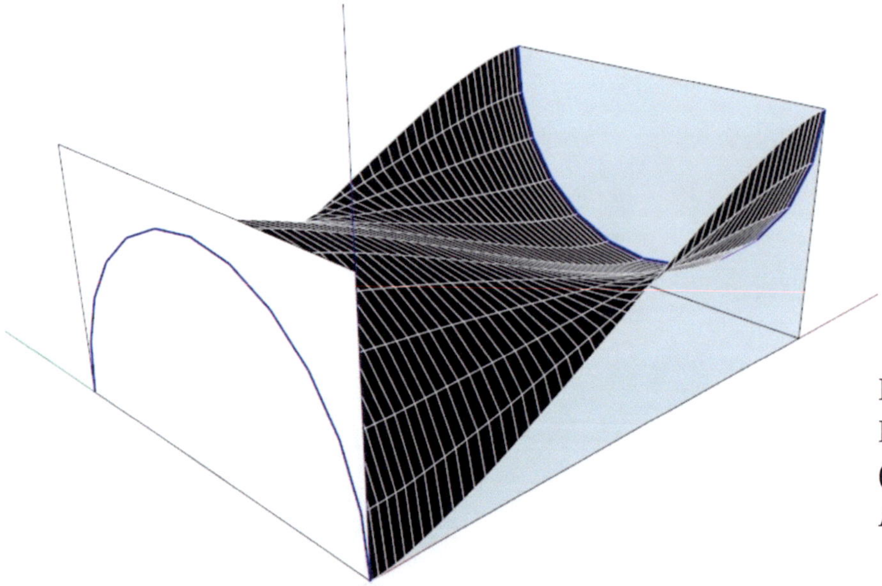

Nach zwei weiteren Klicks ins Leere haben wir obiges Ergebnis (Anpassen siehe nächsten Artikel).

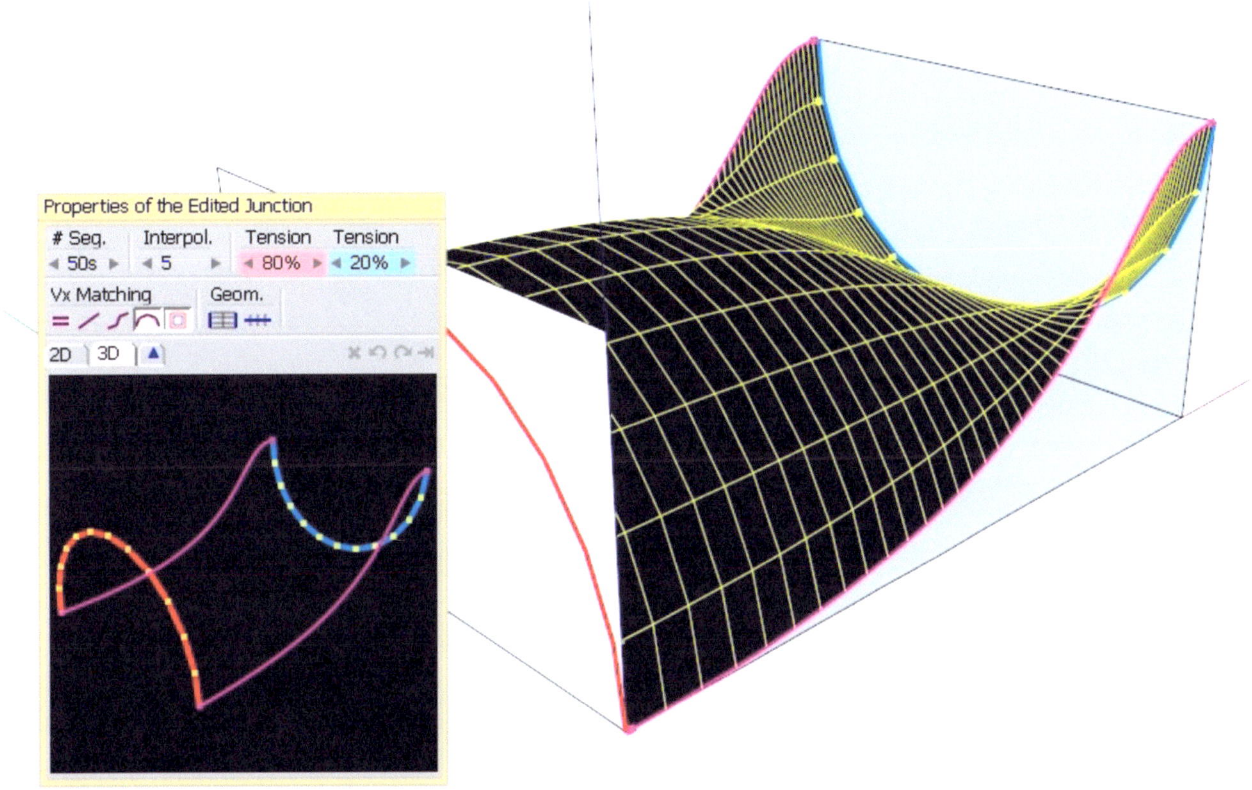

Klicken Sie auf das Modell und verändern Sie zum Beispiel einmal den tension-value, also die Spannung der Haut. Erinnert mich jetzt an einen Manta oder einen Rochen…

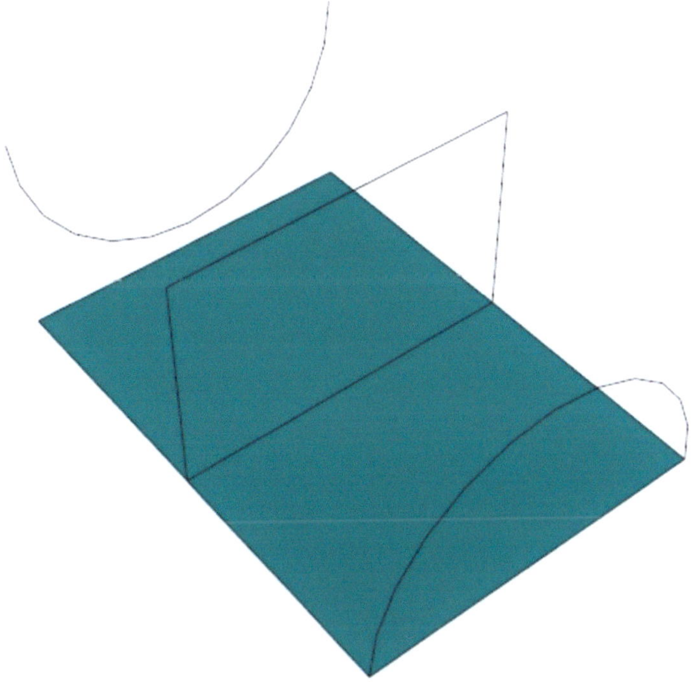

Probieren Sie auch einmal mehrere Stationen der Formfindung. Sie können während der Bearbeitung auch noch die Reihenfolge der Elemente bestimmen!

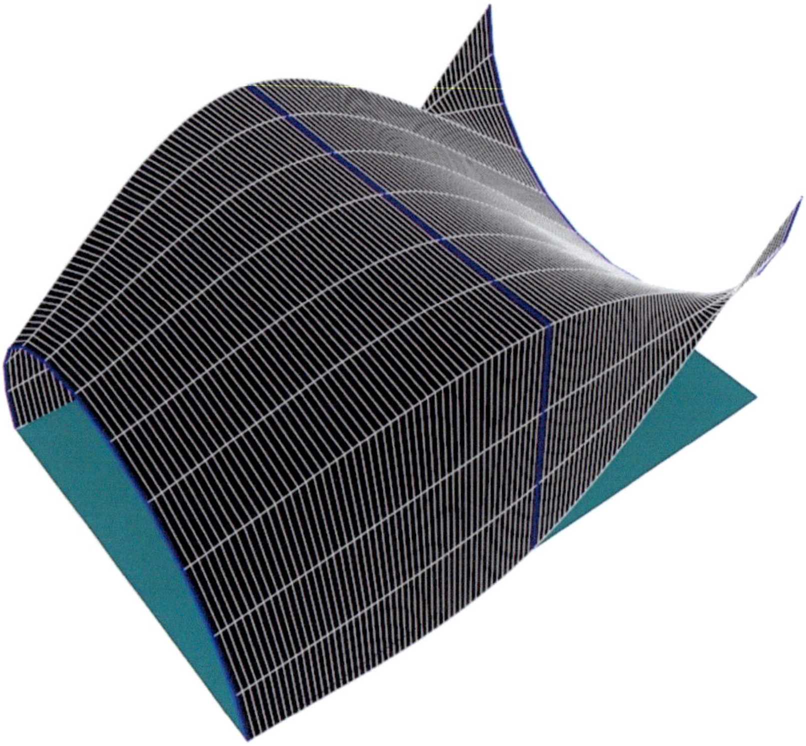

Sie müssen allerdings darauf achten, dass die Kanten des Rechtscks zu einer **Polylinie** kombiniert werden! Ansonsten wird jede Linie einzeln als Element definiert!

Das Skelett...

...und die glatte Haut!

Curviloft – Loft by Spline 1

Mit diesem Plugin (>>> Download – beide Plugins installieren!) von Fredo6 lassen sich alle möglichen Häute und Verbindungsflächen erstellen und faszi-nierend vielfältig manipulieren. Nach etwas Einübung lassen sich viele nützliche Anwendungen entdecken, die der flexiblen Struktur des Plugins geschuldet sind. Ohne eigenes Experimentieren kommt man allerdings nicht weit…

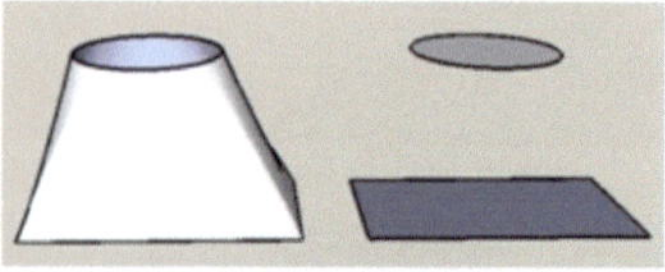

Loft by Spline

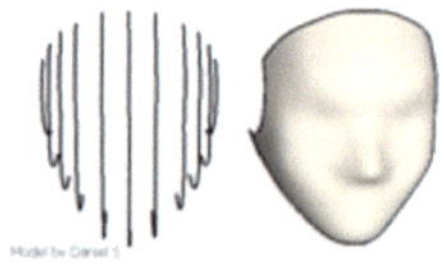

Loft by Spline

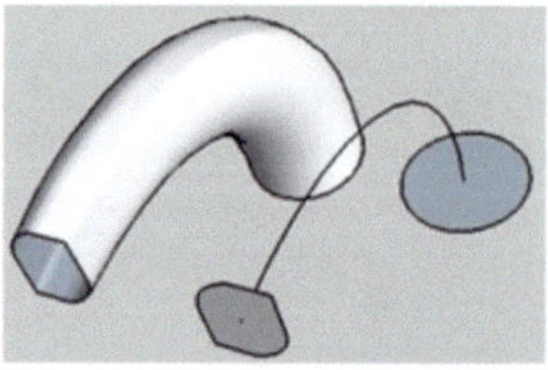

Loft along Path

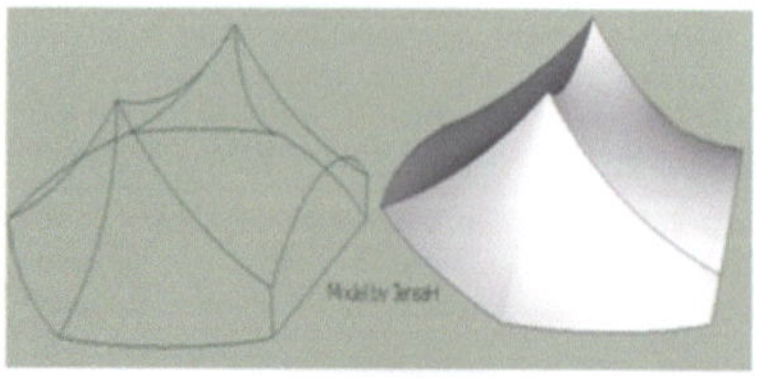

Skinning

Die folgende Einführung beschränkt sich auf die Funktion **„Loft by Spline“**. Die anderen Möglichkeiten werden in gesonderten Artikeln behandelt.

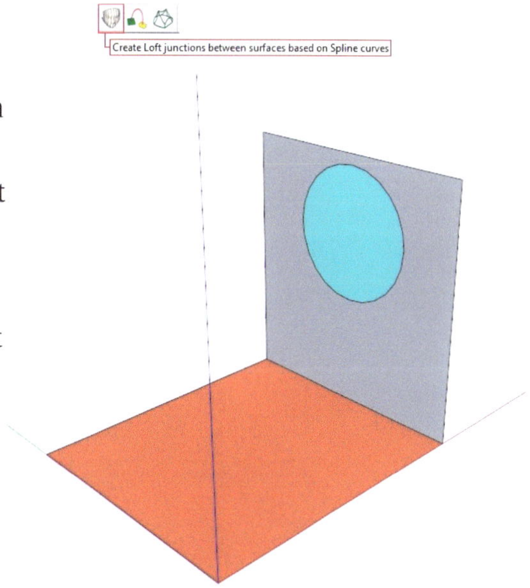

In einer ersten Übung verschmelzen wir zwei Flächen zu einer plastischen Form. Diese dürfen allerdings nicht in einer Ebene liegen und sich zudem auch nicht berühren oder überschneiden!

Das rote Quadrat und der türkisblaue Kreis sollen unsere Ausgangsflächen sein. Aktivieren Sie nun Loft by Spline im Menü Tools > Fredo6 Collection > Curviloft > **Loft by Spline** oder klicken Sie auf das Icon (Setzen Sie im Menü Ansicht > Symbolleisten ein Häkchen vor **Curviloft**).

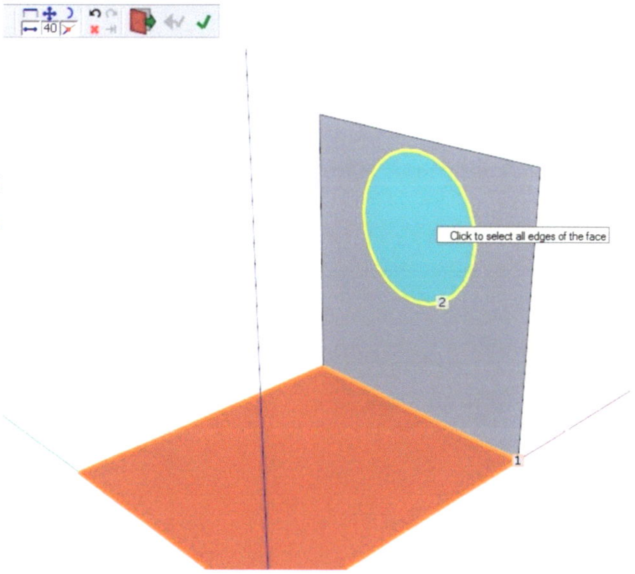

Klicken Sie in die beiden Flächen und wählen Sie diese damit aus. Ein Klick ins Leere bestätigt die Auswahl. Mit einem weiteren Klick starten Sie die Generierung der Übergänge. Dies kann – je nach Komplexität der Formen – ein paar Augenblicke dauern.

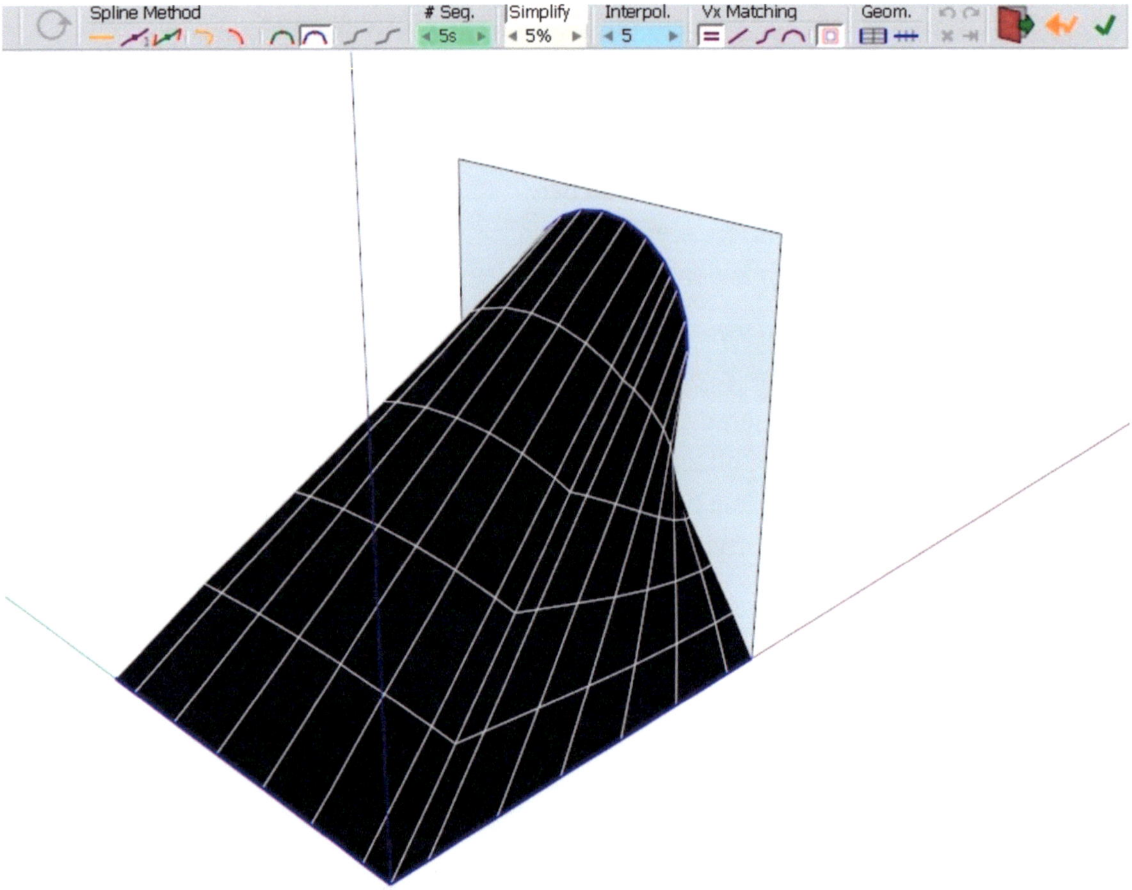

Wir sehen nun das vorläufige Ergebnis vor uns. Ein wenig Feinarbeit ist aber noch nötig. Stellen Sie zunächst die Anzahl der Segmente auf einen höheren Wert.

Alle anderen Werte probieren Sie einfach mal selbst aus!

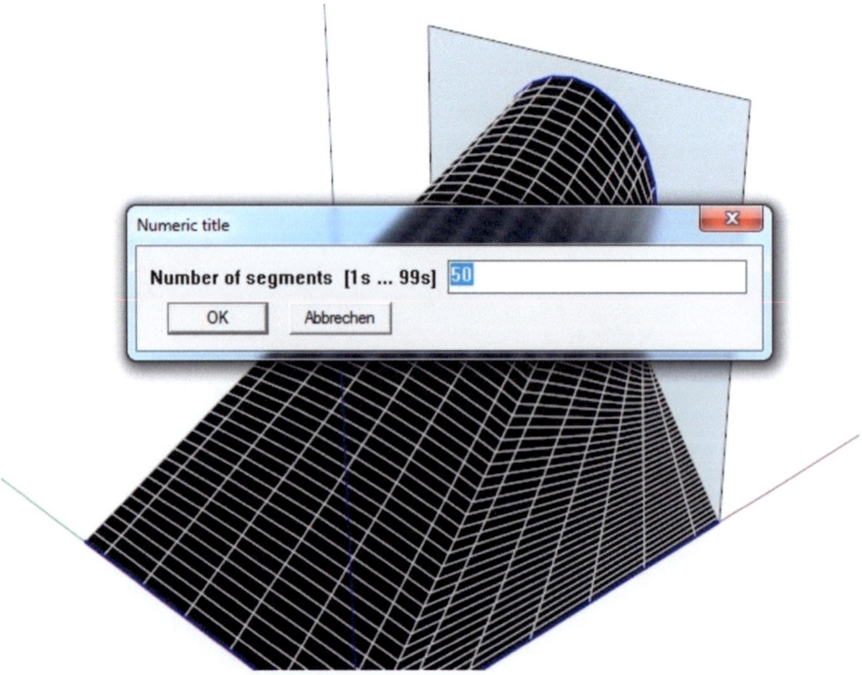

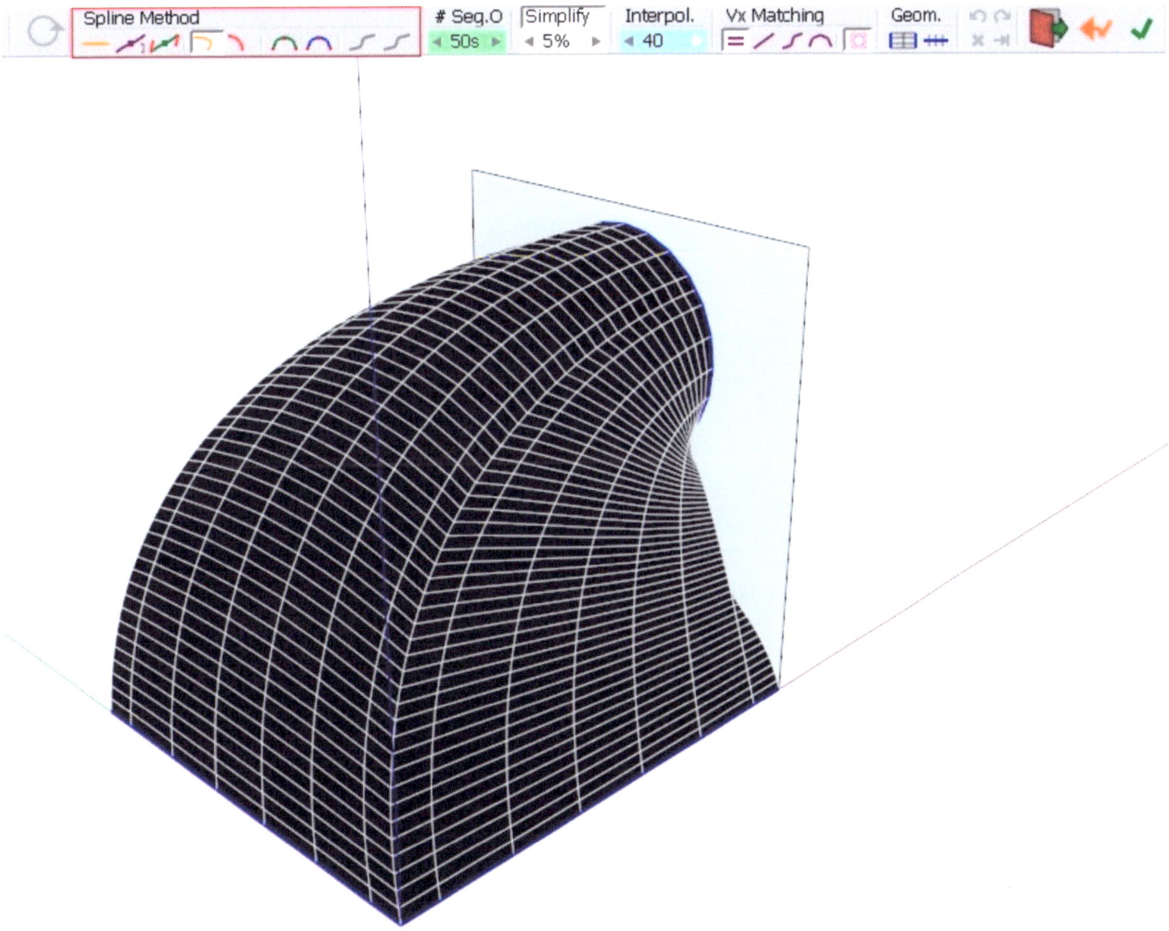

Probieren Sie unbedingt die verschiedenen Spline-Methoden!

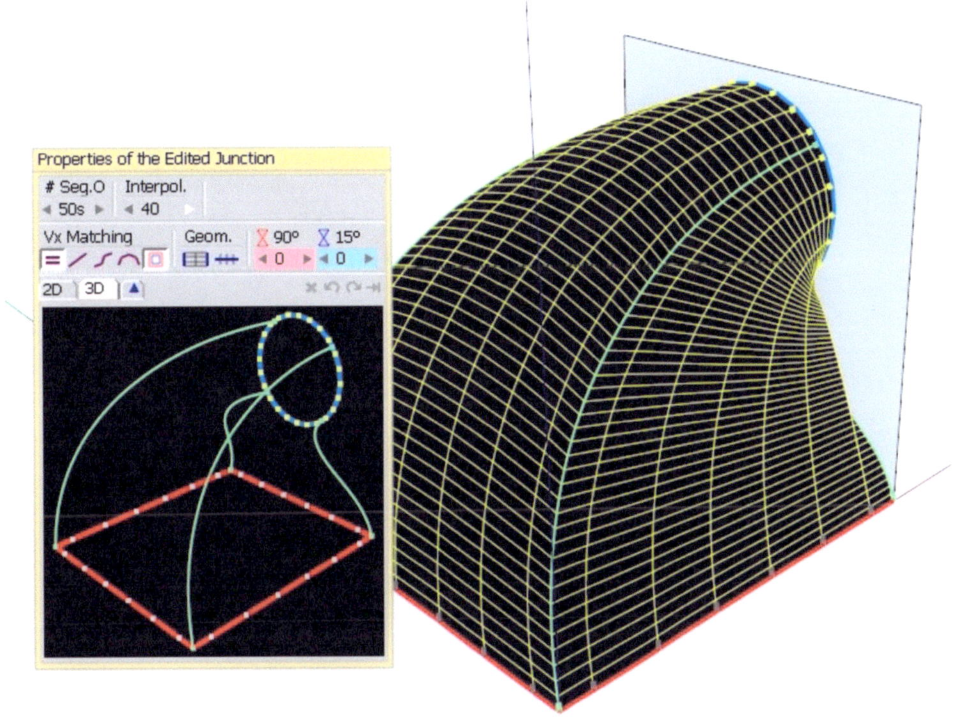

Fahren Sie nun mit der Maus über das Modell. Wenn es sich farbenprächtig zeigt bitte anklicken.

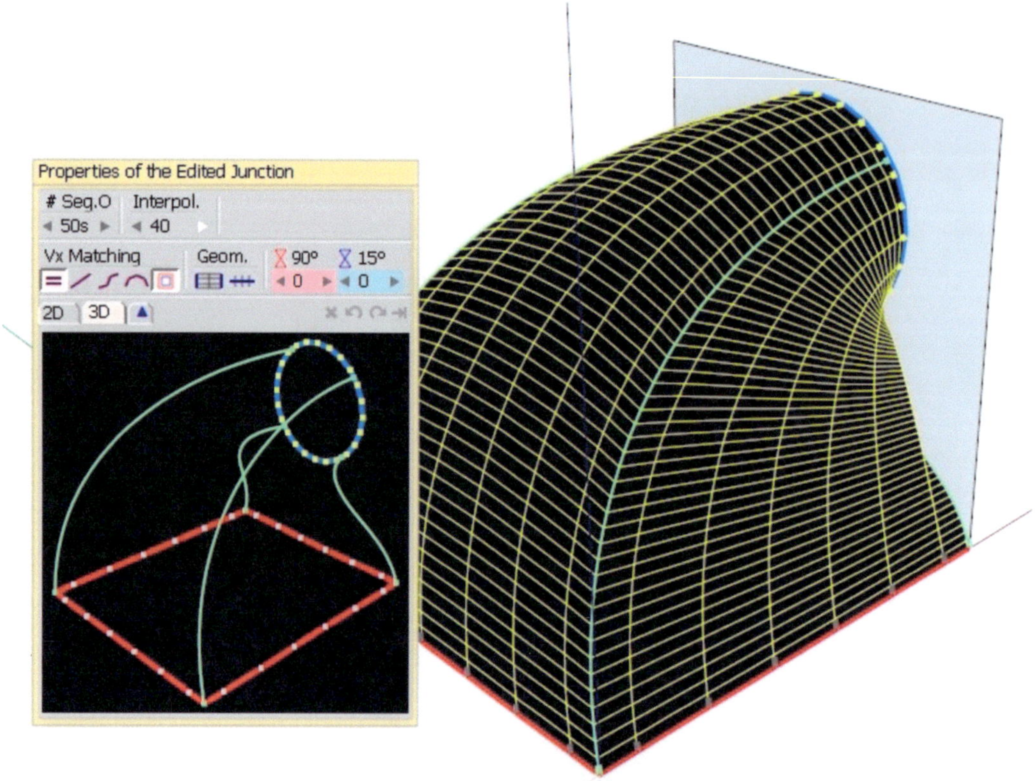

Im Eigenschaften-Dialog können Sie weitere Werte einstellen und das Ergebnis beeinflussen.

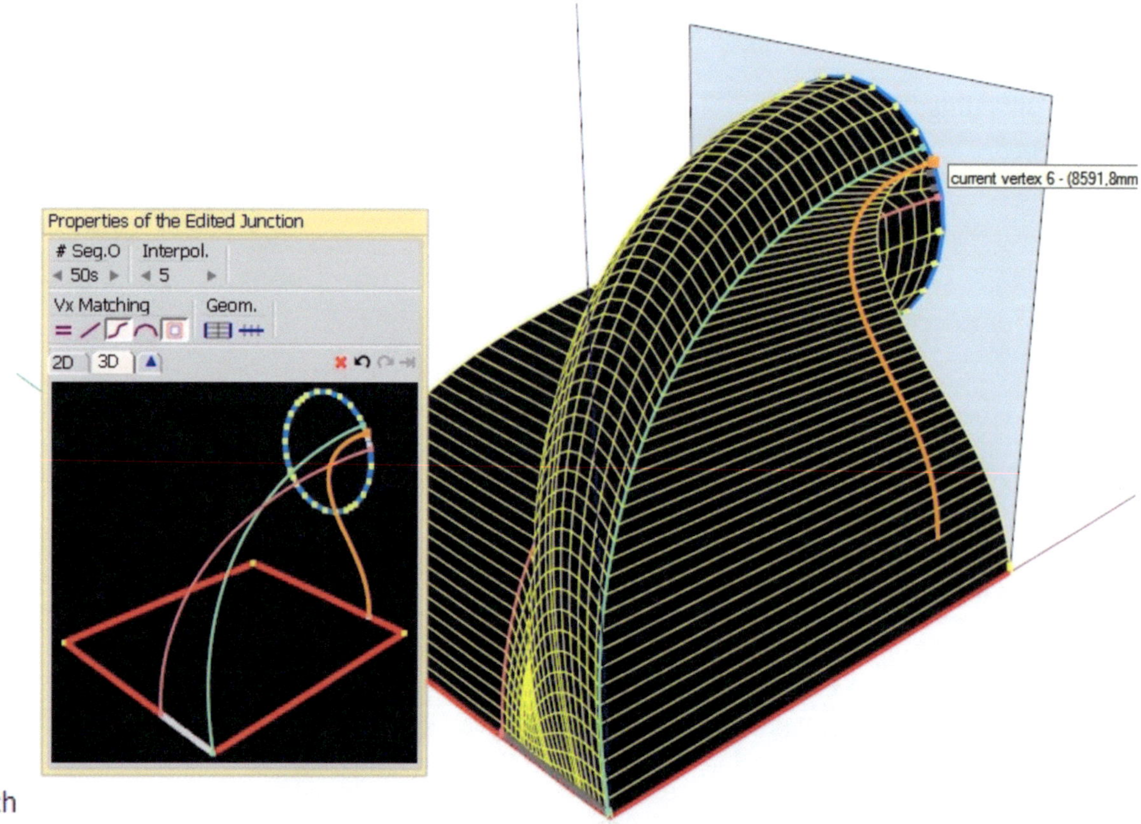

Ach

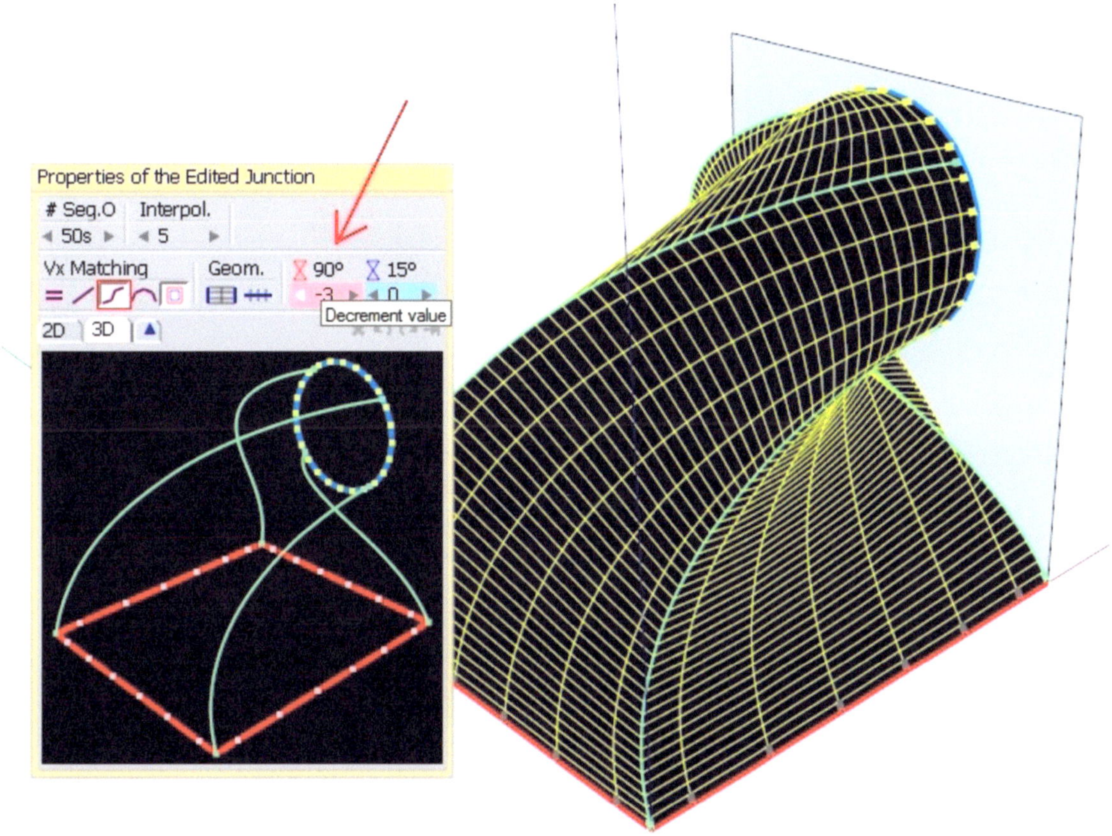

Es ist aber auch möglich, ganz gezielt Linien oder Kurven zu verschieben. Die Linienende sind die Anfasser. Die aktive Linie wird im Eigenschaften-Dialog und im Modell orange hervorgehoben. Ziehen Sie die Anfasser auf einen anderen Punkt der Fläche. Und üben Sie sich in try and error!

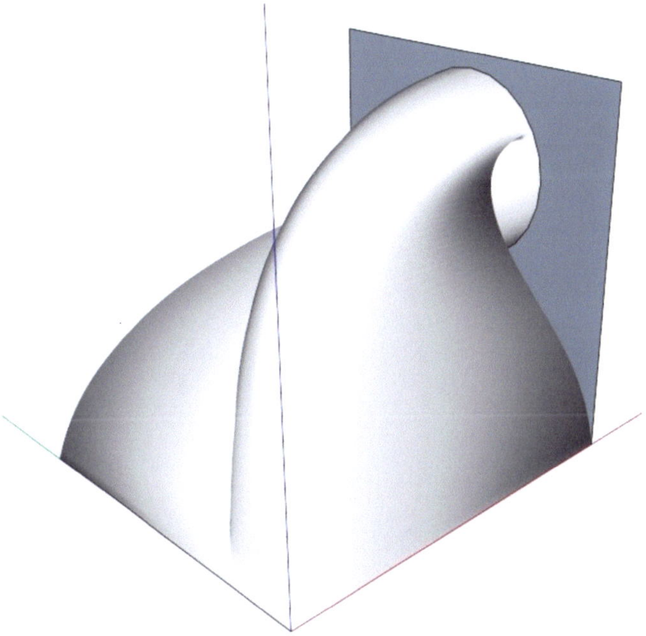

Sind Sie mit dem Ergebnis zufrieden, dann klicken Sie mit der Maus, solange der Zeiger ein grüner Haken ist.

Lines 2 Tubes

Das Plugin (>>> Download) untertreibt bescheiden. Das Script kann auch Bögen, Kreise und Kurven in Röhren verwandeln, nicht nur Linien. Und besonders praktisch ist, dass man einen beliebigen Körper auswählen kann. **Lines2Tubes** erkennt automatisch die verwertbaren Pfade. Sie brauchen also keine Klickorgie zu veranstalten…

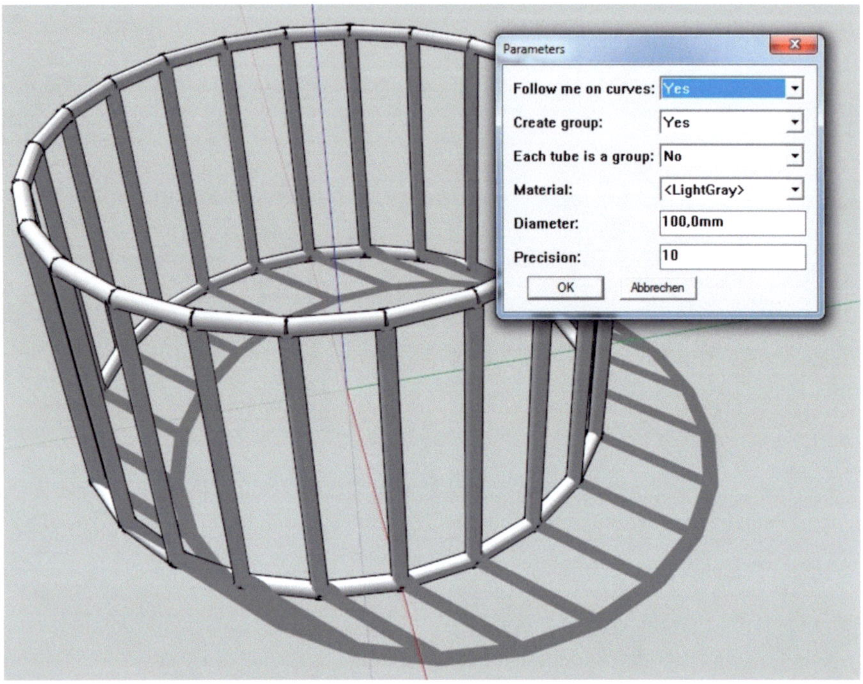

Falls Sie also noch einen Löwenkäfig brauchen. Nichts einfacher als das!

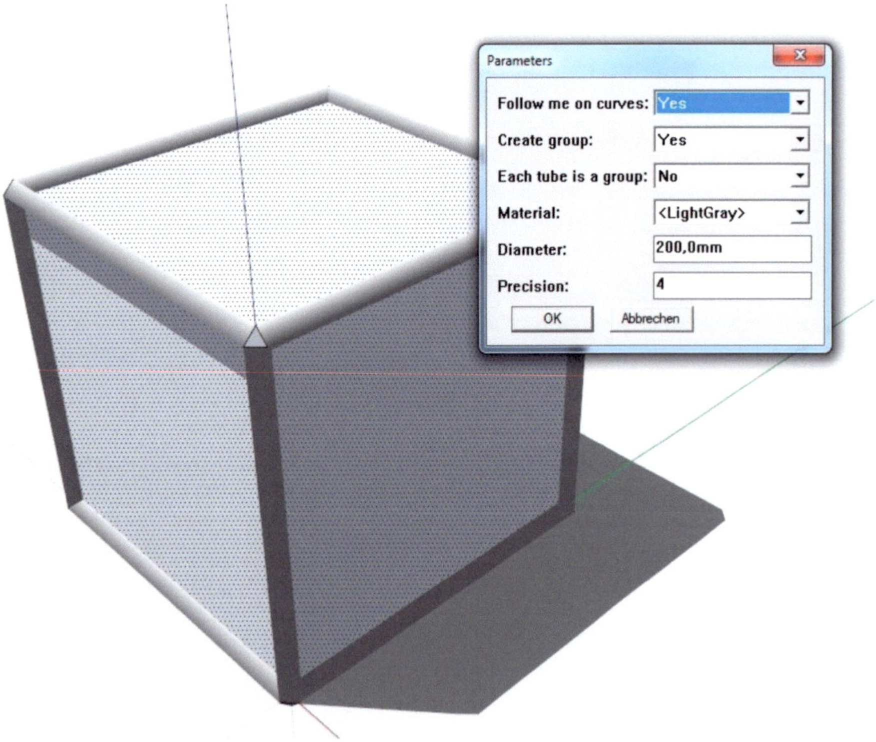

Ein einfacher Würfel wird als Ganzes ausgewählt. Die Flächen werden bei der Erstellung der Röhren ignoriert, bleiben aber erhalten.

Tipp: Ändern Sie den Paramaeter für Precision auf 3, dann erhalten Sie keine Röhren, sondern Prismen, beim Wert 4 entsprechend Vierkanthölzer!

Ein gotisches Maßwerkfenster lässt sich am besten in der Standardansicht „Vorne“ konstruieren. Die überflüssigen Linien und Flächen entfernen und den Rest **lines2tubes** überlassen. Die bei Kurven entstehenden Knicke wurden übrigens nachträglich in der Bildbearbeitung etwas retuschiert. Also nicht wundern!

Netze, wie man sie zum Beispiel mit dem Plugin **Soap Skin & Bubble** spinnen kann, enthalten Kanten und lassen sich so zum Skelett ihres Bauvorhabens verwandeln.

Lustige Körper!

Ob diese Körper nun lustig, originell oder einfach nur merkwürdig wirken, das mag jedem Leser selbst überlassen bleiben. Unbestreitbar aber ist, dass man mit den **Fun Shapes** (>>> Download) schnell und einfach ganz unterschiedliche Objekte kreieren kann. Oben sehen Sie Superellipsoide mit unterschiedlichen Einstellungen.

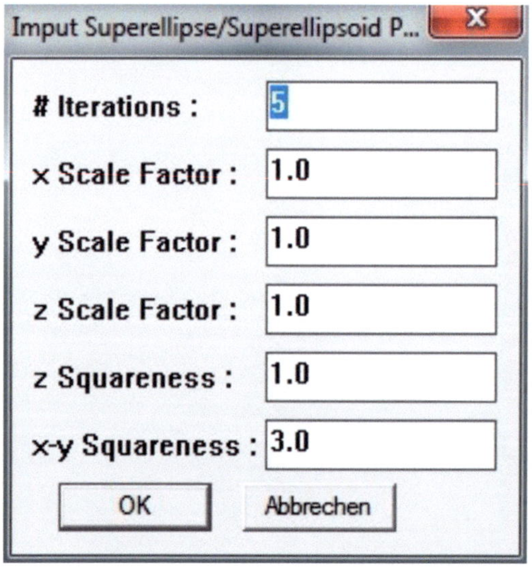

Die hier gezeigten Werte generieren den Körper ganz rechts. Mit *Iterations* stellen Sie die Feinheit der Darstellung ein. Je höher der Wert, desto glatter die Form! Die Ausdehnung können Sie mit dem *Scale Factor* für jede Koordinate ganz exakt und individuell einstellen. Hier sind Überraschungen garantiert!

Tipp: Verändern Sie zunächst einzelne Werte graduell, bevor Sie sich an Kombinationen wagen.

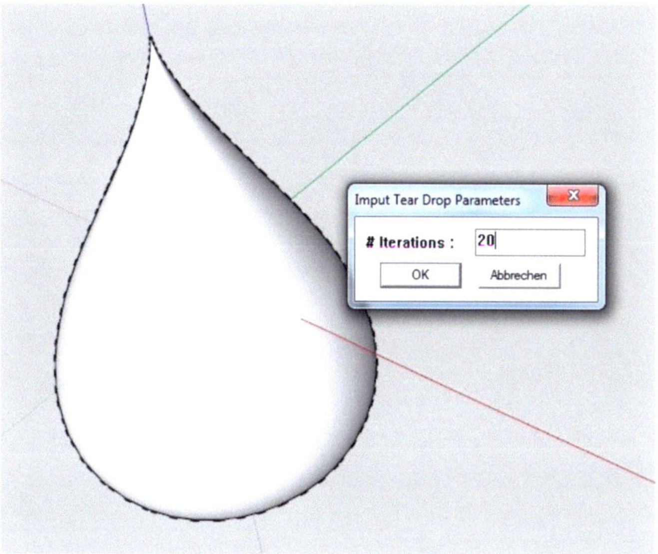

Wenn Sie Tränen vergießen wollen, dann stellen Sie die Parameter für *Iterations* beim *Tear Drop* auf etwa 20, um eine annehmbare Glätte der Form zu gewährleisten!

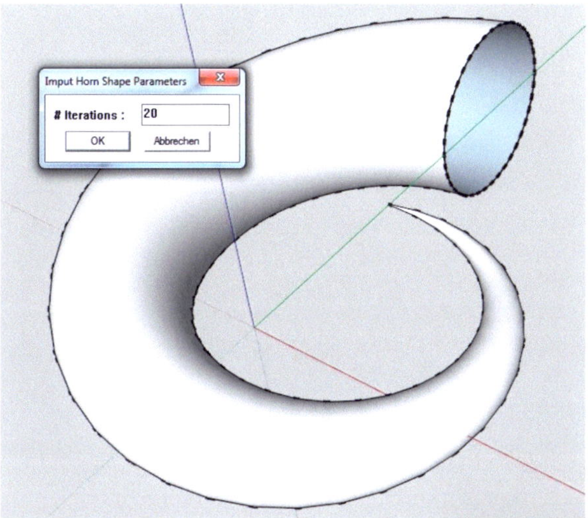

Horn Shapes (Prost an alle Wikinger!)

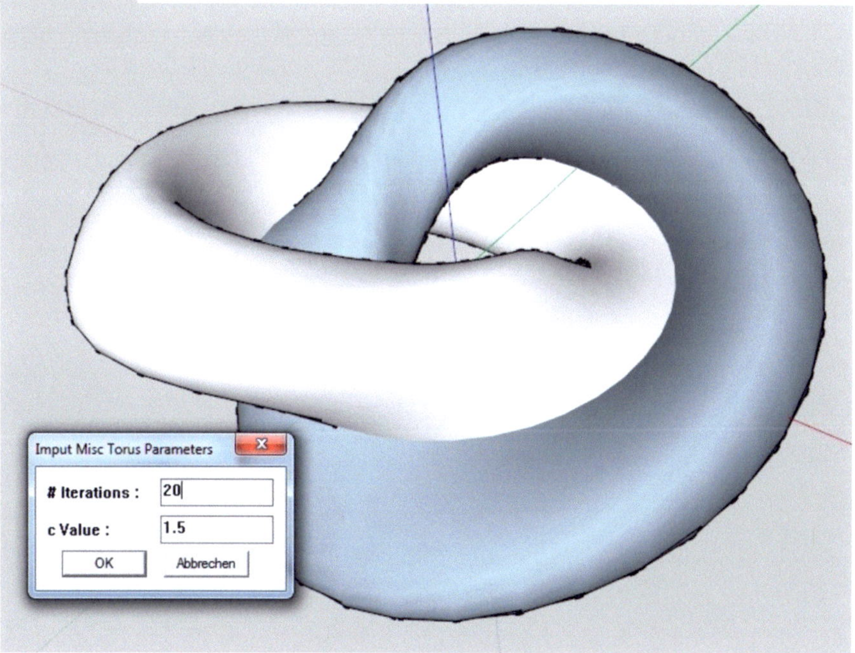

Mit Misc Torus allerlei Ringe erschaffen... Auf Parameter achten!

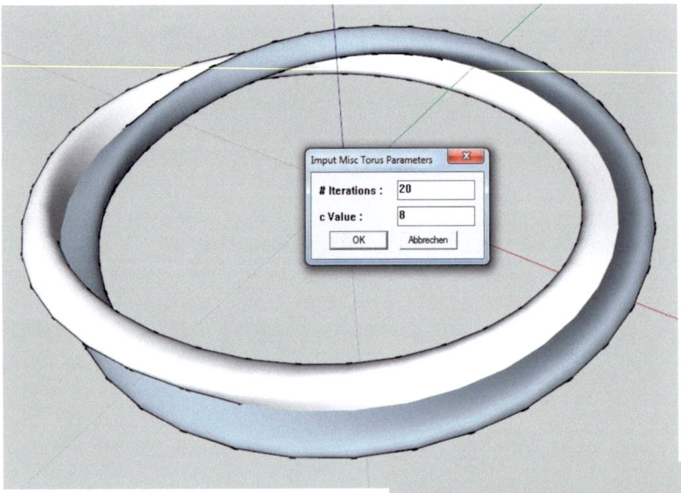

Der Parameter für *c value* wurde auf 8 erhöht!

Wer es zackig mag...

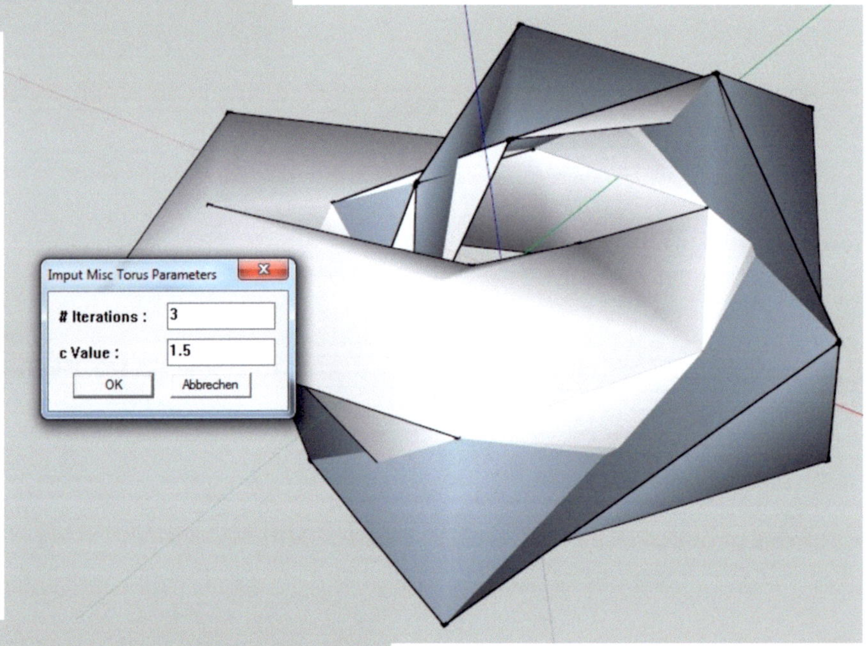

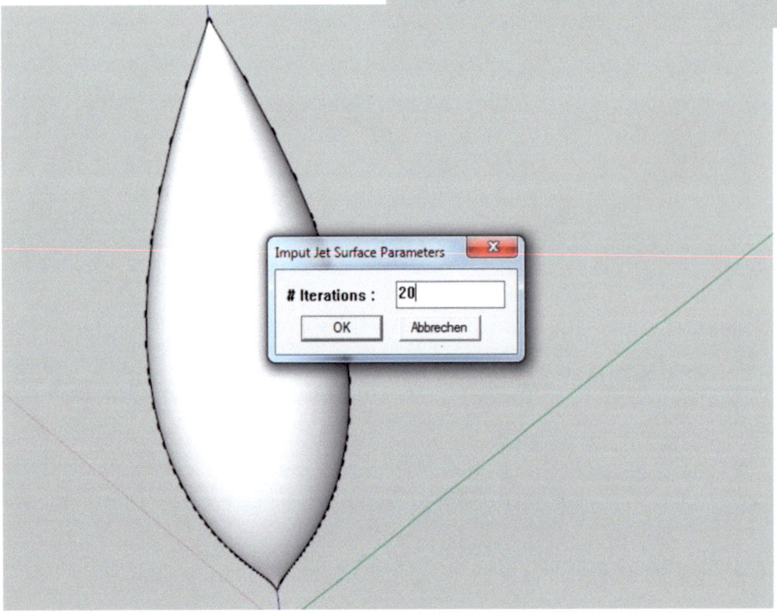

Jet Surface

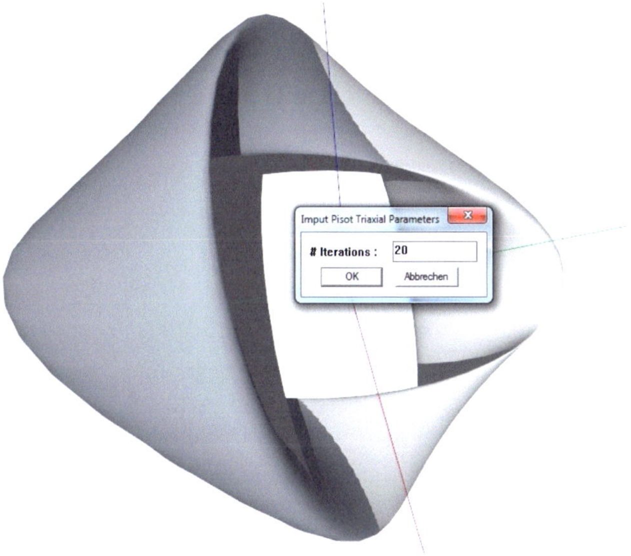

Pisot Triaxial

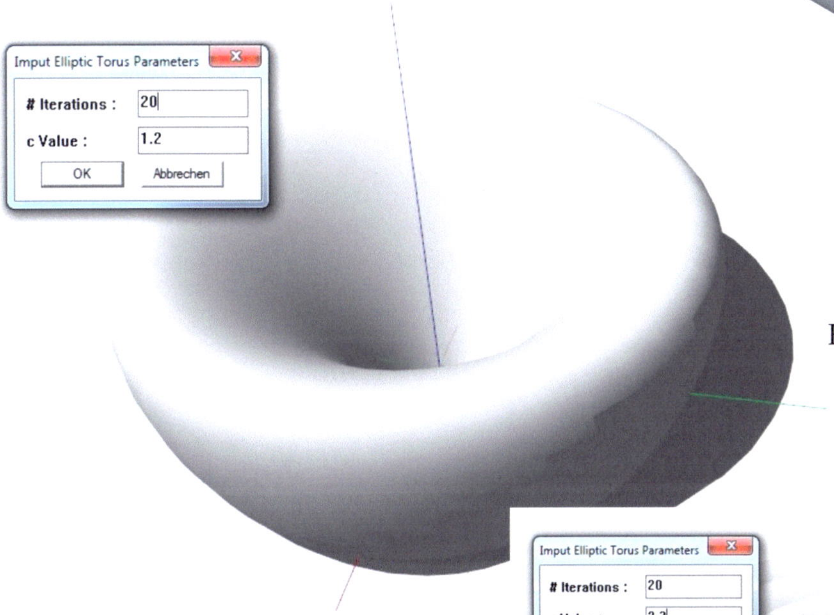

Elliptic Torus

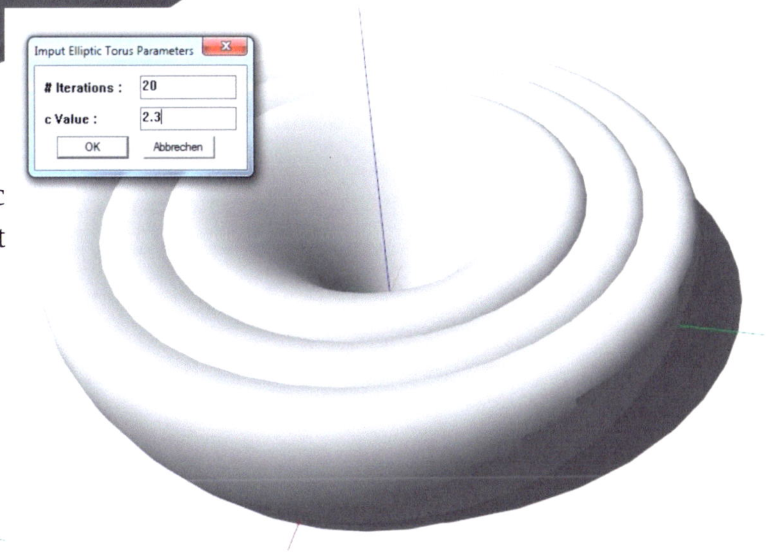

Elliptische Ringe mit unterschiedlichem c value kombiniert

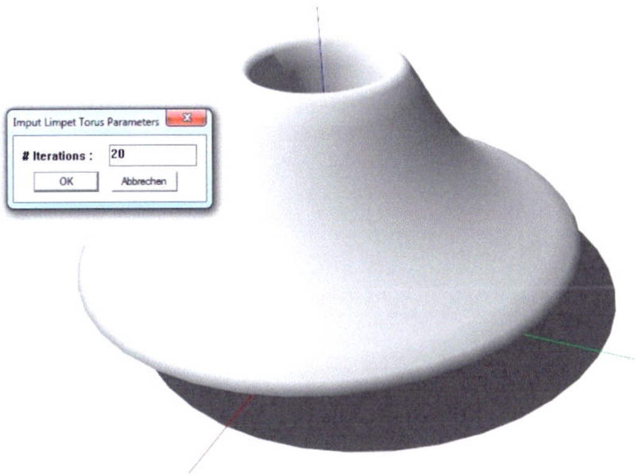

Limpet Torus

Seifenblasen

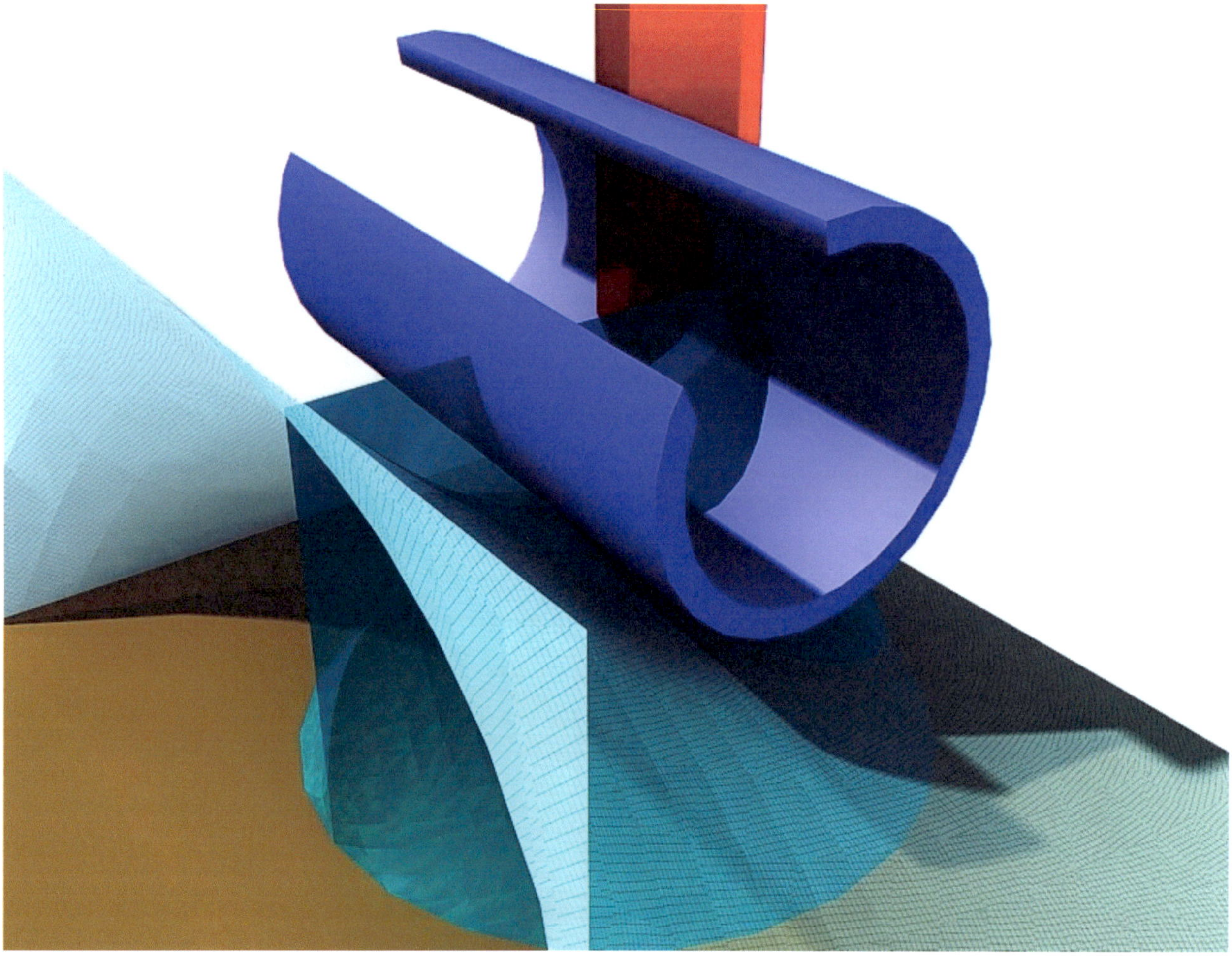

Der visionäre Architekt Frei Otto stand wohl Pate für **Soap Skin & Bubble**, einem wirklich überraschendem Plugin (>>> Download). „*Die optimale Form seiner Dächer entwickelte Otto anhand von Experimenten mit Drahtmodellen, die er in Seifenlauge tauchte und die dann von Seifenblasen mit der geringstmöglichen Kohärenz überspannt wurden.*“ (Wikipedia). Die Berechnung solcher Minimalflächen ist jetzt auch in Sketchup schnell und einfach möglich. Und nicht nur das. Sie können auch im nachhinein das Spannungsverhältnis und den Innendruck verändern und so die vorläufig gefundene Form modifizieren. Doch eins nach dem andern…

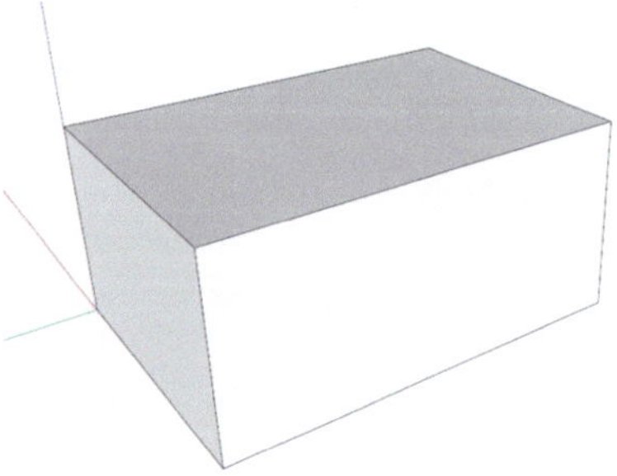

Zunächst benötigen Sie eine **geschlossene** Umrisslinie, deren einzelne Segmente **nicht** alle in einer Ebene liegen. Am einfachsten gelingt Ihnen dies, wenn Sie zuächst einen Quader durch Extrusion erzeugen.

Löschen Sie nun alle nicht benötigten Flächen und Kanten.

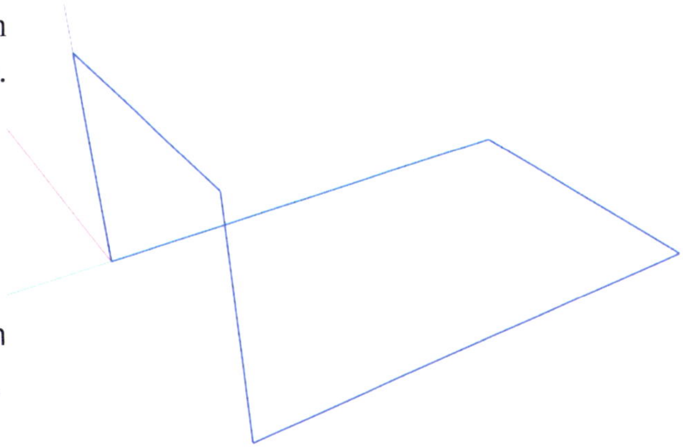

Mit gedrückter Strg-Taste wählen Sie alle Linien in einer geordneten Reihenfolge aus.

Jetzt geht es los! Das linke Icon anklicken.
Es ist das wichtigste in der Menüleiste, da mit ihm die gewünschte Minimalfläche erzeugt wird.

Enttäuscht? Klar… Ist ja noch nicht die Minimalfläche, die wir erwarten. Zunächst stellen wir den Abstand der Maschen und damit die Feinheit der späteren Krümmung ein. Geben Sie also jetzt den numerischen Wert (max. 30) ein und quittieren Sie ihn mit Enter.

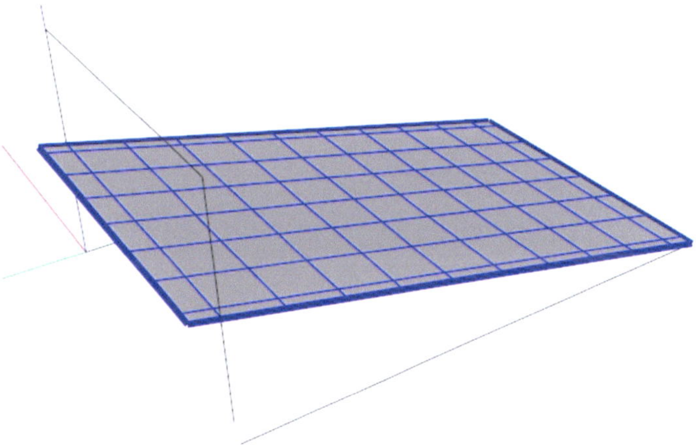

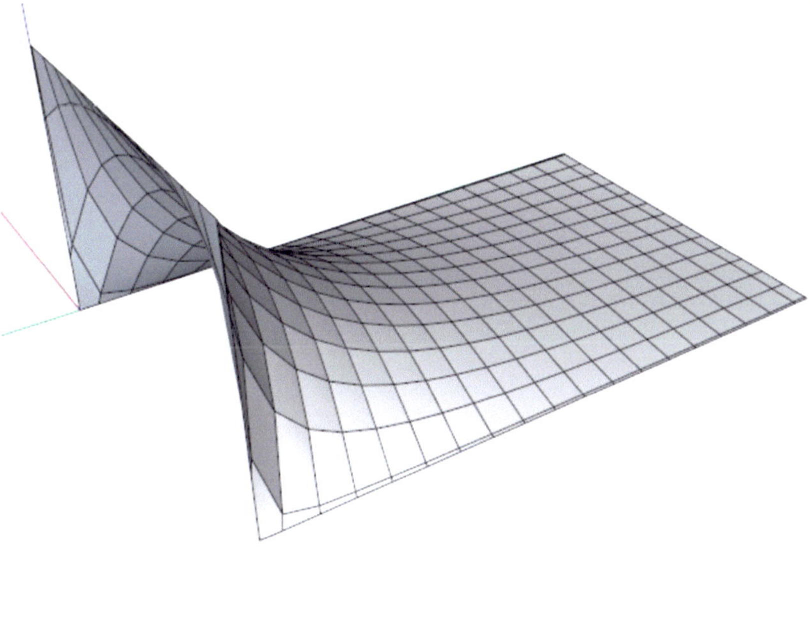

Ein weiterer Tastenklick auf die Eingabetaste startet die Berechnung der Haut.

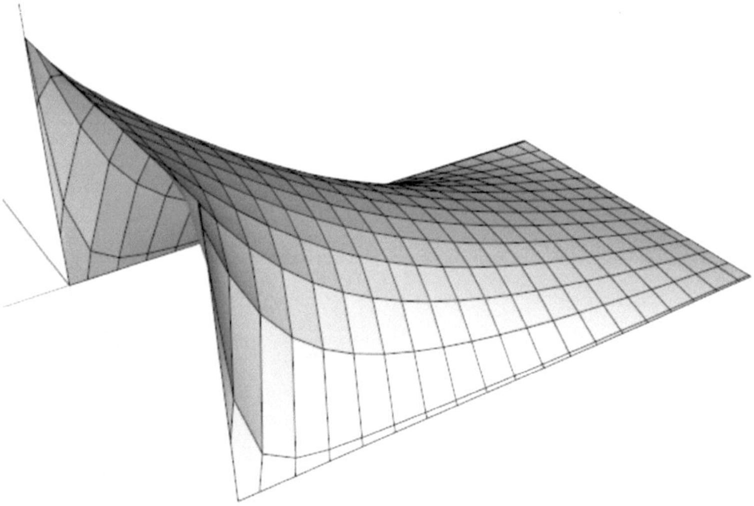

Die Haut lässt sich nachträglich ganz einfach verändern. Wählen Sie die erzeugte Gruppe aus und klicken Sie auf das zweite Icon von links (X/Y). So lässt sich das Spannungsverhältnis manipulieren.

Der numerische Wert der Variante: 0.2 (über Tastatur eingeben und mit Enter quittieren).

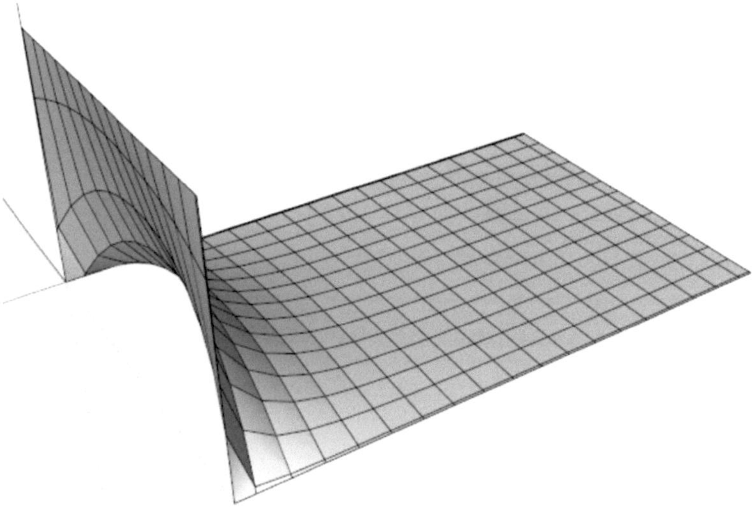

Für dieses Ergebnis wurde der Spannungswert auf 5.0 gesetzt. Also ruhig mal experimentieren…

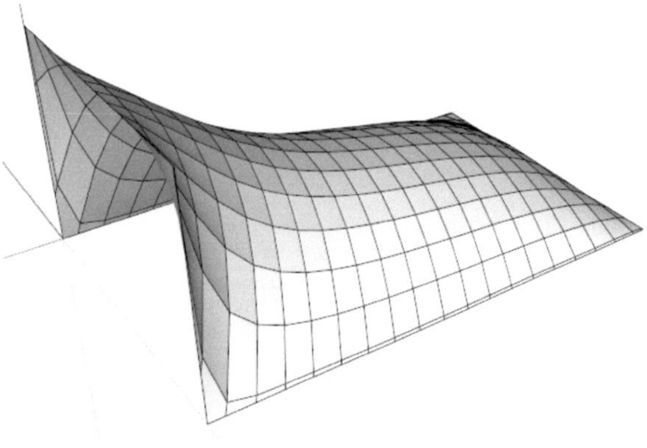

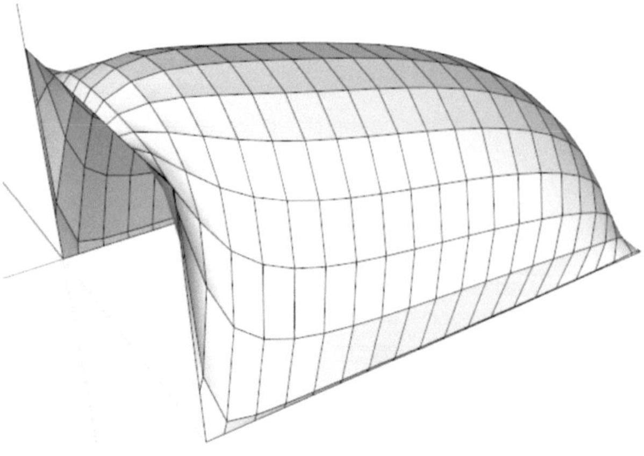

Der nummerische Wert: zunächst 100…

… und dann 300 !

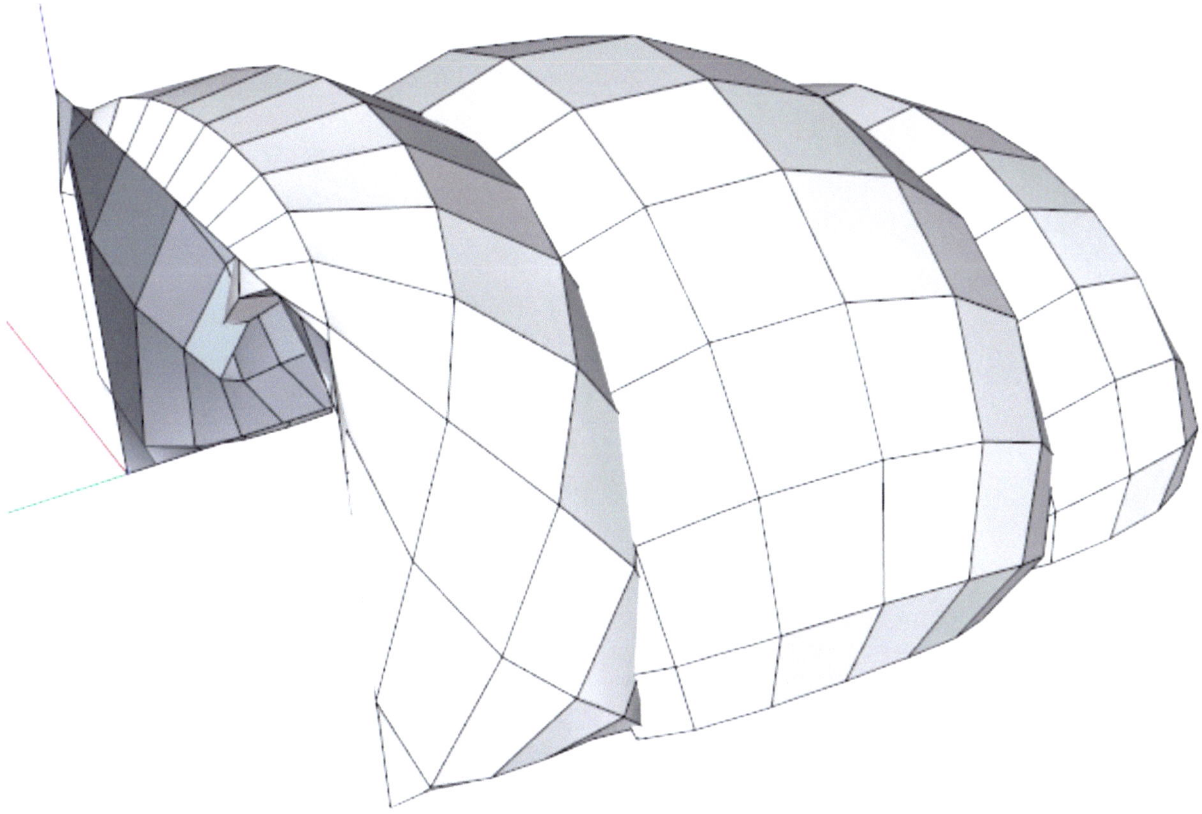

Ganz maßlos diese Variante: der Wert 1000 führt zu einer futuristischen Fläche, die immer wieder neu generiert wird. Jetzt können Sie mit den beiden Schaltern Restart und Stopp die Animation erneut starten oder anhalten, wenn sie Ihnen zusagt. Eine nette Spielwiese nicht nur für Frei Otto und seine Schüler.

—

Autor des Plugins: Josef Leibinger

Homepage: http://www.tensile-structures.de

Englischer Sportrasen oder Trockengras?

Mit dem **Fur Maker** (Download) haben sie die Qual der Wahl bei der Begrünung ihres Objektes. Allerdings ist der Name des Plugins dann doch etwas irreführend.

Sie können eine beliebige Fläche einfärben und dann mit dem Plugin begrünen. Oder beblauen…

Aktivieren Sie die Input-Box (mittleres Symbol). Spielen Sie zum Kennenlernen mit den Einstellungen des „Typs“. Alle anderen Einstellungen bleiben zunächst unverändert. Ein Klick auf OK und…? Nichts passiert. Ein Rechtsklick auf die ausgewählte Fläche hilft. Erst dann können Sie den Belag erstellen.

Unten wurde der Typ „Rechteckig“ gewählt, oben der Typ „Kasten“ (Grüne Pommes?! Igitt!).

In diesem Beispiel wurde die „obere Unruhe“ um den dreifachen Wert erhöht.

Und jetzt wird es spannend! Wir können mit diesem Plugin nämlich nicht nur die vorgegebenen Strukturen erzeugen, sondern eine „Crowd“ (Menge) aus beliebigen Komponenten erstellen. Hier habe ich einmal Susan, die uns ja inzwischen quotenmäßig als Staffage dient, geclont.

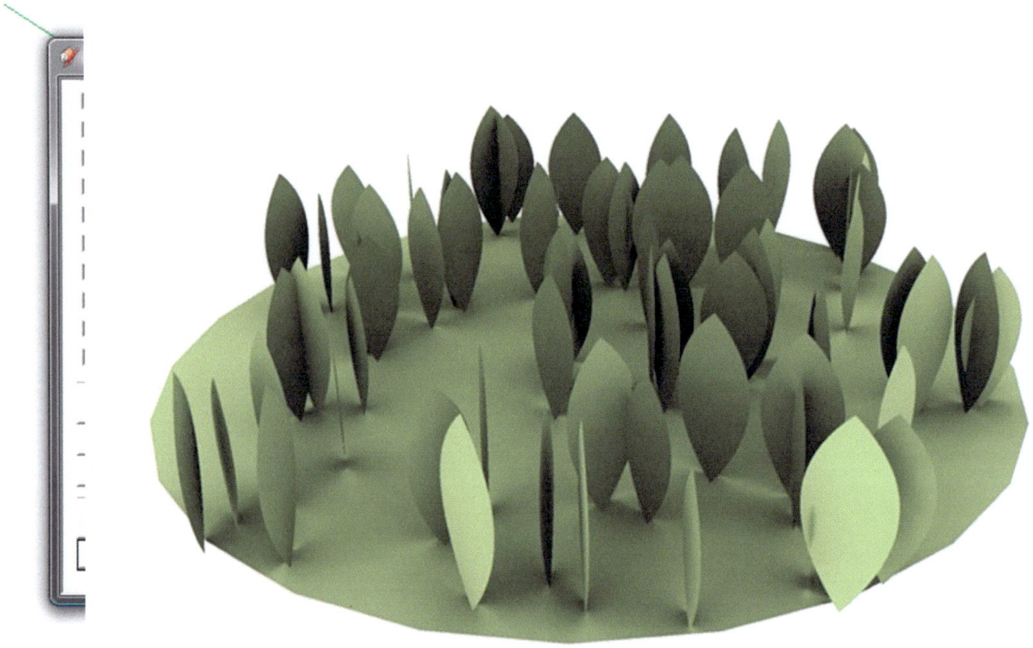

Ein einfaches Blatt wurde zur Kompenente und ersetzt Susan. Die in dem Modell erzeugten und importierten Komponenten erscheinen in einer Auswahlliste im Crowd-Maker (rechtes Symbol). Eventuell die Liste aktualisieren.

Das funktioniert auch mit dreimensionalen Komponenten. Und naheliegend war der Sketchup-Bleistift als Element einer Crowd, jedes Element vielleicht stellvertretend für alle SU-Fans?

Ein einfacher Quader wird zu einem komplexen Gebilde.

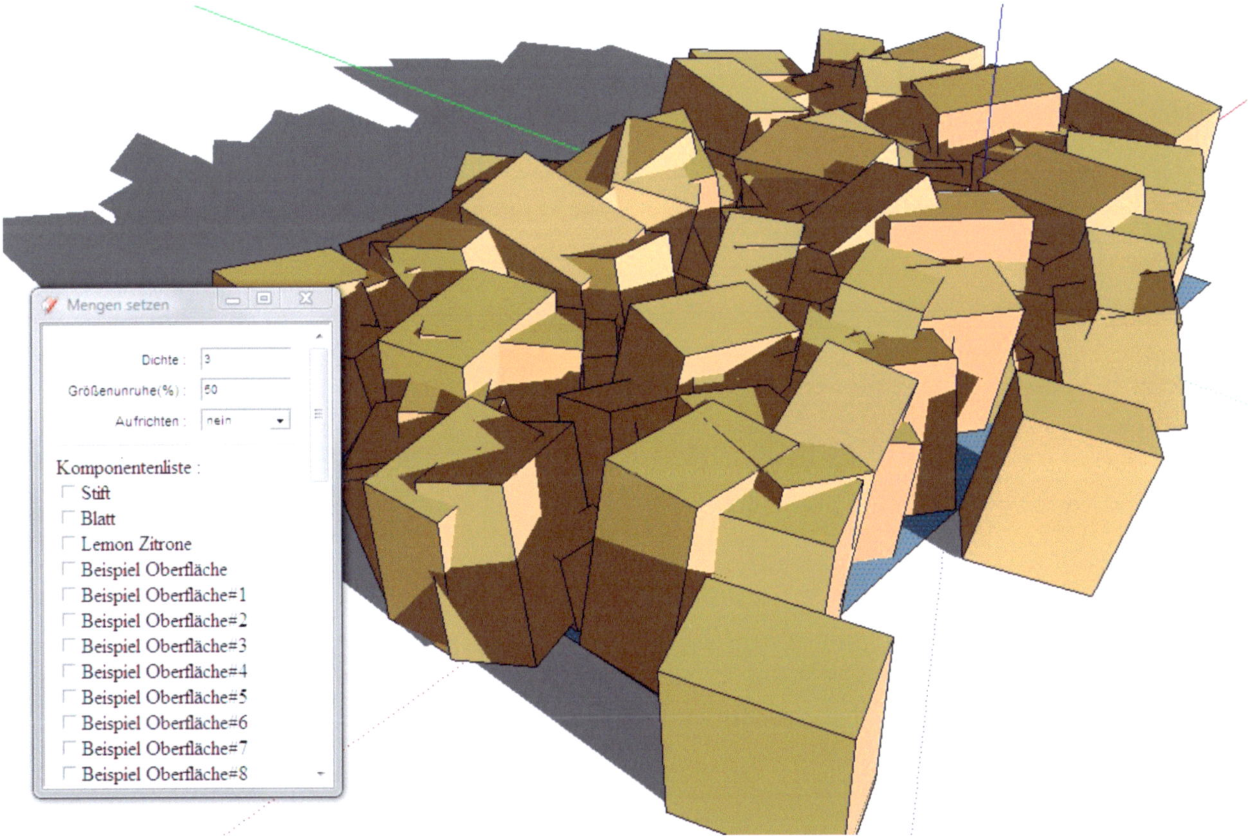

Mit einer geringeren Dichte und höherer Größenunruhe könnte das Ergebnis so aussehen.

Rasterfahndung...

... der etwas anderen Art. Denn der (!) Raster kann auch bei der Arbeit mit Sketchup sehr nützlich sein. Drei Plugins möchte ich Ihnen hier vorstellen.

Mit dem **Construction Grid** (Download) lassen sich recht einfach präzise Raster definieren.

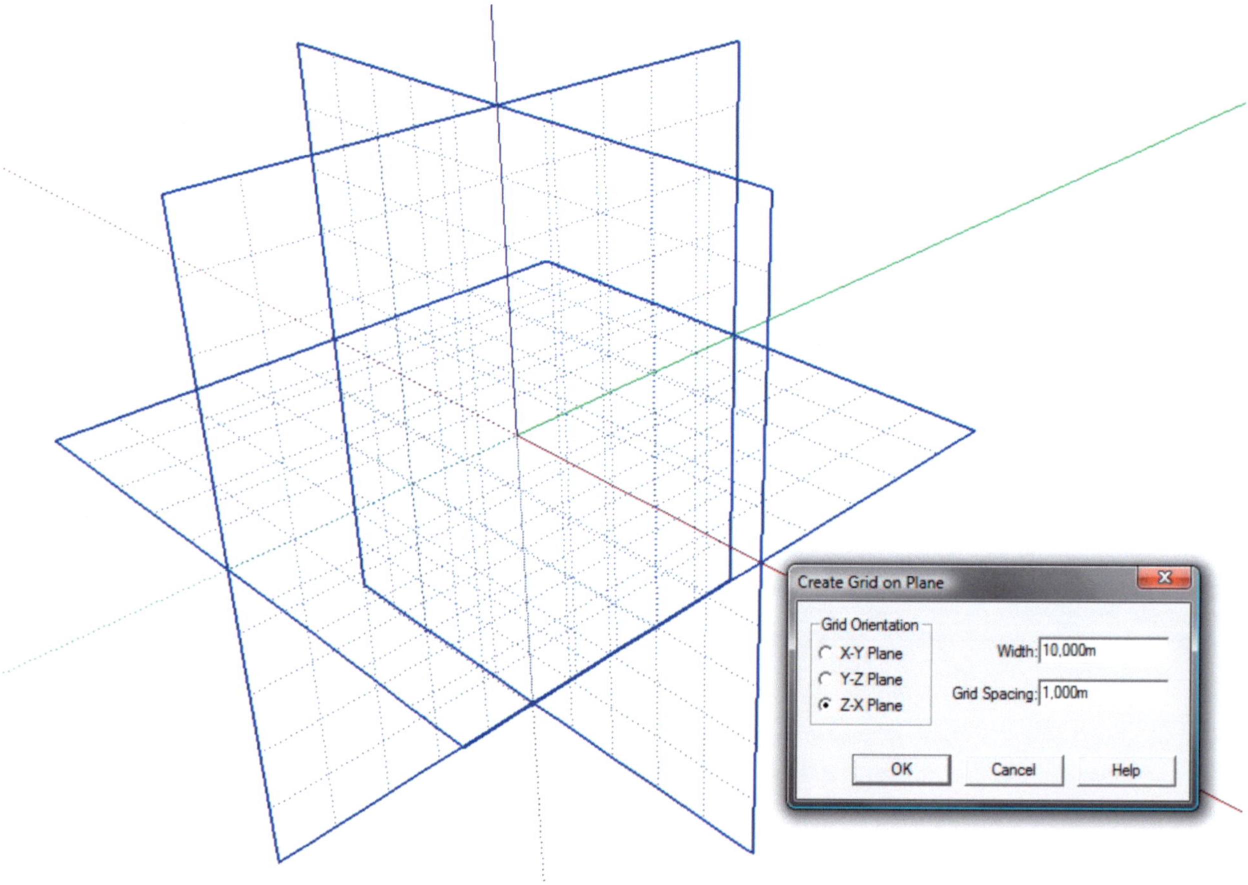

Das Tolle dabei: Sie können die Ebene selbst bestimmen, und natürlich auch die Größe und die Abstände. Die Mitte des Rasters befindet sich immer im Nullpunkt des Koordinatensystems.

Mit **3D-Grid** (Download) haben Sie zudem die Möglichkeit mehrere waagerechte Raster in definierbarem Abstand zu erzeugen. Der Raster befindet sich mit einem Eckpunkt auf der senkrechten x-Achse. Und natürlich sind auch hier die Rasterlinien und -punkte magnetisch.

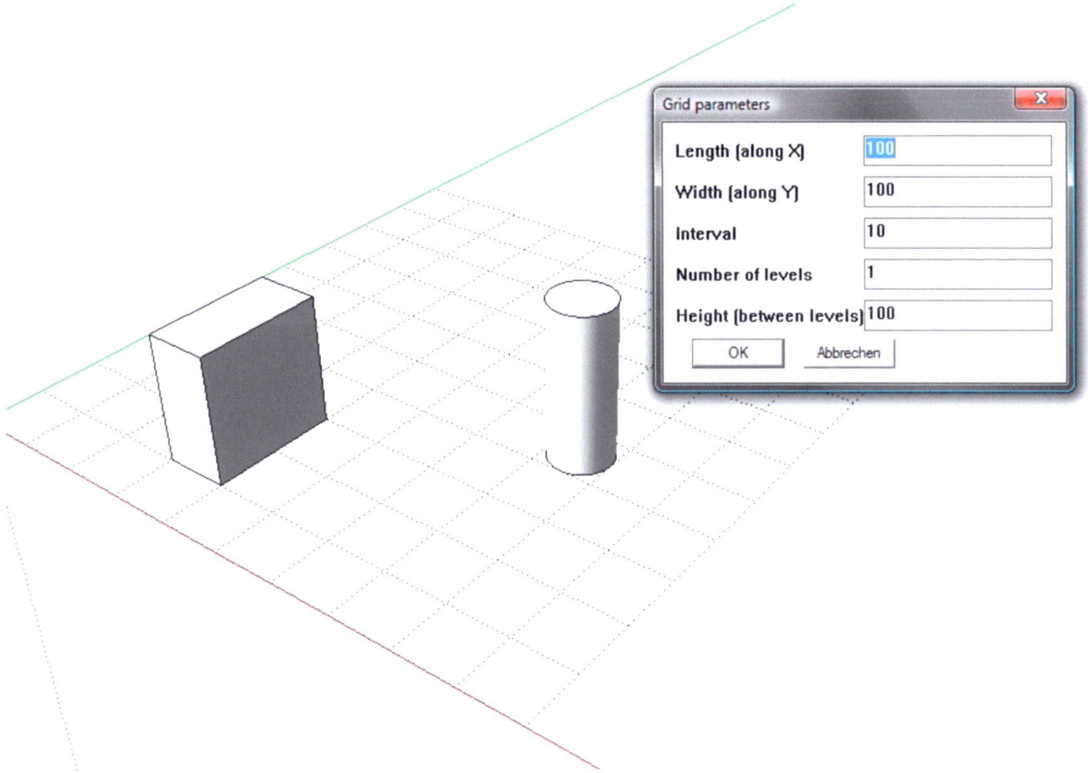

Die Levels sind sehr nützlich für Architekten. So lassen sich z.B. Versorgungsleitungen, tragende Wände oder Kamine auf jedem Stockwerk an derselben Stelle platzieren.

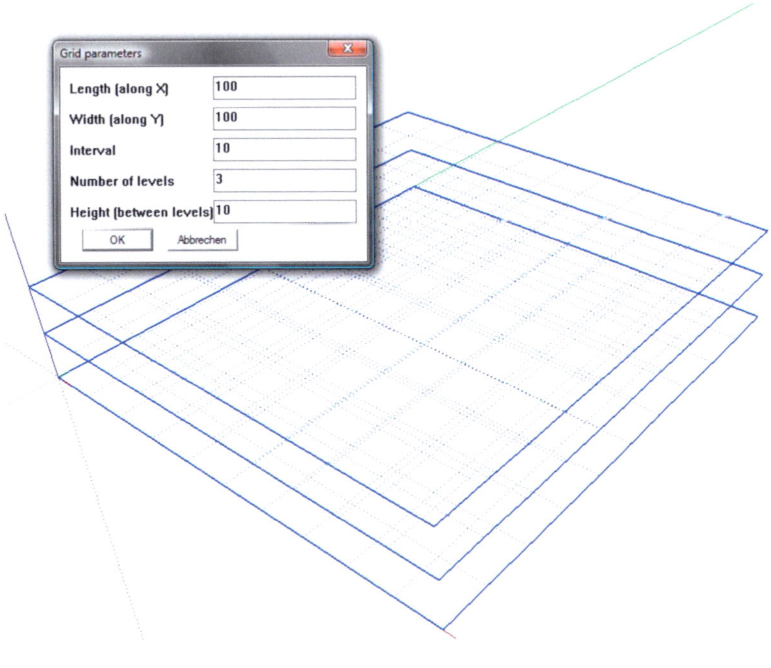

In einem Rutsch erstellt man mit dem **Cubic Colored Grid**

(Download) einen dreidimensionalen Raster im Nullpunkt. Leider nicht farbig, wie man erhoffen würde…

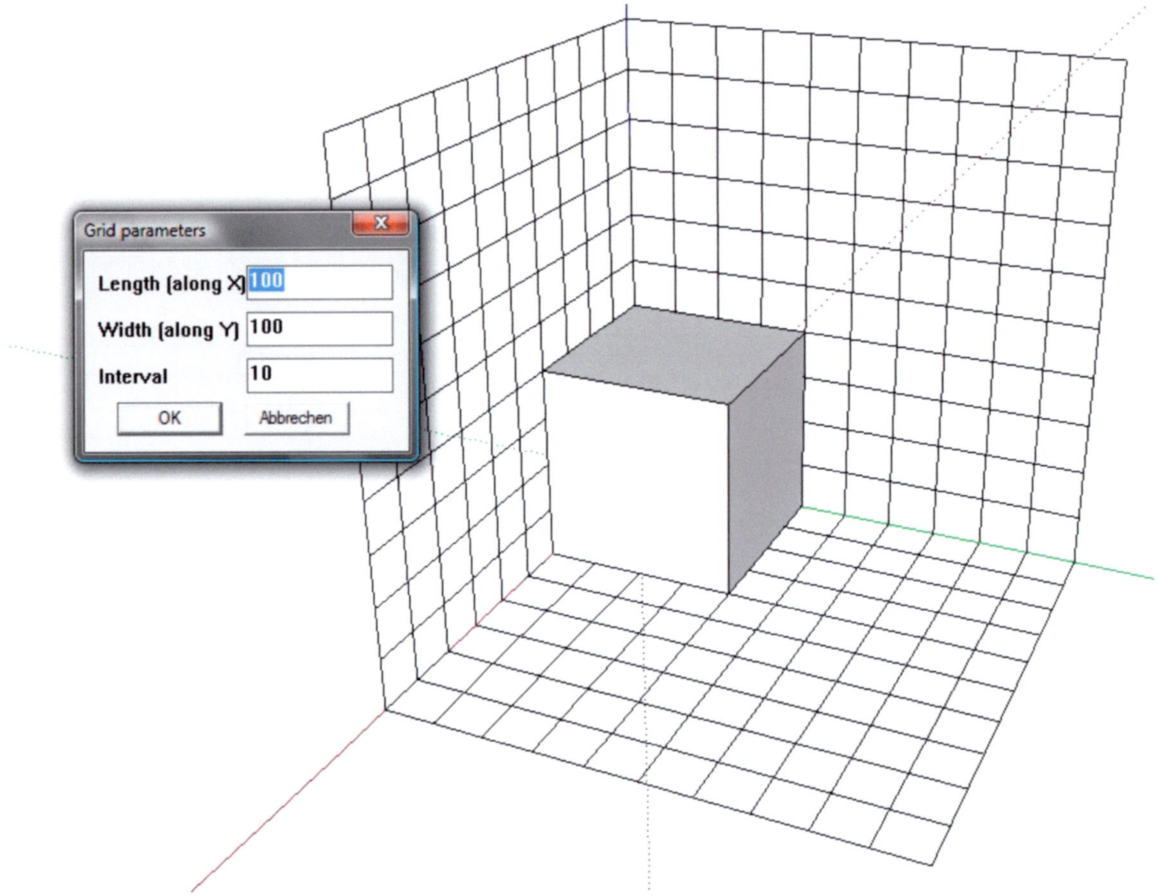

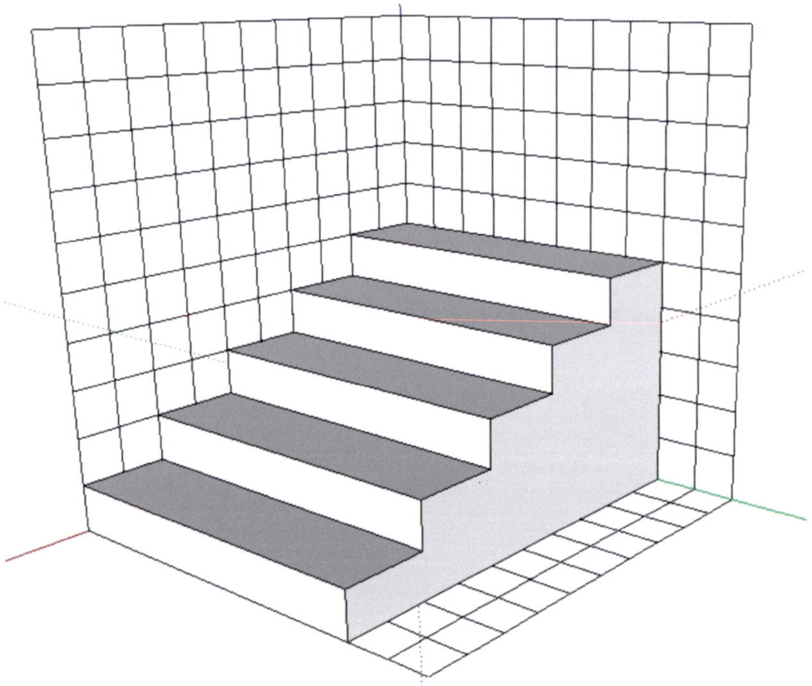

Das Plugin benutze ich gerne für die Konstruktion von Treppen oder Profilen.

Aber sicher fallen Ihnen noch viele weitere sinnvolle Verwendungszwecke ein.

Hinter Gittern

Keinen Blues, sondern einen freudigen und dankbaren Gospel löste der **Lattice Maker** (Gitter-Macher) bei mir aus! Das Plugin verwandelt schnöde Linien in allerlei Gitterwerk (Download). Dabei können diese sich auf einer Ebene oder im Raum befinden. Auch sphärische Netze (siehe **Extrusion Tools**) lassen sich in Gitter verwandeln.

Diesen Quader können wir ganz locker mit ein paar Mauskicks in ein Vierkantmodell verwandeln. Dazu mit drei schnellen Linksklicks alle Kanten auswählen und das Plugin aufrufen. Hier interessieren uns zuächst nur die Einstellungen *Depth* (Tiefe) und *Width* (Breite), da wir damit den Querschnitt des Balkens festlegen, in den wir die kargen Kanten überführen.

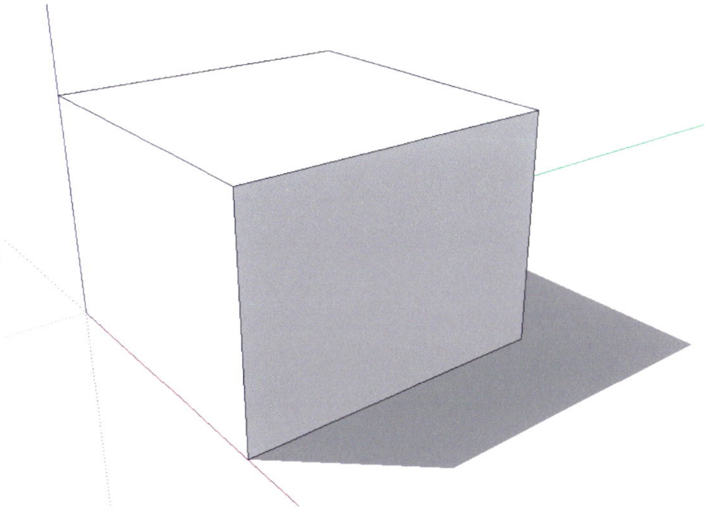

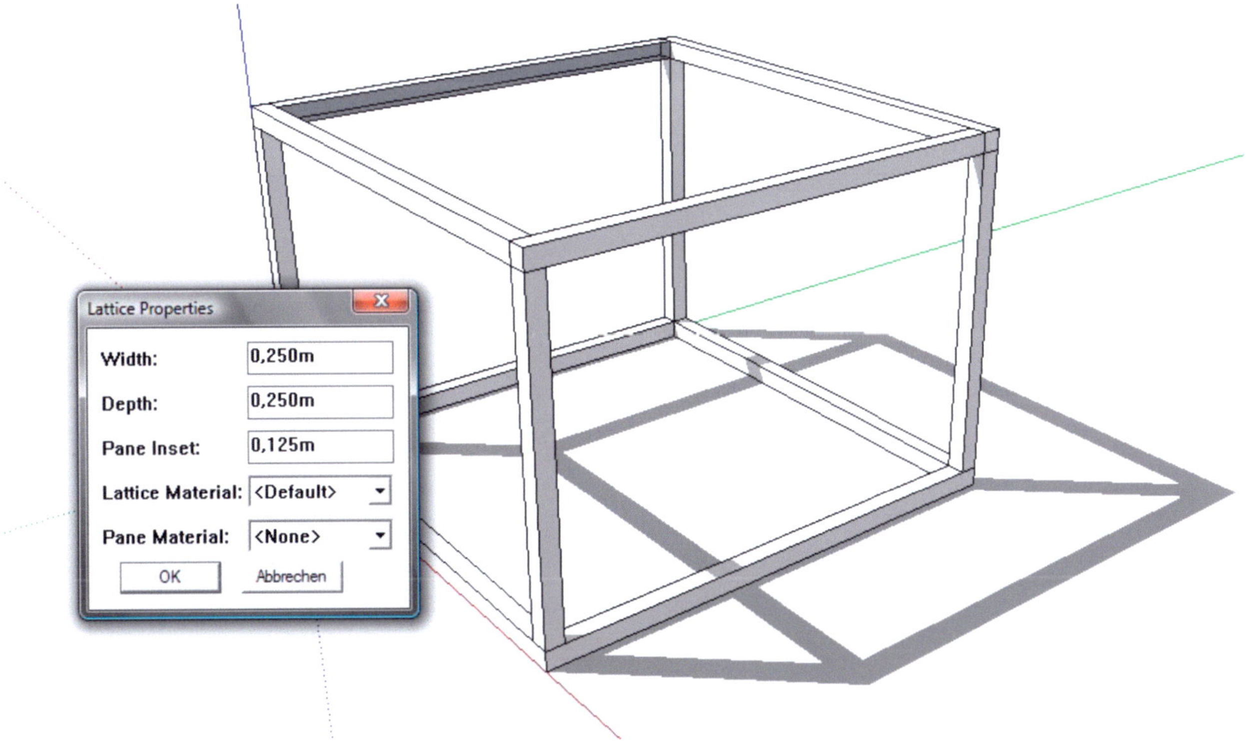

Das ist aber erst der Anfang. Wenden wir uns den anderen Eingabe- und Auswahlmöglichkeiten zu. Mit *„Pane Inset“* legen wir die Tiefe der Fensterscheibe o.ä. fest, mit der wir die Öffnung schließen wollen. Die Farbe des Rahmens können wir unter *„Lattice Material“*, das für die Füllung gewünschte Material unter *„Pane Material“* festlegen.

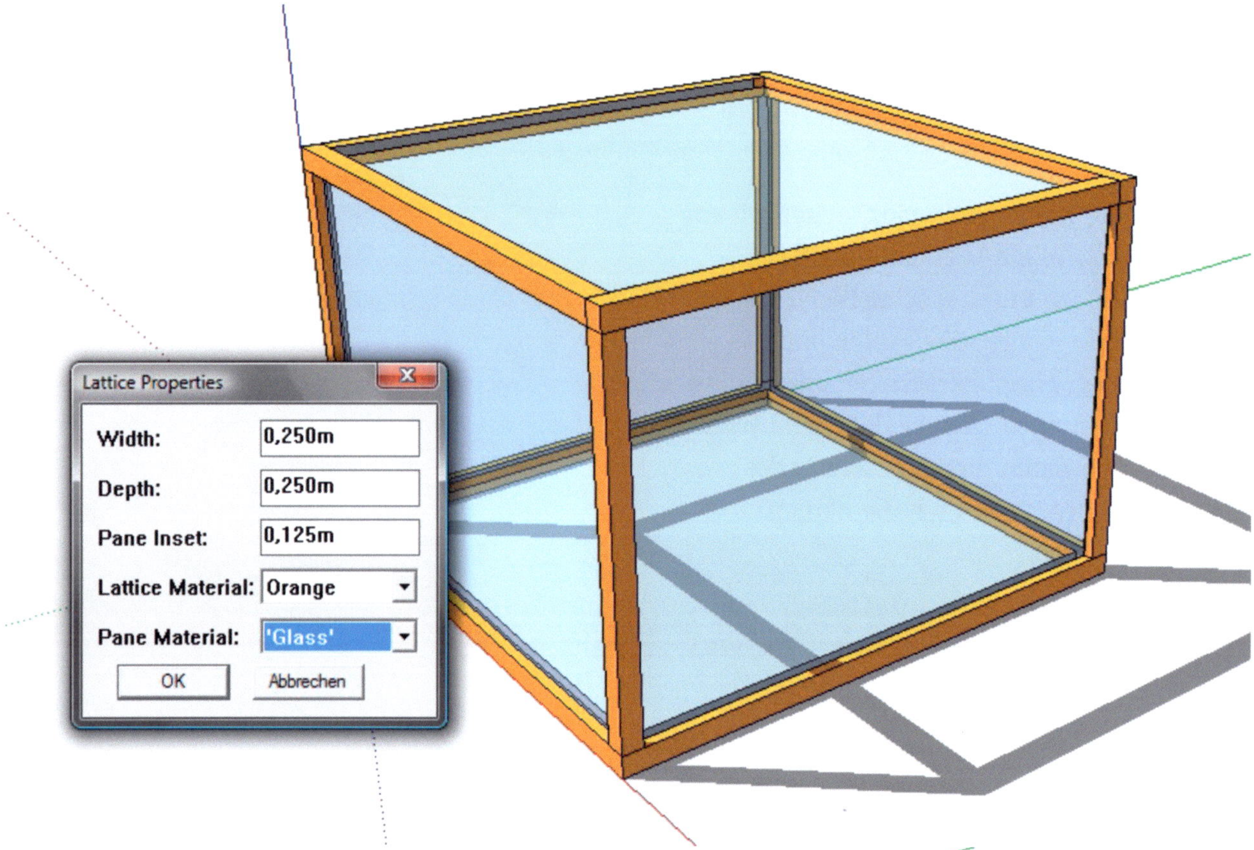

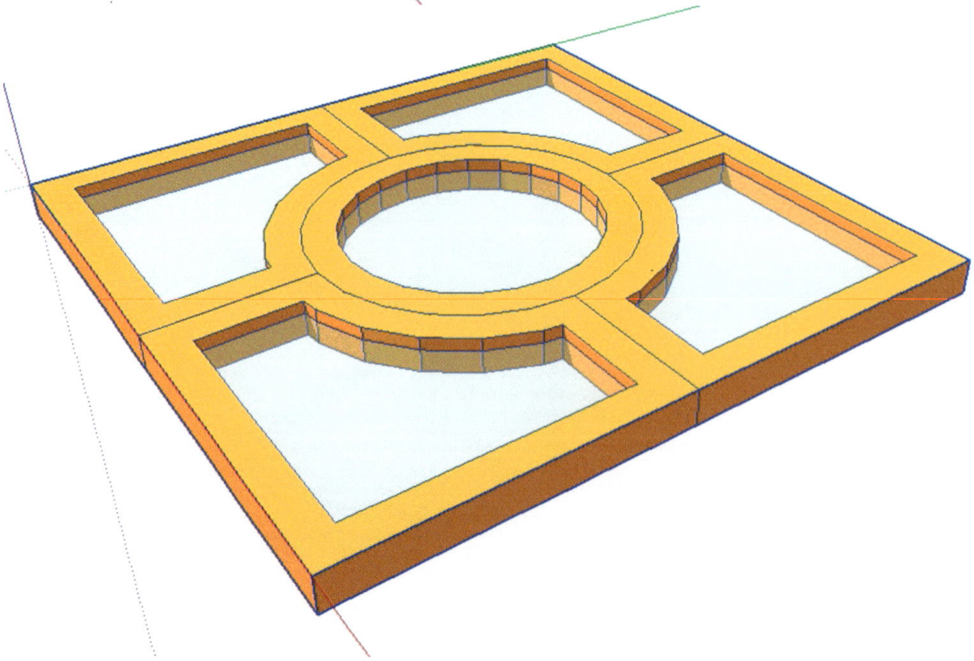

Auf diese Weise lassen sich recht schnell Gitter und Fenster jedweder Art erzeugen.

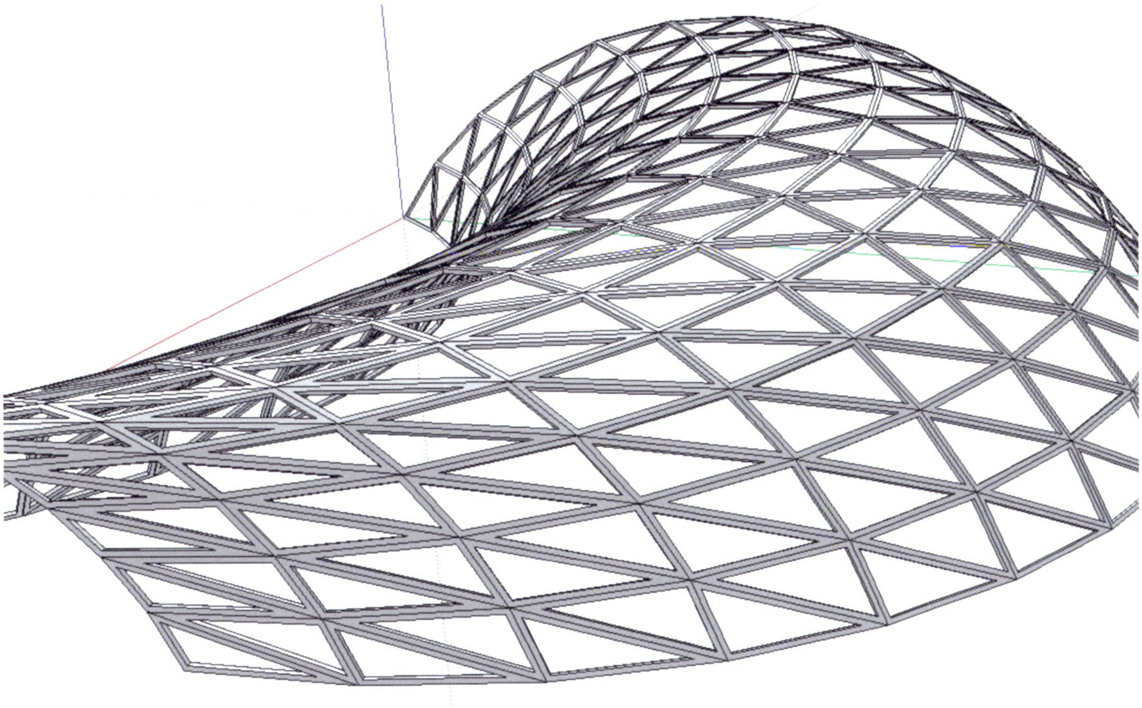

Das Netz wurde mit dem Extrusion Tool erzeugt und anschließend in ein dreimensionales Flächentragewerk verwandelt. Und das ziemlich schnell!

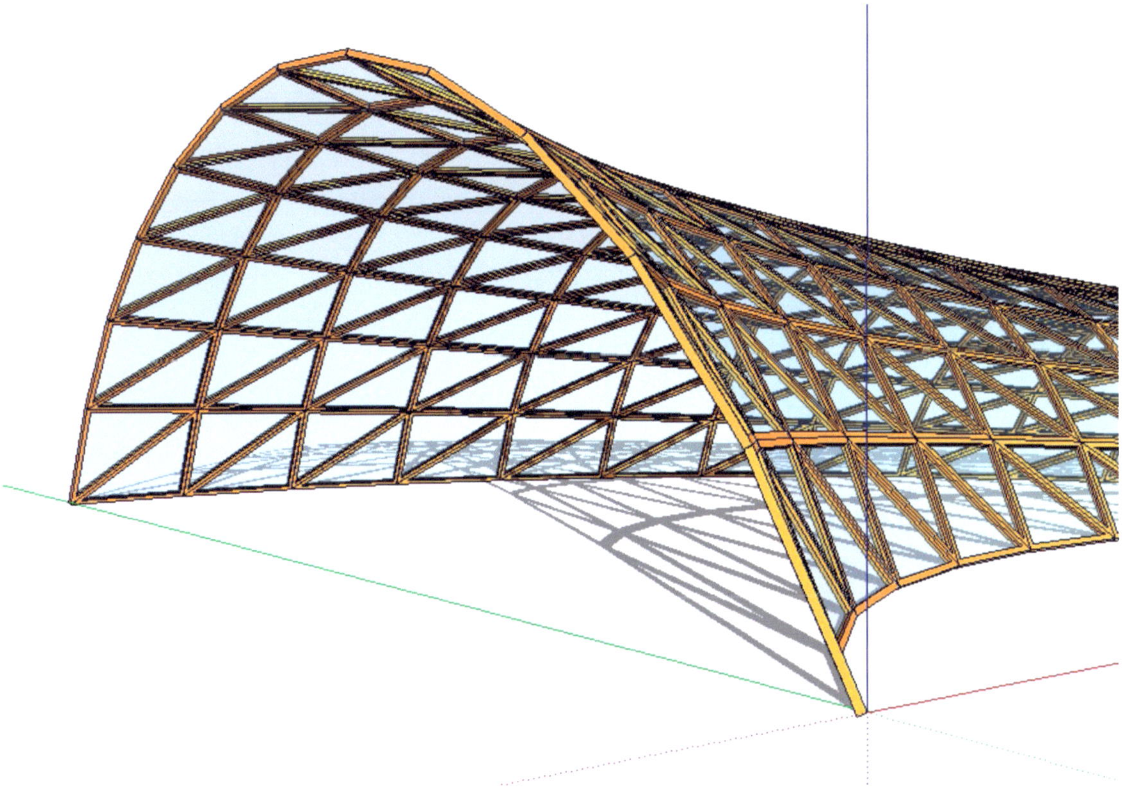

Geht natürlich ebenfalls mit Glas und Farbe und Schatten…

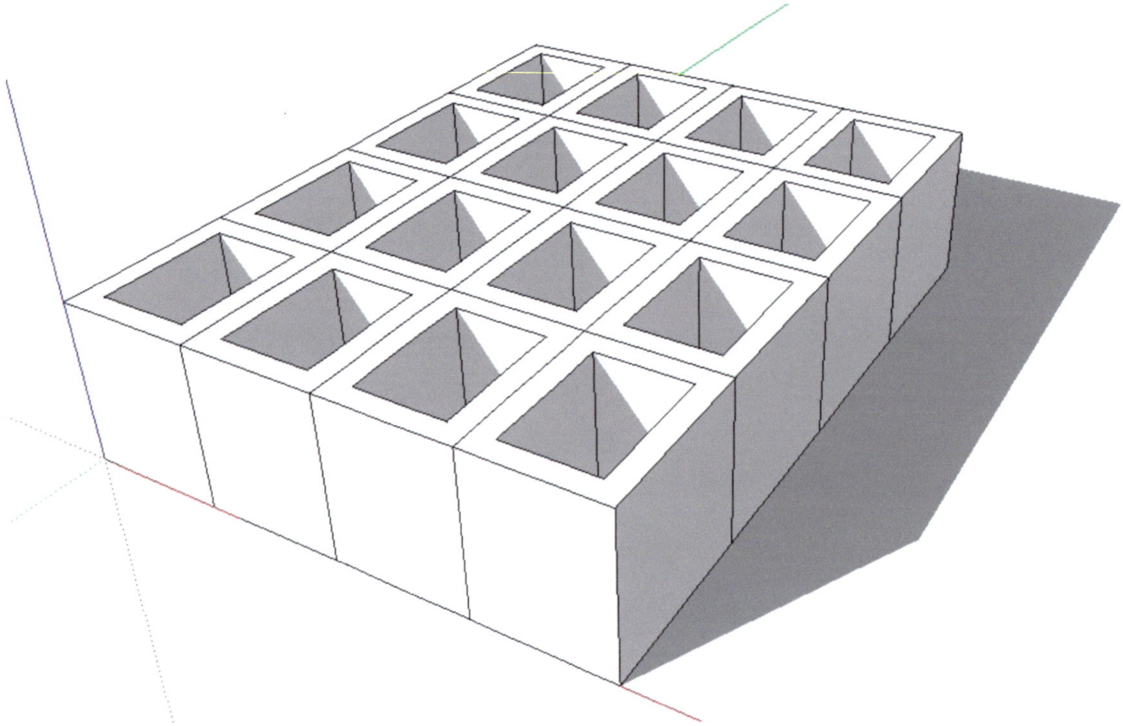

Und falls Sie mal massenhaft Pflanzkübel brauchen, ist das jetzt auch kein Problem mehr.

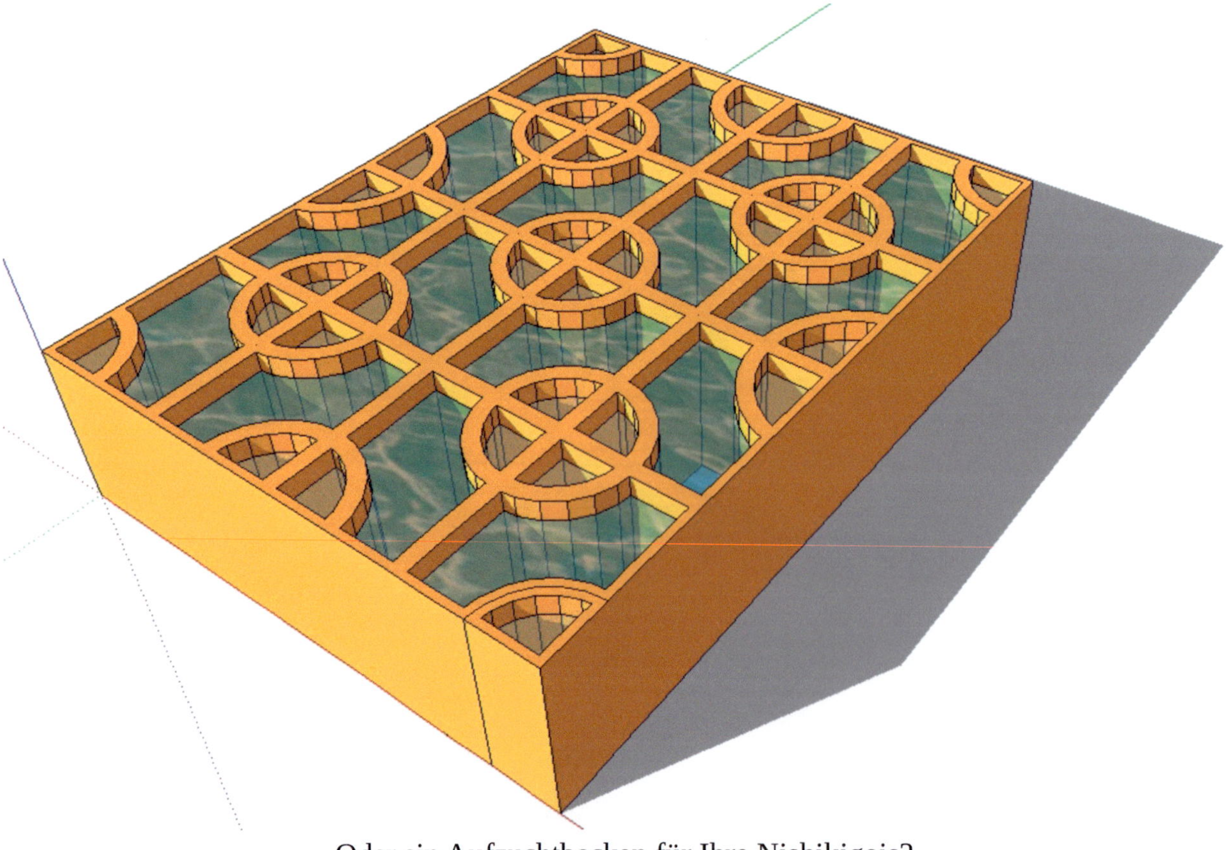

Oder ein Aufzuchtbecken für Ihre Nishikigois?

You gonna move me…

Besonders für Anfänger ist das Verschieben von Elementen nicht immer ganz einfach zu bewerkstelligen. Ein sehr nützliches kleines Plugin schafft Erleichterung. **Move 2** erlaubt das kontrollierte Bewegen von Objekten in exakt bestimmbaren Richtungen (Download). Aber nicht nur das!

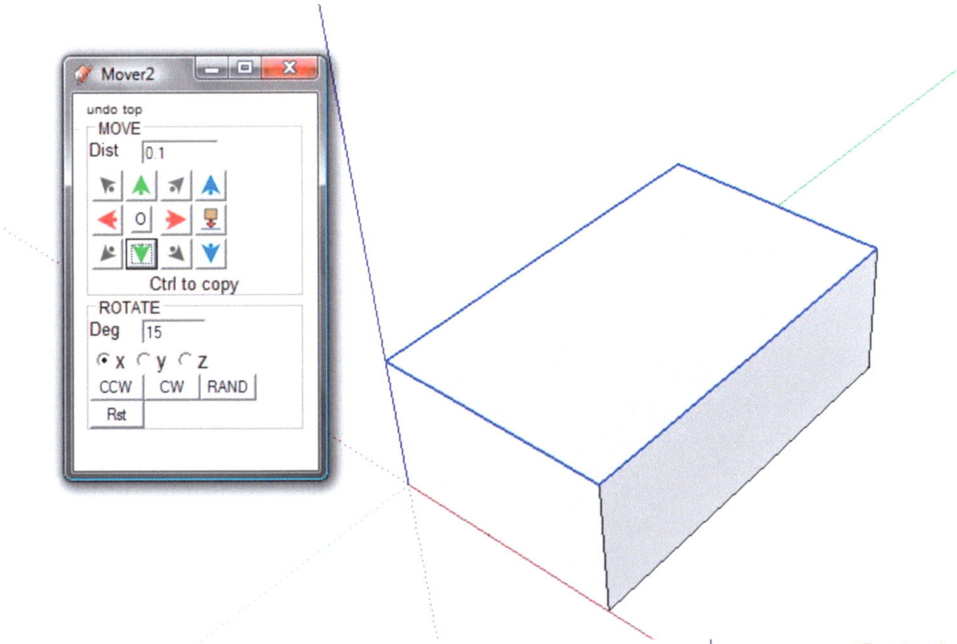

Alle folgenden Operationen funktionieren nur mit Gruppen oder Komponenten. Besonders bei der Verwendung von Möbeln etc. aus dem Google Warehouse ist dieses Tool sehr hilfreich. Beginnen wir aber mit einer einfachen Aktion.

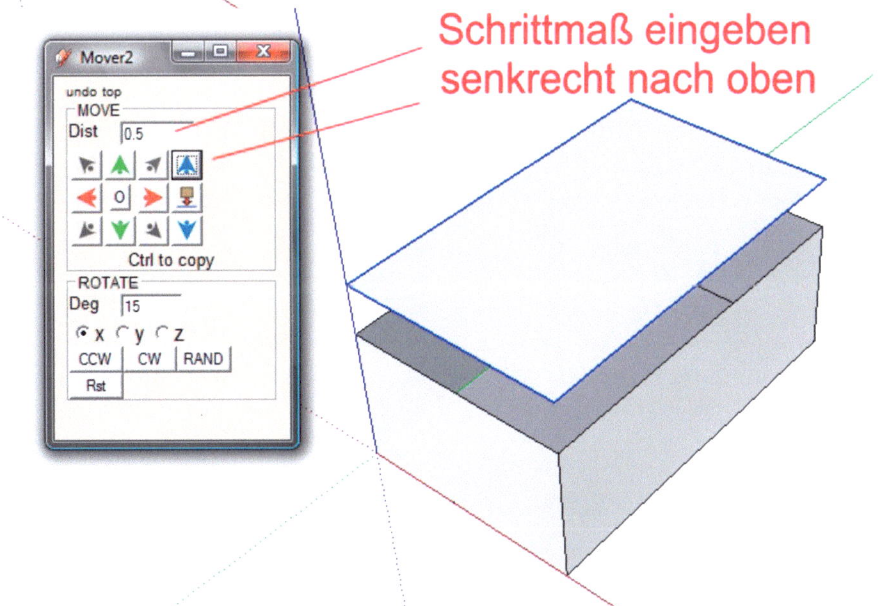

Die Oberseite des Quaders zweimal anklicken und die Fläche mit den zugehörigen Kanten gruppieren. Nun starten wir das Plugin. Mit gedrückter Shift-Taste die Gruppe auswählen. Im Eingabefeld *„Dist“* die Schrittweite der Verschiebung eingeben. Vorsicht! Bei Dezimalbrüchen kein Komma, sondern einen Punkt verwenden!

Mit den Pfeiltasten lässt sich das Rechteck nun in eine beliebige Richtung des Koordinatensystems verschieben.

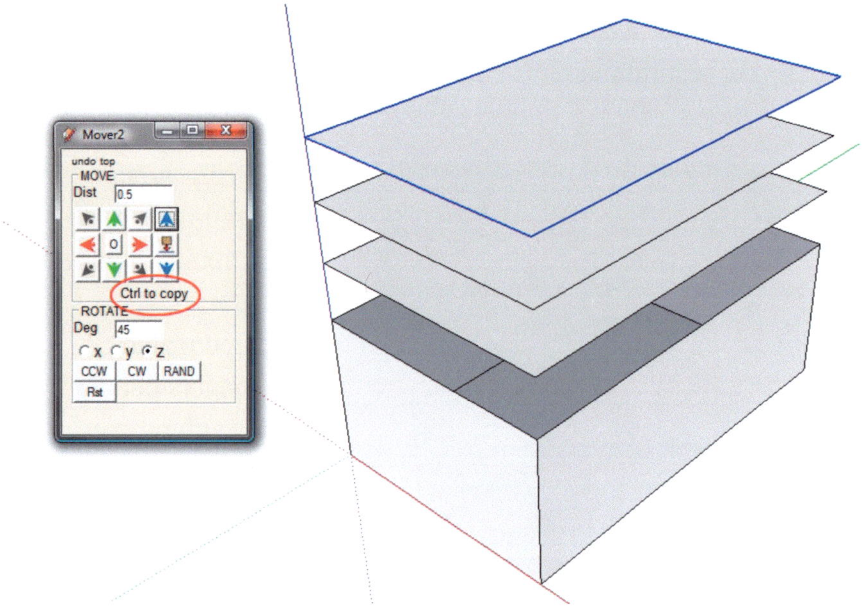

Halte ich zusätzlich die Strg-Taste beim Verschieben gedrückt, dann erstelle ich Kopien und das Original bleibt an seinem Platz.

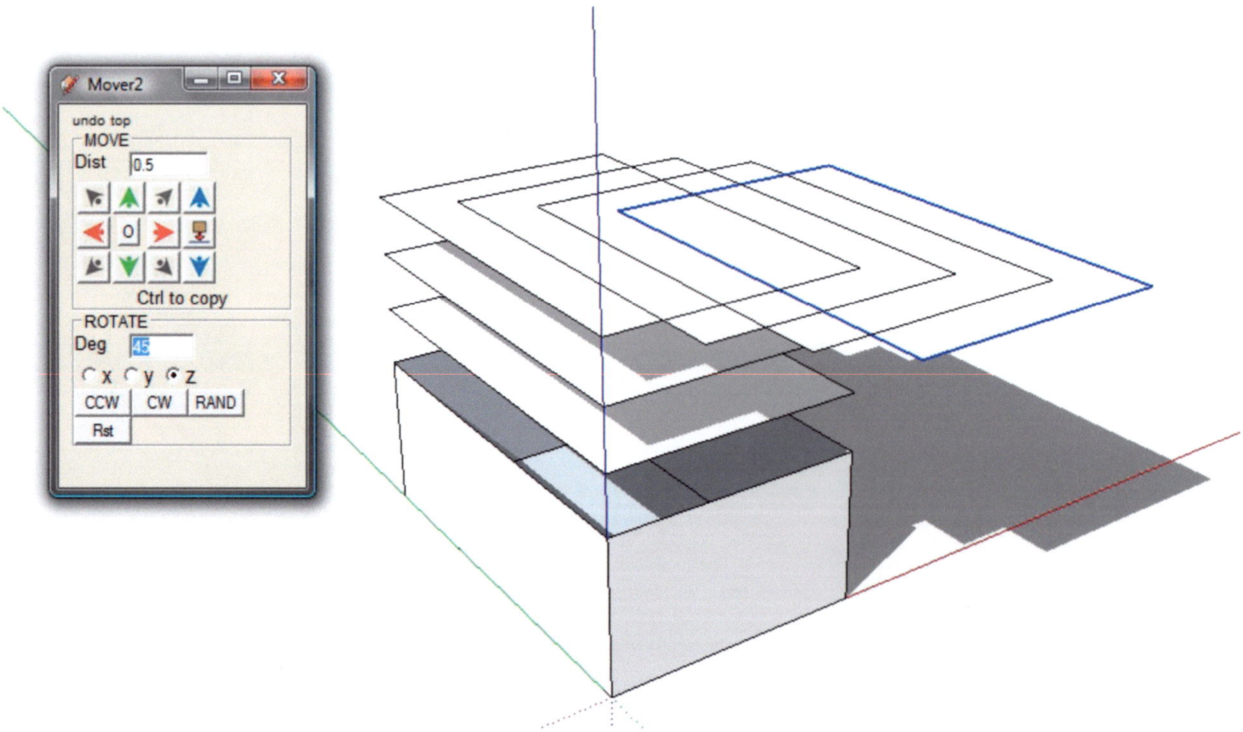

Aber das Plugin kann noch mehr! Möchte ich das bewegte Element wieder an seinem Ursprungsort platzieren? Mit der „0“-Taste kein Problem! Eine Komponente auf die Grundebene fallen lassen? Der unscheinbare Schalter zwischen den blauen Pfeiltasten erledigt das zuverlässig und schnell!

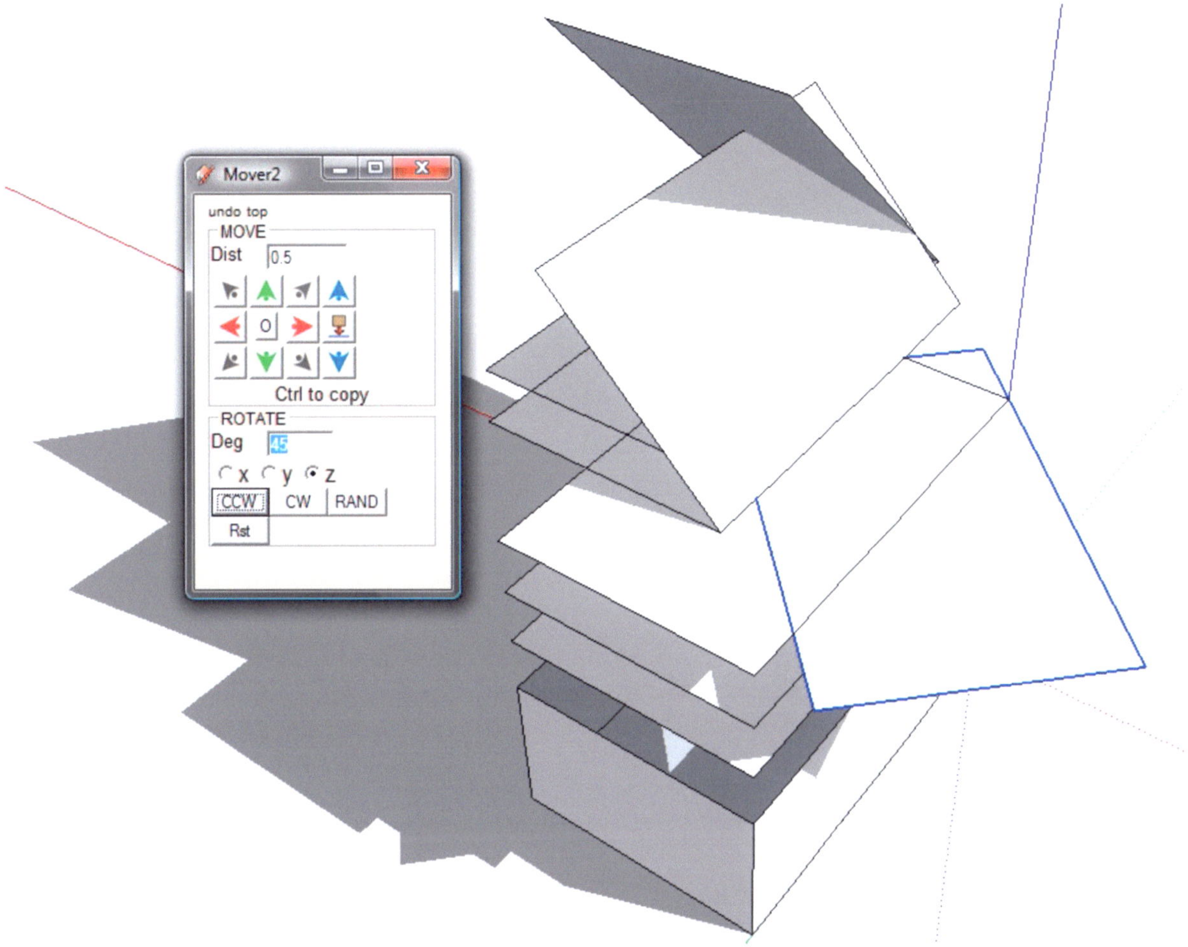

Das Degree-Eingabefeld erlaubt die Vorgabe eines Winkels für die Verschiebung. Die grauen Pfeile starten den Vorgang. Und mit gedrückter Strg-Taste kann man wiederum bei jedem Schritt Kopien ablegen. Sehr praktisch, wie ich finde.

Aber der eingegebene Winkel erlaubt auch ein Drehen des Objekts in unterschiedliche Richtungen, entsprechend der gewälten Achse. Dabei unterscheiden sich die Tasten „*CCW*“ und „*CW*“ durch den

Urzeigersinn der Drehung, und „*RAND*“ bringt den Zufall ins Spiel. Zur Sicherheit lässt sich die Ausgangsposition der Gruppe mit „*RST*“ ganz problemlos wieder „resetten“…

Es ist immer wieder ein ziemliches Gefummel Möbel oder andere Objekte an eine Wand zu schieben. Kein Problem mit **Move 2**. Einfach beim Drücken der Pfeiltaste zusätzlich die Shift-Taste drücken. Und schon klebt das Möbel an der nächsten Wand, die sich in der gewählten Richtung befindet. Das funktioniert aber nur in der waagerechten Ebene! Für die x-Achse gibt es ja den Extraknopf.

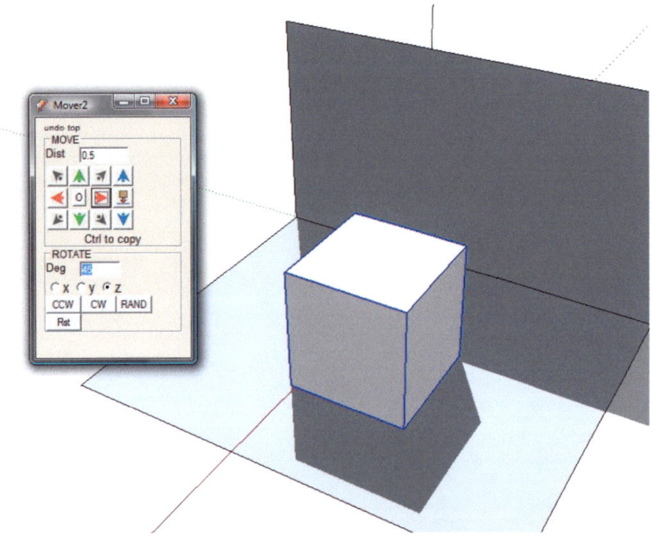

…und ab gehts!

Nie war Verschieben einfacher und präziser!

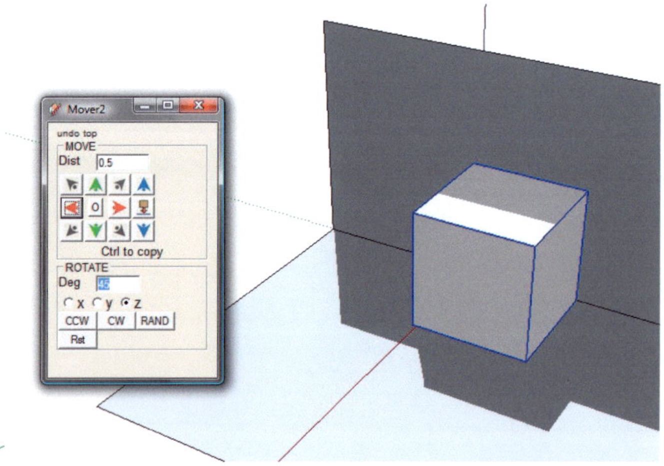

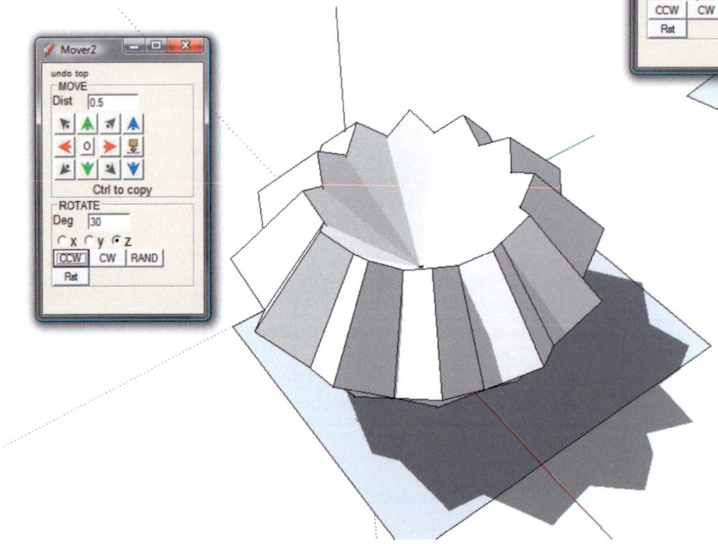

Hier wurde ein Würfel zunächst mit den Pfeiltasten auf die Spitze gestellt und dann mit gedrückter Strg-Taste gedreht und zugleich kopiert. Der Möglichkeiten sind gar viele.

Berg- und Talfalten

Ihre Modelle können auf recht einfache Weise die nur vorgestellte Welt der digitalen Simulation verlassen und zum Greifen nahe sein. Vielleicht erinnern Sie sich an die immer noch beliebten Papierschneidebögen? Selbst der Kölner Dom lässt sich in beachtlicher Größe mit Papier und Klebstoff rekonstruieren. Aber das können Sie mit Ihren Modellen auch! **Unfold** heißt das nützliche Plugin, mit dem Ihnen das gelingt (Download).

Sie kopieren die entpackten Dateien wie gewohnt in den Plugin-Ordner Ihrer Sketchup-Installation. Beim nächsten Start steht es zur Verfügung.

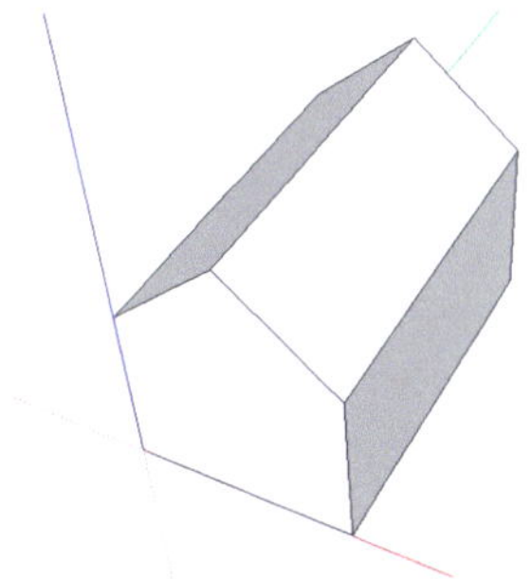

Grundsätzlich funktioniert es so:
Klicken Sie zwei Flächen nacheinander an, wird die erste an der gemeinsamen Kante in die Ebene der zweiten aufgefaltet.

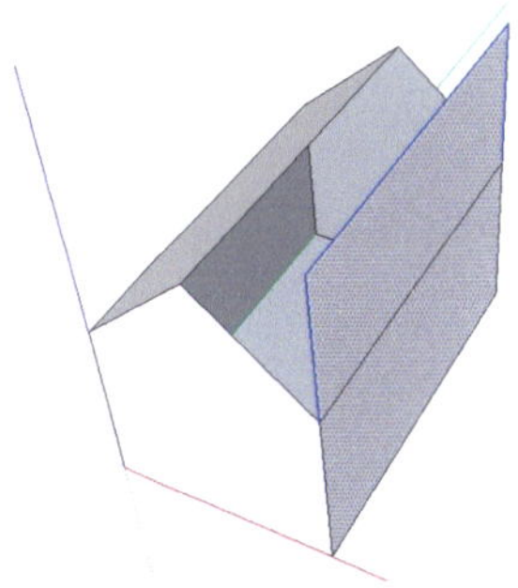

Ein Klick auf die Dachschräge, ein Klick auf die Längswand, und schon haben wir den ersten Schritt getan.

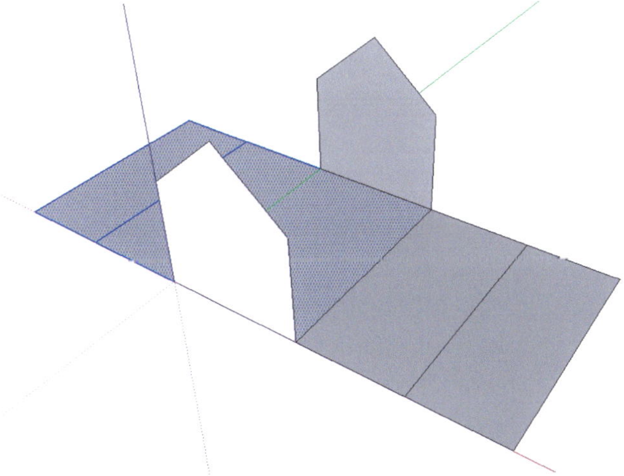

Nach dem zweiten Klick sind beide Flächen ausgewählt (blau gepünktelt). Ein weiterer Klick, diesmal auf die Bodenfläche, klappt diese nun zusammen in diese Ebene. Möchte man eine andere Fläche ausklappen, müssen die markierten

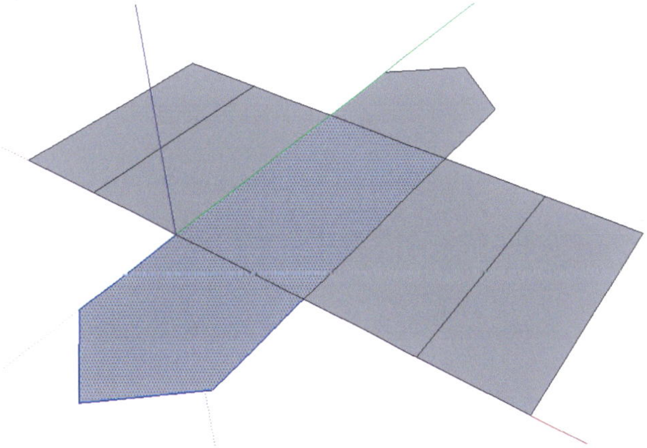

Mit gedrückter Shift-Taste lassen sich auch mehrere Flächen auswählen und dann mit einem weiteren Klick (ohne Shift-Taste) gemeinsam auffalten. Damit können nicht nur Papierschneidebögen erstellt werden. In manchen Situationen erspart man sich so das umständliche Drehen einer

Flächen erst abgewählt werden. Das gelingt mit einem einfachen Linksklick neben das Modell.

Fläche. Wer kennt noch andere Einsatzmöglichkeiten? Für Anregungen bin ich natürlich immer dankbar!

Extrude Edges by Loft

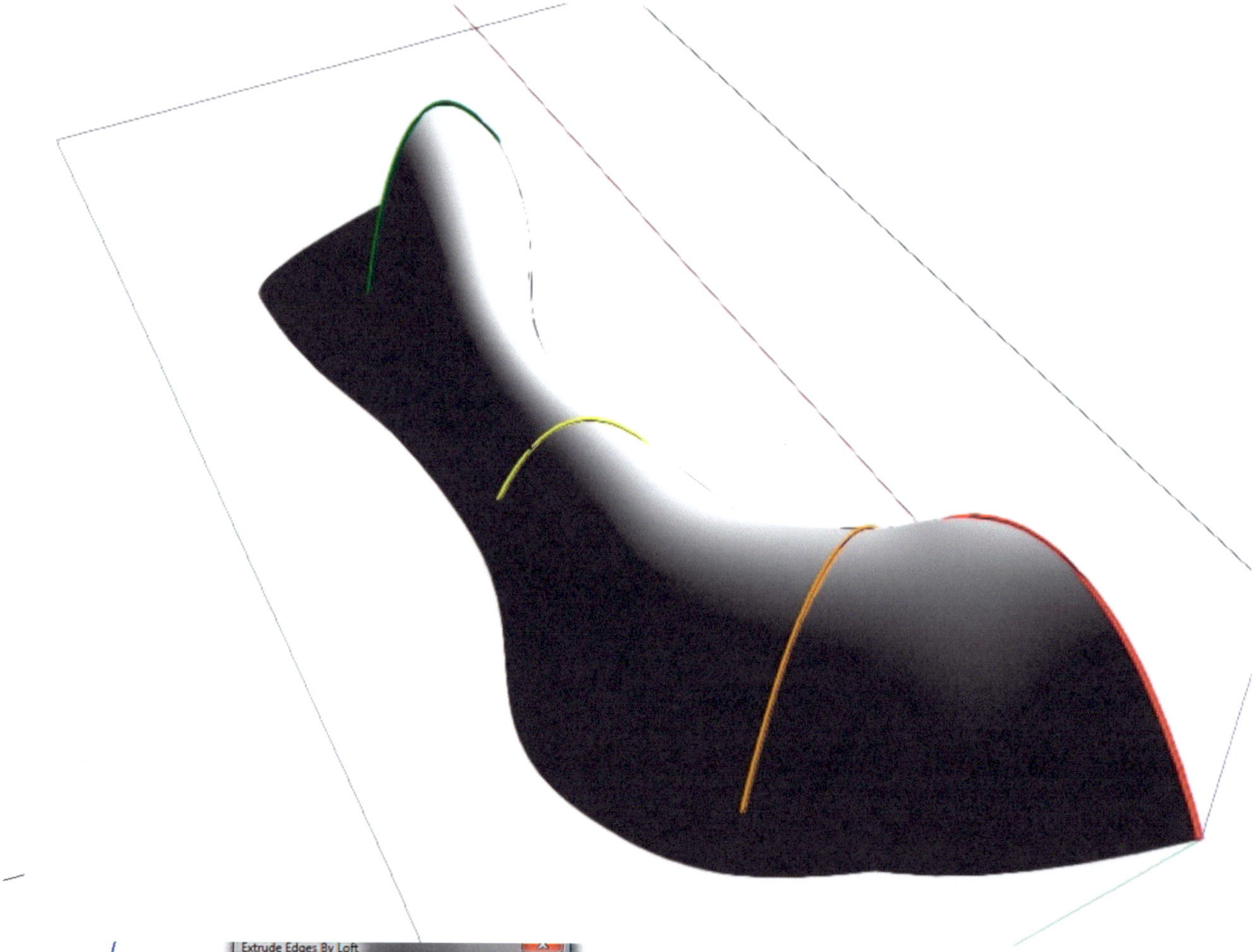

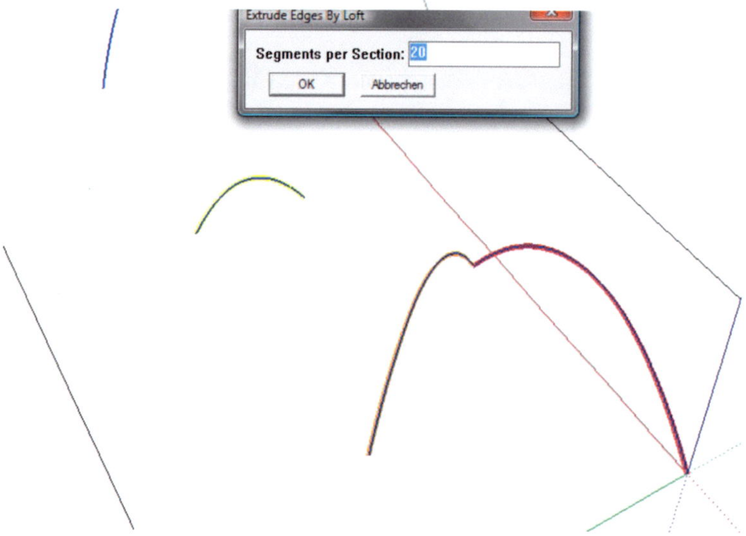

Zwischen zueinander verdrehten Kurven und Polylinien errechnet dieses Plugin aus den **Extrusion Tools** eine Haut, die sich redlich um weiche Übergänge bemüht.

Hat man die Kurven erzeugt, platziert und nach Wunsch skaliert, dann wird das

Plugin aufgerufen. Die Bögen werden nacheinander ausgewählt und die Berechnung der „Haut“ mit einem Doppelklick gestartet.

Die Präzision der erzeugten Fläche lässt sich über die Anzahl der Segmente einstellen.

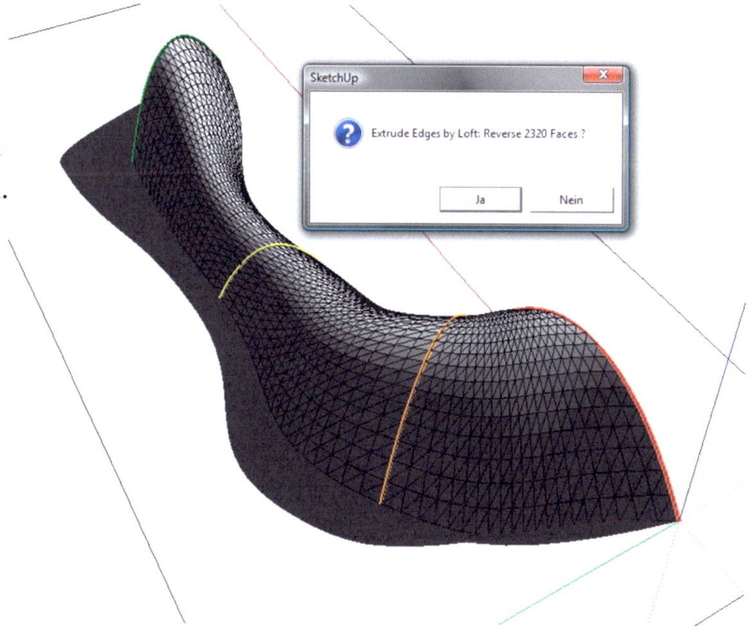

Das Netz lässt sich natürlich auch glätten.

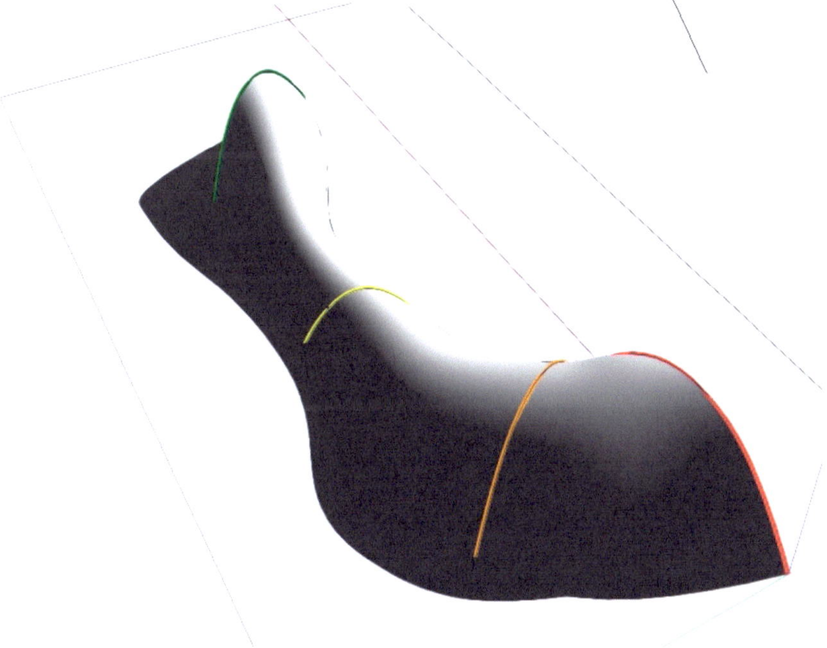

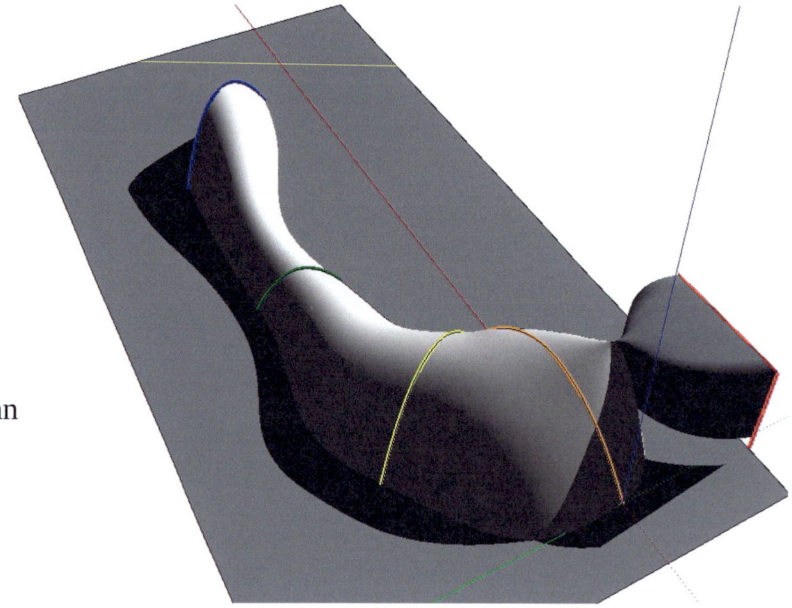

Eine eckige Spante lässt sich nur nach der Umwandlung in eine Polylinie einreihen. Das Ergebnis entspricht aber nicht immer den Erwartungen. Achten Sie genau auf die optionalen Einstellungen, nachdem Sie das Netz erstellt haben! Einschnürungen wie hier gezeigt müssen nicht sein. Aber das muss man einfach mal ausprobieren. Überraschungen sind garantiert!

Edges by edges

Das einfachste Extrusion Tool ist **Edges by Edges**. Zwei Gruppen von Linien, Bögen und Kurven, die jeweils in einer Ebene liegen müssen, dienen als Ausgangsbasis. Sie müssen beide ausgewählt sein, bevor das Plugin aufgerufen wird (mit gedrückter Strg-Taste anklicken). Dabei wird die zuerst markierte Gruppe das Profil, gibt also die extrudierte Linie vor, die zweite wird zum Pfad, an der entlang die Extrusion stattfindet. Wichtig: die beiden Gruppen dürfen nicht auf einer gemeinsamen Ebene liegen!

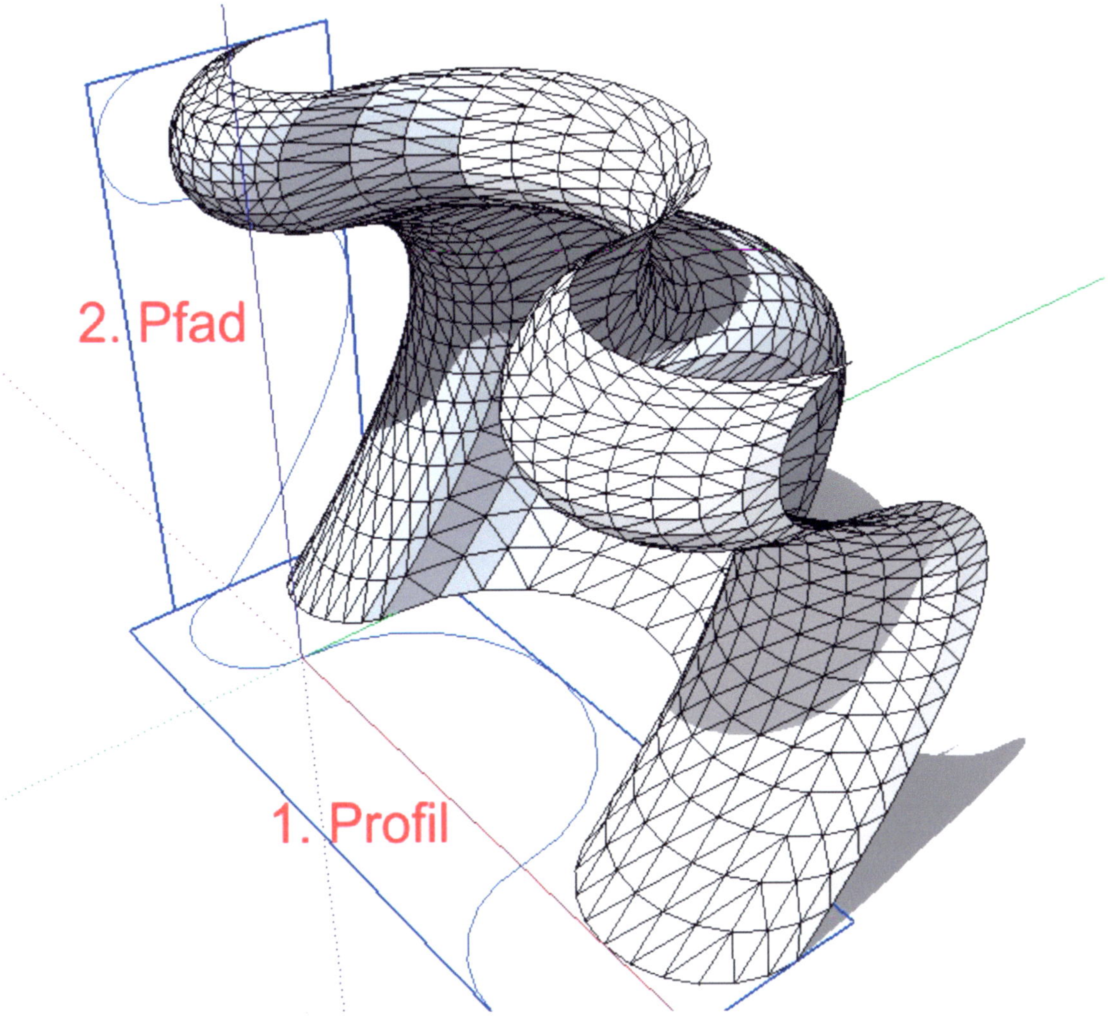

Nach dem Glätten der Kanten und dem Rendern sieht das Ganze so aus.

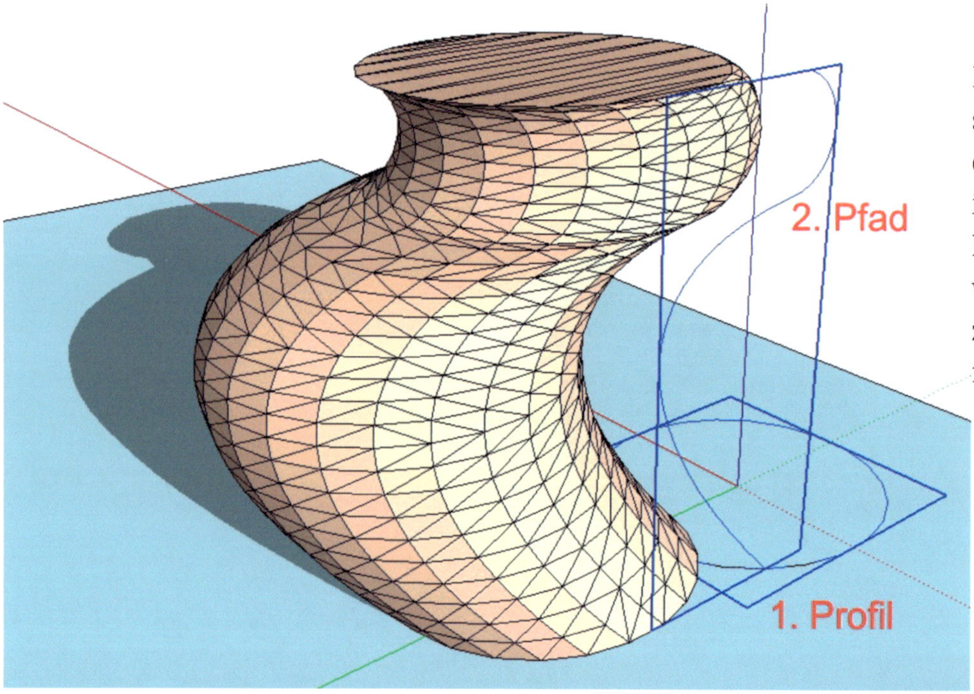

Ein Kreis lässt sich nicht so ohne weiteres extrudieren. Zerlegt man ihn zunächst in Einzelteile und fügt diese wieder zu einer Gruppe zusammen, dann funktioniert es aber.

Extrusionen

Die schon vorgestellten Extrusion Tools bieten eine weitere tolle Möglichkeit aus Kurven Flächen zu generieren, genauer: Flächentragewerke. Dabei wird ein vorher definierter Querschnitt als Balkenkonstruktion auf der über Profile und Pfade (*rails*) definierten Fläche extrudiert. Dabei hat man die Wahl, ob die Extrusion den Pfaden, den Profilen oder beiden folgt, was sich dann im Ergebnis so zeigen könnte.

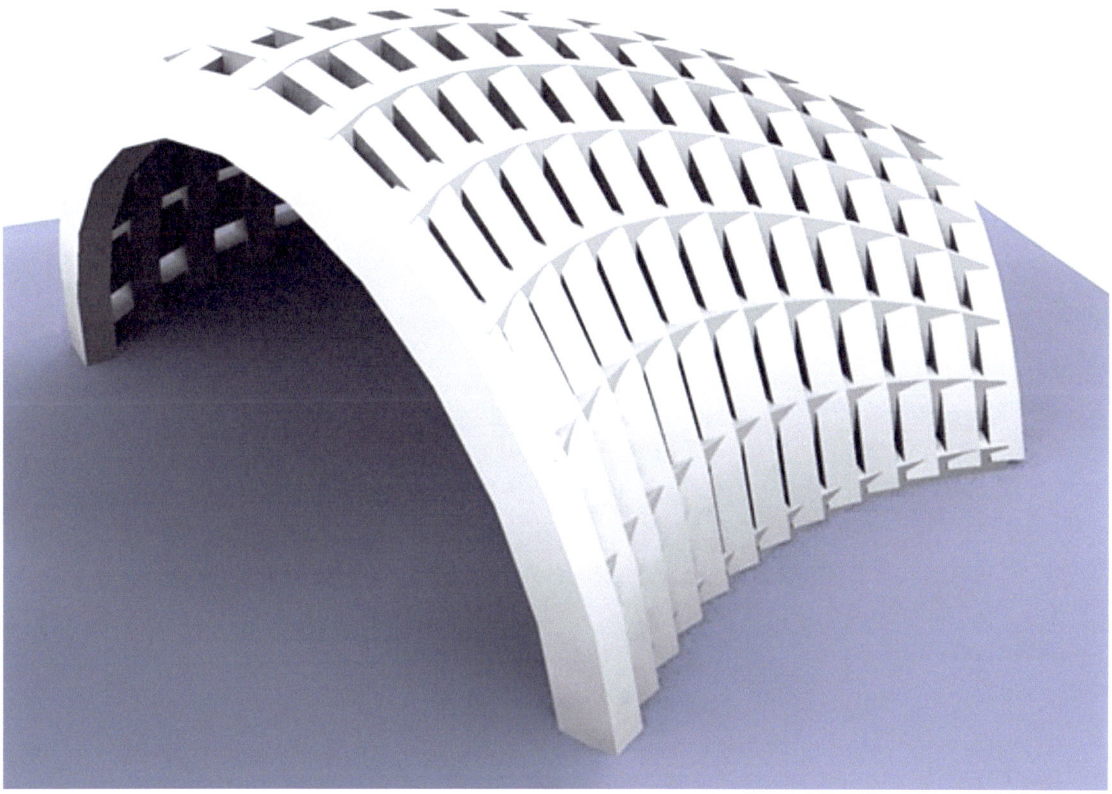

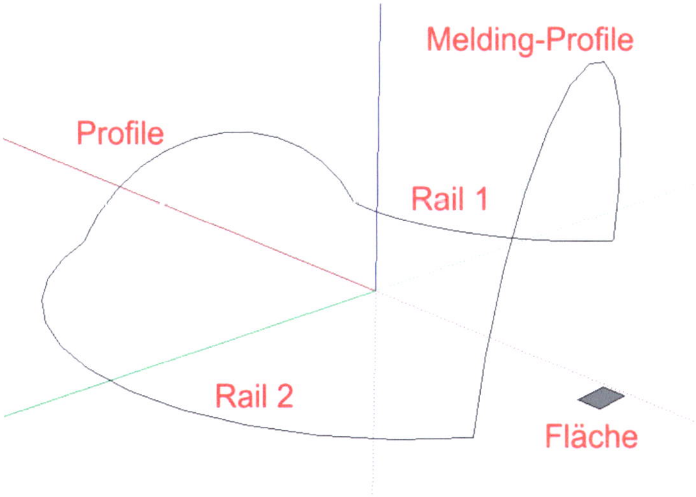

Zunächst definiert man irgendwo den Querschnitt der Balken als ebene Fläche. Dann werden die Pfade (*rails*) und *Profile* als Kurven definiert. Zum Üben empfiehlt sich hier zunächst einmal das Boden-Werkzeug. Später wird man sicher auch gerne Bezierkurven oder Splines einsetzen. Auch dafür gibt es kostenlose Plugins.

Die Reihenfolge der notwendigen Auswahlen wird per Tooltipp angezeigt. Erst die Fläche, dann die Pfade und schließlich die Profile auswählen. Dann kann man noch entscheiden, ob die Extrusion in Richtung der Pfade, der Profile oder kreuzweise erfolgen soll. Und in Nullkommanix entsteht ein raffiniertes Konstrukt!

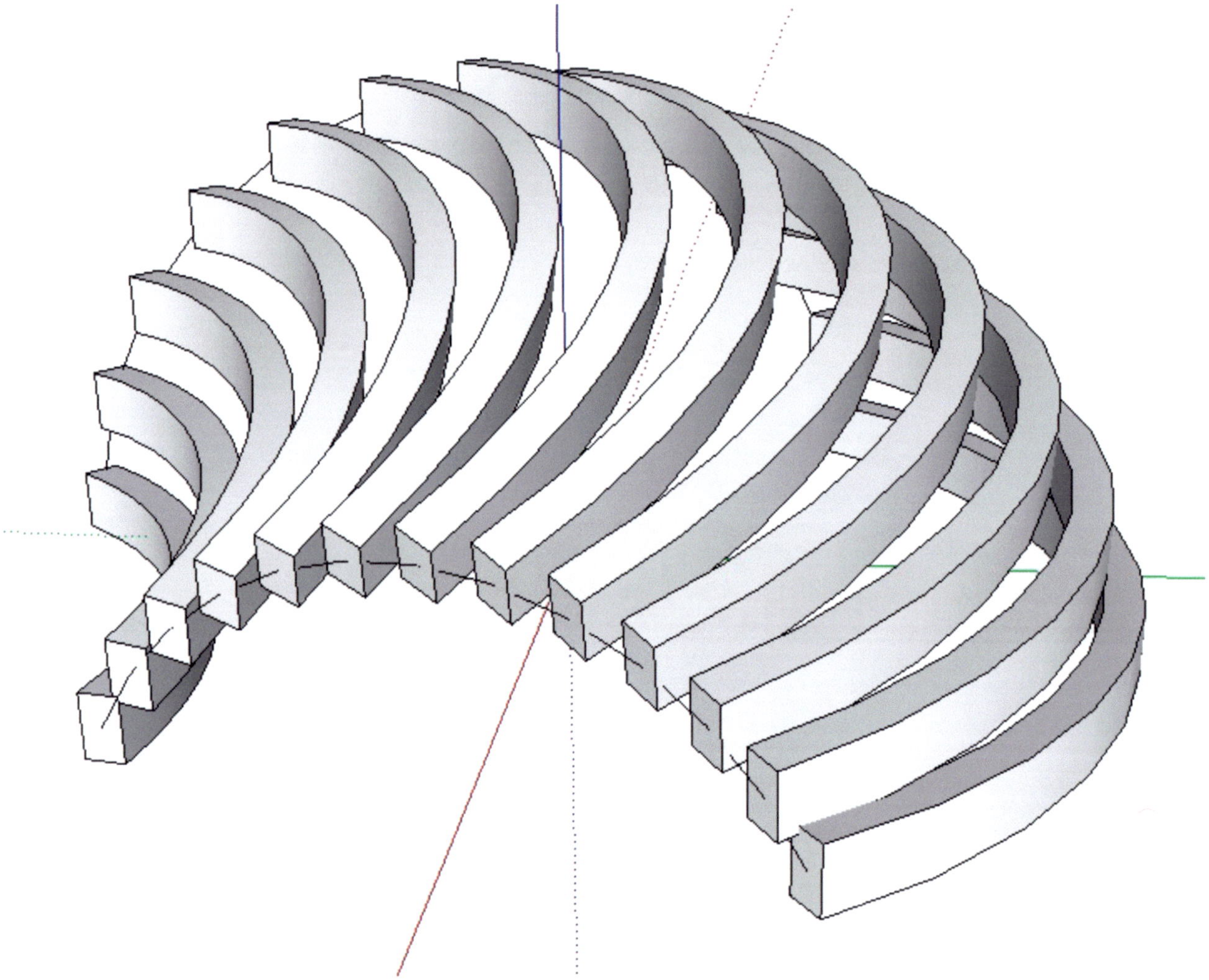

Hier folgen sie den Pfaden…

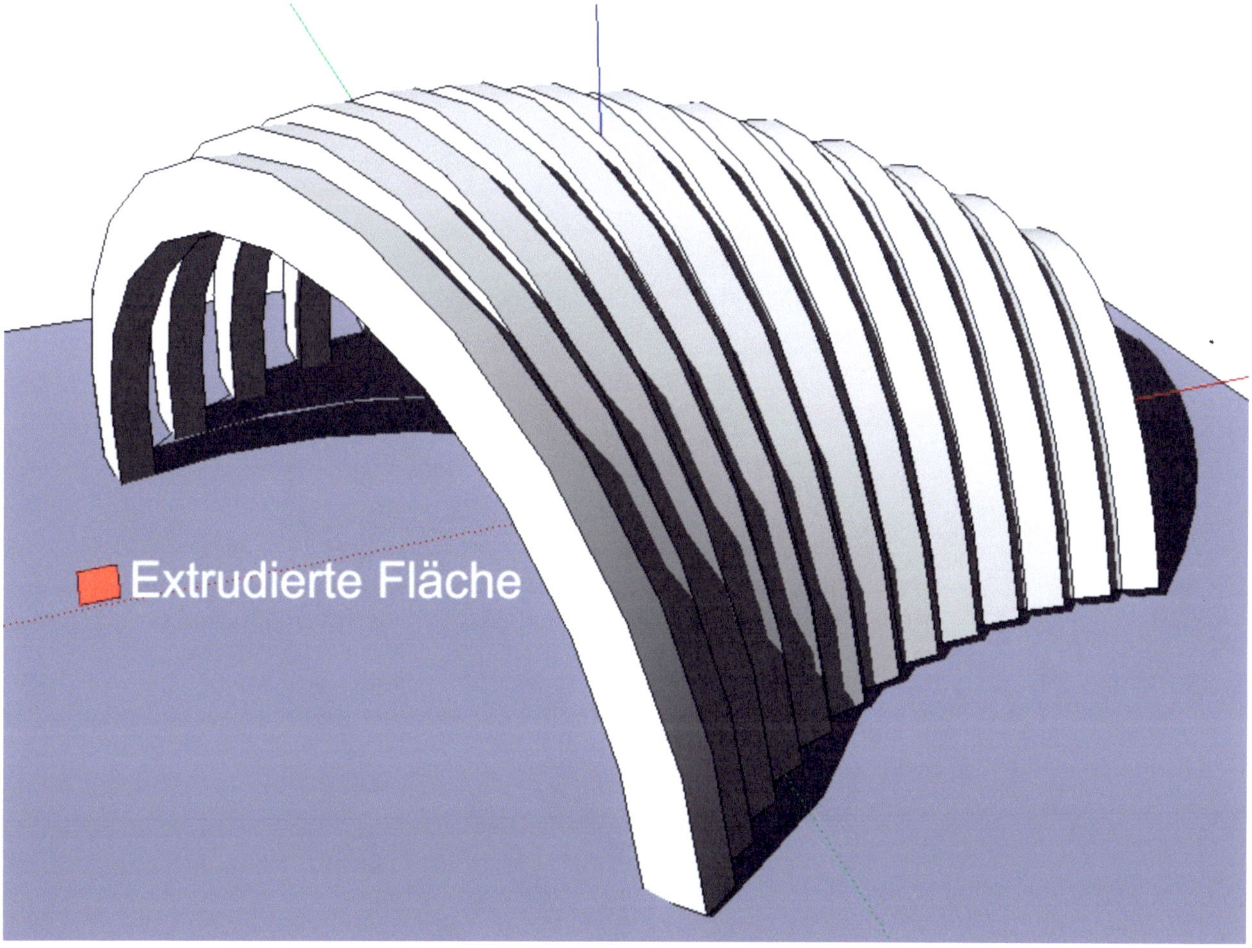

… und hier den Profilen.

Happy New Year

Vor Urzeiten entstanden! Geht aber heute noch genau so...

Mit dem 3d-Text-Werkzeug lässt sich sehr schnell Text erstellen und modifizieren. Und mit einem Programm wie Podium wirkt er noch realistischer.

Extrusion Tools

Das Extrudieren von Linien oder Flächen ist ein wahres Wunder in Sketchup! Neben den mitgebrachten Bordmitteln lassen sich mit kleinen Plugins (Rubyscripts) neue und verblüffende Möglichkeiten nachrüsten. Ein wahrer Tausendsassa sind hier die **Extrusion Tools** (Download).

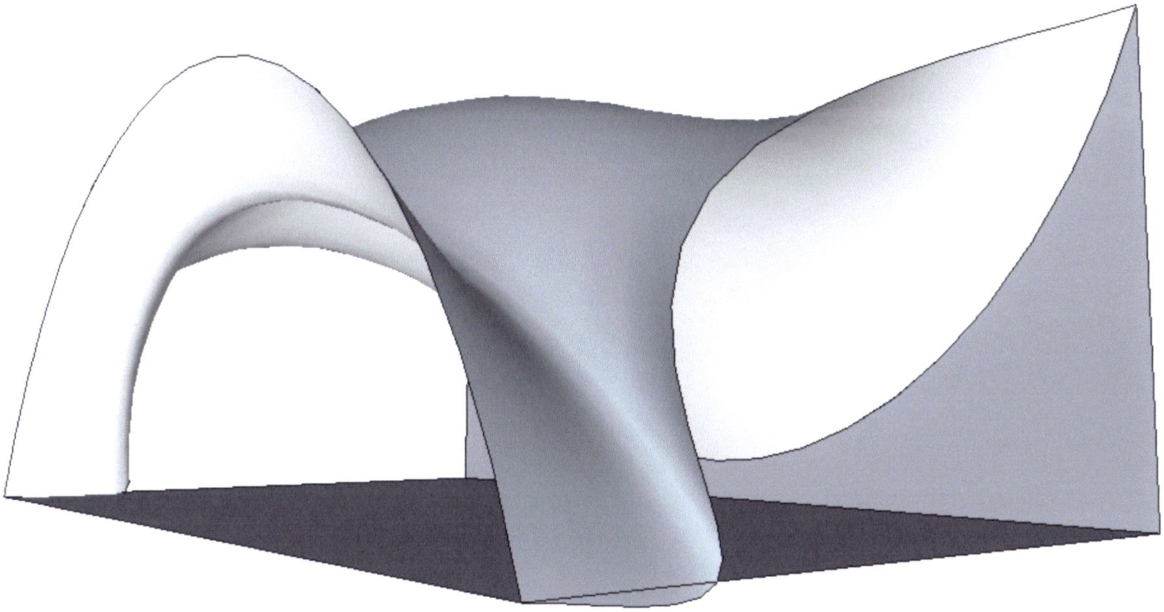

Stellvertretend für weitere Extrusionen sei hier zunächst *„Extrude Edges by Rail“* (Kanten an Pfad extrudieren) vorgestellt. Die Idee dabei ist es, zwei nicht in einer Ebene platzierten Kurven (normale Strecken funktionieren nicht!) an einem Pfad (ebenfalls eine Kurve!) zu einer Fläche zu verbinden, die dann reizvolle Krümmungen aufweist. Das Netz kann man auch glätten (rechte Maustaste > Kanten abmildern/glätten).Das Ergebniss könnte dann ja vielleicht so aussehen…

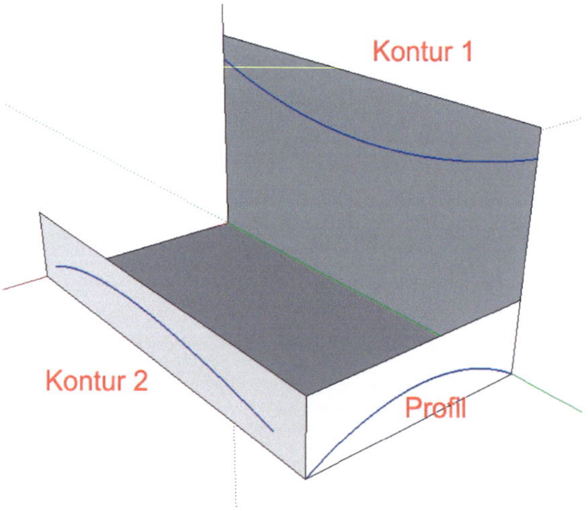

Doch eins nach dem anderen. Zunächst extrudieren wir uns einen Quader aus einem Rechteck und löschen die Deckfläche und eine Seite. Auf die verbliebenen drei Wände zeichnen wir den Pfad (Profil), und gegenüber liegend die zwei Kurven (Kontur 1 und 2), die zu einer Fläche verbunden werden sollen.

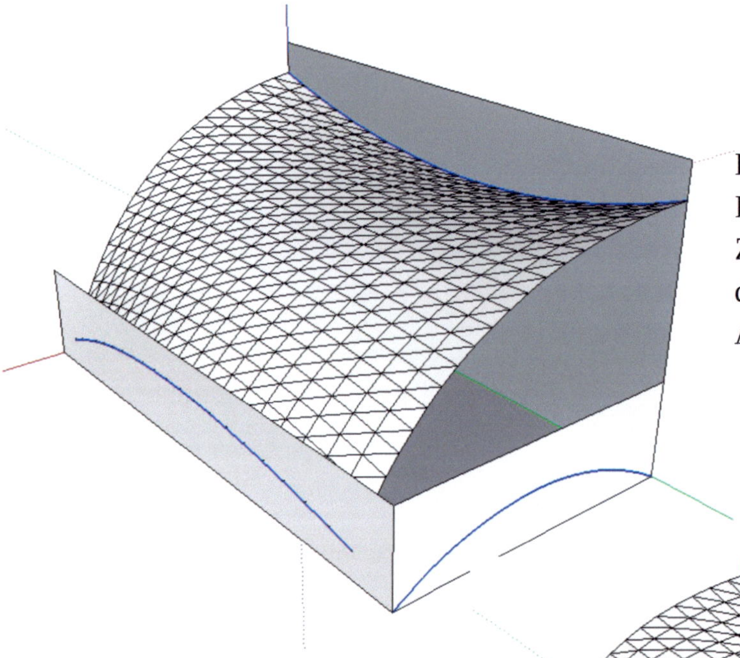

Das Plugin über das Menü oder die Iconleiste aufrufen (drittes Icon von rechts). Zunächst klicken wir den Pfad (Profil) an, dann die beiden Kurven (Konturen). Zum Abschluss einen Doppelklick auf den Pfad.

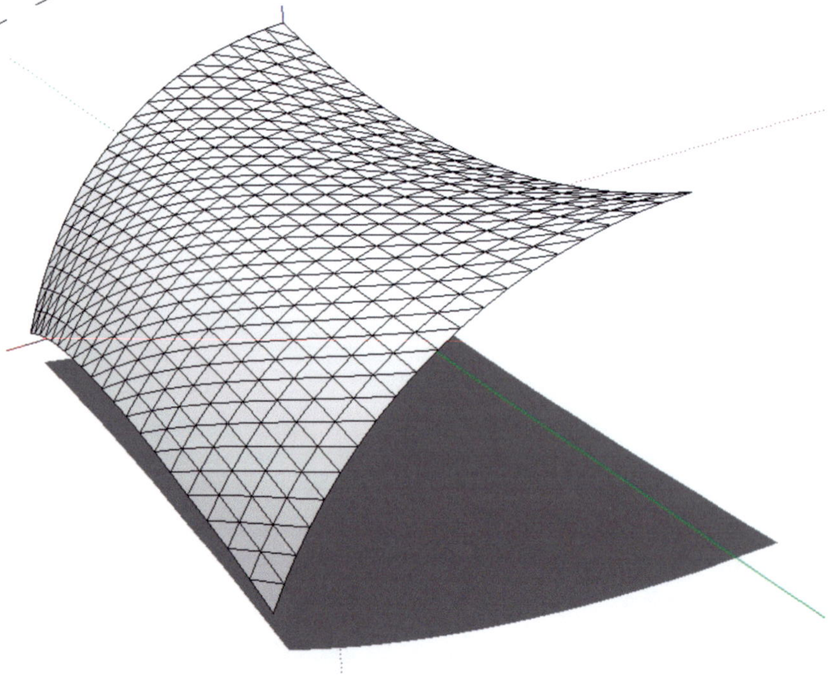

Nun können die Hilfslinien und -konstruktionen gelöscht werden.

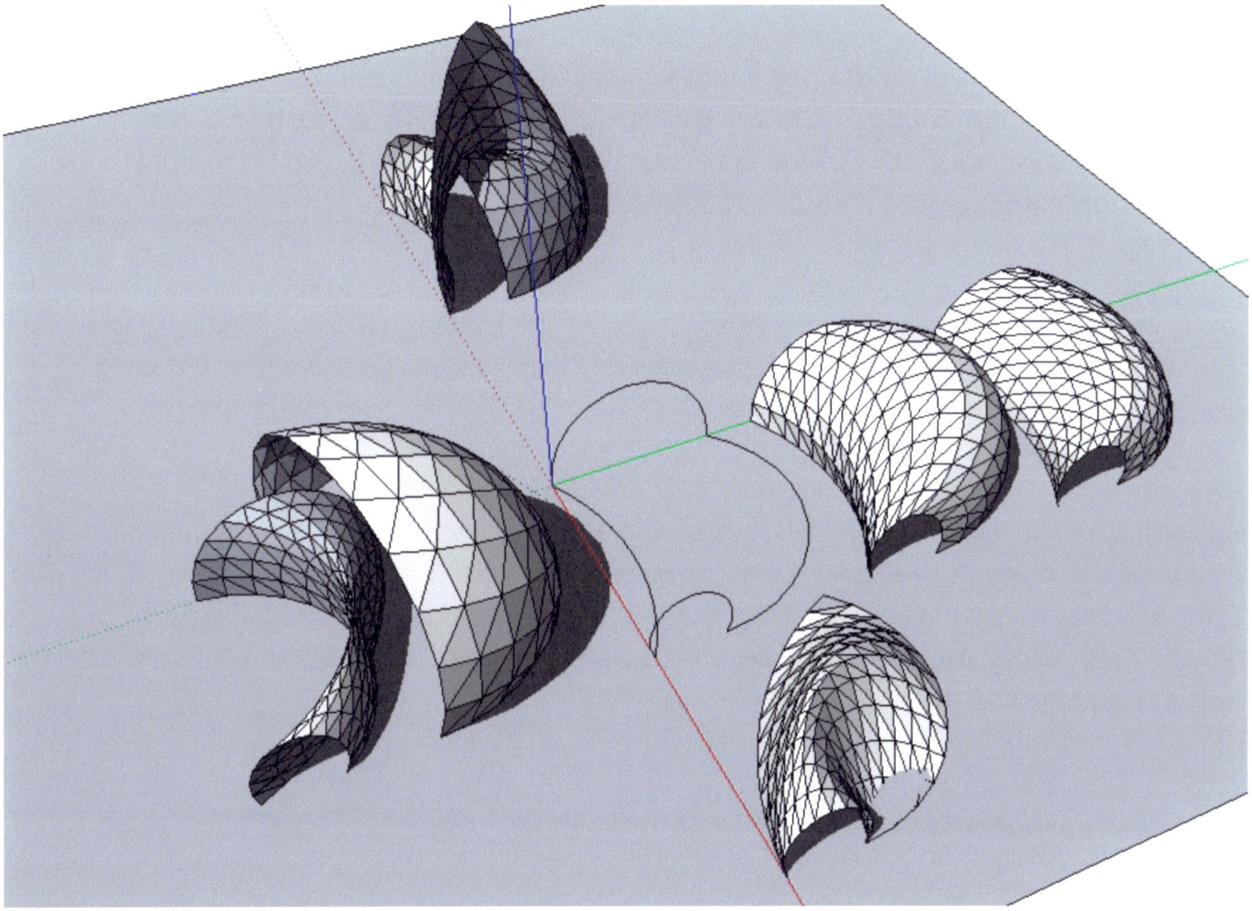

Die ganz unterschiedlichen Ergebnisse beruhen lediglich auf unterschiedlicher Reihenfolge der Auswahl und unterschiedlichen Einstellungen beim Beenden. Hier muss man einfach mal ganz spielerisch experimentieren. Und dann hoffen, dass man die Einstellungen auch später reproduzieren kann. Kein Spielzeug für Ungeduldige!

Rendern mit Podium!

Wer sich einigermaßen sicher im Umgang mit SketchUp fühlt sollte sich mit den Möglichkeiten des Renderns vertraut machen. Sehr gut dafür geeignet ist die Software **Podium**, die man sich zum Ausprobieren >>>hier herunterladen kann. Im Unterschied zur kostenpflichtigen Vollversion ist die Größe der Ausgabe auf maximal 500 x 500 Pixel begrenzt.

Die Software funktioniert in SketchUp wie ein Plugin. Die Bedienung ist einfach. Allerdings muss man auch ein wenig ausprobieren. Auf der Homepage des Herstellers kann man sich einige Videos anschauen, die schnell auf die Sprünge helfen.

Grundsätzlich werden die Einstellung des jeweiligen Stils in SketchUp angepasst werden müssen. Über das Fenster und dort über > Bearbeiten kann man einstellen, ob der Himmel und der Boden aktiv sind. Auch die Einstellungen des Schattens wirken sich aus! Oft ist es ratsam, seinem Modell eine zusätzliche Bodenfläche aus einem einfachen Rechteck zu spendieren. Aber das probiert man mal selbr aus.

Die Beleuchtung funtioniert entweder über die Einstellungen bei Sketchup, oder kann in Podium selbst eingestellt werden. Prinzipiell gibt es da zwei Möglichkeiten:

- LEMs (lichtemitierende Flächen, die quasi aus sich heraus leuchten)
- Omnilights (gruppierte Objekte, die wie Lampen wirken)
-

Hat man sich beim Hersteller registriert kann man sich eine ganze Menge Omnilights, von der Tischlampe bis zur Straßenlaterne, kostenlos downloaden. Diese und mehr Angebote finden Sie unter > Registered User.

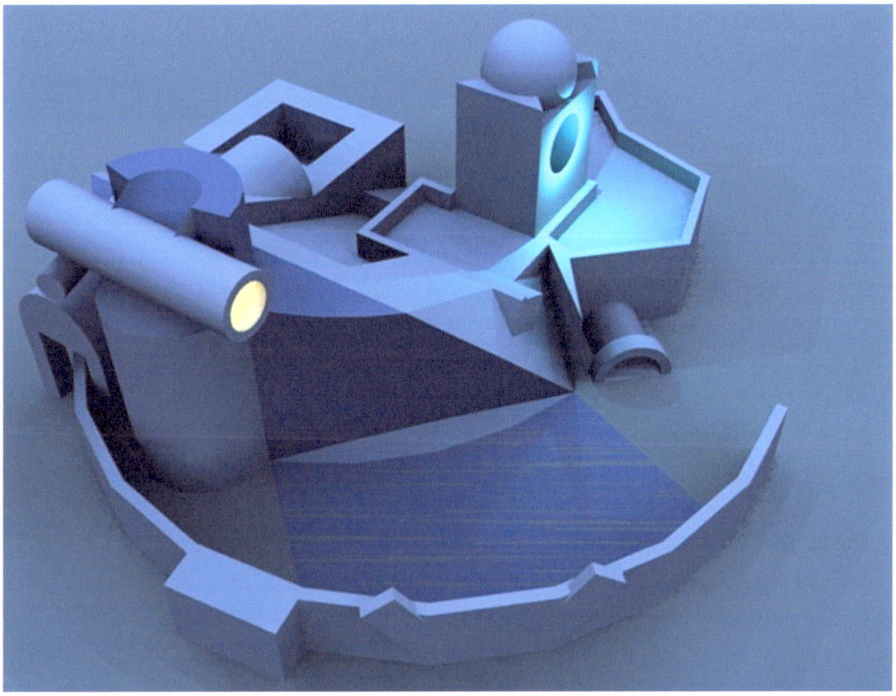

Die beiden Lichtquellen sind LEMs. Dazu einfach eine Fläche auswählen und im aktivierten Podium-Plugin den Schieberegler für Licht auf etwa 15 stellen. Man kann auch die Reflektions-fähigkeit einstellen. Bei 100% erhält man einen Spiegel!

Hier habe ich einfach mal ein fertiges Omnilight aus dem kostelosen Paket eingefügt. Sicher, die Größe muss noch angepasst werden. Aber so wird der Effekt doch etwas deutlicher.

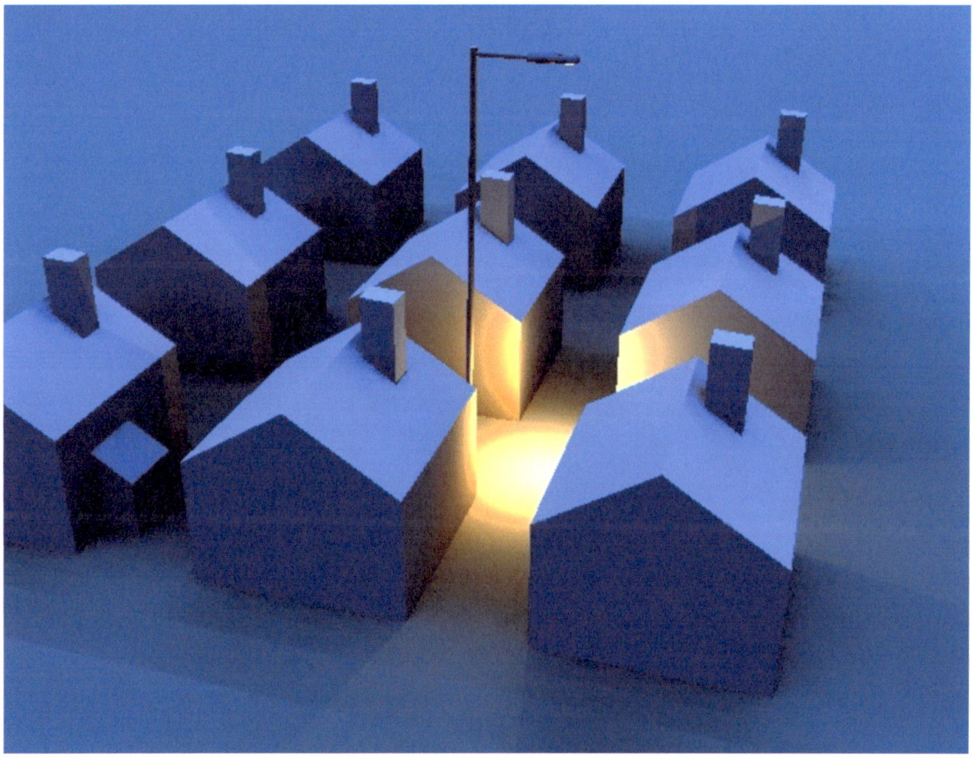

Stile

Unsere mit Sketchup erstellten Modelle lassen sich vor einer Präsentation oder sonstigen Ausgabe noch in Form bringen. Dazu verwenden wir die Stile. Im Netz gibt es viele solche zum downloaden, die man dann in Sketchup importieren kann!

Als Beispiel für die Möglichkeiten dient hier die Villa Rotonda von Andrea Palladio.

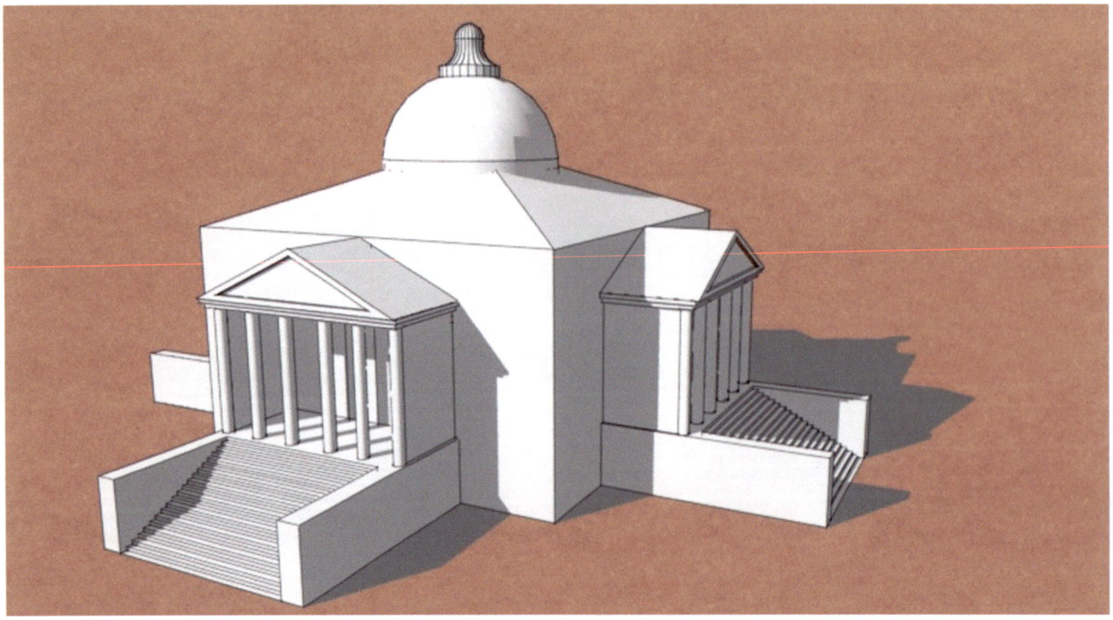

Na gut... Verrate Ihnen jetzt auch, wo ich sie gefunden habe. Bei den **SketchUpArtists**! Wer selber suchen möchte, sollte auf englischsprachigen Seiten nach vorgefertigten **styles** Ausschau halten…

Tipp: Man kann auch selbst ganz individuelle Stile erstellen!

Radiale Aufreihung

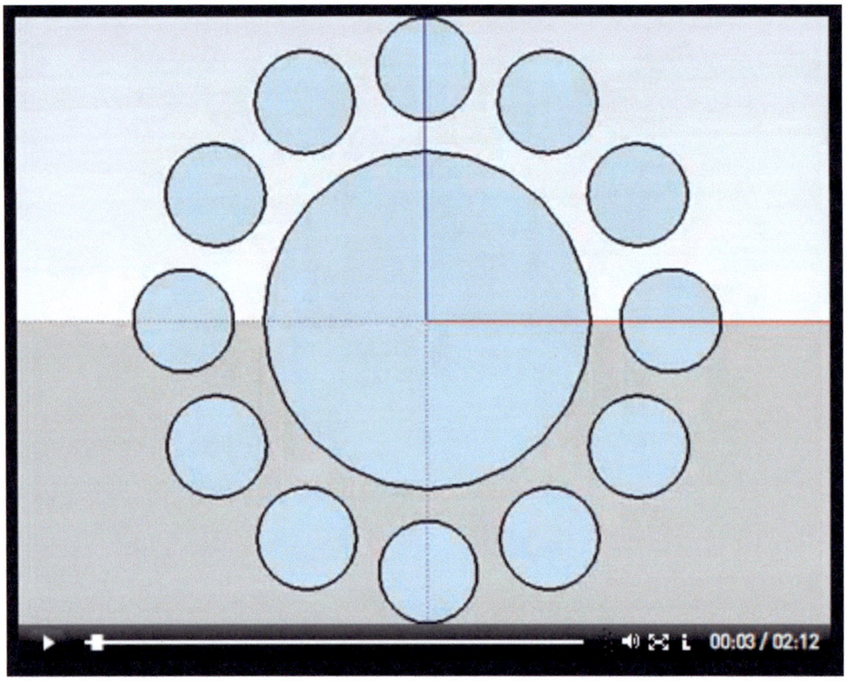

Eine Aufreihung ist eine Wiederholung eines ausgewählten Elements. Die Richtung und Anzahl ist dabei frei wählbar. In diesem Beispiel wird ein Kreis kreisförmig wiederholt, und zwar zwölf mal. Der Trick liegt dabei in der numerischen Eingabe des Kreiswinkels, da Sketchup 0° und 360° nicht unterscheiden kann, und ohne Einhilfe eben 0° annimmt! Sie müssen also den Vollkreis, den Sie meinen, manuell eingeben, indem Sie 360 eintippen und mit Enter bestätigen. Wie üblich bei Aufreihungen wird die Zahl mit vorgestelltem Slash (/) eingegeben. Bedenken Sie, dass Sie dabei das Ausgangselement abziehen müssen! Bei 12 gewünschten Kreisen und einem ausgewählten Original, das Sie markieren müssen, ist die Eingabe also /11.

>>> Video-Tutorial: Radiale Aufreihung

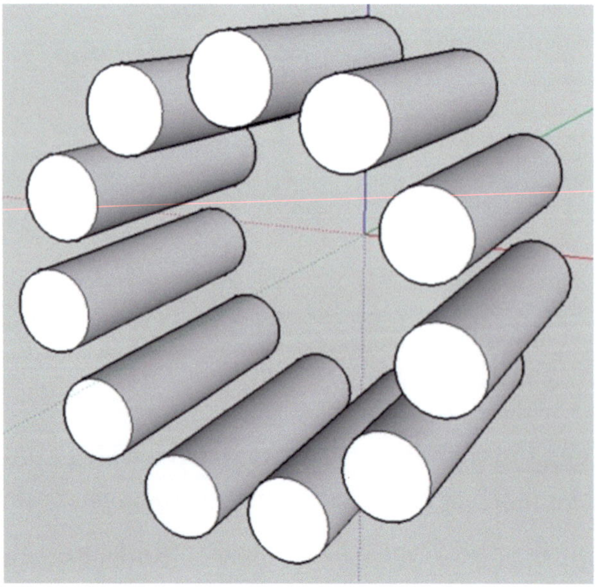

Mit Hilfe des Werkzeugs „Drücken/Ziehen“ lassen sich die Kreise extrudieren und ergeben einen „Säulenwald“, wie er sich oft bei antiken Zentralbauten findet. Man kann dafür als Ausgangsebene den Grundriss wählen. Experimentieren Sie mit den Möglichkeiten!

Printed in France by Amazon
Brétigny-sur-Orge, FR

15204542R00143